CIÊNCIA DA LÓGICA

3. A Doutrina do Conceito

Dados Internacionais de Catalogação na Publicação (CIP)
(Câmara Brasileira do Livro, SP, Brasil)

Hegel, Georg Wilhelm Friedrich, 1770-1831.
  Ciência da Lógica : 3. A Doutrina do Conceito /
Georg Wilhelm Friedrich Hegel ; [tradução de Christian
G. Iber, Federico Orsini]. – Petrópolis, RJ : Vozes ;
2018 – (Coleção Pensamento Humano).

  Título original : Wissenschaft der Logik. Zweiter Teil. Die
Subjektive Logik. Die Lehre vom Begriff.
  ISBN 978-85-326-5904-0

  3ª reimpressão, 2023.

  1. Lógica 2. Objetividade 3. Subjetividade
I. Título. II Série.

18-19294   CDD-160

Índices para catálogo sistemático:
1. Lógica : Filosofia   160

Cibele Maria Dias – Bibliotecária – CRB-8/9427

Georg Wilhelm Friedrich Hegel

CIÊNCIA DA LÓGICA

3. A Doutrina do Conceito

Petrópolis

Tradução do original em alemão intitulado *Wissenschaft der Logik. Zweiter Teil. Die Subjektive Logik. Die Lehre vom Begriff.*
Traduzido do original alemão publicado pela Editora Suhrkamp: Georg Wilhelm Friedrich Hegel Werke in 20 Bänden mit Registerband: Band 6.

© desta tradução:
2018, Editora Vozes Ltda.
Rua Frei Luís, 100
25689-900 Petrópolis, RJ
www.vozes.com.br
Brasil

Todos os direitos reservados. Nenhuma parte desta obra poderá ser reproduzida ou transmitida por qualquer forma e/ou quaisquer meios (eletrônico ou mecânico, incluindo fotocópia e gravação) ou arquivada em qualquer sistema ou banco de dados sem permissão escrita da editora.

CONSELHO EDITORIAL

Diretor
Volney J. Berkenbrock

Editores
Aline dos Santos Carneiro
Edrian Josué Pasini
Marilac Loraine Oleniki
Welder Lancieri Marchini

Conselheiros
Elói Dionísio Piva
Francisco Morás
Gilberto Gonçalves Garcia
Ludovico Garmus
Teobaldo Heidemann

Secretário executivo
Leonardo A.R.T. dos Santos

Equipe de tradução
Tradutores: Christian G. Iber e Federico Orsini
Coordenador: Agemir Bavaresco
Colaboradores: Marloren L. Miranda e Michela Bordignon
Revisor: Francisco Jozivan Guedes de Lima

Editoração: Leonardo A.R.T. dos Santos
Diagramação: Mania de criar
Revisão gráfica: Nilton Braz da Rocha / Nivaldo S. Menezes
Capa: WM design
Arte-finalização: Editora Vozes

ISBN 978-85-326-5904-0

Para esta tradução, os tradutores receberam o apoio do CNPq.

Este livro foi composto e impresso pela Editora Vozes Ltda.

SUMÁRIO

Apresentação, 7

Nota dos Tradutores, 25

Segunda parte – A Lógica Subjetiva: A Doutrina do Conceito, 35

Relato preliminar, 35

Sobre o conceito em geral, 37

Divisão, 59

Primeira seção: A subjetividade, 63

Primeiro capítulo: O conceito, 65

Segundo capítulo: O juízo, 91

Terceiro capítulo: O silogismo, 135

Segunda seção: A objetividade, 179

Primeiro capítulo: O mecanismo, 187

Segundo capítulo: O quimismo, 205

Terceiro capítulo: Teleologia, 213

Terceira seção: A ideia, 237

Primeiro capítulo: A vida, 245

Segundo capítulo: A ideia do conhecer, 261

Terceiro capítulo: A ideia absoluta, 313

Glossário da Doutrina do Conceito, 335

Índice onomástico, 369

Índice analítico, 371

Índice geral, 397

APRESENTAÇÃO

A *Ciência da Lógica* de Hegel está articulada em duas partes: a Lógica Objetiva e a Lógica Subjetiva. A Lógica Objetiva divide-se em dois livros, a *Doutrina do Ser* e a *Doutrina da Essência*, ao passo que a Lógica Subjetiva é constituída exclusivamente pela *Doutrina do Conceito*, a qual forma simultaneamente o terceiro livro e a segunda parte da *Ciência da Lógica*. O terceiro livro apareceu pela primeira vez no ano de 1816, apenas três anos depois da publicação da *Doutrina da Essência* (1813). O próprio Hegel considerou a Lógica Subjetiva e sua conclusão, a lógica da ideia absoluta, como a culminação de sua lógica e, de certa forma, também como o centro de toda a sua filosofia. Com ela se efetua a passagem da necessidade para a liberdade, a qual distingue o idealismo de Hegel de outras posições filosóficas, principalmente daquela de Spinoza.

A Lógica Subjetiva divide-se em três seções: "A subjetividade", "A objetividade" e "A ideia". Sob o título "subjetividade" são tratados o conceito, o juízo e o silogismo, que valem primeiramente como formas do pensar subjetivo. Sob o título "objetividade" a lógica do conceito discute o mecanismo, o quimismo e a teleologia. A seção "ideia" analisa a ideia da vida, a ideia do conhecer e a ideia absoluta. O segundo capítulo dessa terceira seção articula a ideia do conhecer em dois momentos – a ideia do verdadeiro e a ideia do bem –, e sua complementação visa à uma unidade de teoria e práxis. No capítulo sobre a ideia absoluta, torna-se temático o método do conhecer verdadeiro ou do pensar dialético-especulativo, método que é operativo na lógica de uma maneira geral. Por fim, aborda-se a passagem da lógica para a natureza e, com isso, para a filosofia real, que inclui a filosofia da natureza e do espírito.

* * *

Primeira seção: A subjetividade. Hegel dá três caracterizações do conceito: ele é (1) unidade da autorrelação afirmativa e da negatividade absoluta, (2) unidade da universalidade, particularidade e singularidade e (3) unidade do ser em si e para si e do ser posto.

(1) À diferença da essência, que foi introduzida como relação negativa consigo, o conceito é relação afirmativa consigo mesmo na sua negatividade absoluta. Ele permanece, portanto, junto de si mesmo na sua relação negativa consigo mesmo. Com o conceito, o pensar lógico tem a estrutura do ser junto de si mesmo no outro e alcança a sua finalidade, que é a verdade. Tal como a essência, o conceito é autodeterminação do pensar lógico. Todavia, enquanto a essência se perde nas determinações que ela se dá a partir de si mesma, o conceito permanece idêntico a si mesmo em suas determinações e se produz constantemente no seu outro sem cair sob a dominação de seus produtos, tal como foi o caso na essência. Na medida em que a negatividade absoluta está compenetrada pela autorrelação afirmativa do conceito, ela não conduz mais para a alienação de si mesma, como ainda ocorria na essência. Com isso, o conceito dissolve o fundamento da alienação da autorrelação negativa tal como ela é na essência.

No conceito não há nem relações de dominância nem contradições indissolúveis, quer entre os momentos do conceito, quer entre o próprio conceito e seus momentos, como era característico para a essência, mas reina *amor livre* e a *beatitude irrestrita* (p. 68). Os momentos são compatíveis uns com os outros. Cada um dá aos outros respectivos espaço em ou dentro de si mesmo. Isso resulta na transparência sem turvação do conceito em seus momentos. "O universal é, por conseguinte, a potência *livre*" (p. 68).

Como autorrelação afirmativa e identidade, o conceito é o *universal* – o universal compacto, mediado pela *"negação da determinidade"* (p. 43), no qual as diferenças e particularidades estão dissolvidas e, ao mesmo tempo, contidas. Como "negação ou determinidade que se relaciona consigo", o conceito é o *singular*. À diferença do conceito habitual, o conceito de Hegel não é a representação universal em contraste ao singular, mas unidade do universal e do singular. A partir dessa unidade, Hegel exemplifica o conceito recorrendo à natureza do Eu e o põe em relação com a concepção kantiana da unidade originariamente sintética de apercepção.

(2) Pelo fato de ser o universal que é, ao mesmo tempo, um singular, o conceito é necessariamente o *particular*. Seus três momentos são, com isso: universalidade, particularidade e singularidade. Universalidade, particularidade e singularidade são modos da apresentação da negatividade que se relaciona consigo no terreno da autorrelacionalidade afirmativa do conceito. Entre os momentos do conceito não subsiste nenhuma diferença rígida. A universalidade é autorrelacionalidade afirmativa, na qual se assenta a negatividade que se relaciona consigo, a particularidade é a primeira negação ou a negação simples implicada nessa negatividade autorrelacionante, a singularidade é a negatividade autorrelacionante que está posta enquanto tal.

A estrutura do conceito alcança uma relação nova entre o todo e seus momentos. Em primeiro lugar, visto que cada um dos três momentos contém os outros, cada momento constitui o conceito inteiro. Disso resulta, em segundo lugar, que o conceito como um todo se encontra em seus momentos numa relação de transparência consigo mesmo. Os momentos do conceito não são separáveis uns dos outros, como as determinações do ser e da essência, mas são complexos dentro de si, porque eles não excluem de si seu oposto respectivo, mas o envolvem em si desde o início de modo inseparável.

(3) O que a Coisa em questão é em si e para si, ela não é por outro nem para outro, mas sim pura e simplesmente. O ser posto é, pelo contrário, algo que está mediado por outro e, com isso, dependente de outro. Diferentemente do que acontece na esfera da essência, na qual o ser em si e para si e o ser posto caem um fora do outro, como na substância e seus acidentes e na causa e seu efeito, para o conceito vale que seu ser em si e para si e seu ser posto estão em unidade. A unidade do ser em si e para si e do ser posto consiste no fato de que a Coisa está certamente mediada, mas não por algo externo, e sim por si mesma. Com isso, a Coisa em questão, ou seja, a verdade das coisas, não é mais apreendida em categorias da lógica da essência, tais como substancialidade e causalidade, mas no seu conceito. O conceito revela que a Coisa em questão contém em si mesma o seu fundamento e está fundamentado por si mesmo. Isso é o verdadeiro significado da *causa sui* da metafísica de Spinoza. Como unidade do ser em si e para si e do ser posto, o conceito é

autodeterminação completa ou liberdade, que experimenta sua realização plena na ideia absoluta enquanto saber de si mesma.

Na lógica do conceito, o processo dialético é *desenvolvimento*, isto é, um movimento no qual o conceito permanece idêntico a si em clareza transparente, não se torna um outro ou estranho a si, uma vez que não *passa* a ser algo externo, como na lógica do ser, nem *aparece* meramente em alguma outra coisa, como na lógica da essência, mas se desdobra livremente a partir de si mesmo (cf. *Enc.*, § 161)[1].

Resumindo, o conceito é unidade da autorrelação afirmativa e da negatividade absoluta, do ser em si e para si e do ser posto. Os momentos dessa unidade são universalidade, particularidade e singularidade. Na medida em que as relações desses momentos se desenvolvem, o conceito é a verdade e a transparência, bem como forma da liberdade ou da autodeterminação completa. No que segue, apresentaremos um roteiro de leitura que analisa as etapas desse desenvolvimento ao longo das três seções.

Capítulo 1: O conceito. A. O conceito universal. Na sua *universalidade*, o conceito é igualdade consigo mesmo na sua determinidade. O universal permeia suas diferenças, tal como o gênero do ser vivo perpassa suas espécies: plantas, animais e ser humano. O conceito permanece, portanto, junto de si mesmo na sua *particularidade*. No singular, o conceito como unidade negativa do universal e do particular está refletido dentro de si, o universal determinado em si e para si.

B. O conceito particular. O conceito universal diferencia a si mesmo em ambas as espécies, o universal e o particular. O universal do conceito se afirma, portanto, de modo duplo: como espécie-universal ao lado da espécie particular e, acima disso, como gênero-universal. As espécies do conceito, o universal e o particular, estão em uma *relação de coordenação*. Visto que as espécies são determinadas como particulares frente ao universal do conceito, elas estão numa *relação de subordinação* a ele. A apresentação da relação do universal com o particular dá a conhecer que suas

---

1. A tradução em português da *Ciência da Lógica* da *Enciclopédia* de 1830 de Hegel se encontra em: HEGEL, G.W.F. *Enciclopédia das Ciências Filosóficas em Compêndio (1830)*. Vol. I. *A Ciência da Lógica*. São Paulo: Loyola, 1995 [Tradução de Paulo Meneses].

diferenças não se deixam fixar. Ambos, o universal e o particular, são apenas o particular *do* universal.

C. O singular. Essa estrutura do conceito se dobra sobre si no *singular*, que, por um lado, é a síntese do universal e do particular, por outro, é a perda do conceito. Através da singularidade, na qual o conceito retorna para dentro de si mesmo, ele sai simultaneamente de si e entra na efetividade. O singular se afirma assim como coisa singular ou como o real do qual o conceito se diferencia e com o qual simultaneamente se relaciona. Isso conduz à relação do juízo.

Capítulo 2: O juízo. No juízo, um objeto singular é relacionado com uma determinação universal pela cópula "é" (S é U). Do ponto de vista gramatical, a relação entre as duas determinações do conceito está expressa por meio da relação de sujeito e predicado (S é P). Hegel interpreta a cópula como identidade. O juízo afirma que a determinação compete identicamente ao objeto, independentemente do ato subjetivo do julgar.

O juízo é o âmbito da dualidade dentro da lógica da subjetividade, pois o meio-termo entre ambos os seus lados não é uma determinação do conceito, mas a mera cópula. No silogismo, o meio-termo é novamente conceito, a saber, é o conceito de meio-termo (*terminus medius*) que medeia ambas as premissas do silogismo entre o conceito menor e o conceito maior.

O juízo desenvolve-se em três graus: no grau lógico do ser, da essência e do conceito. O grau intermediário está novamente dividido em duas partes: reflexão e necessidade. O terceiro grau contém a passagem para o silogismo. Neste desenvolvimento a cópula assume sucessivamente um significado lógico de acordo com a progressão: ser, essência e conceito. Isso tem consequências tanto para os sujeitos como também para os tipos da predicação do juízo.

Os graus do desenvolvimento do juízo são os seguintes: A. o juízo do ser aí, B. o juízo da reflexão, C. o juízo da necessidade e D. o juízo do conceito. Com o juízo do conceito já está alcançado implicitamente o silogismo, porque aqui a unidade do conceito é restabelecida e a cópula está adequada à lógica do conceito.

Hegel reconstrói a tábua dos juízos de Kant, que derivava as funções lógicas do entendimento ou categorias a partir do fio condutor de quatro classes de juízos (quantidade, qualidade, relação e modalidade) que Kant retomava da doutrina aristotélica do silogismo. Nem toda proposição é um juízo, mas são juízos somente as proposições nas quais são enunciadas uma determinação universal ou particular do singular. Com isso, Hegel exclui da sua reconstrução proposições do tipo: "Aristóteles faleceu no 73º ano de sua idade" (p. 94), as quais se limitam a enunciar algo singular de outro singular.

A especificidade do tratamento hegeliano do juízo e do silogismo consiste no fato de que ele não procede empiricamente como a lógica formal, a saber, não cataloga as formas lógicas separadamente do seu conteúdo extralógico, mas as desenvolve de modo dialético correspondentemente ao conteúdo lógico interno da própria forma. Conforme a inversão justificada na *Doutrina do Ser*, o primeiro conteúdo lógico da forma é a qualidade, não a quantidade.

A. O juízo do ser aí. O juízo diz de modo totalmente abstrato: o singular é o universal (S é U). No juízo do ser aí, um singular está determinado por uma qualidade: a rosa é vermelha. À rosa compete identicamente o vermelho. Por outro lado, a rosa não é idêntica ao seu vermelho. Portanto, é preciso proceder para o juízo negativo, que no âmbito do juízo qualitativo atua como sucessor do juízo positivo. O singular não é algo universal, mas particular: a rosa é cor-de-rosa. Todavia, o juízo negativo não pode explicar a necessidade da especificação do predicado: o singular também não é algo particular. Resulta, por um lado, o juízo idêntico: o singular é apenas o singular, por outro, o juízo negativo infinito, no qual o sujeito e o predicado caem fora um do outro: a rosa não é nenhum elefante. A dialética do juízo do ser aí mostra que o singular não pode ser determinado exaustivamente em suas qualidades. Exige-se, portanto, a passagem para um tipo ulterior do juízo capaz de remediar a falta do juízo do ser aí.

B. O juízo da reflexão. No juízo da reflexão a cópula não exprime mais a identidade que se dá imediatamente, mas a identidade no sentido da reflexão. Os predicados não são mais, então, qualidades imediatas, e sim predicados de disposição, por exemplo, útil, curativo etc. Os predicados universais da reflexão são qualidades de segundo grau, qualidades refletidas, que exprimem aspectos essenciais do sujeito. Esse estado de coisas exerce também um efeito retroativo sobre a quantidade do sujeito do juízo. Resultam os seguintes juízos: (a) o juízo singular: esta planta é curativa, (b) o juízo particular: algumas plantas são curativas e (c) o juízo universal: todos os homens são mortais. Todos os singulares são o universal. Com isso, a universalidade, que anteriormente estava apenas no lado do predicado, está posta também no lado do sujeito.

C. O juízo da necessidade. Com o juízo da necessidade, resultante da dialética do juízo da reflexão, altera-se novamente o conteúdo lógico da cópula e também aquele do predicado e do sujeito, portanto, o de todo o juízo, na medida em que agora se tematiza novamente a categoria da substância. Disso se segue uma sequência de formas. (a) O juízo categórico, no qual um gênero ou uma espécie são enunciados necessariamente do indivíduo: a rosa é uma planta ou o ouro é metal. (b) O juízo hipotético, no qual, em virtude da sua substancialidade idêntica, um lado como antecedente assume o lugar do sujeito e o outro lado, como consequente, o lugar do predicado: se A é, então B é. No (c) juízo disjuntivo o gênero-universal se afirma uma vez como determinação simples, outra vez como disjunção completa de suas particularidades: "a obra de arte poética é ou épica ou lírica ou dramática" (*Enc.*, § 177, adendo). O juízo disjuntivo exprime a autodiferenciação de um universal, com a qual o juízo retorna para a unidade do conceito.

D. O juízo do conceito. Com o juízo disjuntivo, o conteúdo do juízo é o próprio conceito e a cópula corresponde ao conceito. No juízo do conceito um objeto singular é relacionado com seu conceito. Esse juízo avalia até que ponto o sujeito corresponde a seu conceito. Trata-se, portanto, de um juízo valorativo.

(a) No juízo assertórico um singular determinado como exemplar de um gênero é avaliado como bom ou ruim: Esta casa é boa ou ruim. Aqui o avaliar tem a forma de uma asseveração à qual, com o mesmo direito, pode ser oposta a asseveração contrária. (b) O juízo problemático enuncia a relatividade das afirmações e introduz o critério da avaliação, a saber, a constituição da Coisa em questão. O singular pode ser bom ou ruim, dependendo de como ele está constituído. (c) No juízo apodítico o fundamento mediador e, com isso, a fundamentação da avaliação está inserida no próprio juízo: "a casa *constituída* desta maneira e daquela é *boa*" (p. 131).

Passagem para o silogismo: No juízo do conceito, sujeito e predicado já contêm neles mesmos o juízo inteiro. A relação por meio da cópula implica, ao mesmo tempo, o fundamento (a constituição enquanto particularidade) para a correspondência do sujeito e do predicado. Com o preenchimento do "é" vazio, da cópula, por meio de uma determinação do conceito, o juízo suprassumiu-se no silogismo.

Capítulo 3: O silogismo. O silogismo está estruturado por uma tripartição: A. o silogismo do ser aí (1ª, 2ª e 3ª figura), B. o silogismo da reflexão (o silogismo da todidade, da indução e da analogia) e C. o silogismo da necessidade (o silogismo categórico, hipotético e disjuntivo).

A. O silogismo do ser aí. Tanto nas premissas como também nas conclusões do silogismo do ser aí, o mais universal é enunciado do menos universal, respectivamente: o universal é enunciado do particular (premissa maior), o particular é enunciado do singular (premissa menor) e o universal é enunciado do singular (conclusão). Para o silogismo do ser aí duas dessas predicações têm de ser escolhidas como premissas; a terceira premissa resta, então, para a conclusão. Dessa escolha resulta qual determinação existe como meio-termo em ambas as premissas e desaparece na conclusão. Com esse procedimento podem ser reconstruídas as três figuras aristotélicas do silogismo do ser aí: 1ª figura: todos os homens são mortais (P-U). Caio é um homem (S-P). Portanto, Caio é mortal (S-U) (S-P-U). 2ª figura: Computadores são úteis (S-U (u)). Algumas coisas são computadores (S-P (p)). Portanto, algumas coisas são úteis (P-U (p) (P-S-U). 3ª figura: Todos os homens são mortais (S-U (u)). Nenhum deus é mortal (P-U (n)). Portanto: nenhum homem é um deus (S-P (n)) (S-U-P)[2]. Na lógica do conceito de 1816, Hegel menciona como 4ª figura o silogismo matemático, no qual se abstrai da determinidade dos termos: "se duas coisas ou determinações são iguais a uma terceira, elas são iguais entre si" (p. 152).

B. O silogismo da reflexão. (a) o silogismo da todidade: nos silogismos da reflexão o meio-termo não é mais apenas uma determinidade particular do sujeito, mas como meio-termo atuam

---

2. (u) = premissa universal, (p) = premissa particular, conclusão particular, (n) = premissa negativa, conclusão negativa.

todos os sujeitos singulares concretos de um gênero universal determinado. O conceito de meio-termo não representa uma qualidade, mas uma quantidade: a quantidade completa ou a todidade. Como primeira figura do silogismo da reflexão resulta o silogismo da todidade com a particularidade como determinação conceitual do meio-termo:

> Premissa maior: Todos os homens são mortais. Todos P são U.
> Premissa menor: Caio é um homem. S é P.
> Conclusão: Portanto, Caio é mortal. S é U.

Aqui a premissa maior pressupõe a conclusão: sabemos que todos os homens são mortais, porque já sabemos que este homem singular, Caio, é mortal. Mas primeiro é preciso justificar a premissa maior. Isso se dá no silogismo da indução.

(b) O silogismo da indução. No silogismo indutivo é silogizada uma propriedade universal do gênero dos singulares, porque ela é encontrada por experiência em todos. Mas porque a totalidade potencialmente infinita de todos os singulares não pode ser examinada empiricamente, o desenvolvimento da propriedade universal do gênero permanece um ideal inacessível do saber:

P - S - U	exemplo:	premissa maior: ouro, prata, cobre etc. são condutores elétricos.
S		premissa menor: ouro, prata, cobre etc. são metais.
S		portanto: todos os metais são condutores elétricos (cf. *Enc.*, § 190, adendo).
Etc.		

(c) O silogismo da analogia: porque a totalidade dos singulares na sua integridade não é experimentável, o silogismo da indução pressupõe um outro silogismo, o silogismo da analogia, no qual o gênero universal, mas na figura de um singular tomado universalmente, serve como conceito de meio-termo: "A *Terra* tem habitantes; a lua é *uma terra*, logo, a lua tem habitantes" (p. 165).

A analogia mostra-se como superficial ou falsa. A habitabilidade da Terra não tem a ver com o fato de ela ser um corpo celeste em geral, mas com o fato de ela ter, por exemplo, uma atmosfera determinada. Visto que aqui o meio-termo pode ter duas determinações do conceito (como singular, a Terra é representante do corpo celeste em geral, e como particular, é corpo celeste determinado), o silogismo da analogia permanece indeterminado. Não fica claro por que a Terra tem habitantes. O silogismo da analogia contém a exigência de que sua própria premissa seja conclusão.

A figura predominante do silogismo do ser aí é a 1ª figura, com a particularidade como conceito do meio-termo. O silogismo da reflexão tem na sua figura básica, o silogismo indutivo, o singular como conceito do meio-termo. Portanto, ele é dominado pelo esquema da 2ª figura do silogismo formal. O terceiro tipo de silogismo, o silogismo da necessidade, conduz ao fim da lógica do silogismo e à passagem para a objetividade. O silogismo da necessidade tem o universal como determinação do meio-termo. Sua figura de referência é, portanto, a 3ª figura do silogismo formal.

C. O silogismo da necessidade. O silogismo da necessidade tem três formas: (a) No silogismo categórico (S-P-U), uma espécie particular ou gênero determinado forma o meio-termo entre um indivíduo, por um lado, e uma determinação específica universal da espécie ou do gênero, por outro lado. Por exemplo: (premissa maior) cobre é metal (S-P), (premissa menor) metal é condutor elétrico (P-U), portanto (conclusão), cobre é condutor elétrico (S-U). (b) No silogismo hipotético, a premissa maior forma um juízo hipotético: Se A é o caso ou existe, então B é o caso. Na premissa menor, acrescenta-se o ser imediato, o ser o caso do A: A é. Daí a conclusão: portanto, B é o caso. Aqui o ser do A singular é o meio-termo do silogismo (U-S-P). Um fato singular A medeia aqui a conexão de condição necessária entre si mesmo como antecedente e um fato singular B ulterior como consequente. (c) No silogismo disjuntivo, o silogismo da necessidade alcança sua figura dominante colocando a universalidade como meio-termo. Ao mesmo tempo, a forma do silogismo é suprassumida no silogismo disjuntivo, pois o universal mediador nas premissas está presente também nos termos da conclusão. Ele atua tanto nas premissas como a totalidade de suas particularidades como também na conclusão enquanto particular singular: "A é ou B ou C ou D, mas A não é nem C nem D; logo, ele é B" (p. 136). Com isso, a Coisa em questão está silogizada na sua especificidade e a diferença formal entre os extremos e o termo médio do silogismo está rompida. A Coisa compreendida se mostra como este universal determinado e, com isso, distinguido do próprio silogismo.

Passagem para a objetividade: "Com isso, realizou-se o conceito em geral; mais determinadamente, ele ganhou uma realidade tal que é *objetividade*" (p. 177). Hegel introduz a objetividade como "totalidade do conceito que regressou para dentro da sua unidade" (p. 249), como um imediato que certamente está estruturado pela totalidade do conceito, mas na qual o conceito está primeiramente irreconhecível. Hegel coloca a passagem da subjetividade ou do conceito subjetivo para a objetividade em relação à prova da existência de Deus, fazendo desta uma aplicação particular do movimento lógico apresentado. Além disso, essa passagem configura a transição da ontologia do efetivo estruturado de modo proposicional, segundo a qual todas as coisas são um juízo e um silogismo (a estrutura formal do algo enquanto algo é uma relação entre as determinações do conceito), para a ontologia da objetividade, segundo a qual todas as coisas são objetos, portanto, não entidades isoladas, mas tais que têm nelas a forma lógica da totalidade.

Segunda seção: A objetividade. Com os três capítulos sobre mecanismo, quimismo e teleologia, Hegel integra problemas da filosofia real na lógica, mas ao mesmo tempo lhes confere um sentido especificamente lógico no desdobramento do conceito. Na passagem para a objetividade, o conceito se revela como objeto. Enquanto é o conceito objetivamente transformado, o objeto é a totalidade na qual a mediação do conceito se suprassumiu até tornar-se imediatidade. O objeto cai, portanto, imediatamente na relação exterior de muitos objetos, dos quais cada um é uma totalidade: "O objeto é, portanto, a *contradição* absoluta da autossubsistência absoluta do multíplice e da não autossubsistência completa dos diferentes" (*Enc.*, § 194 [tradução nossa]).

Capítulo 1: O mecanismo. O objeto é considerado ao longo dos graus do desenvolvimento do mecanismo, quimismo e da teleologia, nos quais ele assume figuras diferentes. O capítulo sobre o mecanismo discute os princípios da macrofísica determinista de objetos naturais e espirituais que têm sua determinidade fora deles, em outros objetos. O capítulo estrutura-se em A. o objeto mecânico, B. o processo mecânico e C. o mecanismo absoluto. Aqui Hegel transcreve logicamente as categorias metafísicas da astrofísica e da mecânica.

Capítulo 2: O quimismo. O capítulo sobre o quimismo discute os princípios dos objetos químicos. De acordo com ele, esses objetos têm sua determinidade na *"relação com outro"* (p. 205), portanto, uma ligação mais estreita um ao outro do que os objetos no mecanismo. A microfísica e a química que se desenvolviam na época de Hegel postulavam entidades teóricas que decompõem os macro-objetos em partículas elementares. Hegel entende o quimismo no sentido amplo, não apenas no sentido mais restrito como quimismo da "natureza elementar", mas como "base *formal*" para a "relação sexual" no ser vivo e "para as relações espirituais do amor, da amizade etc." (p. 206).

Capítulo 3: A teleologia. O capítulo sobre a teleologia tematiza, por um lado, a relação de meio e fim como teleologia subjetiva do agir intencional, por outro, a crítica da finalidade externa conduz a investigar a conformidade interna a fins que organizam a vida, que na época de Hegel se torna tema da biologia. A estrutura formal da vida como teleologia interior é objeto do último estágio da lógica: a ideia.

Hegel recorda "que a oposição da teleologia e do mecanismo é, inicialmente, a oposição mais universal da *liberdade* e da *necessidade*. Kant apresentou a oposição nessa forma nas *antinomias* da razão, e precisamente como o *terceiro conflito das ideias transcendentais*" (p. 217). Hegel critica o estatuto igual da liberdade e da necessidade em Kant e destaca que a relação de finalidade se mostra como verdade do mecanismo. "A finalidade resultou como o *terceiro* em relação ao mecanismo e ao quimismo; é a verdade deles" (p. 220).

A supremacia da relação de meio e fim sobre o mecanismo causal reside no fato de que ela desenvolve uma conexão maior, na qual o conceito "se silogiza com a objetividade e, nesta, consigo mesmo" (p. 223). A forma do agir intencional do conceito já constitui uma racionalidade prática, ainda que ele não seja a razão prática do bem. A finalidade utiliza os aspectos dos objetos mecânicos e químicos como meio para a execução do fim na objetividade. Aqui o agir racional conforme a fins assume o caráter do trabalho. A finalidade relativa, exterior, é finalidade da ação. Das finalidades subjetivas da ação intencional devem ser distinguidas as finalidades objetivas internas da natureza, que Hegel trata sob o título da "vida".

Hegel integrou a relação do mecanismo e da teleologia relativamente tarde no projeto da sua Lógica Subjetiva. Todavia, para ele estava claro que o princípio da finalidade tem de ter um lugar central na lógica do conceito na passagem para a ideia. Como na parte prática da *Doutrina da Ciência* fichteana de 1794/1795, que contém uma teoria do impulso e do esforço, em Hegel a teleologia desempenha um papel normativo para a realização da ideia da razão. O conceito enquanto finalidade é o racional que se esforça para sua efetivação no mundo objetivo.

Na sequência de Fichte, Hegel trata primeiramente das ações racionais de finalidade, portanto, de ações intencionalmente orientadas pela subjetividade. A ação prática (*Handlung*) é compreendida como objetivação do conceito: "A finalidade é, portanto, o conceito subjetivo, como esforço e impulso essenciais para se pôr exteriormente" (p. 221). Como resultado da teleologia, Hegel mantém firme que a conformidade exterior a fins da ação "permanece como uma determinação externa, subjetiva" (p. 231) o que inclui a exigência de passar para as finalidades objetivas em si e para si, nas quais a subjetividade não está mais silogizada com a objetividade meramente numa relação de exterioridade, mas é a unidade adequada do subjetivo e do objetivo localizada inicialmente naquele ser objetivo que constitui a vida.

Resumindo, enquanto na lógica do conceito subjetivo o conceito se sabe como conceito da Coisa em questão, com a passagem para a objetividade o conceito se afirma como finalidade que se realiza no seu ser outro por si mesmo. A efetividade objetiva não é meramente o que ela é, mas o que ela é se estabeleceu pelo próprio conceito. Mecanismo, quimismo e teleologia são modos nos quais o conceito está incorporado em âmbitos determinados da objetividade, estruturados por uma sequência hierárquica de estágios que culminam na teleologia. Nesta o conceito se sabe ele mesmo como conceito que pervade a objetividade e ganha através disso um ser para si, quer dizer, o conhecimento de si mesmo. Com o conceito como finalidade objetiva, o conceito começa a se realizar enquanto ideia.

Terceira seção: A ideia. Para Hegel, a ideia não deve ser apenas postulada enquanto totalidade projetada, como em Kant, mas a ideia vale como objetividade adequada do conceito, como unidade do conceito e da realidade. Todo efetivo *é* na verdade somente enquanto ele tem a ideia dentro de si e a exprime, mesmo que exista muito efetivo cuja objetividade não corresponde completamente ao conceito. A ideia é: (1) a ideia da vida, (2) a ideia do conhecer e (3) a ideia absoluta. Esta última expõe o método, quer dizer, a visão retrospectiva sobre o caminho da lógica, na qual o andamento inteiro da lógica está logicamente resumido. Por fim, a ideia absoluta deixa sair livremente de si a exterioridade do espaço e do tempo e faz surgir, deste modo, a natureza, a partir da qual a ideia retorna finalmente a si como espírito. Desse desenvolvimento da ideia absoluta, porém, trata a chamada filosofia real, que inclui a filosofia da natureza e do espírito.

Capítulo 1: A vida. Com efeito, na ideia da vida o conceito é ser para si, mas ele é ao mesmo tempo "mergulhado em sua objetividade submetida a ele" (p. 261). Assim ele se afirma como alma e, com isso, como princípio do ser vivo. O capítulo sobre a vida se divide em três partes: A. o indivíduo vivo, B. o processo vital e C. o gênero. A vida se realiza pelo compreender de si mesma como fim em si mesma através dos graus do autossentimento, da dor até alcançar a consciência da sua universalidade genérica.

Capítulo 2: A ideia do conhecer. Na passagem da ideia da vida para a ideia do conhecer, passagem que corresponde à passagem da natureza para o espírito na filosofia real, o conceito adquire certamente um ser para si livre enquanto sabe de ser o esforço para transpor a divisão entre os dois polos da ideia. Contudo, a falta do conceito que é ser para si na ideia do conhecer consiste no fato de que a ideia ainda tem o *status* de subjetividade e finitude, e no esforço de superar a estranheza da objetividade ainda se contrapõe a essa.

A ideia do conhecer se articula em dois itens: A. a ideia do verdadeiro e B. a ideia do bem. Enquanto ideia do verdadeiro, o conceito tem o impulso de apreender teoricamente a efetividade. Todavia, o conhecer teórico permanece como conhecer finito. Embora o sujeito cognoscente transforme o objeto em algo seu, o objeto permanece como dado. Hegel esboça duas espécies do conhecer teórico: (a) o conhecer analítico e (b) o conhecer sintético. O conhecer analítico parte do princípio da identidade abstrata e sua realização exemplar é a aritmética. O conhecer sintético, que é realizado principalmente pelo conhecer geométrico, articula-se em (1.) definição, (2.) divisão e (3.) teorema. Este último, junto com a definição, exprime a ideia como unidade do conceito e da realidade, mas ao mesmo tempo sua separação. A derivação da realidade a partir do conceito fica inacessível a essa forma do conhecer.

A ideia do conhecer é o conceito enquanto finalidade que ainda não se realizou completamente. Essa falta é superada na medida em que o conceito se realiza também como ideia, ainda que na forma teleológica. Isso acontece pela mediação prática do conhecimento teórico através da ideia do bem. Inversamente, a ideia do bem necessita de uma complementação pela ideia teórica do verdadeiro, porque para Hegel unicamente o conhecimento da efetividade como sendo em si e para si racional apresenta a garantia de que a ideia do bem se pode expandir universalmente nela. Apenas uma efetividade já conhecida como racional, quer dizer, uma efetividade estruturada pelo conceito, não atrapalha a realização do bem.

Capítulo 3: A ideia absoluta. A ideia absoluta é a síntese da ideia teórica e prática *enquanto* ideia do conhecer. Nela o conceito se sabe teoricamente como realização prática bem-sucedida do bem, quer dizer, de si mesmo na objetividade. Já o mero conhecer teórico é um esforço. No conhecimento do mundo o conceito é ativo como *"impulso* [...] para, *através de si mesmo*, encontrar e conhecer *a si mesmo em tudo"* (p. 316). A ideia do conhecer contém dentro de si uma teleologia do conhecer do verdadeiro e da realização prática do bem, mas ambos marcam o estágio intermediário entre a ideia da vida e a ideia absoluta. Na ideia absoluta o bem realizado em si e para si, ou seja, o conceito realizado praticamente na objetividade, é sabido teoricamente. A ideia absoluta é a identidade sabida do conceito subjetivo no seu ser para si e da sua realização prática na objetividade. Na ideia absoluta o conceito se sabe, portanto, teoricamente como realização prática bem-sucedida do bem, quer dizer, de si mesmo na objetividade.

Na ideia absoluta, o conceito é a subjetividade no sentido que ele sabe o mundo objetivo como sua realização e de si como o princípio dessa realização. Aqui o objeto do conhecimento é a realidade do conceito, o sujeito do conhecer é o próprio conceito que se sabe. Porque na ideia absoluta o conceito sabe apenas ainda de si mesmo, a ideia absoluta se configura como autoconsciência metódica da forma do automovimento do conceito na sua realização.

O método mostra que a lógica não é uma mera circulação eterna dentro de si. Ainda que a forma lógica, o método, permaneça constantemente igual, alteram-se, todavia, os conteúdos, de modo que cada círculo não apenas repete o anterior, mas sim desdobra um elemento novo. Como círculo dos círculos, a lógica tem a configuração de uma espiral de desenvolvimento progressivo de um estágio para outro. Não obstante, a lógica se move em direção a uma meta final, que é alcançada lá onde toda determinação deixa de ser imediata e se torna posta, quer dizer, compreendida, conhecida e refletida: o saber-se completo do conceito.

Passagem para a natureza e para a filosofia real: a ideia absoluta que se consuma na lógica como método permanece no âmbito da determinidade lógica da ideia, de modo que a estrutura plena da ideia absoluta como mediação da lógica, da natureza e do espírito ainda não vem à tona. Ao mesmo tempo, o capítulo conclusivo, que ainda é somente a autorreflexão da forma lógica da ideia absoluta, com a passagem da ideia logicamente absoluta para a natureza, representa um esboço preliminar do sistema inteiro de filosofia hegeliana, cujo compêndio Hegel apresenta ao público pela primeira vez no ano de 1817, um ano depois da publicação da lógica do conceito, em sua *Enciclopédia das Ciências Filosóficas*.

A decisão livre da ideia absoluta de exteriorizar-se na natureza tem de ser fundamentada nela mesma de modo lógico. A falta da ideia absoluta como ideia lógica reside no fato de que ela chegou somente à consumação dentro de si, o que, no entanto, ainda não significa a perfeição e a conclusão absoluta. Precisamente porque a ideia absoluta está consumada apenas como ideia lógica, ela tem de sair dela mesma e entrar numa outra esfera. Porque a ideia absoluta é a totalidade do mundo na sua pensabilidade completa, a totalidade do mundo é a ideia que se realiza, precisamente a ideia exteriorizada no espaço e tempo. Com isso a natureza é ela mesma a ideia, mas a ideia na sua alteridade, quer dizer, a ideia que saiu da interioridade da lógica, a ideia absoluta exteriorizada.

Através da suprassunção da exterioridade da ideia na natureza, a ideia retorna a si como espírito. Os graus do desenvolvimento da ideia absoluta são, portanto: a ideia lógica, a natureza e o espírito. Isso explica por que com o espírito o desenvolvimento dialético da ideia chega à conclusão. A tríade da ideia lógica, da natureza e do espírito é, portanto, a figura última definitiva da mediação da ideia absoluta, na qual o sistema de Hegel se fecha e se aperfeiçoa. Apenas como espírito absoluto que se consuma, por sua vez, na filosofia, a ideia absoluta se apreende como o sujeito absoluto do processo inteiro.

Agradecemos à Capes pelo aporte financeiro para subsidiar o trabalho dos tradutores, e ao Programa de Pós-Graduação em Filosofia da Pontifícia Universidade Católica do Rio Grande do Sul (PU-CRS), local onde está sediado o projeto de tradução e onde se reúne a equipe de tradução desta obra hegeliana no Brasil.

Christian Iber e *Federico Orsini*

Porto Alegre, agosto de 2018.

NOTA DOS TRADUTORES

O terceiro e último livro da *Ciência da Lógica*, intitulado *Doutrina do Conceito*, foi publicado em 1816 pelo editor Joseph Leonhard Schrag em Nuremberg e constitui a segunda parte da *Ciência da Lógica*, denominada Lógica Subjetiva. A presente tradução foi extraída do volume sexto da edição das obras completas de Hegel organizada por Karl Markus Michel e Eva Moldenhauer. Esta edição, normalmente conhecida como *Theorie-Werkausgabe*, foi publicada em vinte volumes pela Editora Suhrkamp de Frankfurt am Main entre 1969 e 1971.

O estilo da presente tradução busca ser o mais aderente possível à articulação linguística da apresentação hegeliana, com base na convicção de que a tarefa do tradutor não é aquela de explanar ou enfeitar o texto original, mas antes a de reproduzir a ordem teórica do discurso, por mais difícil e tortuosa que ela seja.

Na execução do trabalho, os tradutores levaram em consideração a tradução brasileira da *Lógica* da *Enciclopédia das Ciências Filosóficas em Compêndio (1830)* feita por Paulo Meneses. Além disso, consultaram-se as traduções já existentes da *Doutrina do Conceito* nas seguintes línguas: espanhol, francês, italiano e inglês.

Contudo, a comparação com essas traduções não pôde nos isentar de enfrentarmos algumas questões controversas acerca da escolha das correspondências lexicais de alguns dos termos mais relevantes da linguagem filosófica de Hegel. No *Glossário*, colocado no fim do presente volume, o leitor poderá verificar em detalhes tais escolhas lexicais. Algumas delas estão indicadas nas notas de rodapé assinaladas como *Notas dos Tradutores* [N.T.].

A maioria dos termos mais controversos que se encontram na *Doutrina do Conceito* já foram discutidos na Nota dos Tradutores dos volumes anteriores da *Ciência da Lógica*. Além disso, convém observar que o próprio Hegel se preocupa em explicar ao longo do texto o sentido preciso dos termos fundamentais que compõem o vocabulário da Lógica Subjetiva, notavelmente dos termos "subjetividade", "conceito", "juízo", "silogismo", "objetividade", "ideia" e "vida". Apesar da dificuldade na ordem da compreensão, os termos distintivos da Lógica Subjetiva não apresentam dificuldades específicas na ordem da tradução. Uma vez que a *Doutrina do Conceito* retoma todos os termos da Lógica Objetiva (*Doutrina do Ser* e *Doutrina da Essência*) e introduz novos termos, cabe aqui reproduzir o conteúdo da Nota dos Tradutores dos volumes anteriores e complementá-la, no final, com a discussão de três termos da Lógica Subjetiva cuja tradução pode resultar mais controversa, a saber: *Zweck, Bedürfnis* e *zusammenschließen*.

• *Aufheben.* A fim de dispormos de um verbo que pudesse expressar as três nuanças de *aufheben* (isto é: negar, conservar, elevar), resolvemos seguir a solução já inventada por Paulo Meneses: o neologismo *suprassumir*. Este verbo foi cunhado justamente para significar o caráter progressivo de uma ação que, ao mesmo tempo, realiza um negar ou suprimir [sumir], um conservar [assumir] e um elevar [supra+assumir]. A nosso ver, as outras opções disponíveis estão afetadas por unilateralidades ou evidentes diferenças semânticas, que podem originar uma compreensão desviante do texto hegeliano, como por exemplo, "superar", "remover" ou "suspender".

• *Äußerung.* O termo foi traduzido por "externação", não por "exteriorização", a fim de preservar uma diferença em relação à tradução de *Entäußerung* (exteriorização). É objetivamente difícil tentar reproduzir em português a diferença sutil entre *Äußerung* e *Entäußerung*, porque o único diferencial é o prefixo inseparável *ent-*, que não tem um análogo em português. O dicionário *Duden* mostra que o prefixo em questão tem várias funções. Quando ele está unido a um adjetivo para formar um verbo (em nosso caso, o adjetivo de referência é *außer*, "exterior"), cria-se uma palavra cujo significado é o processo pelo qual o sujeito da ação se torna aquilo que o adjetivo designa. Assim, a locução *sich entäußern* dever-se-ia traduzir por "tornar-se exterior a si" ou "exteriorizar-se".

O significado mais neutro de *Entäußerung* é a ação de tornar-se exterior por parte do sujeito dessa mesma ação. A diferença entre *Entäußerung* e *Äußerung* é que o primeiro termo sugere um esvaziamento completo do interno para o externo, enquanto o agente da *Äußerung* não se transpõe completamente para o exterior, mas mantém seu caráter interno ainda distinto do externo com o qual ao mesmo tempo se relaciona. Assim, a força não se esgota na sua expressão exterior. Por isso, força e externação são determinações de relação (*Verhältnis*) que ainda não se compenetraram na identidade do interior e do exterior.

• *Dasein*. A fim de deixarmos clara a relação com *Sein* (ser) e simultaneamente a diferença em relação ao termo *Existenz* (existência), provido de um significado distintivo precisamente na *Doutrina da Essência*, optamos por traduzir *Dasein* como *ser aí*, o qual constitui a forma mais elementar de ser determinado na *Doutrina do Ser* e entra em cena na *Doutrina da Essência* no significado novo de "ser posto". Achamos que a confusão da tradução de *Dasein* e de *Existenz* conduziria fatalmente à extinção de uma distinção teórica relevante para a compreensão da *Lógica* como um todo.

• *Das Seiende/seiend*. Enquanto a tradução do termo *Sein* por "ser" é incontroversa e consolidada, isso não se pode dizer do particípio presente substantivado do verbo "ser", a saber, *das Seiende*. As soluções viáveis para o termo em questão eram as três seguintes: "o que é", "o essente" e "o ente". No caso do substantivo *Seiendes*, optamos por "ente", recorrendo à forma nominal importada do verbo "ser" em latim, por falta de um correspondente português do particípio presente alemão. A escolha do vocábulo "ente" não responde apenas a uma necessidade gramatical. A ela vai atrelada uma questão de conteúdo. De fato, pretendemos deixar claro que Hegel queria referir-se ao termo por excelência dos tratados escolásticos de metafísica geral, a saber, o termo *ens*, a fim de propor uma reconstrução de todos seus desdobramentos categoriais. Justamente por isso, "ente" constitui a tradução mais fiel do termo latino.

Usamos a frase relativa "que é" para traduzir o particípio *seiend* onde ele desempenha a função de adjetivo, como, por exemplo, na expressão "*seiende Unmittelbarkeit*", traduzida por "imediatidade que é". Normalmente, em todos os casos nos quais o particípio presente no original alemão tinha a função de adjetivo, resolvemos traduzi-lo por meio da frase relativa. Aqui surgiu a dúvida se escolher "essente" para traduzir *seiend*.

Na tradução da *Doutrina do Ser*, descartamos a opção "essente", pois ela evocava uma proximidade desviante (pelo menos no âmbito da *Doutrina do Ser*) com o termo "essência", associado a uma esfera de determinação do pensar que Hegel diferencia da esfera do ser. Embora a esfera do ser, depois de ter sido negada pela esfera da essência, volte nesta mesma esfera como forma de realização externa da essência, resolveu-se manter uma uniformidade no estilo da tradução do primeiro e do segundo livro da Lógica Objetiva. Por isso, a tradução de *seiend* permanece "que é". Seja qual for a opção de tradução para *seiend*, cabe destacar que sua função adjetival é sempre a de destacar que a categoria assim qualificada se encontra no elemento do ser. Este elemento marca um estágio momentâneo de repouso e de imediatidade no processo de formação do elemento lógico, repouso e imediatidade que se determinam normalmente por contraste com o caráter deviniente (*werdend*) ou ideal das categorias do ser e com o caráter refletido das determinações da essência.

Assim como descartamos a tradução de *das Seiende* pelo gerúndio "o sendo/o que está sendo", assim evitamos traduzir *seiend* como "que está sendo". No caso do particípio substantivado, "o sendo" é um uso gramaticalmente incorreto do gerúndio, ao qual não corresponde nada semelhante no original alemão. No caso da locução "o que está sendo" com função de adjetivo ou de substantivo, vale observar que a expressão tem o inconveniente de atribuir às duas funções uma conotação temporal, a qual, de acordo com Hegel, não é compatível com as estruturas da *Lógica*. Assim como o substantivo "o sendo" seria gramaticalmente inviável, assim o uso de "sendo" como adjetivo (por exemplo, "o algo sendo" contraposto ao algo existente) não resultaria gramaticalmente correto. Embora os defensores da opção "sendo" queiram evidentemente destacar o caráter processual do ser por meio do gerúndio, deve-se lembrar que Hegel tem à disposição outros recursos (por exemplo, *werdend*) para tornar explícito o dinamismo do ser.

Por fim, descartamos a opção "ôntico" para *seiend*, porque "ôntico", embora designe de modo geral o que se relaciona ao ente, está semanticamente muito carregado por causa da enorme influência da hermenêutica heideggeriana, com sua ênfase na diferença ontológica entre ente e ser. Uma vez que a diferença entre ser e ente não significa em Hegel a mesma coisa que a diferença heideggeriana entre ôntico e ontológico, o termo "ôntico" teria dado origem a sobreinterpretações.

• *Inbegriff.* O termo foi traduzido por "sumo conjunto", preferido à solução "suma" proposta por Meneses, na tentativa de reunir em uma única locução tanto a conotação do "conjunto de todas as realidades" quanto aquela de "suma" ou essência delas. Foi levada em consideração a possibilidade, desfrutada por alguns intérpretes, de traduzir o termo em questão por "conceito inclusivo/englobante". Embora esta opção apresente a vantagem de conservar a referência a *Begriff* ("conceito") como parte constituinte do termo, resolvemos deixar de lado a dita solução, a fim de poupar aos leitores a confusão com o termo especulativamente relevante *Begriff* ("conceito"), que, a nosso ver, implica uma crítica radical à noção tradicional de Deus como "sumo conjunto de todas as realidades".

• *Erscheinung, erscheinen.* O substantivo *Erscheinung* foi traduzido normalmente por "aparecimento", com o intuito de mostrar sua proximidade especulativa com "aparência" (*Schein*). De fato, o *Erscheinung* é um desenvolvimento lógico do *Schein*, embora isso não implique a extinção de toda a diferença entre os dois conceitos, pois nem todas as aparências são aparecimentos. Em alguns casos raros, quando o contexto remetia explicitamente ao idealismo transcendental de Kant ou à ordem dos fenômenos físicos, usou-se para *Erscheinung* a tradução "fenômeno". Contudo, "fenômeno" foi usado normalmente para traduzir o termo *Phänomen*. O verbo "*erscheinen*" foi traduzido por "aparecer", que, na segunda seção, tem o sentido peculiar de tornar-se aparecimento. No entanto, esta opção gerou um efeito indesejado: a indistinção entre a tradução de *scheinen* e a de *erscheinen*. Essa dificuldade foi resolvida parcialmente por meio do recurso aos colchetes nas passagens que requeriam uma desambiguação. Cabe destacar que o sentido especulativo de *erscheinen* ocupa um lugar específico na *Doutrina da Essência*, isto é, a segunda seção, enquanto *scheinen* é o verbo principal e, por isso, atravessa todas as três seções do livro.

• *Sache/Ding.* Um único termo português foi usado para traduzir dois termos distintos do alemão, recorrendo, porém, a soluções gráficas diferentes: o termo *Ding* foi traduzido por "coisa"; *Sache*, por "Coisa". A oportunidade de introduzir um elemento gráfico de diferenciação é motivada pela diferença teórica no significado dos termos em questão. *Grosso modo,* quando *Ding* não é por si mesma uma determinação lógica, ela expressa as coisas da natureza ou do espírito, como elas são imediatamente acessíveis à experiência comum, ao passo que *Sache,* como salienta o segundo prefácio (1831) à *Ciência da Lógica,* denota a essência das "coisas" (*Dinge*), enquanto elas são compreendidas pelo pensar científico. No entanto, a relação entre *Ding* e *Sache* se torna um pouco mais complexa no interior da *Doutrina da Essência,* onde tanto *Sache* quanto *Ding* são determinações lógicas reflexivas. A diferença entre elas parece, de fato, muito sutil. *Sache* entra em cena como a imediatidade que surge do desaparecimento da mediação entre fundamento e fundamentado e equivale ao movimento pelo qual a essência se torna existência (*Existenz*). Com isso, Hegel faz a transição da primeira para a segunda seção da *Doutrina da Essência. Ding* já pertence à segunda seção (o aparecimento), onde designa o existente (*das Existierende*), o qual marca o início de um novo processo de mediação interno à existência na forma da relação entre a coisa e suas propriedades. Hegel dedica apenas um breve esclarecimento à diferença entre existência e existente: "A *coisa* é diferenciada de sua *existência,* como o *algo* pode ser diferenciado de seu *ser.* A coisa e o existente são imediatamente um e o mesmo". Contudo, a diferença "não é uma passagem, mas propriamente uma análise, e a existência como tal contém essa própria diferenciação dentro do momento da sua mediação". Além dessa distinção, cabe notar que *Sache* é utilizado na terceira seção (a efetividade) para indicar o modo de ser de um conteúdo interior autossubsistente que adquire uma existência exterior no decurso das condições de sua efetividade, ou seja, por meio da efetivação de sua possibilidade real.

• *Schein, scheinen.* Traduzimos *Schein* por "aparência" e *scheinen* por "aparecer". Em alemão, o verbo *scheinen* tem um duplo sentido, podendo significar tanto uma aparência falsa, que oculta o ser da coisa e se faz passar por algo que não é, quanto um simples mostrar-se em que algo é o que aparece, sem distorção alguma (por exemplo, uma ação honesta é o aparecer da disposição interna do agente). Desde a *Doutrina da Essência,* Hegel pretende expor a necessidade lógica da passagem do primeiro para o segundo sentido de aparência, o qual é o mais autêntico. Fazendo isso, Hegel busca articular uma noção pura de aparecer, quer dizer, um aparecer que não está desde sempre vinculado a um substrato que aparece, mas se constitui pura e simplesmente como processo, sem se apoiar em substratos de algum tipo. Longe de ser uma condição prévia da inteligibilidade do aparecer, o "substrato" é algo que se constitui junto com seu termo correlativo, a "aparência", por meio de um modo específico de reflexão, a saber, a reflexão exterior ou real. Em consideração da especificidade do conceito hegeliano de aparecer, resolvemos evitar a tradução de *scheinen* por "parecer" ou "aparentar", porque estes verbos captam apenas a primeira das duas conotações do verbo alemão, mas não a segunda, que, em nosso ver, é a mais importante.

• *Selbständigkeit*. O termo foi traduzido por "autossubsistência", com vistas a distinguir este termo tanto de "independência", já usado para traduzir *Unabhängigkeit*, quanto de "autonomia", que de imediato pode despertar a associação ao vocabulário específico da filosofia prática kantiana, onde corresponde aos termos *Autonomie* ou *Selbstgesetzgebung*. No uso comum do português, "autonomia" tem referências a âmbitos políticos e econômicos que não podem oferecer o critério para entender o uso de *Selbständigkeit* na *Lógica* de Hegel, onde o termo em questão designa duas situações formais teoricamente distintas e até opostas. Do lado do pensar plenamente racional, trata-se da situação de uma determinação do pensar enquanto nega a independência de seus momentos abstratos, resolvendo-os em uma unidade abrangente e afirmativa, quer dizer, capaz de prestar conta da articulação processual de tais momentos. Do lado do pensar do entendimento ou da representação, a "autossubsistência" indica a maneira na qual as determinações se apresentam, enquanto estão separadas uma da outra, incapazes de dar conta da própria conexão genética.

• *Verhältnis/Beziehung*. Na *Doutrina da Essência*, traduzimos ambos os termos por "relação", desconsiderando a diferença entre os termos alemães, por não encontrarmos no português termos que diferenciassem ambos num sentido adequado ao contexto da *Lógica* de Hegel. Foi considerada a hipótese de diferenciar *Beziehung* e *Verhältnis* por meio de "vínculo" e "relacionamento" respectivamente, mas resultou que cada um desses dois termos tem uma desvantagem. Por designar tudo o que liga *duas* pessoas ou *duas* coisas, "vínculo" tem a desvantagem de não captar a propriedade autorreflexiva da relação a um nível mais abstrato. Por sua vez, "relacionamento" tem a desvantagem de sugerir de imediato o campo demasiadamente concreto das relações humanas. Além disso, "vínculo" e "relacionamento" tendem a esconder a referência às categorias de relação (*Relation*) da lógica transcendental de Kant, com as quais a *Lógica* de Hegel explicitamente se confronta. Por fim, os termos "conexão" e "ligação" não são os mais aptos para traduzir *Beziehung* ou *Verhältnis*, porque eles correspondem à tradução de termos diferentes em alemão, como consta pelo *Glossário*. Por ter um valor metodológico, o termo *Beziehung* não é uma categoria susceptível de definição em algum lugar da obra, mas é, antes, um fator transcategorial e indica qualquer tipo de relação, externa ou interna, adquirindo um significado cada vez mais determinado de acordo com a progressão da ciência. Nesse sentido, o âmbito da *Beziehung* resulta ser coextensivo à *Lógica*, estendendo-se das relações mais imediatas das categorias da qualidade até as relações mais desenvolvidas da esfera do conceito. O termo *Verhältnis* parece ter uma acepção mais definida e restrita, porque indica a relatividade constitutiva das determinações da essência, relatividade esta que é distinta daquela das categorias do ser, mas ainda não é a unificação mais verdadeira do ser e do aparecer que se alcança no conceito. Especificamente, as determinações da "relação absoluta" (*absolutes Verhältnis*) que concluem a terceira seção, constituem a reconstrução hegeliana das categorias kantianas de relação.

Todavia, assim como *Beziehung*, o termo *Verhältnis* não fica restrito à *Doutrina da Essência*. No terceiro capítulo (a relação quantitativa) da segunda seção (Quantidade) e na terceira seção (Medida) da *Doutrina do Ser*, *Verhältnis* assume o sentido especificamente matemático de razão entre grandezas. Na *Doutrina do Conceito*, o terceiro capítulo (o silogismo) da primeira seção (Subjetividade) reveza frequentemente *Beziehung* e *Verhältnis* sem fornecer nenhuma justificativa explícita. Neste caso, dado que os dois termos são alternados às vezes numa mesma frase ou no mesmo parágrafo, resolvemos manter "relação" para *Beziehung* e traduzir *Verhältnis* por "conexão", com o cuidado de reportar os termos originais entre colchetes. O estudo do texto permite colocar a seguinte hipótese sobre a razão desse revezamento: *Verhältnis* parece designar a diferença formal do silogismo entre universalidade, particularidade e singularidade tomadas como conteúdos abstratos dos termos (termo maior, termo menor, termo médio), ao passo que *Beziehung* designa esses termos como determinações essencialmente relacionais, numa perspectiva segundo a qual a forma da relação está inseparável do conteúdo conceitual dos termos relacionados. Em outras palavras, enquanto *Verhältnis* designa a forma correta da *diferença* entre extremos e termo médio no silogismo do entendimento, cuja correção é independente do conteúdo dos termos, *Beziehung* aponta para a unificação dialético-especulativa da forma e do conteúdo dos termos no silogismo da razão.

Esta hipótese se complica quando consideramos que, além do tratamento do silogismo formal do entendimento, no "silogismo da reflexão" Hegel fala de *Verhältnisbestimmung* ("determinação de relação") para caracterizar a correlação entre todo e partes. Ademais, no "silogismo da necessidade" Hegel reintroduz o sentido estrutural de *Verhältnis* que caracterizava as relações constitutivas das determinações da essência (condição e condicionado, força e externação, substância e acidente, causa e efeito etc.). Não por acaso Hegel introduz nesse contexto o termo *Zusammenhang* (também traduzido por "conexão") para designar um tipo de relação interior, que expressa a natureza essencial dos termos relacionados. Perante a complexidade dos usos de *Verhältnis* e por causa da falta de confirmações explícitas por parte de Hegel, a hipótese acima colocada somente poderá receber sua confirmação através da prática de leitura do texto e deverá ser restrita ao contexto específico da análise dialética do silogismo formal, que Hegel denomina silogismo do ser aí.

• *Wesen*. O termo foi sempre traduzido por "essência" onde ele designa o tema da *Doutrina da Essência*, mas optamos por "entidade" em dois casos: quando Hegel faz referência à investigação metafísica tradicional sobre as entidades últimas que constituem o fundamento da realidade (por exemplo, a mônada de Leibniz) e quando Hegel menciona o uso comum de *Wesen* na língua alemã. Neste caso, *Wesen* pode ter pelo menos dois significados. (i) Pode significar um ente individual determinado por sua natureza ou essência (por exemplo, o ser humano é um *Wesen* racional ou *Vernunftwesen*). (ii) Como parte de um termo composto, pode significar uma coleção de entes que têm uma característica essencial em comum, por exemplo, a entidade escolar (*Schulwesen*) como conjunto de instituições que têm em comum a propriedade de serem escolas.

• *Wirklichkeit, wirken*. O substantivo *Wirklichkeit* foi traduzido por "efetividade", conforme uma tradição consolidada que busca fazer valer a distinção hegeliana entre a categoria modal e a categoria qualitativa de "realidade" (*Realität*). Para o verbo *wirken*, resolvemos optar por "agir" no sentido de "produzir um efeito", a fim de destacar a relação entre *Wirklichkeit* e *Wirkung* (efeito).

• *Zweck, Zweckmäßigkeit, Zwecktätigkeit*. Traduzimos *Zweck* por meio de duas soluções: "fim" e "finalidade". A razão do uso do substantivo abstrato "finalidade" é a de evitar qualquer perigo de confusão conceitual entre "fim" no sentido de causa final e "fim" (*Ende*) no sentido de término ou ponto de chegada. Quando o contexto da relação entre meio e fim o permitia, usou-se também o substantivo concreto "fim". Ao termo *Zweck* estão associados os termos compostos *Zweckmäßigkeit* e *Zwecktätigkeit*, que foram traduzidos por "conformidade a fins" e "atividade final" respectivamente, com o intuito de destacar a forma relacional do fim e a efetivação dessa forma no mundo objetivo.

• *Bedürfnis*. Embora este termo encontre em "necessidade" uma tradução em português corrente, resolvemos traduzir normalmente *Bedürfnis* por "carecimento", para evitar qualquer confusão com a tradução de *Notwendigkeit*, que designa a "necessidade" no sentido da categoria modal que unifica a essência e a existência. Preferimos "carecimento" em lugar de "carência", para salientar o aspecto ativo do impulso do ser vivo para suprassumir uma falta de algo. Onde a construção do discurso não permitia traduzir *Bedürfnis* por "carecimento", tivemos o cuidado de colocar o termo original entre colchetes.

• *Zusammenschließen*. Em consideração da especificidade e da frequência desse verbo na teoria hegeliana do silogismo, optamos pela tradução "silogizar" (ou "silogizar-se", no caso reflexivo de *sich zusammenschließen*), a fim de deixar clara a remissão ao substantivo *Schluß* (silogismo). Por isso, descartamos opções que julgamos serem mais vagas, tais como "concluir" ou "conectar".

SEGUNDA PARTE
A LÓGICA SUBJETIVA: A DOUTRINA DO CONCEITO

Relato preliminar

Esta parte da lógica, que contém a *Doutrina do Conceito* e constitui a terceira parte do todo[3], é publicada também sob o título particular de *Sistema da Lógica Subjetiva* para a comodidade daqueles amigos desta ciência que estão acostumados a ter pelas matérias aqui tratadas, incluídas no escopo do que é habitualmente chamado de lógica, um interesse maior do que pelos demais objetos lógicos que foram tratados nas duas primeiras partes. – Para estas partes precedentes eu pude fazer apelo à indulgência de juízes benevolentes por causa dos poucos trabalhos preexistentes que teriam podido me oferecer um apoio, materiais e um fio condutor da progressão. No caso da presente parte, posso, pelo contrário, recorrer a essa indulgência pela razão oposta, enquanto para a lógica do *conceito* encontra-se um material completamente pronto e solidificado, um material, pode-se dizer, ossificado, e a tarefa consiste em torná-lo fluido e em ativar novamente o conceito vivo em tal matéria morta; se há dificuldades próprias em construir uma nova cidade em uma terra deserta, encontra-se, certamente, material suficiente, mas se encontram ainda mais obstáculos de outro tipo quando se trata de dar uma nova disposição a uma cidade antiga, solidamente construída, continuamente ocupada e habitada; dentre outras coisas, é preciso também decidir-se por não fazer uso algum de uma grande reserva do material, por mais valiosa que ela seja.

---

3. Esta parte da lógica foi publicada em 1816 como "segundo volume" da *Ciência da Lógica*. Visto que o primeiro volume compreende dois livros, Hegel pode falar aqui, com razão, de uma "terceira parte do todo" [N.E.A.].

Mas é principalmente a grandeza do próprio objeto que pode ser trazida como desculpa para a execução imperfeita. Afinal, qual objeto é mais sublime para o conhecimento do que a própria *verdade*? – Mas a dúvida se não seria justamente este objeto que necessita de uma desculpa não é descabida quando se lembra do sentido no qual *Pilatos* pronunciou a pergunta "o que é verdade?" – nas palavras do poeta:

> com o rosto do cortesão,
> que, de modo míope, mas sorridente,
> condena a causa da seriedade[4].

Aquela pergunta, então, inclui o sentido que pode ser considerado um momento da cortesia e a rememoração de que a meta de conhecer a verdade é algo sabidamente abandonado, há muito tempo descartado, e de que a inacessibilidade da verdade é algo reconhecido também entre filósofos e lógicos de profissão. – Mas se a pergunta da *religião* sobre o valor das coisas, das intelecções e das ações, pergunta que tem um sentido igual conforme o conteúdo, em nossos tempos volta a reivindicar ainda mais o seu direito, então a filosofia certamente tem de esperar que não se considere tão surpreendente se ela, antes de tudo no seu campo imediato, faz valer sua meta verídica e, depois de ter caído na modalidade e na despretensão das outras ciências em relação à verdade, esforce-se novamente para elevar-se à mesma meta. Por causa desta tentativa não se pode, a rigor, permitir uma desculpa; mas, por causa da execução da mesma tentativa, posso ainda mencionar como uma desculpa o fato de que minhas incumbências profissionais e outras circunstâncias pessoais me permitiram apenas um trabalho distraído em uma ciência que precisa e merece um esforço atento e ininterrupto.

Nuremberg, 21 de julho de 1816.

---

4. Cf. KLOPSTOCK, F.G. *O Messias*, 7. Cântico, V. 254s. [N.E.A.].

SOBRE O CONCEITO EM GERAL

O que é a *natureza do conceito* não se pode indicar de modo imediato, assim como de modo imediato não se pode estabelecer o conceito de qualquer outro objeto. Poderia parecer que, para indicar o conceito de um objeto, pressuponha-se o elemento lógico e que este, por sua vez, não possa ter como pressuposto algo diferente, nem possa ser algo derivado, tal como, na geometria, as proposições lógicas, como elas aparecem aplicadas à grandeza e são empregadas nessa ciência, são antecipadas na forma de *axiomas*, de determinações do conhecimento *não derivadas e não deriváveis*. Ora, muito embora o conceito deva ser visto não apenas como uma pressuposição subjetiva, mas, sim, como *base absoluta*, ele não pode sê-lo senão enquanto se *produziu* como base. O abstratamente imediato é certamente um *primeiro*; mas, enquanto esse abstrato, ele é, antes, um mediado, do qual, portanto, é preciso, primeiro, procurar sua base, se ele deve ser apreendido em sua verdade. Por conseguinte, essa base tem de ser, decerto, um imediato, mas de modo que esse fez de si o imediato a partir da suprassunção da mediação.

Sob esse aspecto, o *conceito* tem de ser visto inicialmente, em geral, como o *terceiro* em relação ao *ser* e à *essência*, em relação ao *imediato* e à *reflexão*. A este respeito, o ser e a essência são os momentos de seu *devir*; mas ele é a sua *base* e *verdade* como a identidade dentro da qual eles sucumbiram e estão contidos. Eles estão contidos dentro dele, porque ele é seu *resultado*, mas não mais como *ser* e como *essência*; eles só têm essa determinação na medida em que ainda não regressaram para dentro dessa sua unidade.

Por isso, a *Lógica Objetiva*, que considera o *ser* e a *essência*, constitui, propriamente, a *exposição genética do conceito*. Mais precisamente, a *substância* já é a *essência real* ou a *essência* na medida em que essa está unificada com o *ser* e adentrou na efetividade. O conceito tem, portanto, a substância como sua pressuposição imediata; ela é *em si* o que ele é enquanto *manifestado*. O *movimento dialético da substância* através da causalidade e da interação é, portanto, a *gênese* imediata do *conceito* por meio da qual seu *devir* é apresentado. Mas seu *devir*, como o devir [que é] em todo lugar, tem o significado de ser a reflexão daquilo que passa para seu *fundamento*, e o significado segundo o qual o que inicialmente parece o *outro* para o qual o primeiro passou, constitui a *verdade* desse [primeiro]. Assim, o conceito é a *verdade* da substância e, na medida em que o modo determinado de relação da substância é a *necessidade*, a *liberdade* se mostra como a *verdade da necessidade* e como o *modo de relação do conceito*.

A determinação progressiva própria e necessária da substância é o *pôr* do que é *em si e para si*; ora, o *conceito* é essa unidade absoluta do *ser* e da *reflexão*: o *ser em si e para si* é somente pelo fato de ser igualmente *reflexão* ou *ser posto* e de que o *ser posto* é o *ser em si e para si*. – Esse resultado abstrato se esclarece pela apresentação de sua gênese concreta; ela contém a natureza do conceito; mas ela tem de ter precedido o tratamento do mesmo. Portanto, os momentos principais dessa exposição (que foi tratada exaustivamente no segundo livro da Lógica Objetiva) precisam aqui de um breve resumo:

A substância é o *absoluto*, o efetivo que é em si e para si, – *em si* enquanto identidade simples da possibilidade e da efetividade, essência absoluta que contém dentro de *si* toda a efetividade e toda a possibilidade, – *para si* essa identidade como *potência* absoluta ou *negatividade* que se relaciona pura e simplesmente consigo. – O movimento da substancialidade que é posta por esses momentos consiste:

1. No fato de que a substância, enquanto potência absoluta ou *negatividade* que se relaciona consigo, diferencia-se até tornar-se uma relação na qual aqueles momentos inicialmente apenas simples são como *substâncias* e como *pressuposições* originárias. – A relação determinada das mesmas é a de uma substância *passiva*, da originariedade do *ser em si* simples que, sendo impotente para se pôr a si mesmo, é apenas *ser posto* originário – e de uma substância *ativa* da negatividade que *se relaciona consigo*, que enquanto tal se pôs como outro e se relaciona *com esse* outro. Esse outro é precisa-

mente a substância passiva que ela *pressupôs* como condição em relação a si na originalidade de sua potência. – Esse pressupor precisa ser apreendido de modo que o movimento da própria substância é inicialmente sob a forma de um momento de seu conceito, do *ser em si*, e a determinidade de uma das *substâncias* que estão na relação também é a determinidade dessa própria *relação*.

2. O outro momento é o *ser para si*, ou seja, o fato de que a potência *se* põe *enquanto* negatividade que se relaciona *consigo mesma*, pelo que ela novamente suprassume o *pressuposto*. – A substância ativa é a *causa*; ela *age*, quer dizer, ela é agora o *pôr*, assim como antes ela era o *pressupor*, de que a) à potência também é dada a *aparência* da potência, ao ser posto também é dada a *aparência* do ser posto. O que na pressuposição era o *originário* se torna na causalidade, *através da relação com outro*, aquilo que é em si; a causa produz um efeito, e o produz em uma outra substância; doravante, ela é potência *dentro da relação com um outro, aparece*, portanto, como causa, mas *é* isso somente através desse *aparecer* [*Erscheinen*]. – b) Na substância passiva sobrevém o efeito, por meio do qual ela aparece agora também como *ser posto*, mas só nisso é substância passiva.

3. Entretanto, nisso está presente mais do que apenas esse *aparecimento*, a saber: a) a causa age sobre a substância passiva, *altera* a determinação dela; mas esta é o ser posto, fora isso não há nada a ser alterado nela; mas a outra determinação que ela obtém é a causalidade; a substância passiva se torna, portanto, causa, potência e atividade. b) O efeito é *posto* nela pela causa; mas o que é posto pela causa é a própria causa idêntica a si no agir; é ela que se põe no lugar da substância passiva. – Do mesmo modo, em relação à substância ativa, a) o agir é a transposição da causa para dentro do efeito, para dentro do seu *outro*, o ser posto, e b) no efeito a causa se mostra como o que ela é; o efeito é idêntico à causa, não é um outro; portanto, no agir a causa mostra o ser posto como o que ela é essencialmente. – Conforme ambos os lados, portanto, o do *relacionar* idêntico, bem como o do *relacionar* negativo *da outra* [*substância*] *com ela*, cada uma se torna o *oposto* de si mesma; cada uma, porém, torna-se esse oposto de modo que a outra, portanto, também cada uma, permanece *idêntica a si mesma*. – Ambos, porém, o relacionar

idêntico e o relacionar negativo, são um e o mesmo; a substância só é idêntica a si mesma em seu oposto, e isso constitui a identidade absoluta das substâncias postas como duas. A substância ativa é manifestada como causa ou substancialidade originária pelo agir, quer dizer, enquanto ela se põe como o oposto de si mesma, o que é, ao mesmo tempo, a suprassunção de *seu ser outro pressuposto*, da substância passiva. Inversamente, é pela ação de influência que o ser posto é manifestado *enquanto* ser posto, o negativo é manifestado *enquanto* negativo, com isso, a substância passiva é manifestada enquanto negatividade *que se relaciona consigo*, e a causa se junta pura e simplesmente consigo e só consigo dentro deste outro de si mesma. Logo, por meio deste pôr a originariedade *pressuposta* ou *que é em si* se torna *para si*; mas este ser em si e para si é apenas pelo fato de que este pôr é, de igual modo, um *suprassumir* do pressuposto, ou seja, a substância absoluta retornou a si mesma apenas *a partir* e *dentro de seu ser posto* e, através disso, é absoluta. Essa interação é, com isso, o aparecimento que novamente se suprassume; a revelação da aparência da causalidade, em que a causa é *enquanto* causa *o fato de que a aparência é aparência*. Essa reflexão, infinita dentro de si mesma, de que o ser em si e para si só é pelo fato de que é ser posto, é a *consumação da substância*. Mas essa consumação não é mais a própria *substância*, e sim algo mais elevado, o *conceito*, o *sujeito*. A passagem da relação de substancialidade ocorre através de sua própria necessidade imanente e nada mais é do que a manifestação de si mesma, de que o conceito é sua verdade e a liberdade é a verdade da necessidade.

Anteriormente, no segundo livro da Lógica Objetiva[5], já foi lembrado que a filosofia que se coloca no ponto de vista da *substância* e ali se detém é o *sistema de Spinoza*. Ao mesmo tempo, lá se mostrou a *falha* desse sistema, tanto segundo a forma quanto segundo a matéria. Outra coisa, porém, é a *refutação* do mesmo. A respeito da refutação de um sistema filosófico, igualmente em outro lugar já foi feita a observação geral de que é preciso banir a representação enviesada de que o sistema deveria ser apresentado como completamente *falso*

---

5. Hegel remete à Observação do primeiro capítulo da terceira seção da *Doutrina da Essência* (1813). O leitor pode consultar nossa tradução: HEGEL, G.W.F. *Ciência da Lógica* – 2. Doutrina da Essência. Petrópolis: Vozes, 2017, p. 200 [Tradução de C. Iber e de F. Orsini] [N.T.].

e como se o sistema *verdadeiro*, ao contrário, fosse *apenas contraposto* ao falso. O verdadeiro ponto de vista do sistema spinozista e da questão se ele é verdadeiro ou falso surge por si mesmo do contexto no qual ele se apresenta aqui. A relação de substancialidade se produziu pela natureza da *essência*; essa relação, bem como sua apresentação expandida para formar um todo em um sistema, é, por conseguinte, um *ponto de vista necessário* no qual o absoluto se coloca. Um tal ponto de vista não deve ser visto, então, como uma opinião, um modo subjetivo qualquer de representar e de pensar de um indivíduo, como um descaminho da especulação; ao contrário, a especulação, em seu caminho, encontra-se necessariamente remetida a esse ponto de vista e, nessa medida, o sistema é perfeitamente verdadeiro. – Mas ele *não é o ponto de vista supremo*. Só que o sistema não pode ser visto como *falso* enquanto é carente e passível de *refutação*; mas apenas isto pode ser visto nele como o *falso*: que ele seja o ponto de vista supremo. O sistema *verdadeiro* não pode, por conseguinte, ter com ele a relação de estar apenas *contraposto* a ele; pois assim esse contraposto seria, ele mesmo, algo unilateral. Ao contrário, como o mais elevado, ele tem de conter dentro de si mesmo o subordinado.

Além disso, a refutação não tem de vir de fora, quer dizer, não tem de partir de assunções que residam fora daquele sistema e às quais ele não corresponde. É preciso apenas não reconhecer aquelas assunções; a *falha* só é uma falha para quem parte dos carecimentos e das exigências fundamentadas nas assunções. A este respeito, já foi dito que não pode haver refutação do spinozismo para quem não pressupõe como decididas para si a liberdade e a autossubsistência do sujeito autoconsciente. De qualquer maneira, um ponto de vista tão elevado e dentro de si tão *rico* como a relação de substancialidade não ignora aquelas assunções, mas também as contém; um dos atributos da substância spinozista é o *pensar*. Tal ponto de vista consegue, antes, dissolver e atrair para dentro de si as determinações sob as quais essas assunções o contestam, de modo que elas aparecem *dentro do mesmo*, mas nas modificações adequadas a ele. O nervo do refutar exterior se baseia, então, unicamente, por seu lado, em fixar de modo rígido e firme as formas contrapostas daquelas assunções, por exemplo, o autossubsistir absoluto do indivíduo pensante frente à forma do pensar, como este é posto enquanto idêntico à extensão na substância absoluta. A refutação verídica tem de penetrar na força do oponente e se colocar no âmbito de sua força; não adianta atacá-lo a partir de fora dele mesmo e ter razão onde ele não está. Portanto, a única refutação do spinozismo pode consistir somente no fato de que seu ponto de vista seja reconhecido, em primeiro lugar, como essencial e necessário, mas que, em segundo lugar, esse ponto de vista seja alçado *a partir de si mesmo* para o ponto de vista mais elevado. A relação de substancialidade, considerada inteiramente só *em si e para si mesma*, conduz ao seu oposto, ao *conceito*. A exposição da substância contida no último livro, exposição que conduz para o *conceito*, é, por conseguinte, a única e verídica refutação do spinozismo. Ela é o *desvelamento* da substância, e esta é a *gênese do conceito*, cujos momentos principais foram resumidos acima. – A *unidade* da substância é a sua relação da *necessidade*; mas assim ela é apenas *necessidade interna*; na medida em que ela *se põe* pelo momento da negatividade absoluta, ela se torna *identidade manifestada* ou *posta* e, com isso, a *liberdade* que é a identidade do conceito. Este, a totalidade resultante da interação, é a unidade de *ambas as substâncias* da interação, mas de tal modo que elas pertencem, doravante, à liberdade, na medida em que elas não têm mais sua identidade como algo cego, isto é, *interno*, mas têm essencialmente a determinação de ser como *aparência* ou como momentos de reflexão, pelo que cada uma se juntou igualmente de modo imediato com o seu outro ou com o seu ser posto, e cada uma contém *dentro de si* mesma seu ser posto, portanto, dentro de seu outro está posta pura e simplesmente como idêntica somente consigo.

No *conceito*, por conseguinte, abriu-se o reino da *liberdade*. O conceito é o elemento livre, porque a *identidade que é em si e para si*, a qual constitui a necessidade da substância, está, simultaneamente, como suprassumida ou como *ser posto*, e esse ser posto, enquanto se relaciona consigo mesmo, é justamente aquela identidade. A obscuridade mútua das substâncias que se encontram na relação causal desapareceu, pois a originariedade de seu autossubsistir passou para o ser posto e, através disso, tornou-se *claridade* transparente a si mesma; a Coisa *originária* é isso na medida em que ela é somente a *causa de si mesma*, e isso é a *substância liberta até [tornar-se] o conceito*.

Disso resulta logo para o conceito a seguinte determinação mais precisa. Porque o ser em si e para si é imediatamente como *ser posto*, o conceito em sua relação simples consigo mesmo é *determinidade* absoluta, a qual, porém, de igual modo, enquanto se relaciona somente consigo mesma, é imediatamente identidade simples. Mas essa *relação* da determinidade *consigo mesma*, enquanto o *juntar-se* da *mesma* consigo, é igualmente a *negação da determinidade*, e o conceito, enquanto essa igualdade consigo mesmo, é o *universal*. Essa identidade, porém, tem igualmente a determinação da negatividade; ela é a negação ou determinidade que se relaciona consigo; assim o conceito é o *singular*. Cada um deles é a totalidade, cada um contém a determinação do outro dentro de si, e, por isso, essas totalidades também são pura e simplesmente apenas *uma*, assim como essa unidade é a dirimição de si mesma na aparência livre dessa duplicidade – de uma duplicidade que na diferença entre o *singular* e o *universal* aparece como oposição perfeita, a qual, porém, é *aparência*, de tal modo que, na medida em que um é compreendido e enunciado, nisso o outro é imediatamente compreendido e enunciado.

O que acaba de ser apresentado tem de ser considerado como o *conceito do conceito*. Se este pode parecer se desviar daquilo que, normalmente, entende-se por conceito, poder-se-ia então exigir que fosse mostrado como o mesmo que aqui se mostrou como o conceito está contido em outras representações ou definições. Por um lado, porém, não pode tratar-se de uma confirmação fundamentada pela *autoridade* do entendimento comum; na ciência do conceito, o conteúdo e a determinação do conceito podem ser comprovados unicamente pela *dedução imanente* que contém sua gênese e que já está atrás de nós. Por outro lado, é preciso reconhecer o conceito aqui deduzido naquilo que normalmente é apresentado como o conceito do conceito. Mas não é tão fácil descobrir o que os outros disseram sobre a natureza do conceito. Na maior parte das vezes, os outros não se ocupam com essa investigação e pressupõem que o assunto seja autoevidente para cada um quando se fala do conceito. Recentemente, pôde-se acreditar que se estava ainda mais dispensado de esforçar-se com o conceito, já que, assim como por um tempo se tornou moda falar todo o mal possível da imaginação e da memória, assim na filosofia, desde há muito tempo e em parte ainda no presente, tornou-se costume acumular todo tipo de maledicência sobre o *conceito*, torná-lo desprezível – ele que é o ponto supremo do pensamento – e, ao contrário, considerar o *incompreensível* e o *não-compreender* como o ápice tanto científico quanto moral.

Restringir-me-ei aqui a uma observação que pode servir para a apreensão dos conceitos aqui desenvolvidos e pode facilitar a orientação neles. O conceito, na medida em que progrediu para uma *existência* tal que é, ela mesma, livre, nada mais é do que o *Eu* ou a autoconsciência pura. Certamente, eu *tenho* conceitos, quer dizer, conceitos determinados; mas o Eu é o próprio conceito puro, que, enquanto conceito, chegou ao *ser aí*. Se, por conseguinte, lembra-se das determinações fundamentais que constituem a natureza do Eu, pode-se, então, pressupor que se lembra de algo bem conhecido, isto é, corriqueiro para a representação. Mas o *Eu é primeiramente* esta pura unidade que se relaciona consigo mesma, e isso não imediatamente, e sim enquanto ele abstrai de toda determinidade e conteúdo e regressa para a liberdade da igualdade irrestrita consigo mesma. Assim ele é *universalidade*; unidade que só é unidade consigo através daquele comportamento *negativo* que aparece como o abstrair, e, desse modo, contém dissolvido dentro de si todo ser determinado. *Em segundo lugar*, o Eu, enquanto negatividade que se relaciona consigo mesma, é, de igual modo, imediatamente, *singularidade*, *ser determinado absoluto*, o qual se contrapõe ao outro e o exclui; *personalidade individual*. Aquela *universalidade* absoluta, que de modo igualmente imediato é *singularização* absoluta, e um ser em si e para si que é pura e simplesmente ser posto e somente é esse *ser em si e para si* pela unidade com o *ser posto*, constitui a natureza tanto do *Eu* quanto do *conceito*; nada se pode compreender de um e do outro se ambos os momentos indicados não são apreendidos, ao mesmo tempo, em sua abstração e, ao mesmo tempo, em sua unidade perfeita.

Se, de acordo com o modo comum, fala-se do *entendimento* que *Eu tenho*, entende-se com isso uma *faculdade* ou uma *propriedade* que está na relação com o Eu como a propriedade da coisa está com a própria *coisa* –, com um substrato indeterminado que não é o verdadeiro fundamento e o determinante de sua propriedade. Segundo essa representação, eu *tenho* conceitos e o conceito, como eu também tenho um casaco, uma cor ou outras propriedades externas. - *Kant* ultrapassou essa relação externa do entendimento, enquanto faculdade dos conceitos e do próprio conceito, com o Eu. Uma das intelecções mais profundas e corretas que se encontram na *Crítica da razão pura* é a de que a *unidade* que constitui a *essência do conceito* é conhecida como a unidade *originária sintética* da *apercepção*, como unidade do *"eu penso"* ou da autoconsciência. - Essa proposição constitui a assim denominada dedução *transcendental* das categorias; mas, desde sempre, ela foi considerada uma das partes mais difíceis da filosofia kantiana -, certamente, por nenhuma outra razão senão por exigir que se deva ir além da mera *representação* da relação na qual o *Eu e o entendimento* ou os *conceitos* estão com uma coisa e suas propriedades ou acidentes, e que se deva avançar até o *pensamento.* - *"Objeto"*, diz Kant (*Crítica da razão pura*, 2. ed., [B], p. 137), "é aquilo em cujo *conceito* está *unificado* o *multíplice* de uma intuição dada. Toda unificação das representações exige, porém, *unidade da consciência* na *síntese* das mesmas. Logo, essa *unidade da consciência* é aquela que unicamente constitui a relação das representações com um objeto, ou seja, sua *validade objetiva* [...] e sobre a qual repousa até mesmo a *possibilidade do entendimento".* Kant distingue disso a *unidade subjetiva* da consciência, a unidade da representação [que determina] se eu sou *simultânea* ou *sucessivamente* consciente de um multíplice, o que dependeria das condições empíricas. Os princípios da determinação *objetiva* das representações, ao contrário, teriam de ser derivados unicamente do princípio da *unidade transcendental da apercepção*. Por meio das categorias, que são essas determinações objetivas, o multíplice das representações dadas é determinado de tal modo que é levado à *unidade da consciência*. - Segundo essa apresentação, a unidade do conceito é aquilo pelo qual algo não é mera *determinação do sentimento*, *intuição* ou também mera *representação*, mas *objeto*, cuja unidade objetiva é a unidade do Eu consigo mesmo. - De fato, a *compreensão* de um objeto em nada mais consiste do que no fato de o Eu se *apropriar* do mesmo, penetrá-lo e trazê-lo à *sua forma própria*, isto é, à *universalidade* que é imediatamente determinidade ou determinidade que é imediatamente universalidade. O objeto na intuição ou também na representação é ainda *algo externo, estranho*. Através do compreender, o *ser em si e para si* que o objeto tem no intuir e no representar é transformado em um *ser posto*; o Eu o penetra *pensando*. Mas é somente no pensar que o objeto é *em si e para si*; na intuição ou na representação, ele é *fenômeno*; o pensar suprassume sua *imediatidade*, com a qual ele inicialmente chega diante de nós, e assim faz dele um *ser posto*; esse seu *ser posto*, porém, é seu *ser em si e para si* ou sua *objetividade*. Portanto, o objeto tem essa objetividade no *conceito*, e este é a *unidade da autoconsciência* na qual ele foi acolhido; logo, sua objetividade ou o próprio conceito nada mais é do que a natureza da autoconsciência, não tem outros momentos ou outras determinações senão o Eu mesmo.

A partir disso, uma proposição principal da filosofia kantiana justifica o fato de lembrar a natureza do Eu a fim de conhecer o que é o *conceito*. Mas, inversamente, é necessário, para tanto, ter apreendido o *conceito* do Eu tal como ele foi exposto anteriormente. Se permanecermos presos à mera *representação* do Eu, tal como ela paira diante de nossa consciência comum, então o Eu é apenas a *coisa* simples, que também é denominada *alma*, à qual o conceito *é inerente* como uma posse ou uma propriedade. Essa representação, que não se ocupa em compreender nem o Eu nem o conceito, não pode servir para facilitar ou se aproximar da compreensão do conceito.

A referida apresentação kantiana contém ainda dois lados que concernem ao conceito e tornam necessárias algumas observações ulteriores. Em primeiro lugar, os *estágios do sentimento e da intuição* antecedem o *estágio* do *entendimento*, e uma proposição essencial da filosofia transcendental kantiana consiste em afirmar que os *conceitos sem intuição* são *vazios* e somente têm validade como *relações* do *multíplice* dado pela intuição. Em segundo lugar, o conceito foi indicado como o *elemento objetivo* do conhecimento, portanto, como a *verdade*. Mas, por outro lado, o conceito é tomado como algo *meramente subjetivo*, do qual a *realidade* – sob a qual é preciso entender a objetividade, já que ela é contraposta à subjetividade – não pode ser *extraída*; e, em geral, o conceito e o lógico são explicados como algo apenas *formal*, que, por abstrair do conteúdo, não conteria a verdade.

No que concerne, primeiramente, *àquela relação do entendimento ou do conceito com os estágios que lhe são pressupostos*, é importante saber qual é a ciência que é tratada para determinar a *forma* daqueles estágios. Em nossa ciência, enquanto *lógica* pura, estes estágios são o *ser* e a *essência*. Na *psicologia*, são o *sentimento* e a *intuição* e, a seguir, a *representação* em geral, que são colocados antes do entendimento. Na *Fenomenologia do espírito*, enquanto doutrina da consciência, ascendeu-se ao entendimento pelos estágios da *consciência sensível* e, depois, da *percepção*. Kant antepõe ao entendimento apenas o sentimento e a intuição. Ele mesmo já dá a conhecer quão *incompleta*, inicialmente, é essa série de estágios pelo fato de que ele ainda acrescenta à Lógica Transcendental, ou seja, à doutrina do entendimento, um *tratado* sobre os *conceitos de reflexão* – uma esfera que está entre a *intuição* e o *entendimento* ou entre o *ser* e o *conceito*.

Quanto à própria Coisa, é preciso observar, *em primeiro lugar*, que aquelas figuras da *intuição*, da *representação* e semelhantes pertencem ao *espírito autoconsciente*, que não é considerado enquanto tal na ciência lógica. Certamente, as puras determinações do ser, da essência e do conceito constituem também a base e a estrutura simples interior das formas do espírito; o espírito como *intuidor*, igualmente como *consciência sensível*, está na determinidade do ser imediato, assim como o espírito enquanto *representador* e como consciência *perceptiva* se elevou do ser ao estágio da essência ou da reflexão. Só que essas figuras concretas interessam tão pouco à ciência lógica quanto as formas concretas que as determinações lógicas assumem na natureza e que seriam *espaço e tempo*, então o espaço e o tempo que se preenchem como *natureza inorgânica* e a *natureza orgânica*. Igualmente o conceito não tem de ser considerado aqui enquanto ato do entendimento autoconsciente, enquanto *entendimento subjetivo*, mas, sim, é o conceito em si e para si, que constitui um *estágio* tanto da *natureza* quanto do *espírito*. A vida ou a natureza orgânica é este estágio da natureza no qual o conceito emerge; mas como conceito cego, que não se apreende a si mesmo, quer dizer, que não pensa a si mesmo; enquanto tal ele compete somente ao espírito. Mas a forma lógica do conceito é independente tanto daquela sua figura não espiritual quanto dessa figura espiritual; sobre isso já se deu preliminarmente um lembrete necessário na *Introdução*; trata-se de uma significação que não deve ser justificada somente no interior da *Lógica*, mas tem de estar clara *antes* dela.

Seja como forem configuradas as formas que antecedem o conceito, o que importa é, *em segundo lugar*, a *relação* com *as mesmas na qual o conceito é pensado*. Essa relação é assumida tanto na representação psicológica comum quanto na filosofia transcendental kantiana no sentido de que a *matéria* empírica, o multíplice da intuição e da representação, primeiramente estão *aí por si* e, então, o entendimento lhes *sobreviria*, traria *unidade* aos mesmos e os elevaria por *abstração* à forma da *universalidade*. Desta maneira, o entendimento é uma *forma* por si vazia que em parte adquire realidade apenas por meio daquele conteúdo *dado*, em parte *abstrai* dele, a saber, *deixa-o de lado* como algo inútil, mas inútil apenas para o conceito. Em um e no outro atuar, o conceito não é o independente, não é o essencial e o verdadeiro daquela matéria que o antecede, a qual é, antes, a realidade em si e para si, que não pode ser extraída do conceito.

Certamente, é preciso conceder que o *conceito como tal* ainda não é completo, mas tem de se elevar à *ideia*, a qual somente é a unidade do conceito e da realidade, como, a seguir, tem de *resultar* através da natureza do *próprio* conceito. Pois a realidade que ele se dá não pode ser acolhida como algo externo, mas tem de ser derivada a partir dele mesmo segundo a exigência científica. Mas, na verdade, não é aquela matéria dada por meio da intuição e da representação que se pode fazer valer contra o conceito como o *real*. "*É apenas um conceito*", costuma-se dizer, enquanto se lhe contrapõe não apenas a ideia, mas, sim, o ser aí sensível, espacial e temporal, tangível, como algo que é mais excelente do que o conceito. O *abstrato* é tomado, então, como mais pobre do que o concreto, porque dele foi deixado de lado um tanto de tal matéria. Segundo essa opinião, o abstrair tem o significado de que do concreto se extrai, apenas *para o nosso benefício subjetivo, uma* ou *outra nota característica*, de modo que, com o fato de deixar de lado tantas outras *propriedades* e *disposições* do objeto, não se lhes deve subtrair nada de seu *valor* e de sua *dignidade*, mas elas são, antes, deixadas como o *real*, estando apenas ali do outro lado, sempre ainda como algo plenamente válido, de modo que seria apenas a *incapacidade* do entendimento de não acolher tal riqueza e de ter de se contentar com a pobre abstração. Se a matéria dada da intuição e o multíplice da representação são tomados como o real frente ao pensado e ao conceito, então essa é uma visão cujo abandono não apenas é condição do filosofar, mas já é pressuposto pela religião. Como são possíveis a necessidade e o sentido da religião, se o aparecimento fugaz e superficial do sensível e do singular ainda é tido como o verdadeiro? A filosofia, porém, fornece a visão *conceitualizada* daquilo que fundamenta a realidade do ser sensível e antepõe ao entendimento aqueles estágios do sentimento e da intuição, da consciência sensível etc., na medida em que eles são, no devir do entendimento, suas condições, mas apenas o são no sentido de que o conceito surge *a partir de sua dialética* e *nulidade* como seu *fundamento*, mas não no sentido de que ele estaria condicionado pela *realidade* deles. Portanto, o pensar abstrativo não tem de ser considerado como mero deixar de lado a matéria sensível, a qual, por causa disso, não sofreria prejuízo em sua realidade, mas é, antes, o suprassumir e a redução da matéria sensível, enquanto mero *aparecimento*, ao *essencial*, o qual se manifesta somente dentro do *conceito*. Se, porém, do aparecimento concreto for preciso acolher no conceito aquilo que deve servir apenas como uma *nota característica* ou um *signo*, então isso pode, de toda maneira, ser também qualquer determinação apenas sensível, singular, do objeto, que, por causa de um interesse externo qualquer, é escolhida dentre as outras e é da mesma espécie e natureza que as restantes.

Um equívoco principal aqui imperante é a ideia de que o princípio *natural* ou o *início* do qual se parte no desenvolvimento *natural* ou na *história* do indivíduo que forma a si mesmo seria o *verdadeiro* e o *primeiro* no *conceito*. A intuição ou o ser são certamente, segundo a natureza, o primeiro ou a condição para o conceito, mas nem por isso eles são o incondicionado em si e para si; ao contrário, no conceito se suprassume sua realidade e, com isso, simultaneamente, a aparência que eles tinham enquanto real condicionante. Quando se tem em vista não a *verdade*, mas apenas a *história*, tal como ela ocorre no representar e no pensar fenomênico, então, sem dúvida, pode-se deter-se na narração de que iniciamos com os sentimentos e as intuições, e o entendimento extrai do multíplice dos mesmos uma universalidade ou algo abstrato e, para tanto, como é compreensível, tem necessidade daquela base que, nesse abstrair, ainda permanece para a representação em toda a realidade com a qual primeiramente se mostrou. Mas a filosofia não deve ser uma narração daquilo que acontece, e sim um conhecimento daquilo que é *verdadeiro* no acontecimento, e, além disso, a partir do verdadeiro, ela deve compreender aquilo que, na narração, aparece como um mero acontecer.

Se, na representação superficial do que é o conceito, toda a multiplicidade está *fora do conceito* e a esse convém apenas a forma da universalidade abstrata ou da identidade vazia da reflexão, então já se pode lembrar inicialmente que, de resto, também para a indicação de um conceito, ou seja, para a definição, exige-se expressamente, além do gênero, que já não é mesmo propriamente universalidade puramente abstrata, também a *determinidade específica*. Se apenas se refletisse, com alguma consideração pensante, sobre o que isso quer dizer, resultaria que, com isso, o *diferenciar* é visto como um momento igualmente essencial do conceito. *Kant* introduziu essa consideração através do pensamento extremamente importante de que se dão *juízos sintéticos a priori*. A síntese originária da apercepção é um dos princípios mais profundos para o desenvolvimento especulativo; ela contém o início para a verdadeira apreensão da natureza do conceito e é completamente contraposta àquela identidade vazia ou universalidade abstrata que dentro de si não é síntese alguma. – Todavia, a execução ulterior pouco corresponde a esse início. Já a expressão *síntese* reconduz facilmente à representação de uma unidade *externa* e à mera ligação de termos que são *em si e para si separados*. Então a filosofia kantiana se deteve apenas no reflexo psicológico do conceito e regressou novamente para a afirmação da permanente condicionalidade do conceito através de um multíplice da intuição. Ela não expressou os conhecimentos do entendimento e a experiência como um conteúdo *fenomênico* pelo fato de as próprias categorias serem apenas categorias finitas, mas, sim, com base num idealismo psicológico, por elas serem *apenas* determinações que derivam da autoconsciência. Também vem a propósito o fato de que, novamente, o conceito, sem o multíplice da intuição, deve ser *sem conteúdo* e *vazio*, independentemente de ele ser, *a priori*, uma *síntese*; enquanto é uma síntese, ele tem, antes, a determinidade e a diferença dentro de si mesmo. Na medida em que ela é a determinidade do conceito, ou seja, a *determinidade absoluta*, a *singularidade*, o conceito é o fundamento e a fonte de toda determinidade finita e multiplicidade.

A posição formal que o conceito conserva enquanto entendimento é consumada na apresentação kantiana do que é a *razão*. Na razão, que é o estágio supremo do pensamento, dever-se-ia esperar que o conceito perdesse a condicionalidade na qual ele ainda aparece no estágio do entendimento e chegasse à verdade consumada. Essa expectativa, porém, é frustrada. Pelo fato de Kant determinar a relação da razão com as categorias como apenas *dialética* e, precisamente, apreender o resultado dessa dialética pura e simplesmente apenas como o *nada infinito*, a unidade infinita da razão perde ainda a síntese e, assim, aquele início de um conceito especulativo, veridicamente infinito; ela se torna a bem conhecida, inteiramente formal, mera *unidade regulativa* do *uso sistemático do entendimento*. Declara-se um abuso que a lógica, que deveria ser meramente *um cânone do julgar*, seja vista como um *órganon* para a produção de intelecções *objetivas*. Os conceitos da razão, nos quais se teve de pressentir uma força mais elevada e um conteúdo mais profundo, não têm mais nada de *constitutivo*, como ainda o têm as categorias; eles são *meras* ideias; se bem que deva ser *inteiramente permitido* empregá-las, com essas essências inteligíveis, nas quais deveria se descerrar inteiramente toda a *verdade*, não se deve entender nada mais do que *hipóteses*, às quais seria completamente arbitrário e temerário atribuir uma verdade em si e para si, já que *não podem ocorrer em nenhuma experiência*. Quem alguma vez teria podido pensar que a filosofia fosse negar a verdade para as essências inteligíveis porque elas carecem da matéria espacial e temporal da sensibilidade?

A isso se liga imediatamente o ponto de vista em relação ao qual têm de ser considerados o conceito e a determinação da lógica em geral e que, na filosofia kantiana, é tomado na mesma maneira em que se toma na fala comum: a saber, a *relação* do *conceito* e de *sua ciência* com a própria *verdade*. Há pouco se indicou na dedução kantiana das categorias que, segundo a mesma, o *objeto*, como aquilo no qual é *unificado* o multíplice da intuição, só é essa unidade *através da unidade da autoconsciência*. A objetividade do pensar, portanto, é aqui enunciada determinadamente, uma identidade do conceito e da coisa, identidade que é *a verdade*. Do mesmo modo, também é comum admitir que, enquanto o pensar se apropria de um objeto dado, esse sofre, através disso, uma alteração, e de um objeto sensível se faz um objeto pensado; admite-se, porém, que essa alteração não apenas não altera nada em sua essencialidade, mas que, pelo contrário, somente em seu conceito o objeto está em sua *verdade*, ao passo que, na imediatidade na qual é dado, ele é apenas *fenômeno* e *contingência*; admite-se que o conhecimento do objeto, conhecimento este que o compreende, é o conhecimento de como ele é *em si e para si*, e que o conceito é sua própria objetividade. Por outro lado, porém, afirma-se igualmente de novo que *nós não podemos conhecer as coisas como elas seriam em si e para si* e que a *verdade é inacessível para a razão cognoscente*; aquela verdade que consiste na unidade do objeto e do conceito seria, de fato, apenas fenômeno, e precisamente, de novo, com base na razão de que o conteúdo é apenas o multíplice da intuição. Sobre isso já se lembrou que justamente no conceito essa multiplicidade, enquanto ela pertence à intuição em oposição ao conceito, é, antes, suprassumida, e o objeto é reconduzido pelo conceito à sua essencialidade não contingente; esta aparece, e justamente por isso o aparecimento não é algo meramente desprovido de essência, mas, sim, manifestação da essência. Mas a manifestação da mesma que se tornou inteiramente livre é o conceito. – Essas proposições aqui lembradas não são asserções dogmáticas, porque são resultados surgidos de todo o desenvolvimento da *essência* através de si mesma. O atual ponto de vista ao qual esse desenvolvimento conduziu é o de que a forma do *absoluto*, que é mais elevada do que o ser e a essência, é o *conceito*. Na medida em que ele, segundo esse lado, *submeteu a si* o ser e a essência, aos quais, sob outros pontos de partida, também pertencem o sentimento, a intuição e a representação, e os quais apareceram como suas condições prévias, e se mostrou *como fundamento incondicionado do ser e da essência*, resta ainda o *segundo lado*, a cujo tratamento é dedicado esse terceiro livro da *Lógica*, a saber, a apresentação de como o conceito forma, dentro de si e a partir de si, a realidade que desapareceu dentro dele. Portanto, admitiu-se, sem dúvida, que o conhecimento que se encontra puramente enquanto tal apenas no conceito ainda é incompleto e chegou somente à *verdade abstrata*. Mas sua incompletude não reside no fato de ele carecer daquela pretensa realidade que é dada no sentimento e na intuição, mas no fato de que o conceito ainda não deu a si sua realidade *própria* gerada a partir dele mesmo. A absolutidade do conceito, comprovada contra e na matéria empírica e, mais precisamente, em suas categorias e determinações de reflexão, consiste nisto: a matéria não tem *verdade* tal como aparece *fora* e *antes* do conceito, mas a tem unicamente em sua idealidade ou identidade com o conceito. A *derivação* do real a partir dele, se se quer chamar isso de derivação, consiste, antes de tudo, essencialmente, no fato de que o conceito, em sua abstração formal, mostra-se como não consumado e, através da dialética fundada dentro dele mesmo, passa para a realidade de tal modo que ele a gera a partir de si, mas não de modo que ele recai novamente numa realidade acabada, encontrada diante dele, e se refugia em algo que se anunciou como o inessencial do aparecimento, porque, depois de ter procurado ao seu redor algo melhor, ele não teria achado algo semelhante. – Sempre será destacada como digna de admiração a maneira como a filosofia kantiana conheceu, certamente, aquela relação do pensar com o ser aí sensível na qual se deteve como numa relação apenas relativa do mero fenômeno, e reconheceu e enunciou muito bem a unidade mais elevada de ambos na *ideia* em geral e, por exemplo, na ideia de um entendimento intuitivo, mas ficou parada naquela relação relativa e na afirmação de que o conceito está e permanece pura e simplesmente separado da realidade – com isso, afirmou como a *verdade* aquilo que enunciou como conhecimento finito e declara como exaltado, proibido e como entes de razão o que ela conheceu como *verdade* e do qual estabeleceu o conceito determinado.

Na medida em que aqui é inicialmente a *lógica*, não a ciência em geral, aquela de cujas relações com a verdade se trata, é preciso, além disso, admitir ainda que a lógica, enquanto *ciência formal*, não pode e não deve conter também aquela realidade que é o conteúdo de partes ulteriores da filosofia, das *ciências da natureza e do espírito*. Certamente, essas ciências concretas emergem em direção a uma forma mais real da Ideia do que a lógica, mas, ao mesmo tempo, não de modo a se voltarem, novamente, para aquela realidade que a consciência abandonou ao se elevar do seu fenômeno até se tornar ciência, ou também retornarem, novamente, ao emprego de formas como as categorias e as determinações de reflexão, cuja finitude e inverdade se apresentou na lógica. A lógica mostra, antes, a elevação da *ideia* ao estágio a partir do qual ela se torna criadora da natureza e avança até a forma de uma *imediatidade concreta*, cujo conceito, porém, rompe novamente essa figura para se tornar a si mesmo enquanto *espírito concreto*. Frente a essas ciências concretas, mas que têm e conservam o lógico, ou seja, o conceito, como figurador interno, assim como o tinham como prefigurador, a própria lógica é, certamente, a ciência *formal*, mas a ciência da *forma absoluta*, a qual dentro de si é totalidade e contém a *ideia pura da própria verdade*. Essa forma absoluta tem seu conteúdo ou realidade nela mesma; o conceito, enquanto não é a identidade vazia, trivial, tem, no momento de sua negatividade ou do determinar absoluto, as diferentes determinações; em geral, o conteúdo nada mais é do que tais determinações da forma absoluta –, o conteúdo posto por ela mesma e, portanto, também adequado a ela. – Essa forma é, por isso, também de uma natureza inteiramente diferente do modo como as formas lógicas são tomadas habitualmente. Ela já é *para si mesma a verdade*, na medida em que esse conteúdo é adequado à sua forma, ou essa realidade é adequada ao seu conceito, e é a *verdade pura*, porque as determinações do conteúdo ainda não têm a forma de um absoluto ser outro ou da imediatidade absoluta. – Quando Kant, na *Crítica da razão pura* ([B], p. 83), vem a falar, em relação à lógica, sobre a antiga e famosa questão: O que é a verdade? Ele *presenteia* primeiramente como algo trivial a definição nominal de que a verdade é a concordância do conhecimento com o seu objeto, – uma definição que é de grande valor, aliás de supremo valor. Se nos lembrarmos dela em relação à afirmação fundamental do idealismo transcendental de que o *conhecimento racional* não é capaz de apreender as *coisas em si*, que a *realidade* reside *pura e simplesmente* fora do *conceito*, então se mostra desde logo que uma tal *razão* que *não* é capaz de se *pôr em concordância* com seus objetos, com as coisas em si, e as coisas *em si* que não estão em concordância com os conceitos da razão, o conceito que não está em concordância com a realidade, uma realidade que não está em concordância com o conceito, são *representações não verdadeiras*. Se Kant tivesse mantido naquela definição da verdade a ideia de um *entendimento intuitivo*, então ele teria tratado essa ideia, a qual expressa a concordância exigida, não como um ente de razão, mas antes como verdade.

"O que se pretende saber", continua Kant, "seria um *critério universal e seguro da verdade de cada conhecimento*; ele seria um critério que fosse válido para todos os conhecimentos, *sem diferença de seus objetos*; mas, uma vez que no mesmo se *abstrai de todo conteúdo do conhecimento* (*relação com seu objeto*) e a *verdade concerne justamente a esse conteúdo*, então seria inteiramente *impossível* e *fora de propósito* perguntar por uma nota característica da *verdade desse conteúdo* dos conhecimentos". - Aqui está expressa de modo muito determinado a representação comum da função formal da lógica, e o raciocínio indicado parece ser muito claro. Mas, em primeiro lugar, é preciso observar que a tal raciocínio formal ocorre habitualmente de se esquecer em seu modo de discorrer da questão que constitui a sua base e da qual ele fala. Seria absurdo, diz-se, perguntar por um critério da *verdade do conteúdo* do conhecimento – mas, segundo a definição, não é o *conteúdo* que constitui a verdade, e sim a *concordância* do mesmo com o conceito. Um conteúdo como aquele de que se fala aqui, *sem o conceito*, é algo desprovido de conceito e, com isso, desprovido de essência; não se pode certamente perguntar pelo critério da verdade de um tal conteúdo, mas justamente pela razão oposta, a saber, porque ele, devido à sua ausência de conceito, não é a *concordância exigida*, mas não pode ser nada mais do que algo pertencente à opinião sem verdade. – Se deixamos de lado a menção do conteúdo que aqui provoca confusão – confusão na qual, contudo, o formalismo recai todas as vezes e que lhe faz dizer o oposto do que pretende apresentar, cada vez que ele se envolve num esclarecimento – e permanecemos presos à visão abstrata de que o lógico é apenas formal e que, antes, abstrai de todo conteúdo, temos, então, um conhecimento unilateral que não deve conter nenhum objeto, uma forma vazia, sem determinação, que, portanto, não é nem *concordância* – pois à concordância pertencem essencialmente *dois* –, nem verdade. – Kant tinha um princípio mais elevado na *síntese a priori* do conceito, na qual se podia conhecer a duplicidade na unidade, ou seja, aquilo que é exigido para a verdade, mas a matéria sensível, o multíplice da intuição, era para ele demasiadamente poderoso para que ele pudesse se afastar dele e chegar à consideração do conceito e das categorias *em si e para si* e a um filosofar especulativo.

Enquanto a lógica é a ciência da forma absoluta, esse formal, *para que seja algo verdadeiro*, tem de ter nele mesmo um *conteúdo* que seja adequado à sua forma, e ainda mais porque o formal lógico tem de ser a forma pura, portanto, o verdadeiro de tipo lógico deve ser a própria *verdade pura*. Logo, esse formal tem de ser pensado como muito mais rico dentro de si em determinações e conteúdo, e também como dotado de uma eficácia infinitamente maior sobre o concreto do que habitualmente se entende. As leis lógicas para si (sem levar em conta o que é, de qualquer modo, heterogêneo, a lógica aplicada e o material psicológico e antropológico restante) são habitualmente limitadas, além da proposição da contradição, a algumas proposições escassas concernentes à conversão dos juízos e às formas dos silogismos. Mesmo as formas que ocorrem aqui, bem como determinações ulteriores das mesmas, são acolhidas apenas, por assim dizer, historicamente, mas não são submetidas à crítica para saber se são em si e para si mesmas algo verdadeiro. Assim, por exemplo, a forma do juízo positivo vale como algo em si plenamente correto, sendo que depende inteira e unicamente do conteúdo se tal juízo é verdadeiro. Não se pensa na investigação se essa forma é *em si e para si* uma forma da verdade, se a proposição que ela enuncia: "o singular é um universal", não é dialética dentro de si mesma. Chega-se a considerar que esse juízo seja para si capaz de conter verdade e que aquela proposição expressa por cada juízo positivo seja verdadeira, embora fique imediatamente claro que lhe falta o que a definição da verdade exige, a saber, a concordância do conceito e de seu objeto; tomado o predicado, que aqui é o universal, como o conceito, e o sujeito, que é o singular, como o objeto, um não concorda com o outro. Mas se o *universal abstrato*, que é o predicado, ainda não constitui um conceito, ao qual certamente pertence algo mais – assim como também tal sujeito não é muito mais do que um sujeito gramatical –, como poderia o juízo conter verdade, uma vez que seu conceito e objeto não concordam, ou lhe falta até mesmo o conceito, e também o objeto? – É isso, portanto, que é, antes, *impossível* e *absurdo*: querer apreender a verdade em formas semelhantes, tais como o juízo positivo e o juízo em geral. Assim como a filosofia kantiana não considerou as categorias em si e para si, mas as declarou como determinações finitas, incapazes de conter a verdade, apenas pela razão enviesada de que elas seriam formas subjetivas da autoconsciência, assim, muito menos, submeteu à crítica as formas do conceito que são o conteúdo da lógica comum; a mesma filosofia acolheu, antes, uma parte das mesmas, a saber, as funções dos juízos, para a determinação da categoria e as fez valer como pressuposições válidas. Ainda que nas formas lógicas também não se deva ver nada mais do que as funções formais do pensar, já por isso elas seriam dignas da investigação sobre até que ponto elas correspondem à *verdade*. Uma lógica que não realiza isso pode, no máximo, reivindicar o valor de uma descrição histórico-natural dos fenômenos do pensar, como eles se encontram diante de nós. É um mérito infinito de *Aristóteles*, mérito que tem de nos encher de suprema admiração pela força desse espírito, ter empreendido primeiramente essa descrição. Mas é necessário que se avance e que se conheça, em parte, a conexão sistemática, em parte, o valor das formas.

DIVISÃO

Conforme a consideração anterior, o conceito se mostra como a unidade do *ser* e da *essência*. A essência é a *primeira negação* do ser, o qual, através disso, tornou-se *aparência*; o conceito é a *segunda* negação ou a negação dessa negação, portanto, é o ser restabelecido, mas como a mediação infinita e a negatividade do mesmo dentro de si mesmo. – Por conseguinte, *ser* e *essência* não têm mais no conceito a determinação dentro da qual são *ser* e *essência*, nem estão apenas dentro de uma unidade de modo tal que cada um *aparece* no outro. O conceito não se diferencia, portanto, nessas determinações. Ele é a verdade da relação substancial, dentro da qual o ser e a essência alcançam, um através da outra, sua autossubsistência e determinação preenchidas. A *identidade substancial*, que é igualmente e somente como o *ser posto*, comprovou-se como a verdade da substancialidade. O ser posto é o *ser aí* e o *diferenciar*; por conseguinte, o ser em si e para si alcançou dentro do conceito um ser aí adequado a si e verdadeiro, pois aquele ser posto é o próprio ser em si e para si. Esse ser posto constitui a diferença do conceito dentro dele mesmo; suas *diferenças*, por ele ser imediatamente o ser em si e para si, são, elas mesmas, *todo o conceito – universais dentro de sua determinidade e idênticas à sua negação.*

Agora, esse é o próprio conceito do conceito. Mas é *apenas primeiramente* seu conceito – ou seja, ele mesmo é também *apenas* o conceito. Porque ele é o ser em si e para si, enquanto este é ser posto, ou a substância absoluta, enquanto ela revela a *necessidade* de substâncias diferentes como *identidade*, então essa identidade tem de pôr, ela mesma, o que ela é. Os momentos do movimento da relação de substancialidade, movimento através do qual o conceito *deveio*, e a realidade apresentada através desse movimento, estão apenas na passagem para o conceito; aquela realidade ainda não é como a determinação *própria do conceito*, como aquela que surgiu a partir dele; ela caiu na esfera da necessidade, enquanto sua própria realidade pode ser somente a determinação *livre* do próprio conceito, de ser um ser aí dentro do qual o conceito é como idêntico consigo, cujos momentos são conceitos e são *postos* por ele mesmo.

Em primeiro lugar, portanto, o conceito é apenas *em si* a verdade; por ser *apenas um interior*, ele é, igualmente, *apenas um exterior*. Ele é *primeiramente*, em geral, um *imediato*, e, nessa figura, seus momentos têm a forma de *determinações imediatas, fixas*. Ele aparece como o *conceito determinado*, como a esfera do mero *entendimento*. – Porque essa forma da imediatidade é um ser aí ainda não adequado à sua natureza, uma vez que ele é o *livre* que se relaciona somente consigo mesmo, ela é uma forma *externa*, na qual o conceito não pode valer como é em si e para si, mas vale como *apenas posto* ou como um *subjetivo*. – A figura do conceito *imediato* constitui o ponto de vista segundo o qual o conceito é um pensar subjetivo, uma reflexão externa à *Coisa*. Esse estágio constitui, por conseguinte, a *subjetividade* ou o *conceito formal*. A exterioridade do mesmo aparece no *ser fixo* de suas *determinações*, pelo qual cada uma sobrevém por si mesma como algo isolado, qualitativo, que está apenas na relação exterior com o seu outro. A *identidade* do conceito, porém, que é justamente a essência *interior* ou *subjetiva* das mesmas, coloca-as em movimento dialético, por meio do qual seu isolamento e, com isso, a separação entre o conceito e a Coisa se suprassume, e surge, como sua verdade, a *totalidade*, a qual é o *conceito objetivo*.

Em segundo lugar, o conceito em sua *objetividade* é a *própria Coisa que é em si e para si*. Através de sua necessária determinação progressiva, o conceito *formal* faz de si mesmo a Coisa e perde, através disso, a relação da subjetividade e a exterioridade frente a ela. Ou, inversamente, a objetividade é o conceito *real que surgiu* de sua *interioridade* e que passou para o ser aí. – Nessa identidade com a Coisa, ele tem, assim, ser aí *próprio* e *livre*. Mas isso é ainda uma liberdade *imediata*, ainda não *negativa*. Sendo um com a Coisa, o conceito está *mergulhado* nela; as diferenças dele são existências objetivas nas quais ele mesmo é novamente o *interior*. Enquanto alma do ser aí objetivo, ele tem de *dar a si* a forma da *subjetividade* que ele tinha *imediatamente* enquanto conceito *formal*; assim, ele se contrapõe à objetividade *na forma* do [elemento] livre que ele ainda não tinha na objetividade, e, nisso, faz da identidade com ela que ele tem *em si e para si* enquanto conceito *objetivo*, uma identidade também *posta*.

Nessa consumação, na qual ele tem, dentro de sua objetividade, igualmente a forma da liberdade, o *conceito adequado* é a *ideia*. A *razão*, que é a esfera da ideia, é a *verdade* que se *desvelou* a si mesma, na qual o conceito tem a realização pura e simplesmente adequada a ele, e é livre na medida em que conhece esse seu mundo objetivo dentro de sua subjetividade, e essa, dentro daquele.

PRIMEIRA SEÇÃO
A SUBJETIVIDADE

Primeiramente, o conceito é o conceito *formal*, o conceito no *início* ou o conceito enquanto *imediato*. – *Primeira* e inicialmente, na unidade imediata, sua diferença ou seu ser posto são eles mesmos simplesmente *uma aparência*, de modo que os momentos da diferença são imediatamente a totalidade do conceito e apenas o *conceito enquanto tal*.

Em segundo lugar, porém, por ele ser a negatividade absoluta, o conceito se dirime e se põe como o *negativo* ou como o *outro* de si mesmo; e precisamente por ele ser primeiramente o conceito *imediato*, esse pôr ou diferenciar tem a determinação de que os momentos se tornam *indiferentes um frente ao outro* e cada um se torna para si; a unidade do conceito é, nessa divisão, apenas ainda *relação* exterior. Assim, enquanto *relação* de seus momentos postos como *autossubsistentes* e *indiferentes*, ele é o *juízo*.

Em terceiro lugar, o juízo contém certamente a unidade do conceito perdido em seus momentos autossubsistentes, mas ela não é *posta*. Ela se torna isso através do movimento dialético do juízo, que, por isso, tornou-se o *silogismo*, tornou-se o conceito completamente posto na medida em que dentro do silogismo estão postos tanto os momentos do mesmo como extremos *autossubsistentes* quanto sua *unidade mediadora*.

Mas, na medida em que, *de modo imediato*, essa própria *unidade* enquanto *meio-termo* unificador e os *momentos como* extremos *autossubsistentes* inicialmente se contrapõem um ao outro, essa relação contraditória que tem lugar no *silogismo formal* se suprassume, e a *completude* do conceito passa para a unidade da *totalidade*, a *subjetividade* do conceito passa para a sua *objetividade*.

PRIMEIRO CAPÍTULO
O CONCEITO

A faculdade dos conceitos costuma ser expressa em geral pelo *entendimento*; nessa medida, ele é diferenciado da *faculdade de julgar* e da faculdade dos silogismos enquanto *razão* formal. Mas ele é, sobretudo, contraposto à *razão*; desse modo, porém, ele não significa a faculdade do conceito em geral, e sim dos conceitos *determinados*, nisso dominando a representação de que o conceito é *apenas* algo *determinado*. Se o entendimento, nessa significação, é diferenciado da faculdade de julgar e da razão formal, então ele tem de ser tomado como a faculdade do conceito determinado *singular*. Pois o juízo e o silogismo ou a razão são eles mesmos, enquanto elemento formal, apenas algo *do entendimento*, na medida em que estão sob a forma da determinidade conceitual abstrata. Mas o conceito não vale aqui, em nenhum modo, como algo determinado de modo meramente abstrato; o entendimento, por conseguinte, só tem de ser diferenciado da razão enquanto ele é apenas a faculdade do conceito em geral.

Esse conceito universal que agora é preciso considerar, contém os três momentos: *universalidade, particularidade* e *singularidade*. A diferença e as determinações que ele se dá no diferenciar constituem o lado que anteriormente foi denominado de *ser posto*. Uma vez que, dentro do conceito, esse ser posto é idêntico ao ser em si e para si, cada um daqueles momentos é tanto *o conceito inteiro* quanto *o conceito determinado*, e enquanto *uma determinação* do conceito.

Em primeiro lugar, ele é *conceito puro* ou a determinação da *universalidade*. O conceito puro ou universal, porém, é também apenas um conceito *determinado* ou *particular*, que se coloca ao lado dos outros. Porque o conceito é a totalidade – portanto, em sua universalidade ou relação puramente idêntica consigo mesmo, é essencialmente o determinar e o diferenciar –, ele tem dentro dele mesmo o padrão de medida pelo qual essa forma da sua identidade consigo mesmo, ao compenetrar e compreender em si todos os momentos, determina-se igualmente de modo imediato para ser *apenas* o *universal* frente à diferencialidade dos momentos.

Em segundo lugar, o conceito é, através disso, enquanto esse conceito *particular* ou enquanto o conceito *determinado,* que está posto como diferente perante os outros.

Em terceiro lugar, a *singularidade* é o conceito que se reflete a partir da diferença na absoluta negatividade. Esse é, ao mesmo tempo, o momento no qual ele passou da sua identidade para o seu *ser outro* e se torna *juízo.*

A. O conceito universal

O conceito puro é o absolutamente infinito, incondicionado e livre. Aqui onde começa o tratamento que tem o conceito por seu *conteúdo,* é preciso, de novo, olhar retrospectivamente para sua gênese. A *essência deveio* a partir do *ser* e o conceito deveio a partir da essência, com isso, ele deveio também a partir do ser. Mas esse devir tem o significado do *contrachoque* de si mesmo, de modo que o *resultado do devir* é, antes, o *incondicionado* e *originário.* Em sua passagem para a essência, o *ser* se tornou uma *aparência* ou *ser posto* e o *devir* ou o passar para *outro* se tornou um *pôr* e, inversamente, o *pôr* ou a reflexão da essência se suprassumiu e se produziu até tornar-se um *não posto,* num ser *originário.* O conceito é compenetração desses momentos, o fato de que o elemento qualitativo e o que é originariamente é somente enquanto pôr e enquanto retorno para dentro de si, e que essa pura reflexão dentro de si é pura e simplesmente o *tornar-se outro* ou a *determinidade,* a qual, por isso, é igualmente *determinidade* infinita que se relaciona consigo.

Portanto, o conceito é primeiramente a *identidade absoluta consigo,* de modo que ela é isso somente enquanto é a negação da negação, ou seja, a unidade infinita da negatividade consigo mesma. Essa *relação pura* do conceito consigo, a qual é essa relação pelo fato de que se põe através da negatividade, é a *universalidade* do conceito.

A *universalidade*, por ela ser a determinação sumamente *simples*, não parece capaz de nenhuma explicação; pois uma explicação tem de se envolver com determinações e diferenciações e tem de predicá-las de seu objeto; porém, através disso, o simples é muito mais alterado do que explicado. Mas a natureza do universal é justamente a de ser um tal simples, que contém, pela negatividade absoluta, a suprema diferença e determinidade *dentro de si*. O *ser* é simples, enquanto ser *imediato*; por causa disso, ele é apenas *opinado* e não se pode dizer dele o que é; ele é, por conseguinte, imediatamente um com seu outro, com o *não ser*. Justamente isso é o seu conceito, [o fato] de ser um tal simples que desaparece imediatamente em seu oposto; ele é o *devir*. O *universal*, ao contrário, é o *simples*, o qual é igualmente o *mais rico dentro de si mesmo*, porque é o conceito.

Por conseguinte, ele é *primeiramente* a relação simples consigo mesmo; ele é apenas *dentro de si*. Essa identidade, porém, é, *em segundo lugar*, *mediação* absoluta dentro de si, mas não um *mediado*. Sobre o universal que é um universal mediado, a saber, o universal *abstrato*, contraposto ao particular e singular, é preciso falar somente junto ao conceito determinado. – Mas já também o *abstrato* contém isto: para obtê-lo, exige-se que *descartemos* outras determinações do concreto. Essas determinações são, enquanto determinações, em geral, *negações*; além disso, de igual modo, *descartar* as mesmas é um *negar*. Portanto, no abstrato ocorre, igualmente, a negação da negação. Essa negação duplicada, porém, é representada como se fosse *externa* ao mesmo e como se tanto as demais propriedades descartadas do concreto fossem diversas daquelas retidas, as quais são o conteúdo do abstrato, quanto essa operação de descartar as propriedades restantes e de reter umas ocorresse fora delas mesmas. O universal ainda não se determinou, frente àquele movimento, até uma tal *exterioridade*; ele ainda é, dentro de si, aquela mediação absoluta, a qual é justamente a negação da negação ou a negatividade absoluta.

Segundo essa unidade originária, o primeiro negativo, ou seja, a *determinação*, não é, primeiramente, nenhuma barreira para o universal, mas sim este *se conserva naquele* e é idêntico a si de modo positivo. As categorias do ser eram, enquanto conceitos, essencialmente essas identidades das determinações consigo mesmas, em sua barreira ou em seu ser outro; mas essa identidade era apenas *em si* o conceito; ela ainda não estava manifesta. Por isso, a determinação qualitativa enquanto tal sucumbia em suas outras e tinha como sua verdade uma determinação *diversa* dela. O universal, ao contrário, mesmo quando se põe em uma determinação, *permanece* nela o que é. Ele é a *alma* do concreto, ao qual é imanente, sem impedimentos e igual a si mesmo na multiplicidade e diversidade dele. Ele não é arrastado para dentro do *devir*, mas sim *continua* imperturbado através do devir e possui a força da autoconservação imutável e imortal.

Igualmente, porém, ele não apenas *aparece* para dentro de seu outro como a determinação de reflexão. Esta, como um *relativo*, relaciona-se não apenas consigo mesma, mas é um *relacionar*. Ela *se anuncia* dentro de seu outro, mas somente *aparece* nele, e o aparecer de cada um no outro, ou seja, seu determinar recíproco, tem na autossubsistência deles a forma de um atuar externo. – O *universal*, ao contrário, está posto como a *essência* de sua determinação, a *natureza própria positiva* da mesma. Pois a determinação que constitui seu negativo é, dentro do conceito, pura e simplesmente apenas como um *ser posto*, ou, essencialmente, ao mesmo tempo, somente como o negativo do negativo, e ela é somente essa identidade consigo do negativo, a qual é o universal. Este é, portanto, também a *substância* de suas determinações; mas de tal modo que aquilo que para a substância enquanto tal era um *contingente*, é a *mediação* própria do conceito consigo mesmo, sua *reflexão* própria *imanente*. Essa mediação, que inicialmente eleva o contingente para a *necessidade*, é, todavia, a relação *manifestada*; o conceito não é o abismo da substância sem forma ou a necessidade enquanto a identidade *interior* de coisas ou estados diversos um do outro, que se limitam, mas, enquanto negatividade absoluta, é o formador e o criador, e porque a determinação não é como barreira, mas é pura e simplesmente tanto como determinação suprassumida quanto como ser posto, assim a aparência é o aparecimento enquanto aparecimento *do idêntico*.

O universal é, por conseguinte, a potência *livre*; é ele mesmo e pervade seu outro; não, porém, como *algo violento*, mas antes como sendo, dentro daquele, em repouso e *junto a si mesmo*. Assim como foi denominado a potência livre, ele também poderia ser denominado o *amor livre* e a *beatitude irrestrita*, pois ele é um relacionar de si com *o diferente* apenas enquanto relacionar *consigo mesmo*; dentro do diferente, ele retornou a si mesmo.

Há pouco foi mencionada a *determinidade*, embora o conceito, apenas primeiramente como o universal e apenas *idêntico* consigo, ainda não avançou até ela. Mas não se pode falar do universal sem a determinidade, a qual, mais precisamente, é a particularidade e singularidade; pois ele a contém em si e para si dentro de sua negatividade absoluta; a determinidade não é, portanto, tomada desde fora, quando dela se fala junto ao universal. Enquanto negatividade em geral, ou seja, conforme a negação *primeira, imediata*, ele tem a determinidade em geral enquanto *particularidade* nele; enquanto *segundo*, como negação da negação, ele é *determinidade absoluta* ou *singularidade* e *concreção*. – O universal é, assim, a totalidade do conceito, é concreto, não um vazio, e sim pelo seu conceito possui, antes, *conteúdo* – um conteúdo dentro do qual ele não apenas se conserva, mas que lhe é próprio e imanente. Pode-se certamente abstrair do conteúdo: assim, porém, não se conserva o universal do conceito, mas o *abstrato*, o qual é um momento isolado e imperfeito do conceito e não tem verdade alguma.

Mais precisamente, o universal resulta assim como essa totalidade. Na medida em que ele tem a determinidade dentro de si, essa não é apenas a *primeira* negação, mas também a reflexão dela mesma dentro de si. Tomado por si mesmo com aquela primeira negação, o universal é *particular*, como logo será considerado; mas, dentro dessa determinidade, ele ainda é essencialmente o universal; aqui esse lado ainda tem de ser apreendido. – Enquanto é dentro do conceito, essa determinidade é a reflexão total, a *aparência dupla*; uma vez, a aparência *para fora*, a reflexão em outro; outra vez, a aparência *para dentro*, a reflexão dentro de si. Aquele aparecer externo constitui uma diferença frente a um *outro*; o universal tem, desse modo, uma *particularidade*, a qual tem sua dissolução dentro de um universal mais elevado. Enquanto é também apenas um universal relativo, ele não perde seu caráter do universal; ele se conserva dentro de sua determinidade, mas não apenas de modo a permanecer apenas indiferente frente a ela na ligação com ela – pois, assim, ele seria apenas *composto* com ela –, mas de modo a ser o que agora mesmo foi denominado *aparência para dentro*. A determinidade, enquanto *conceito* determinado, está *refletida dentro de si* a partir da exterioridade; ela é o *caráter* próprio, imanente, o qual é um essencial pelo fato de que, sendo acolhido na universalidade e compenetrado por ela, é de igual extensão, idêntico a ela e de igual modo a compenetra; é o caráter que pertence ao *gênero*, como a determinidade inseparada do universal. O caráter não é, desse modo, uma *barreira* indo para fora, mas é *positivo* na medida em que ele está, através da universalidade, na relação livre consigo mesmo. Também o conceito determinado permanece, assim, conceito infinitamente livre dentro de si.

Mas, no que diz respeito ao outro lado, segundo o qual o gênero é limitado pelo seu caráter determinado, foi observado que ele, enquanto gênero inferior, tem sua dissolução em um universal mais elevado. Esse também pode, novamente, ser apreendido como gênero; mas, enquanto gênero mais abstrato, ele pertence sempre apenas, de novo, ao lado do conceito determinado, o qual se dirige para fora. O universal veridicamente mais elevado, em que esse lado que se dirige para fora está retomado para dentro, é a segunda negação, na qual a determinidade é pura e simplesmente apenas *enquanto* algo posto ou *enquanto* aparência. A vida, o Eu, o espírito, o conceito absoluto, não são universais apenas como gêneros mais elevados, e sim são *concretos*, cujas determinidades também não são apenas espécies ou gêneros inferiores, mas concretos que, dentro de sua realidade, são pura e simplesmente dentro de si e estão preenchidos dessa realidade. Na medida em que a vida, o Eu, o espírito finito, são certamente apenas conceitos determinados, sua dissolução absoluta está naquele universal que tem de ser apreendido como conceito verdadeiramente absoluto, como ideia do espírito infinito, cujo *ser posto* é a realidade infinita, transparente, onde ele intui sua *criação* e, dentro dela, a si mesmo.

O universal verdadeiro, infinito, que é imediatamente tanto particularidade quanto singularidade dentro de si, precisa ser considerado inicialmente de modo mais detalhado como *particularidade*. Ele se *determina* livremente; sua finitização não é um passar, que apenas tem lugar na esfera do ser; ele é *potência criadora* enquanto negatividade absoluta que se relaciona consigo mesma. Enquanto tal, ele é o diferenciar dentro de si, e este é um *determinar* pelo fato de que o diferenciar é um com a universalidade. Com isso, ele é um pôr das próprias diferenças como universais, que se relacionam consigo mesmas. Através disso, elas se tornam diferenças *fixas*, isoladas. O *subsistir* isolado do finito, que anteriormente se determinou como seu ser para si, também como coisidade, como substância, é, em sua verdade, a universalidade, forma com a qual o conceito infinito veste suas diferenças, – uma forma que justamente é uma das suas diferenças. É nisso que consiste o *criar* do conceito, criar que somente pode ser compreendido nesse íntimo do conceito.

B. O conceito particular

A *determinidade* enquanto tal pertence ao ser e ao qualitativo; enquanto determinidade do conceito, ela é *particularidade*. Ela não é nenhum *limite*, de modo que se relacionaria com um *outro* como se este fosse um *além* dela. Ao contrário, como se acabou de mostrar, ela é o momento próprio imanente do universal; esse, por conseguinte, dentro da particularidade não está junto a um outro, mas pura e simplesmente junto a si mesmo.

O particular contém a universalidade, a qual constitui sua substância; o gênero é *inalterado* em suas espécies; as espécies não são diversas do universal, mas apenas *entre si*. O particular tem com os *outros* particulares, com os quais ele se relaciona, uma e a mesma universalidade. Simultaneamente, a diversidade dos mesmos, em virtude da identidade deles com o universal, é *enquanto tal* universal; ela é *totalidade*. – O particular *contém*, portanto, não apenas o universal, mas também o apresenta *através de sua determinidade*; esse constitui, portanto, uma *esfera* que tem de esgotar o particular. Enquanto a determinidade do particular é tomada como mera *diversidade*, essa totalidade aparece como *completude*. Neste sentido, as espécies são completas na medida em que justamente não *há* mais nenhuma. Não está presente para elas nenhum padrão de medida ou *princípio*, porque a *diversidade* é justamente a diferença sem unidade, diferença na qual a universalidade, que é para si unidade absoluta, é mero reflexo externo e uma completude ilimitada, contingente. A diversidade, porém, passa para a *contraposição*, para uma *relação imanente* dos diversos. Mas a particularidade, enquanto universalidade, é em si e para si mesma uma tal relação imanente, não através de um passar; ela é totalidade nela mesma e determinidade *simples*, essencialmente *princípio*. Ela não tem nenhuma *outra* determinidade senão aquela de ser posta pelo próprio universal e de resultar do mesmo da seguinte maneira.

O particular é o próprio universal, mas ele é sua diferença ou a relação com um *outro*, é seu *aparecer para fora*; porém, não está presente nenhum outro do qual o particular seria diferente senão o próprio universal. – O universal *se* determina, assim ele é, ele mesmo, o particular; a determinidade é *sua* diferença; ele é diferente apenas de si mesmo. Suas espécies são, por conseguinte, apenas a) o próprio universal e b) o particular. O universal, enquanto conceito, é ele mesmo e o seu oposto, que, por sua vez, é ele mesmo enquanto sua determinidade posta; o universal pervade seu oposto, e dentro dele está junto a si mesmo. Assim ele é a totalidade e o princípio de sua diversidade, que está determinada inteiramente por ele mesmo.

Por isso, não há outra divisão verídica senão a de que o conceito coloca a si mesmo à parte como a universalidade *imediata*, indeterminada; justamente esse indeterminado constitui sua determinidade, ou seja, o fato de que ele é um *particular*. *Ambos* são o particular e são, portanto, *coordenados*. Ambos são também, enquanto particulares, o *determinado frente* ao universal; quer dizer, ambos são, desse modo, *subordinados* ao universal. Mas justamente esse universal *frente* ao qual o particular está determinado, é, com isso, antes, ele mesmo *apenas um* dos contrapostos. Quando falamos de *dois contrapostos*, temos, então, de dizer que ambos constituem o particular, não apenas *juntamente*, de modo que eles apenas seriam *iguais* para a reflexão exterior no fato de serem particulares, mas no sentido de que sua determinidade *um frente ao outro* é, essencialmente, ao mesmo tempo, apenas *uma* determinidade, a negatividade, a qual no universal é *simples*.

No modo em que a diferença se mostra aqui, ela é no seu conceito e, com isso, na sua verdade. Toda diferença anterior tem essa unidade no conceito. Enquanto ela é diferença imediata no ser, ela é como o *limite* de um *outro*; enquanto ela é na reflexão, ela é diferença relativa, posta como aquilo que se relaciona essencialmente com seu outro; portanto, começa aqui a ser *posta* a unidade do conceito; mas, inicialmente, ela é apenas a *aparência* em um outro. – O passar e a dissolução dessas determinações têm somente o sentido verdadeiro de que alcançam seu conceito, sua verdade; ser, ser aí, algo ou o todo e as partes etc., substância e acidentes, causa e efeito, são por si determinações do pensamento; elas são apreendidas como *conceitos* determinados na medida em que cada uma é conhecida dentro da unidade com sua outra ou com sua oposta. – O todo e as partes, a causa e o efeito etc., por exemplo, ainda não são diversos que estariam determinados como *particulares* um frente ao outro, porque *em si*, certamente, constituem *um* conceito, mas sua *unidade* ainda não alcançou a forma da *universalidade*; assim também a *diferença* que está nessas relações ainda não tem a forma de que ela é *uma* determinidade. Causa e efeito, por exemplo, não são dois conceitos diversos, mas apenas *um* conceito determinado, e a causalidade, como todo conceito, é um conceito *simples*.

Tendo em vista a completude, resultou que o determinado da particularidade está *completo* na diferença do *universal* e do *particular* e que apenas esses dois constituem as espécies particulares. Na *natureza*, sem dúvida, encontram-se mais do que duas espécies em um gênero, assim como essas muitas espécies também não podem ter entre si a relação indicada. A impotência da natureza é isto: não poder manter firme e apresentar o rigor do conceito e se perder nessa multiplicidade cega sem conceito. Podemos *admirar* a natureza na multiplicidade de seus gêneros e de suas espécies e na diversidade infinita de suas configurações, pois a admiração é *sem conceito* e seu objeto é o sem razão. Porque é o ser fora de si do conceito, à natureza é dada a liberdade de vaguear nessa diversidade, assim como o espírito, embora tenha o conceito na figura do conceito, também se envolve com o representar e dá voltas numa multiplicidade infinita do mesmo. Os múltiplos gêneros ou as espécies da natureza não precisam ser considerados como algo mais elevado do que as ideias arbitrárias do espírito em suas representações. Ambos certamente mostram rastros e pressentimentos do conceito, mas não o apresentam em uma imagem fiel, porque são o lado de seu ser fora de si livre; ele é a potência absoluta justamente porque pode deixar sair livremente sua diferença até a figura da diversidade autossubsistente, da necessidade externa, da contingência, do arbítrio e da opinião, figura que, porém, tem de ser tomada exclusivamente como o lado abstrato da *nulidade*.

Como vimos, a *determinidade* do particular é *simples* enquanto *princípio*, mas ela também o é enquanto momento da totalidade, enquanto determinidade frente a *outra* determinidade. O conceito, na medida em que se determina ou se diferencia, está voltado negativamente para sua unidade e se dá a forma de um de seus momentos ideais *do ser*; enquanto conceito determinado, ele tem um *ser aí* em geral. Porém, esse ser não tem mais o sentido da mera *imediatidade*, mas da universalidade, da imediatidade igual a si mesma pela mediação absoluta, imediatidade que contém, igualmente, também o outro momento, a essência ou a reflexão dentro de si. Essa universalidade, da qual o determinado está revestido, é a universalidade *abstrata*. O particular tem a universalidade dentro dele mesmo como sua essência; mas, na medida em que a determinidade da diferença está *posta* e, através disso, tem um ser, ela é *forma* no mesmo, e a determinidade enquanto tal é o *conteúdo*. A universalidade se torna forma na medida em que a diferença é como o essencial, assim como, ao contrário, no puramente universal, a diferença é apenas enquanto negatividade absoluta, *não enquanto* diferença que está *posta* enquanto tal.

Ora, a determinidade é certamente o *abstrato* frente à *outra* determinidade; mas a outra é somente a própria universalidade; essa é, portanto, também a universalidade *abstrata*, e a determinidade do conceito, ou seja, a particularidade, nada mais é, novamente, do que a universalidade determinada. O conceito é *fora de si* dentro dela; enquanto *é ele* que é fora de si nisso, o universal abstrato contém todos os momentos do conceito: o universal abstrato é α) universalidade, β) determinidade, γ) a unidade *simples* de ambas; mas essa unidade é *imediata*, e a particularidade, por causa disso, não é *enquanto* totalidade. *Em si*, ela também é essa *totalidade e mediação*; ela é, essencialmente, relação *excludente* com *outro* ou *suprassunção* da *negação*, a saber, da *outra* determinidade – da *outra* que, porém, apenas paira diante de nós enquanto opinião, pois, imediatamente, ela desaparece e se mostra como o mesmo que deveria ser sua *outra*. O que, portanto, faz dessa universalidade uma universalidade abstrata é o fato de a mediação ser apenas *condição*, ou seja, de não estar *posta nela* mesma. Por não estar *posta*, a unidade do abstrato tem a forma da imediatidade, e o conteúdo [tem] a forma da indiferença frente à sua universalidade, porque ele não é como essa totalidade que é a universalidade da negatividade absoluta. O universal abstrato é, com isso, certamente, o *conceito*, mas como *sem conceito*, como conceito que não está posto enquanto tal.

Quando se fala do *conceito determinado*, entende-se comumente apenas um tal *universal abstrato*. Também por conceito em geral se entende, o mais das vezes, apenas esse conceito *sem conceito*, e o *entendimento* designa a faculdade de tais conceitos. A *demonstração* pertence a esse entendimento na medida em que ela *progride por conceitos*, quer dizer, apenas por *determinações*. Tal progredir por conceitos não ultrapassa, por conseguinte, a finitude e a necessidade; seu ponto supremo é o infinito negativo, a abstração da essência suprema que é, ela mesma, a determinidade da *indeterminidade*. Também a substância absoluta não é, certamente, essa abstração vazia; segundo o conteúdo, ela é, antes, a totalidade, mas ela é abstrata porque é sem a forma absoluta; sua verdade mais íntima não constitui o conceito; mesmo que ela seja a identidade da universalidade e da particularidade, ou do pensamento e do fora um do outro, assim essa identidade não é a *determinidade* do conceito; *fora* dela existe, antes, um entendimento – e justamente porque ele está fora dela, um entendimento contingente –, dentro do qual e para o qual ela está em diversos atributos e modos.

De resto, a abstração não é *vazia*, como ela é denominada habitualmente; ela é o conceito *determinado*; ela tem qualquer determinidade por conteúdo; também a essência suprema, a pura abstração, tem, como foi recordado, a determinidade da indeterminidade; mas a indeterminidade é uma determinidade porque ela deve *se contrapor* ao determinado. Porém, enquanto se enuncia o que ela é, suprassume-se mesmo o que ela deve ser; ela é enunciada como um com a determinidade e, desse modo, o conceito e sua verdade são produzidos a partir da abstração. – Nessa medida, porém, cada conceito determinado é, decerto, *vazio*, enquanto não contém a totalidade, mas apenas uma determinidade unilateral. Ainda que ele tenha, de outra maneira, conteúdo concreto, por exemplo, ser humano, Estado, animal etc., ele permanece um conceito vazio na medida em que sua determinidade não é o *princípio* de suas diferenças; o princípio contém o início e a essência de seu desenvolvimento e de sua realização; qualquer outra determinidade do conceito, porém, é infrutífera. Por isso, quando o conceito é, em geral, repreendido como vazio, desconhece-se, então, aquela determinidade absoluta do mesmo, que é a diferença do conceito e o conteúdo unicamente verdadeiro dentro de seu elemento.

Aqui pertence a circunstância em virtude da qual o entendimento, na época moderna, é menosprezado e muito rebaixado em comparação com a razão; é a *firmeza* que ele confere às determinidades e, com isso, às finitudes. Esse fixo consiste na forma considerada da universalidade abstrata; através dessa, aquelas se tornam *inalteráveis*. Pois a determinidade qualitativa, bem como a determinação de reflexão, são essencialmente como *limitadas* e têm, pela sua barreira, uma relação com seu *outro*, assim, a *necessidade* do passar e do perecer. Mas a universalidade que elas têm no entendimento lhes dá a forma da reflexão dentro de si, pela qual elas se subtraíram da reflexão com outro e se tornaram *imperecíveis*. Ora, se no conceito puro essa eternidade pertence à sua natureza, então suas determinações abstratas seriam essencialidades eternas apenas segundo *sua forma*; mas seu conteúdo não é apropriado a essa forma; por conseguinte, elas não são verdade e imperecibilidade. Seu conteúdo não é apropriado à forma, porque ele não é a própria determinidade como universal, isto é, não é como totalidade da diferença do conceito, ou seja, não é, ele mesmo, a forma inteira; mas, por isso, a forma do entendimento limitado é, ela mesma, a universalidade imperfeita, a saber, *abstrata*. – Além disso, porém, é preciso considerar como força infinita do entendimento a de separar o concreto nas determinidades abstratas e de apreender a profundidade da diferença, profundidade que unicamente é, ao mesmo tempo, a potência que efetiva a passagem das determinidades. O concreto da *intuição* é *totalidade*, mas a *totalidade sensível* – uma matéria real que subsiste de modo indiferente, *reciprocamente externo* no espaço e tempo; essa ausência de unidade do multíplice na qual ele é o conteúdo da intuição, não deveria ser atribuída a ele como mérito e privilégio diante do entendimento. A alterabilidade que ele mostra na intuição já acena ao universal; o que dele vem à intuição, é apenas um *outro* igualmente alterável, portanto, apenas o mesmo; não é o universal que entraria e apareceria em seu lugar. Mas menos ainda deveria ser creditado como mérito à ciência, por exemplo, à geometria e à aritmética, o *intuitivo*, que sua matéria traz consigo, e representar suas proposições como fundamentadas por aquele. Ao contrário, a matéria de tais ciências é, por causa disso, de natureza inferior; intuir as figuras ou os números não ajuda a ciência dos mesmos; somente o *pensar* sobre eles é capaz de produzir uma ciência. – Mas na medida em que por intuição se entende não meramente o sensível, mas a *totalidade objetiva*, ela é uma intuição *intelectual*, isto é, não tem como objeto o ser aí em sua existência externa, mas aquilo que, dentro dele, é realidade imperecível e verdade –, a realidade somente enquanto está *determinada* essencialmente dentro do conceito e por ele, a *ideia*, cuja natureza mais precisa deve resultar mais tarde. A vantagem que a intuição enquanto tal deve ter sobre o conceito é a realidade externa, o sem conceito, que obtém um valor somente através dele.

Por isso, na medida em que o entendimento apresenta a força infinita que determina o universal ou, inversamente, atribui, pela forma da universalidade, o subsistir fixo ao que é em si e para si da determinidade, não é, agora, culpa do entendimento se não se pode avançar. É uma *impotência* subjetiva *da razão* a que deixa valer assim essas determinidades e não é capaz de reconduzi-las à unidade pela força dialética oposta àquela universalidade abstrata, isto é, pela natureza peculiar, a saber, pelo conceito daquelas determinidades. Pela forma da universalidade abstrata, o entendimento lhes dá, por assim dizer, uma tal *dureza* do ser que elas não têm na esfera qualitativa e na esfera da reflexão; por essa simplificação, porém, ele, ao mesmo tempo, *anima*-as e afia-as de tal modo que elas justamente apenas nesse topo adquirem a capacidade de se dissolverem e de passarem para seu contraposto. A suprema maturidade e o supremo estágio que alguma coisa pode alcançar são aqueles em que começa o seu declínio. A firmeza das determinidades nas quais o entendimento parece esbarrar, a forma do imperecível, é a da universalidade que se relaciona consigo mesma. Mas ela pertence propriamente ao conceito; e, por conseguinte, a *dissolução* do finito está expressa dentro dela mesma, e numa proximidade infinita. Essa universalidade *demonstra* imediatamente a determinidade do finito e *expressa* a inadequação do finito a ela. – Ou, antes, sua adequação já está presente; o determinado abstrato está posto como um com a universalidade –, justamente por isso não [posto] como para si, pois nesse respeito ele seria apenas algo determinado, mas somente como unidade de si e do universal, isto é, como conceito.

Por conseguinte, sob todos os aspectos é preciso rejeitar a separação entre o entendimento e a razão assim como ela ocorre habitualmente. Se o conceito é considerado como sem razão, isso tem de ser considerado, antes, como uma incapacidade da razão de se conhecer nele. O conceito determinado e abstrato é a *condição* ou, antes, o *momento essencial da razão*; ele é forma animada, na qual o finito, através da universalidade na qual ele se relaciona consigo, acende-se dentro de si mesmo, está posto como dialético e é assim o próprio *início* do aparecimento da razão.

Enquanto o conceito determinado foi apresentado até agora em sua verdade, resta apenas ainda indicar como ele, com isso, já está posto. – A diferença, que é momento essencial do conceito, mas que dentro do puramente universal ainda não está posta enquanto tal, obtém seu direito dentro do conceito determinado. A determinidade dentro da forma da universalidade está ligada com essa até se tornar um simples; este universal determinado é a determinidade que se relaciona consigo mesma; a determinidade determinada ou a negatividade absoluta posta para si. Mas a determinidade que se relaciona consigo mesma é a *singularidade*. Assim como a universalidade já é, imediatamente, em si e para si mesma particularidade, assim, imediatamente, a particularidade é em si e para si também *singularidade*, a qual, inicialmente, tem de ser considerada como o terceiro momento do conceito, na medida em que ela é mantida firme *frente* aos dois primeiros momentos, mas também como o retorno absoluto do conceito para dentro de si e, ao mesmo tempo, como a perda posta dele mesmo.

Observação [As espécies habituais dos conceitos]

Universalidade, particularidade e *singularidade* são, segundo o que foi dito até agora, os *três* conceitos determinados, caso se queira *contá-los*. Já foi mostrado anteriormente que o número é uma forma inadequada para apreender as determinações do conceito nele, mas extremamente inadequada para as determinações do próprio conceito; o número, por ele ter o um por princípio, torna aqueles que são contados totalmente apartados e totalmente indiferentes uns aos outros. Até agora, resultou que os diversos conceitos determinados, em vez de se desfazerem no número, são, antes, pura e simplesmente apenas *um* e o mesmo conceito.

No tratamento habitual da lógica ocorrem várias *divisões* e *espécies* de conceitos. Nisso salta imediatamente aos olhos a inconsequência segundo a qual as espécies são introduzidas: conforme a quantidade, a qualidade etc. *há* tais e tais conceitos. "Há" não expressa nenhuma outra justificação senão a de que se *encontram* tais espécies e elas se mostram segundo a *experiência*. Dessa maneira, obtém-se uma *lógica empírica* – uma ciência esquisita, um conhecimento *irracional* do *racional*. Desse modo, a lógica fornece um péssimo exemplo para a observância de suas próprias doutrinas; ela se permite para si mesma fazer o contrário do que ela prescreve como regra, a saber, que os conceitos devem ser derivados e as proposições científicas (portanto, também a proposição "há essas e aquelas diversas espécies de conceitos") devem ser provadas. – A filosofia kantiana incorre, nesse caso, em uma inconsequência ulterior: para a *lógica transcendental*, ela *toma de empréstimo* as categorias, enquanto assim chamadas conceitos primitivos, da lógica subjetiva, na qual elas foram acolhidas empiricamente. Uma vez que ela admite isso, não se entende por que a lógica transcendental se decide pelo empréstimo a partir de tal ciência e não pega as categorias desde logo empiricamente.

Para trazer alguns detalhes sobre isso, os conceitos são principalmente divididos segundo a sua *clareza*, e, precisamente, em conceitos *claros* e *obscuros*, em *distintos* e *indistintos*, em *adequados* e *não adequados*. Aqui podem ser também tomados os conceitos *completos*, *abundantes* e outras superficialidades semelhantes. – No que concerne àquela divisão segundo a *clareza*, logo se mostra que esse ponto de vista e as diferenças que se relacionam a ele são tomados a partir de determinações *psicológicas*, não de determinações *lógicas*. O assim chamado conceito *claro* deve ser suficiente para diferenciar um objeto de um outro; um tal conceito ainda não pode ser denominado de conceito, pois ele nada mais é do que a *representação subjetiva*. O que seria um conceito *obscuro* tem de ser deixado de lado, pois, caso contrário, ele não seria um conceito obscuro, mas, sim, distinto. – O conceito *distinto* deve ser um conceito do qual se possam indicar as *notas características*. De acordo com isso, ele é propriamente o *conceito determinado*. A nota característica, quando se apreende o que há de correto nela, nada mais é do que a *determinidade* ou o *conteúdo* simples do conceito, na medida em que ele é diferenciado da forma da universalidade. Mas a *nota característica* não tem, inicialmente, essa significação mais precisa, e sim é, em geral, apenas uma determinação pela qual um *terceiro* caracteriza para si um objeto ou o conceito; isso, por conseguinte, pode ser uma circunstância muito contingente. Em geral, isso não expressa tanto a imanência e a essencialidade da determinação, mas, sim, sua relação com um entendimento *exterior*. Se este é, efetivamente, um entendimento, então ele tem diante de si o conceito e através de nada mais o caracteriza senão através daquilo *que está no conceito*. Se, porém, a nota característica deve ser diferente dele, então ela é um *signo* ou uma determinação que pertence à *representação* da Coisa, mas não ao seu conceito. – O que seria o conceito *indistinto*, pode ser omitido como supérfluo.

O conceito *adequado*, porém, é algo mais elevado; nele se vislumbra propriamente a concordância do conceito com a realidade, o que não é o conceito enquanto tal, mas a *ideia*.

Se a *nota característica* do conceito distinto devesse ser, efetivamente, a própria determinação do conceito, então a lógica estaria em embaraço com os conceitos *simples*, os quais, segundo uma outra divisão, são contrapostos aos conceitos *compostos*. Se, pois, do conceito simples devesse ser indicada uma nota característica verdadeira, isto é, imanente, então não se queria vê-lo como um conceito simples; mas, na medida em que nenhuma delas fosse alegada, ele não seria nenhum conceito distinto. Mas agora, então, o conceito *claro* auxilia. Unidade, realidade e determinações semelhantes devem ser conceitos *simples*, certamente apenas pela razão de que os lógicos não foram capazes de descobrir a determinação dos mesmos e, por conseguinte, contentaram-se de ter deles um conceito meramente *claro*, quer dizer, nenhum conceito. Para a *definição*, isto é, para a indicação do conceito, exige-se, geralmente, a indicação do gênero e da diferença específica. Portanto, ela oferece o conceito não como algo simples, mas em *duas partes constituintes* numeráveis. Mas, por isso, tal conceito não deverá certamente ser *algo composto*. – No conceito simples, parece pairar a *simplicidade abstrata*, uma unidade que não contém dentro de si a diferença e a determinidade e que, por conseguinte, também não é aquela unidade que convém ao conceito. Na medida em que um objeto está na representação, em particular, na memória, ou também é a determinação abstrata do pensamento, ele pode ser inteiramente simples. Mesmo o objeto dentro de si mais rico – por exemplo, o espírito, a natureza, o mundo, também Deus, apreendidos de modo totalmente aconceitual na representação simples da expressão igualmente simples "espírito", "natureza", "mundo", "Deus" – é certamente algo simples, no qual a consciência pode se deter, sem relevar ulteriormente a determinação peculiar ou uma nota característica; porém, os objetos da consciência não devem permanecer esses objetos simples, não devem permanecer representações ou determinações abstratas do pensamento, mas devem ser *compreendidos*, quer dizer, sua simplicidade deve estar determinada com sua diferença interior. – O conceito *composto*, porém, certamente nada mais é do que um ferro de madeira. De algo composto podemos bem ter um conceito; mas um conceito composto seria algo pior do que o *materialismo*, o qual assume apenas a *substância* da *alma* como algo composto, mas apreende, todavia, o *pensar* como *simples*. A reflexão inculta incorre na composição como na relação inteiramente *externa*, a forma pior segundo a qual as coisas podem ser consideradas; também as naturezas mais baixas têm de ser uma unidade *interior*. O fato de que a forma do ser aí mais inverídica seja completamente transposta para o Eu, para o conceito, é mais do que se poderia esperar, e deve ser considerado como inapropriado e bárbaro.

Além disso, os conceitos são divididos, principalmente, em *contrários* e *contraditórios*. – Se, no tratamento do conceito, tratasse-se de indicar quais conceitos *determinados* se dão, poder-se-iam indicar todas as determinações possíveis – pois *todas* as determinações são conceitos e, com isso, conceitos determinado, e todas as categorias do *ser*, bem como todas as determinações da *essência* deveriam ser expostas entre as espécies dos conceitos. É o que acontece nas lógicas, onde se narra, em umas *mais*, conforme o capricho, em outras *menos*, que há conceitos *afirmativos, negativos, idênticos, condicionados, necessários* etc. Uma vez que tais determinações já estão atrás da *natureza do próprio conceito* e, por conseguinte, quando são expostas junto ao mesmo, não ocorrem em seu lugar peculiar, assim elas admitem apenas explicações verbais superficiais e aparecem aqui sem interesse algum. – Aos conceitos *contrários* e *contraditórios* – uma diferença que aqui, principalmente, é observada – subjaz a determinação de reflexão da *diversidade* e da *contraposição*. Eles são vistos como duas *espécies* particulares, quer dizer, cada um como firme por si e indiferente frente ao outro, sem nenhum pensamento da dialética e da nulidade interior dessas diferenças; como se aquilo que é *contrário* não tivesse de ser determinado igualmente como *contraditório*. A natureza e a passagem essencial das formas de reflexão, que esses conceitos expressam, foram consideradas em seu lugar[6]. Dentro do conceito, a identidade foi desenvolvida até a universalidade, a diferença, até a particularidade, a contraposição que regressa ao fundamento, até a singularidade. Nessas formas, aquelas determinações de reflexão são como elas são no seu conceito. O universal comprovou-se não apenas como o idêntico, mas, ao mesmo tempo, como o diverso ou o *contrário* frente ao particular e ao singular, além disso, também como contraposto a eles ou *contraditório*; nessa contraposição, porém, ele é idêntico a eles e seu fundamento verídico, dentro do qual eles são suprassumidos. Algo igual vale para a particularidade e a singularidade, que são igualmente a totalidade das determinações de reflexão.

Além disso, os conceitos são divididos em *subordinados* e *coordenados* – uma diferença que concerne mais precisamente à determinação do conceito, a saber, à relação de universalidade e particularidade, onde essas expressões também foram mencionadas de passagem. No entanto, subordinação e coordenação costumam ser consideradas igualmente como relações totalmente fixas e, de acordo com isso, colocam-se várias proposições infrutíferas sobre as mesmas. A discussão mais ampla a este respeito concerne novamente à relação da contrariedade e da contraditoriedade com a subordinação e com a coordenação. Na medida em que o *juízo é a relação dos conceitos determinados*, assim, é somente no juízo que a relação verdadeira deve resultar. Aquela maneira de *comparar* essas deter-

---

6. Aqui Hegel faz uma referência ao segundo capítulo da primeira seção da *Doutrina da Essência* [N.T.].

minações sem pensar na sua dialética e na alteração progressiva de sua determinação ou, antes, na ligação de determinações opostas presente dentro delas, torna toda a consideração sobre o que, dentro delas, é *concordante* ou não, como se essa concordância e a não concordância fossem algo separado e permanente, algo apenas infrutífero e sem conteúdo. – O grande *Euler*, infinitamente frutífero e perspicaz na apreensão e na combinação das relações mais profundadas das grandezas algébricas foi, em particular, o *Lambert*, aridamente inteligente, e outros, tentaram para essa espécie de relações das determinações do conceito uma *notação* por meio de linhas, figuras e semelhantes; tinha-se em geral a intenção de *elevar* – ou antes, de fato, de rebaixar – os modos de relação lógica a um *cálculo*. Já a tentativa da notação se apresenta, desde logo, como em si e para si nula, quando se comparam uma com a outra a natureza do signo e a daquilo que deve ser designado. As determinações do conceito, [a saber], universalidade, particularidade e singularidade, são, certamente, *diversas*, como linhas ou letras da álgebra; – além disso, elas também são *contrapostas*, e, portanto, admitiriam também os signos de *mais* e de *menos*. Mas elas mesmas e, de modo completo, suas relações – mesmo que apenas permaneçamos na *subsunção* e na *inerência* – são dotadas de natureza essencial totalmente outra do que as letras e as linhas e suas relações, a igualdade ou a diversidade da grandeza, o *mais* e o *menos* ou uma posição das linhas umas sobre as outras ou sua combinação em ângulos e as posições dos espaços que elas incluem. Tais objetos têm, em contraste com as determinações do conceito, a peculiaridade de serem *externos* uns aos outros, de terem uma determinação *fixa*. Se os conceitos são tomados, agora, de tal modo que correspondem a tais signos, então eles cessam de ser conceitos. Suas determinações não são algo tão morto como números e linhas, aos quais sua própria relação não pertence; eles são movimentos vivos; a determinidade diferente de um lado é, imediatamente, também interna ao outro lado; o que, nos números e nas linhas, seria uma perfeita contradição, é essencial à natureza do conceito. – A matemática superior, que também prossegue ao infinito e se permite contradições, não pode mais empregar para a apresentação de tais determinações seus outros signos; para a designação da representação ainda muito aconceitual da *aproximação infinita* de duas ordenadas, ou seja, quando ela equipara um arco a um valor numérico infinito de linhas retas infinitamente pequenas, ela nada mais faz do que desenhar como *separadas* as duas linhas retas e traçar num arco as linhas retas, mas como *diversas* dele; para o infinito do qual aqui se trata, ela remete ao *representar*.

O que inicialmente induziu aquela tentativa foi, sobretudo, a relação *quantitativa* na qual a *universalidade*, a *particularidade* e a *singularidade* devem estar uma com a outra; o universal quer dizer *mais amplo* do que o particular e o singular, e o particular quer dizer *mais amplo* do que o singular. O conceito é o *concreto* e o *mais rico*, porque ele é o fundamento e a *totalidade* das determinações anteriores, das categorias do ser e das determinações de reflexão; portanto, as mesmas emergem, certamente, também nele. Mas a natureza do conceito é inteiramente ignorada quando elas são mantidas fixas, nele, ainda naquela abstração; quando a *extensão maior* do universal é tomada de modo que é um *mais* ou um *quantum* maior do que o particular e o singular. Como fundamento absoluto, ele é a *possibilidade* da *quantidade*, mas, igualmente, da *qualidade*, quer dizer, suas determinações são também qualitativamente diferentes; elas já são, por conseguinte, consideradas contra a sua verdade, quando elas são postas unicamente sob a forma da quantidade. Assim, além disso, a determinação de reflexão é um *relativo*, dentro da qual aparece seu oposto; ela não está na relação externa como um *quantum*. Mas o conceito é mais do que tudo isso; suas determinações são *conceitos* determinados, eles mesmos são, essencialmente, a *totalidade* de todas as determinações. Por conseguinte, a fim de apreender tal totalidade íntima, é completamente inadequado querer aplicar relações numéricas e espaciais, nas quais todas as determinações caem fora umas das outras; elas são, antes, o último e o pior *meio* que poderia ser empregado. Relações naturais, como, por exemplo, o magnetismo, relações cromáticas, seriam símbolos infinitamente mais elevados e mais verdadeiros para tanto. Uma vez que o homem possui a linguagem como o meio de designação peculiar à razão, é uma ideia ociosa a de procurar um modo de apresentação mais imperfeito e de querer se atormentar com o mesmo. O conceito enquanto tal não pode ser apreendido essencialmente senão com o espírito, do qual ele não é apenas a propriedade, mas seu puro Si. É inútil querer fixá-lo por meio de figuras espaciais e signos algébricos em benefício do *olho externo* e de um *modo de tratamento mecânico, sem conceito,* de um *cálculo.* Qualquer outra coisa que devesse servir como símbolo pode, no máximo, suscitar, como os símbolos para a natureza de Deus, pressentimentos e ressonâncias do conceito; mas, se se devesse seriamente expressar e conhecer o conceito através disso, então a *natureza externa* de todos os símbolos é inadequada para tanto, e, antes, a relação é inversa, a saber: o que nos símbolos é a ressonância de uma determinação superior pode ser conhecido somente pelo conceito, e ao conceito pode ser aproximado somente pela *separação* daquele acessório sensível que deveria expressá-lo.

C. O singular

A *singularidade,* como resultou, já está posta pela particularidade; esta é a *universalidade determinada,* portanto, a determinidade que se relaciona consigo, o *determinado determinado.*

1. Portanto, inicialmente a singularidade aparece como *a reflexão* do conceito *dentro de si mesmo* a partir de sua determinidade. Ela é a *mediação* do mesmo através de si na medida em que seu *ser outro* fez novamente de si um *outro,* pelo que o conceito se produziu como igual a si mesmo, mas na determinação da *negatividade absoluta.* – O negativo no universal, negativo pelo qual esse é um *particular,* foi determinado anteriormente como a aparência dupla; na medida em que é aparência *para dentro,* o particular permanece um universal; através do aparecer para fora, ele é um *determinado*; o retorno desse lado para dentro do universal é duplo, *ou* pela *abstração,* que o descarta e sobe ao *gênero superior* e *ao gênero supremo, ou* pela *singularidade,* para a qual o universal desce na própria determinidade. – Aqui parte o descaminho pelo qual a abstração sai do caminho do conceito e abandona a verdade. Seu universal superior e supremo, ao qual ela se eleva, é apenas a superfície que se torna cada vez mais desprovida de conteúdo; a singularidade por ela desprezada é a profundidade dentro da qual o conceito colhe a si mesmo e está posto como conceito.

A *universalidade* e a *particularidade* apareceram, por um lado, como os momentos do *devir* da singularidade. Mas já foi mostrado que elas são, nelas mesmas, o conceito total, com isso, na *singulari-dade*, elas não passam para um *outro*; mas, nela, apenas está posto o que elas são em si e para si. O *universal é para si*, porque é, nele mesmo, a mediação absoluta, a relação consigo, somente enquanto negatividade absoluta. Ele é um universal *abstrato* na medida em que esse suprassumir é um atuar *externo* e, desse modo, é um *descartar* a determinidade. Essa negatividade, por conseguinte, certamente está no abstrato, mas ela permanece *fora* dele como sua mera *condição*; ela é a própria abstração que mantém *diante* de si seu universal, o qual, por conseguinte, não tem a singularidade dentro de si mesmo e permanece sem conceito. – A abstração, por causa disso, não é capaz de apreender a vida, o espírito, Deus – assim como o puro conceito –, porque ela afasta de seus produtos a singularidade, o princípio da individualidade e da personalidade e, com isso, não leva a nada mais do que a universalidades sem vida, sem espírito, sem cor e sem conteúdo.

Mas a unidade do conceito é tão inseparável que também esses produtos da abstração, enquanto eles devem descartar a singularidade, são, antes, eles mesmos, *singulares*. Na medida em que a unidade do conceito eleva o concreto à universalidade, mas apreende o universal somente como universalidade determinada, assim justamente essa é a singularidade, que resultou como a determinidade que se relaciona consigo mesma. A abstração é, por conseguinte, uma *separação* do concreto e uma *singularização* de suas determinações; por ela são apreendidas apenas propriedades ou momentos *singulares*, pois seu produto tem de conter o que é ela mesma. Mas a diferença entre essa singularidade de seus produtos e a singularidade do conceito é que, naqueles, o singular enquanto *conteúdo* e o universal enquanto *forma* são diversos um do outro, – porque justamente aquele [conteúdo] não é como a forma absoluta, como o próprio conceito, ou essa forma não é como a totalidade da forma. – Essa consideração mais precisa, porém, mostra o próprio abstrato como a unidade do conteúdo singular e da universalidade abstrata, com isso, como *concreto*, como o contrário daquilo que ele quer ser.

Pela mesma razão, o *particular*, porque é somente o universal determinado, é também um *singular*, e vice-versa, porque o singular é o universal determinado, ele é, igualmente, um particular. Quando se mantém firme essa determinidade abstrata, o conceito tem as três determinações particulares, o universal, o particular e o singular, enquanto, anteriormente, apenas o universal e o particular eram indicados como as espécies do particular. Na medida em que a singularidade é o retorno do conceito, como negativo, para dentro de si, assim, a abstração, que está propriamente suprassumida no retorno, pode colocar e contar esse próprio retorno como um momento indiferente *ao lado* dos outros.

Se a singularidade é trazida como uma das determinações *particulares* do conceito, então a particularidade é a *totalidade* que compreende todas dentro de si; como essa totalidade, ela é justamente o concreto das mesmas ou a própria singularidade. Mas ela é também o concreto segundo o lado anteriormente observado enquanto *universalidade determinada*; assim ela é como unidade *imediata*, dentro da qual nenhum desses momentos está posto como diferente ou como o determinante e, nessa forma, ela constituirá o *termo médio* do *silogismo formal*.

Salta aos olhos que cada determinação feita até agora na exposição do conceito se dissolveu imediatamente e se perdeu em sua outra. Cada diferenciação se confunde na consideração que deve isolá-las e mantê-las firmes. Apenas a mera *representação*, para a qual o abstrair as isolou, é capaz de manter firmemente separados o universal, o particular e o singular; assim, eles são enumeráveis e, para uma diferença ulterior, ela se atém à diferença *completamente externa* do *ser*, *à quantidade*, que em nenhum outro lugar cabe menos do que aqui. – Na singularidade, aquela relação verdadeira, a *inseparabilidade* das determinações do conceito, está *posta*; pois, como negação da negação, ela contém a oposição das mesmas e, ao mesmo tempo, essa oposição em seu fundamento ou em sua unidade, o fato de cada uma ter se juntado com sua outra. Porque, dentro dessa reflexão, a universalidade é em si e para si, ela é, essencialmente, a negatividade das determinações do conceito, não apenas de modo que ela fosse apenas um terceiro diverso frente a elas, mas sim está posto, doravante, que o *ser posto* é o *ser em si e para si*, quer dizer, que cada uma das determinações pertencentes à diferença é, ela mesma, a *totalidade*. O retorno do conceito determinado para dentro de si é o fato de ele ter a determinação de ser, *dentro de sua determinidade, todo* o conceito.

2. A singularidade não é, porém, apenas o retorno do conceito para dentro de si mesmo, mas, imediatamente, sua perda. Pela singularidade, o conceito, como ele é, nela, *dentro de si,* torna-se *fora de si* e entra na efetividade. A *abstração,* que, como a *alma* da singularidade, é a relação do negativo com o negativo, não é, como se mostrou, nada de externo ao universal e ao particular, mas, sim, imanente, e eles são, através dela, um concreto, um conteúdo, um singular. Mas a singularidade, enquanto essa negatividade, é a determinidade determinada, o *diferenciar* enquanto tal; por meio dessa reflexão da diferença dentro de si, a diferença se torna firme; o determinar do particular é somente através da singularidade, pois *ela* é aquela abstração que, doravante, justamente como singularidade, é *abstração posta.*

O singular, portanto, como negatividade que se relaciona consigo mesma, é identidade imediata do negativo consigo; ele é um *ente para si.* Ou seja, ele é a abstração que determina o conceito segundo seu momento ideal do *ser* como um *imediato.* – Assim, o singular é um *uno* qualitativo ou um *isto.* Conforme essa qualidade, ele é, primeiramente, sua repulsão de *si mesmo,* pela qual os muitos *outros* unos são pressupostos; *em segundo lugar,* ele é agora relação negativa com esses *outros* pressupostos e, a este respeito, *excludente* do singular. A universalidade, relacionada com esses singulares como indiferente – e ela tem de ser relacionada com eles, porque ela é momento do conceito da singularidade – é apenas o *elemento comum* dos mesmos. Se por universal se entende *o que é comum* a vários singulares, então parte-se do subsistir *indiferente* dos mesmos e mistura-se na determinação do conceito a imediatidade do *ser.* A mais baixa representação que se pode ter do universal, como ele é na relação com o singular, é essa relação externa do mesmo como um meramente *comum.*

O singular, que na esfera da reflexão da existência é como *o isto,* não tem a relação *excludente* com outro uno, relação que compete ao ser para si qualitativo. *Isto* é enquanto o uno *refletido dentro de si,* para si, sem repulsão; ou seja, a repulsão, dentro dessa reflexão, é uma coisa só com a abstração e é a *mediação* reflexionante, que está nele de modo que o mesmo é uma imediatidade *posta, mostrada* por um externo. *Isto é*; ele é *imediato*; mas ele é apenas *isto* enquanto *é mostrado*. O mostrar é o movimento reflexionante que se recolhe dentro de si e põe a imediatidade, mas como um externo a si. – Agora, o singular decerto é também um isto como o imediato produzido a partir da mediação; mas ele não tem a mediação fora dele – ele mesmo é separação repulsiva, *a abstração posta*, mas, em sua separação, é, ele mesmo, relação positiva.

Esse abstrair do singular é, enquanto reflexão da diferença dentro de si, primeiramente, um pôr dos diferentes como *autossubsistentes*, refletidos dentro de si. Eles *são* imediatos; mas, além disso, esse separar é reflexão em geral, o *aparecer de um dentro do outro*; assim, eles estão em relação essencial. Além disso, eles não são apenas singulares *que são* um frente ao outro; tal pluralidade pertence ao ser; a *singularidade* que se põe como determinada não se põe numa diferença externa, mas na diferença do conceito; ela, portanto, exclui de si o *universal*; mas, já que esse é [um] momento dela mesma, assim, ele se relaciona de modo igualmente essencial com ela.

O conceito, enquanto essa relação das suas determinações *autossubsistentes*, perdeu-se; pois, assim, ele não é mais a *unidade posta* das mesmas, e elas não são mais como *momento*, como a *aparência* do conceito, mas como tais que subsistem em si e para si. – Enquanto singularidade, o conceito retorna para dentro de si na determinidade; com isso, o determinado se tornou, ele mesmo, totalidade. Seu retorno para dentro de si é, portanto, *sua divisão* absoluta, originária, ou seja, enquanto singularidade, o conceito está posto como *juízo*[7].

---

7. Fazendo própria a especulação de seu amigo Hölderlin, aqui Hegel quer conferir sentido teórico a uma suposta etimologia do termo "juízo" (*Urteil*), que significaria o mesmo que "divisão originária" (*Ur-teilung*). Naturalmente, não é possível traduzir para o português esse jogo semântico entre os termos alemães [N.T.].

SEGUNDO CAPÍTULO
O JUÍZO

O juízo é a *determinidade* do conceito *posta* no próprio *conceito*. As determinações do conceito ou – o que, como se mostrou, é o mesmo – os conceitos determinados já foram considerados para si; mas essa consideração era mais uma reflexão subjetiva ou abstração subjetiva. Porém, o conceito é, ele mesmo, esse abstrair; a colocação de suas determinações uma frente à outra é o seu próprio determinar. O *juízo* é este pôr dos conceitos determinados através do próprio conceito.

O julgar é, a este respeito, uma função *outra* daquela do compreender, ou, antes, *a outra* função do conceito, enquanto ele é o *determinar* do conceito através de si mesmo, e a progressão ulterior do juízo na diversidade dos juízos é essa determinação progressiva do conceito. Que tipo de conceitos determinados *há* e como essas determinações do conceito resultam necessariamente, isso é o que tem de se mostrar dentro do juízo.

O juízo pode, portanto, ser denominado a *realização* mais próxima do conceito, enquanto a realidade designa em geral o adentrar no *ser aí* enquanto *ser determinado*. Mais precisamente, a natureza dessa realização resultou de tal modo que, *primeiramente*, através da sua reflexão dentro de si, ou seja, através da sua singularidade, os momentos do conceito são totalidades autossubsistentes; mas, *secundariamente*, a unidade do conceito é como sua *relação*. As determinações refletidas dentro de si são *totalidades determinadas*, tanto essencialmente no subsistir indiferente, sem relação, quanto pela mediação recíproca de uma com a outra. O próprio determinar somente é a totalidade enquanto ele contém essas totalidades e a sua relação. Essa totalidade é o juízo. – Ele contém, primeiramente, portanto, ambos os autossubsistentes, que se chamam *sujeito* e *pre-*

dicado. O que cada um é, ainda não se pode dizer propriamente; eles são ainda indeterminados, pois somente através do juízo eles devem ser determinados. Enquanto o conceito é como conceito determinado, assim está presente apenas a diferença universal de um frente ao outro, segundo a qual o juízo contém o conceito *determinado* frente ao conceito ainda *indeterminado*. Portanto, o sujeito pode, inicialmente, ser tomado frente ao predicado como o singular frente ao universal, ou também como o particular frente ao universal, ou como o singular frente ao particular, na medida em que eles se contrapõem um ao outro apenas em geral como o mais determinado e o mais universal.

Por conseguinte, é apropriado e indispensável ter, para as determinações do juízo, esses nomes de *sujeito* e *predicado*; enquanto nomes, eles são algo indeterminado que ainda deve obter sua determinação; portanto, nada mais são do que nomes. As próprias determinações do conceito não poderiam ser usadas para os dois lados do juízo, em parte por essa razão, mas, em parte, ainda mais porque a natureza da determinação do conceito se destaca como aquela que não é algo abstrato e fixo, mas, sim, tem dentro de si e põe em si sua determinação contraposta; na medida em que os lados do próprio juízo são conceitos, logo, a totalidade de suas determinações, assim eles têm de percorrer e mostrar em si todas as determinações, seja na forma abstrata, seja na forma concreta. Mas, agora, a fim de fixar os lados do juízo de uma maneira universal nessa alteração de sua determinação, o que mais serve são os nomes, que permanecem iguais a si nessa alteração. – Porém, o nome se contrapõe à Coisa ou ao conceito; esta diferenciação ocorre no próprio juízo como tal; enquanto o sujeito em geral expressa o determinado e, portanto, o *ente* imediato, mas o predicado expressa o *universal*, a essência ou o conceito, assim o sujeito enquanto tal é, inicialmente, uma espécie de *nome*; pois *o que ele é* está expresso pelo predicado, o qual contém o *ser* no sentido do conceito. *O que é isto*, ou: que tipo de planta *é* esta etc.? – com o *ser* em questão se entende, muitas vezes, meramente o *nome*, e quando se fica sabendo o nome, se está satisfeito e se sabe agora o que a Coisa *é*. Isso é o *ser* no sentido do sujeito. Mas o somente *conceito*, ou, pelo menos, a essência e o universal em geral, dão o predicado, e é por este que se pergunta no sentido do juízo. – *Deus, espírito, natureza*, ou o que for, são, portanto, enquanto sujeito de um juízo, apenas primeiramente o nome; o que um tal sujeito é segundo o conceito, só está presente no predicado. Quando se procura que tipo de predicado convenha a tal sujeito, então, para essa avaliação, já teria de estar no fundamento um *conceito*; mas esse é expresso somente pelo próprio predicado. Por causa disso, é propriamente a mera *representação* que constitui o significado pressuposto do sujeito e que conduz a uma definição nominal, em que é contingente e é um fato histórico o que se entende ou não por um nome. Tantas disputas sobre se um predicado convenha ou não a um certo sujeito, nada mais são do que disputas verbais, porque elas partem daquela forma; o subjacente (*subjectum*, ὑποϰείμενον [hypokeimenon]) ainda nada mais é do que o nome.

Deve-se agora considerar mais de perto como, *em segundo lugar*, determina-se a *relação* do sujeito e do predicado dentro do juízo e como eles mesmos, justamente através da relação, estão determinados. O juízo tem por seus lados, em geral, totalidades, as quais de início são essencialmente autossubsistentes. A unidade do conceito é, portanto, apenas uma *relação* de autossubsistentes; ainda não é a unidade *concreta*, que retornou para dentro de si a partir dessa realidade, a unidade *preenchida*, mas, sim, a unidade *fora* da qual os autossubsistentes subsistem como *extremos não suprassumidos dentro dela*. – Ora, a consideração do juízo pode partir da unidade originária do conceito ou da autossubsistência dos extremos. O juízo é a dirimição do conceito através de si mesmo; esta unidade é, portanto, o fundamento, a partir do qual ele é considerado conforme sua *objetividade* verídica. Ele é, neste sentido, a *separação originária* do uno originário; com isso, a palavra *juízo* se refere àquilo que o juízo é em si e para si. Mas o fato de que dentro do *juízo* o conceito está enquanto *aparecimento*, enquanto seus momentos alcançaram autossubsistência no juízo –, é a esse lado da *exterioridade* que a *representação* se atém.

Segundo essa consideração *subjetiva*, sujeito e predicado são, portanto, considerados cada um como pronto por si, fora do outro: o sujeito como um objeto que também seria se ele não tivesse esse predicado; o predicado, como uma determinação universal que também seria se não conviesse a esse sujeito. Disso se segue que ao julgar está ligada a reflexão sobre se esse ou aquele predicado que está no *cabeça* poderia e deveria ser *atribuído* ao objeto que está *lá fora* por si; o próprio julgar consiste no fato de que somente através dele o predicado é *ligado* a um sujeito, de modo que, se essa ligação não ocorresse, sujeito e predicado permaneceriam, apesar disso, o que são, cada qual por si: aquele, um objeto existente, esse, uma representação na cabeça. – O predicado que é atribuído ao sujeito deve, contudo, também *convir* a ele, quer dizer, ser em si e para si idêntico ao mesmo. Através desse significado do *atribuir*, o sentido *subjetivo* do julgar e o subsistir indiferente externo do sujeito e do predicado são, novamente, suprassumidos: esta ação *é* boa; a cópula aponta que o predicado pertence ao *ser* do sujeito e não é ligado a ele de modo meramente externo. No sentido *gramatical*, aquela relação subjetiva dentro da qual se parte da exterioridade indiferente do sujeito e do predicado, tem seu completo valor; pois são *palavras* que aqui são ligadas exteriormente. – Nessa ocasião, pode-se também indicar que uma *proposição* tem certamente, no sentido gramatical, um sujeito e um predicado, mas nem por isso ainda é um *juízo*. Ao último pertence que o predicado se relacione ao sujeito segundo a relação das determinações do conceito, logo, como um universal se relaciona com um particular ou com um singular. Se aquilo que se diz de um sujeito singular expressa, ele mesmo, apenas algo singular, então isso é uma mera proposição. Por exemplo: "Aristóteles faleceu no 73º ano de sua idade, no 4º ano da 115ª Olimpíada" é apenas uma proposição, não um juízo. Nela haveria algo do juízo apenas se uma das circunstâncias, a época da morte ou a idade daquele filósofo tivessem sido postas em dúvida, mas, por uma razão qualquer, os números indicados tivessem sido afirmados. Pois, nesse caso, eles teriam sido tomados como algo universal, como o tempo que subsiste também sem aquele conteúdo determinado da morte de Aristóteles, como o tempo preenchido com outra coisa ou também vazio. Assim, a notícia "meu amigo N. faleceu" é uma proposição, e seria um juízo apenas se fosse a questão sobre se ele estivesse morto efetivamente ou apenas de modo aparente.

Se o juízo é definido habitualmente como a *ligação de dois conceitos*, então, certamente, pode-se deixar valer para a cópula externa a expressão indeterminada *"ligação"*, e, além disso, que os [termos] ligados *devem* ser pelo menos conceitos. Mas, de resto, essa definição é, sem dúvida, extremamente superficial; não só porque, por exemplo, no juízo disjuntivo, estão ligados mais do que dois assim chamados conceitos, mas porque a definição é, antes, muito melhor do que a Coisa; pois não são minimamente conceitos os que se tem em vista; mal são determinações do conceito, e, propriamente, são apenas *determinações da representação*; no conceito em geral e no conceito determinado, tem sido observado que aquilo que se costuma denominar assim, não merece de forma alguma o nome de conceitos; agora, de onde deveriam vir os conceitos no juízo? – Naquela definição, omitiu-se, principalmente, o essencial do juízo, a saber, a diferença das suas determinações; ainda menos se levou em consideração a relação do juízo com o conceito.

Quanto à determinação ulterior do sujeito e do predicado, foi lembrado que elas devem obter propriamente sua determinação somente no juízo. Mas, na medida em que o juízo é a determinidade posta do conceito, assim ela tem as diferenças indicadas *de modo imediato* e *abstrato*, enquanto *singularidade* e *universalidade*. – Mas, na medida em que o juízo é, em geral, o *ser aí* ou o *ser outro* do conceito que ainda não se restabeleceu até a unidade pela qual ele é *como conceito*, assim emerge também a determinidade que é sem conceito, a oposição do *ser* e da reflexão ou do *ser em si*. Mas, enquanto o conceito constitui essencialmente o *fundamento* do juízo, assim aquelas determinações são, pelo menos, indiferentes de modo que, enquanto uma compete ao sujeito, e a outra, ao predicado, esta relação ocorre igualmente de modo inverso. O *sujeito* como o *singular* aparece, inicialmente, como o *ente* ou *ente para si* conforme a determinidade determinada do singular, como um objeto efetivo, mesmo que ele seja apenas objeto na representação – como, por exemplo, a valentia, o direito, a concordância etc. – sobre o qual se julga; o *predicado*, pelo contrário, como o *universal*, aparece como essa *reflexão* sobre o objeto ou também, antes, como sua reflexão dentro de si mesmo, a qual vai além daquela imediatidade e suprassume as determinidades como determinidades que meramente são, – aparece *como ser em si do objeto*. A este respeito, parte-se do singular como do primeiro, do imediato, e o mesmo é *elevado* pelo juízo à *universalidade*, assim como, inversamente, no singular, o *universal que é* apenas *em si* desce no ser aí, ou seja, torna-se um *ente para si*.

Esse significado do juízo precisa ser tomado como o sentido *objetivo* do mesmo e, ao mesmo tempo, como a forma *verdadeira* das formas anteriores da passagem. O ente *devém* e se *altera*, o finito *sucumbe* no infinito, o existente *surge* do seu *fundamento* no aparecimento e *vai ao fundo*; o acidente *manifesta* a *riqueza* da substância, bem como sua *potência*; aquilo pelo qual se revela a relação *necessária* dentro do ser é a *passagem* em outro, dentro da essência, é o aparecer em um outro. Esse passar e esse aparecer passaram, agora, no *dividir originário* do *conceito*, o qual, enquanto reconduz o singular para dentro do *ser em si* da sua universalidade, determina, igualmente, o universal como *efetivo*. Ambos são um e o mesmo, a saber, o fato de que a singularidade é posta em sua reflexão dentro de si, e o universal é posto como determinado.

Mas a esse significado objetivo pertence também o fato de que as diferenças indicadas, enquanto elas emergem, novamente, na determinidade do conceito, estejam postas somente como tais que aparecem, quer dizer, o fato de que elas não são fixas, mas competem, igualmente, a uma determinação do conceito bem como à outra. O sujeito precisa ser tomado, portanto, igualmente como o *ser em si*, o predicado, ao contrário, como o *ser aí*. O *sujeito sem predicado* é o que, no aparecimento, é a *coisa sem propriedades*, a *coisa em si*, um fundamento indeterminado vazio; ele é, assim, o *conceito em si mesmo*, o qual somente no predicado adquire uma diferenciação e uma determinidade; o predicado constitui, portanto, o lado do *ser aí* do sujeito. Através dessa universalidade determinada, o sujeito está em relação com um externo, está aberto para a influência de outras coisas e, através disso, entra em atividade com respeito a elas. *O que é aí*, sai do seu *ser dentro de si* e entra no elemento *universal* da conexão e das relações, nas relações negativas e no jogo alterno da efetividade, o que é uma *continuação* do singular em outros singulares e, portanto, universalidade.

A identidade agora mesmo apresentada, segundo a qual a determinação do sujeito compete, igualmente, também ao predicado e vice-versa, não incide, porém, apenas em nossa consideração; ela não é apenas *em si*, mas, sim, está posta também no juízo, pois o juízo é a relação de ambos; a cópula expressa que *o sujeito é o predicado*. O sujeito é a determinidade determinada e o predicado é essa determinidade *posta* do sujeito; esse está determinado somente no seu predicado, ou seja, somente no predicado ele é sujeito; dentro do predicado, ele retornou para dentro de si em si e, dentro dele, é o universal. – Mas, enquanto agora o sujeito é o autossubsistente, assim aquela identidade tem a relação de que o predicado não tem um subsistir autossubsistente para si, mas, ao contrário, tem seu subsistir apenas no sujeito; ele lhe *inere*. Disso se segue que, enquanto o predicado é diferenciado do sujeito, assim ele é apenas uma determinidade *singularizada* do mesmo, apenas *uma* das suas propriedades; mas o próprio sujeito é o *concreto*, a totalidade de multíplices determinidades, como o predicado contém *uma* delas; ele é o universal. – Mas, por outro lado, o predicado é também universalidade autossubsistente, e o sujeito é, inversamente, apenas uma determinação do mesmo. A este respeito, o predicado *sobsome* o sujeito; a singularidade e a particularidade não são para si, e sim têm sua essência e sua substância no universal. O predicado expressa o sujeito dentro do seu conceito; o singular e o particular são determinações contingentes no mesmo; o predicado é a possibilidade absoluta deles. Se, no *subsumir*, pensa-se numa relação externa do sujeito e do predicado, e o sujeito é representado como um autossubsistente, então o subsumir se relaciona ao julgar subjetivo acima mencionado, em que se parte da autossubsistência de *ambos*. Disso se segue que a subsunção é apenas a *aplicação* do universal a um particular ou a um singular, que são postos *abaixo* do universal conforme uma representação indeterminada como a de quantidade menor.

Se a identidade do sujeito e do predicado for considerada de tal modo que, *uma vez*, àquele convém uma determinação do conceito, e a esse, a outra, mas, *outra vez*, de igual modo, vale o inverso, então a identidade é, com isso, sempre ainda e apenas uma identidade *que é em si*; em virtude da diversidade autossubsistente de ambos os lados do juízo, sua relação *posta* tem também esses dois lados, inicialmente, como diversos. Mas a *identidade sem diferença* constitui, propriamente, a relação *verdadeira* do sujeito com o predicado. A determinação do conceito é, essencialmente, ela mesma, *relação*, pois ela é um *universal*; logo, as mesmas determinações que o sujeito e o predicado têm, são tidas, com isso, também pela própria relação. Ela é *universal*, pois ela é a identidade positiva de ambos, do sujeito e do predicado; mas ela é também *determinada*, pois a determinidade do predicado é a do sujeito; ela é, além disso, também *singular*, pois, dentro dela, os extremos autossubsistentes estão suprassumidos como dentro da sua unidade negativa. – Mas dentro do juízo essa identidade ainda não está posta; a cópula é como a relação ainda indeterminada do *ser* em geral: *A* é *B*; pois a autossubsistência das determinidades do conceito ou dos extremos é, dentro do juízo, a *realidade* que o conceito tem dentro dele. Se o *"é"* da cópula já estivesse *posto* como aquela *unidade* preenchida e determinada do sujeito e do predicado, como o conceito deles, assim ele já seria o *silogismo*.

Restabelecer ou, antes, *pôr*, essa *identidade* do conceito, é a meta do *movimento* do juízo. O que no juízo já está *presente* é, em parte, a autossubsistência, mas também a determinidade, do sujeito e do predicado um frente ao outro, mas, em parte, sua relação, ainda que *abstrata*. *O sujeito é o predicado*, é aquilo que, inicialmente, o juízo enuncia; mas, porque o predicado *não* deve ser aquilo que o sujeito é, assim está presente uma *contradição* que tem de se *dissolver* e *passar* num resultado. Mas, ao contrário, porque sujeito e predicado são *em si e para si* a totalidade do conceito, e o juízo é a realidade do conceito, assim seu movimento progressivo é somente *desenvolvimento*; dentro dele já está presente aquilo que emerge dentro dele, e a *demonstração* é, a este respeito, apenas uma *mostração*, uma reflexão como pôr daquilo que já está *presente* nos extremos do juízo; mas também esse próprio pôr já está presente; ele é a *relação* dos extremos.

O juízo, como é *imediatamente*, é, *em primeiro lugar*, o juízo do *ser aí*; seu sujeito é, imediatamente, um *singular abstrato, que é*; o predicado é uma *determinidade imediata* ou uma propriedade do mesmo, um universal abstrato.

Enquanto esse qualitativo do sujeito e do predicado se suprassume, a determinação de um *aparece* inicialmente no outro; o juízo é agora, *em segundo lugar*, juízo da *reflexão*.

Mas esse recolher mais externo passa para a *identidade essencial* de uma *conexão necessária*, substancial; assim, ele é, *em terceiro lugar*, o juízo da *necessidade*.

Em quarto lugar, enquanto, dentro dessa identidade essencial, a diferença do sujeito e do predicado se tornou uma *forma,* assim o juízo se torna *subjetivo;* ele contém a oposição do *conceito* e de sua *realidade* e a *comparação* de ambos; ele é o *juízo do conceito.*

Esse emergir do conceito fundamenta a *passagem do juízo para o silogismo.*

A. O juízo do ser aí

No juízo subjetivo, quer-se ver *um e o mesmo objeto de modo duplo,* uma vez, em sua efetividade singular, outra vez, em sua identidade essencial ou em seu conceito: o singular, elevado à sua universalidade, ou, o que é o mesmo, o universal singularizado em sua efetividade. Desta maneira, o juízo é *verdade;* pois ele é a concordância do conceito e da realidade. Mas não é assim que o juízo está *primeiramente* constituído; pois, *primeiramente,* ele é *imediato,* enquanto ainda não resultou nele nenhuma reflexão e nenhum movimento das determinações. Esta imediatidade faz do primeiro juízo um *juízo do ser aí,* que pode também ser denominado o juízo *qualitativo,* mas apenas na medida que a *qualidade* compete não apenas à determinidade do ser, mas também está compreendida nela a universalidade abstrata que, em virtude da sua simplicidade, tem igualmente a forma da *imediatidade.*

O juízo do ser aí é também o juízo da *inerência;* porque a imediatidade é sua determinação, mas na diferença do sujeito e do predicado, aquele é o imediato, e, através disso, é o primeiro e o essencial dentro desse juízo, assim o predicado tem a forma de um não-autossubsistente que tem sua base no sujeito.

a. O juízo positivo

1. O juízo e [o] predicado, como foi lembrado, são, inicialmente, nomes, cuja determinação efetiva é obtida somente através do curso do juízo. Mas, enquanto lados do juízo, o qual é o conceito determinado *posto,* eles têm a determinação dos momentos do conceito, mas em virtude da imediatidade [eles têm] a determinação

ainda inteiramente *simples*, em parte, não enriquecida pela mediação, em parte, inicialmente conforme à oposição abstrata, enquanto *singularidade* e *universalidade abstratas*. – O predicado, para falar inicialmente deste, é o universal *abstrato*; mas como o abstrato está condicionado pela mediação do suprassumir do singular ou [do] particular, assim ela é, neste sentido, apenas uma *pressuposição*. Na esfera do conceito, ele não pode ter outra *imediatidade* senão uma que, em si e para si, contém a mediação, e que surgiu apenas através do suprassumir dela, isto é, a imediatidade *universal*. Assim, também o *ser qualitativo* mesmo é, *dentro de seu conceito*, um universal; mas, enquanto *ser*, a imediatidade ainda não está *posta* assim; somente enquanto *universalidade* ela é a determinação do conceito na qual está *posto* que a negatividade lhe pertence essencialmente. Essa relação está presente dentro do juízo, onde ela é predicado de um sujeito. – Igualmente, o sujeito é um singular *abstrato* ou o *imediato* que deve ser *enquanto tal*; por conseguinte, o singular deve ser como *algo* em geral. O sujeito constitui, a este respeito, o lado abstrato no juízo, lado segundo o qual, dentro do juízo, o conceito passou para a *exterioridade*. – Como são determinadas ambas as determinações do conceito, assim o é também sua relação, o "*é*", a cópula; ela pode também ter apenas o significado de um *ser* imediato, abstrato. A partir da relação, que ainda não contém nenhuma mediação ou negação, o juízo é denominado juízo *positivo*.

2. A primeira expressão pura do juízo positivo é, portanto, a proposição: "*o singular é universal*".

Esta expressão não tem de ser apreendida como "*A é B*"; pois *A* e *B* são nomes totalmente sem forma e, por conseguinte, sem significado; mas o juízo em geral, e, portanto, já mesmo o juízo do ser aí, tem por seus extremos determinações de conceito. "*A é B*" pode bem representar tanto qualquer mera *proposição* quanto um *juízo*. Mas em cada juízo, mesmo naquele determinado de modo mais rico em sua forma, afirma-se a proposição dotada desse conteúdo determinado: "*o singular é universal*", precisamente na medida em que cada juízo é também juízo abstrato em geral. Tratar-se-á logo do juízo negativo na medida em que ele cabe, igualmente, sob essa expressão. – Se, aliás, não se pensa justamente no fato de que, com cada juízo, inicialmente pelo menos com cada juízo positivo, faz-se a afirmação de que o singular é um universal, isso ocorre porque, em parte, omite-se de ver a *forma determinada* pela qual sujeito e predicado se diferenciam – enquanto o juízo nada mais deve ser do que a relação de *dois* conceitos –, em parte, também, porque o outro *conteúdo* do juízo "*Caio é erudito*", ou "*a rosa é vermelha*" paira diante da consciência, a qual, ocupada com a representação de *Caio* etc., não reflete sobre a forma – muito embora um conteúdo como o *Caio lógico*, que tem, habitualmente, de servir de exemplo, seja um conteúdo muito pouco interessante, e seja, antes, escolhido de modo tão desinteressante para que não desvie a atenção da forma em direção a si.

Como se teve anteriormente a ocasião de lembrar, a proposição de *que o singular é universal* designa, segundo o significado objetivo, por um lado, a perecibilidade das coisas singulares, por outro lado, seu subsistir positivo dentro do conceito em geral. O conceito é, ele mesmo, imortal, mas o que, na sua divisão, sai dele, está submetido à alteração e ao retorno para dentro da sua natureza *universal*. Mas, inversamente, o universal se dá um ser aí. Como a essência sai rumo à *aparência* em suas determinações, como o fundamento emerge no *aparecimento* da existência, a substância, na revelação, em seus acidentes, assim o universal se *decide* até o singular; o juízo é esta sua *abertura*, o *desenvolvimento* da negatividade que ele já é em si. – Este último ponto é expresso pela proposição inversa: "*o universal é singular*", proposição enunciada igualmente no juízo positivo. O sujeito, inicialmente, o *imediatamente singular*, está relacionado com seu *outro* no próprio juízo, a saber, com o universal; assim, ele está posto como o *concreto* – segundo o ser, como algo *de muitas qualidades*, ou, como o concreto da reflexão, *uma coisa de multíplices propriedades*, um *efetivo* de *multíplices possibilidades*, uma *substância* de outros tantos *acidentes*. Porque esses multíplices pertencem aqui ao sujeito do juízo, assim o algo, ou a coisa etc., estão refletidos dentro de si em suas qualidades, propriedades ou acidentes, ou se *continuam* através dos mesmos, mantendo-se dentro deles e os mantendo também dentro de si. O ser posto ou a determinidade pertencem ao ser em si e para si. O sujeito é, portanto, nele mesmo o *universal*. – O predicado, ao contrário, como esta universalidade não real ou concreta, mas *abstrata*, é, frente ao sujeito, a *determinidade*, e contém apenas *um momento* da totalidade do mesmo, com a exclusão dos outros. Em virtude dessa negatividade, a qual, ao mesmo tempo, como extremo do juízo, relaciona-se consigo, o predicado é um *singular abstrato*. – Por exemplo, na proposição "a rosa é perfumada", o predicado expressa apenas *uma* das *muitas* propriedades da rosa; ele isola aquela que, dentro do sujeito, cresceu juntamente com as outras, como, na dissolução da coisa, as multíplices propriedades que inerem nela, ao se tornarem autossubsistentes enquanto *matérias*, são *isoladas*. A proposição do juízo, segundo esse lado, reza assim: "*o universal é singular*".

Enquanto juntamos no juízo esta *interdeterminação* do sujeito e [do] predicado, dá-se, assim, um duplo resultado: 1) Que o sujeito é, decerto, imediatamente, como o ente ou o singular, enquanto o predicado é o universal. Mas, porque o juízo é a *relação* dos dois e o sujeito é determinado pelo predicado como universal, assim o sujeito é o universal. 2) O predicado está determinado dentro do sujeito, pois ele não é uma determinação *em geral*, mas aquela do *sujeito*; se a rosa é perfumada, este perfume não é qualquer perfume indeterminado, mas aquele da rosa; logo, o predicado é *um singular*. – Porque, agora, sujeito e predicado estão na relação do juízo, eles devem permanecer contrapostos segundo as determinações do conceito; como na *interação* da causalidade, antes que ela alcance sua verdade, ambos os lados devem permanecer ainda autossubsistentes e contrapostos frente à igualdade de sua determinação. Se, por conseguinte, o sujeito está determinado como universal, então não se pode assumir do predicado também sua determinação da universalidade – caso contrário, nenhum juízo estaria presente –, mas apenas sua determinação da singularidade; assim como o predicado tem de ser tomado como universal enquanto o sujeito está determinado como singular. – Se se reflete sobre aquela mera identidade, então se apresentam as duas proposições idênticas:

> o singular é singular,
> o universal é universal,

onde as determinações de juízo teriam caído inteiramente uma fora da outra, sendo expressa apenas sua relação consigo, enquanto a relação dessas mesmas uma com a outra estaria dissolvida, e o juízo estaria, assim, suprassumido. – Daquelas duas proposições, uma, "o universal é singular", expressa o juízo segundo seu *conteúdo*, que, dentro do predicado, é uma determinação isolada, porém, dentro do sujeito, é a totalidade dessas mesmas determinações; a outra, "o singular é universal", expressa a *forma*, que é imediatamente indicada por ele mesmo. – No juízo imediato positivo, os extremos ainda são simples: forma e conteúdo, portanto, ainda estão unificados. Ou seja, ele não consiste em duas proposições; a relação duplicada que resultou dentro dele constitui imediatamente *um* juízo positivo. Pois os extremos são a) como as determinações autossubsistentes, abstratas, do juízo, b) cada lado é determinado pelo outro em virtude da cópula que os relaciona. Mas *em si*, por causa disso, a diferença da forma e do conteúdo está presente dentro dele, como resultou; e precisamente o que está contido na primeira proposição, "o singular é universal", pertence à forma, porque essa proposição expressa a *determinidade imediata* do juízo. Ao contrário, a relação expressa pela outra proposição, "o universal é singular", ou seja, o fato de que o sujeito está determinado como universal, o predicado, ao contrário, como particular ou singular, concerne ao *conteúdo*, porque suas determinações se elevam somente pela reflexão dentro de si, pela qual as determinidades imediatas são suprassumidas, e, assim, a forma faz de si uma identidade que retornou para dentro de si, que subsiste frente à diferença de forma, o conteúdo.

3. Se, agora, ambas as proposições da forma e do conteúdo:

(Sujeito)	(Predicado)
o singular	é universal
o universal	é singular

por elas estarem contidas dentro de *um* juízo positivo, fossem unificadas, de modo que, com isso, ambos, tanto o sujeito quanto o predicado, fossem determinados como unidade da singularidade e da universalidade, então ambos seriam o *particular*; o que tem de ser reconhecido *em si* como sua determinação interior. Só que, em parte, essa ligação teria se realizado apenas por uma reflexão exterior, em parte, a proposição "o particular é o particular", que resultaria disso, não seria mais um juízo, mas uma proposição idêntica vazia, como o eram as proposições já encontradas: "o singular é singular", e "o universal é universal". – Singularidade e universalidade ainda não podem ser unificadas na particularidade, porque, no juízo positivo, elas ainda estão postas como *imediatas*. – Ou seja, o juízo ainda tem de ser diferenciado segundo sua forma e seu conteúdo, porque precisamente sujeito e predicado ainda estão diferenciados como imediatidade e mediado, ou seja, porque o juízo, segundo sua relação, é ambos: autossubsistência dos relacionados e sua interdeterminação ou mediação.

Portanto, o juízo considerado, *em primeiro lugar*, segundo sua *forma*, significa: "o singular é universal". Porém, ao contrário, um tal singular *imediato não* é universal; seu predicado é de extensão maior, não lhe corresponde. O sujeito é um *imediato que é para si* e, por conseguinte, o *oposto* daquela abstração, da universalidade posta pela mediação que deveria ser enunciada dele.

Em segundo lugar, ao considerar o juízo segundo seu *conteúdo*, ou seja, como a proposição: "o universal é singular", o sujeito é um universal de qualidades, um concreto que está determinado infinitamente, e enquanto suas determinidades são inicialmente apenas qualidades, propriedades ou acidentes, assim sua totalidade é a *pluralidade falsamente infinita* dessas determinidades. Portanto, um tal sujeito não é, antes, uma tal propriedade *singular*, como o enuncia seu predicado. Ambas as proposições, por conseguinte, têm de ser *negadas*, e o juízo positivo tem de ser posto, antes, como juízo *negativo*.

b. O juízo negativo

1. Acima já se falou da representação comum de que somente do conteúdo do juízo depende se o juízo é verdadeiro ou não, na medida em que a verdade lógica a nada concerne senão à forma, e nada exige senão que aquele conteúdo não se contradiga. Nada se atribui à própria forma do juízo senão que ela seria a relação de *dois* conceitos. Porém, resultou que esses dois conceitos não têm meramente a determinação sem relação de um *valor numérico*, mas se relacionam como *singular* e *universal*. Essas determinações constituem o *conteúdo* verdadeiramente lógico, e precisamente, nessa abstração, o conteúdo do juízo positivo; que tipo de *outro conteúdo* ("o sol é redondo", "Cícero era um grande orador

em Roma", "agora é dia" etc.) ocorre dentro de um juízo, não concerne minimamente ao juízo; este expressa somente isto: o *sujeito é predicado*, ou, por eles serem apenas nomes, de modo mais determinado: *o singular é universal e vice-versa*. – Em virtude desse *conteúdo lógico puro*, o juízo positivo *não é verdadeiro*, mas tem sua verdade no juízo negativo. – Exige-se apenas que o conteúdo não deva se contradizer no juízo; mas ele se contradiz naquele juízo, como foi mostrado. – No entanto, é totalmente indiferente chamar aquele conteúdo lógico também de forma, e entender por conteúdo apenas o preenchimento empírico restante, então a forma contém não meramente a identidade vazia, fora da qual estaria a determinação do conteúdo. O juízo positivo não tem, então, pela sua *forma* enquanto juízo positivo, nenhuma verdade; quem chamou de *verdade* a *correção* de uma *intuição* ou *percepção*, a concordância da *representação* com o objeto, no mínimo não tem mais nenhuma expressão para aquilo que é objeto e fim da Filosofia. Este último precisaria, pelo menos, ser denominado verdade de razão, e se admitirá que juízos tais como "Cícero foi um grande orador", "Agora é dia" etc., não são minimamente verdades de razão. Eles não são isso, mas não porque eles têm, como que contingentemente, um conteúdo empírico, mas porque eles são apenas juízos positivos que não podem nem devem ter nenhum outro conteúdo senão um singular imediato e uma determinidade abstrata.

O juízo positivo tem sua verdade inicialmente no juízo negativo: *o singular não é* abstratamente *universal* – *mas* o predicado do singular é, ele mesmo, um determinado, porque é tal predicado, ou porque, considerado por si sem a relação com o sujeito, ele é universal *abstrato*; portanto, o *singular* é, *inicialmente*, um *particular*. Além disso, segundo a outra proposição que está contida no juízo positivo, o juízo negativo significa: o *universal* não é abstratamente *singular*, *mas* esse predicado, já porque é predicado ou porque está em relação com um sujeito universal, é mais do que mera singularidade, e, portanto, o *universal* é, de igual modo, *inicialmente*, um *particular*. Na medida em que esse universal, enquanto sujeito, está, ele mesmo, na determinação do juízo da singularidade, então ambas proposições se reduzem a uma: *"o singular é um particular"*.

Pode-se observar a) que aqui a *particularidade* da qual se falou anteriormente, resulta para o predicado; somente aqui ela não é posta pela reflexão externa, mas surgiu mediante a relação negativa mostrada no juízo, b) essa determinação resulta aqui somente para o predicado. No juízo *imediato*, no juízo do ser aí, o sujeito é o que está no fundamento; portanto, a *determinação* parece *se perder* primeiramente no *predicado*. De fato, porém, essa primeira negação pode ainda não ser determinação alguma, ou seja, pode ainda não ser, propriamente, *pôr do singular*, porque este é somente o segundo, o negativo do negativo.

"O singular é um particular" é a expressão *positiva* do juízo negativo. Essa expressão não é, ela mesma, juízo positivo, na medida em que esse, em virtude da sua imediatidade, tem por seus extremos apenas o abstrato, mas o particular, justamente através do pôr da relação do juízo, resulta como a primeira determinação *mediada*. – Mas essa determinação não tem de ser tomada apenas como momento do extremo, mas também, como ela, de início, propriamente é, como *determinação* da *relação*; ou seja, o juízo deve ser considerado também como juízo *negativo*.

Essa passagem se funda na relação dos extremos e de sua relação dentro do juízo em geral. O juízo positivo é a relação do singular *imediato* e do universal, logo, de [termos] tais que um *não é*, simultaneamente, o que o outro é; portanto, a relação é, de igual modo, essencialmente *separação* ou relação *negativa*; portanto, o juízo positivo precisava ser posto como negativo. Portanto, os lógicos não precisavam fazer tanto barulho sobre o fato de que o *não* do juízo negativo teria sido trazido para a *cópula*. O que, dentro do juízo, é *determinação* do extremo, é igualmente *relação determinada*. A determinação do juízo ou o extremo não é a determinação puramente qualitativa do ser *imediato*, a qual deve se contrapor apenas a um *outro fora* dele, nem é determinação da reflexão que se relaciona, segundo sua forma universal, como positiva e negativa, das quais cada uma está posta como excludente e apenas *em si* é idêntica à outra. A determinação do juízo, enquanto determinação do conceito, é, nela mesma, um universal, posto como *o que continua* na sua outra. Inversamente, a *relação* do juízo é a mesma determinação que os extremos têm; pois ela é precisamente essa universalidade e a continuação dos extremos um no outro; na medida em que esses são diferentes, ela tem também a negatividade nela mesma.

A passagem acima indicada da forma da *relação* para a forma da *determinação* constitui a *consequência imediata* de que o *não* da cópula tem de ser anexado igualmente ao predicado, e este tem de ser determinado como o *não-universal*. Porém, o não-universal é, por uma consequência igualmente imediata, o *particular*. – Se o *negativo* é fixado segundo a determinação totalmente abstrata do *não--ser* imediato, então o predicado é apenas o não-universal *totalmente indeterminado*. Essa determinação é tratada na lógica nos conceitos *contraditórios* e é ensinada como algo importante que, no negativo de um conceito, deve-se ater-se apenas ao *negativo* e esse deve ser tomado como extensão meramente *indeterminada* do *outro* do conceito positivo. Assim, o mero *não-branco* seria tanto o vermelho, o amarelo, o azul etc., quanto o preto. Mas o *branco* enquanto tal é a determinação *sem conceito* da intuição; o não do *branco* é, então, o *não-ser* igualmente sem conceito, abstração que tinha sido considerada bem no início da lógica, e como cuja verdade próxima tinha sido conhecido o *devir*. Se, considerando as determinações do juízo, usa-se como exemplo tal conteúdo sem conceito tomado da intuição e da representação, e se as determinações do ser e as da reflexão são tomadas como determinações do juízo, então isso é o mesmo procedimento *acrítico* que se aplica quando, segundo Kant, os conceitos do entendimento são aplicados à ideia racional infinita ou à assim chamada *coisa em si*; o conceito, ao qual pertence também o *juízo* que deriva dele, é a verdadeira *coisa em si*, ou seja, o *racional*; porém, aquelas determinações pertencem ao *ser* ou à *essência*, e ainda não são formas aperfeiçoadas até a maneira como são na sua verdade, no *conceito*. – Se se permanece no branco, no vermelho, enquanto representações *sensíveis*, então, como habitualmente se faz, denomina-se *conceito* algo que é apenas determinação da representação, e, então, o não-branco, o não-vermelho, não são, certamente, um positivo, assim como o não-triângular é algo totalmente indeterminado, pois a determinação que se baseia, em geral, no número e no *quantum* é a determinação essencialmente *indiferente, sem conceito*. Mas, como o próprio *não-ser*, assim também tal conteúdo sensível deve ser *compreendido* e deve perder aquela indiferença e imediatidade abstrata, que ele tem na representação cega, sem movimento. Já no ser aí, o *nada* sem pensamento torna-se o *limite* pelo qual *algo* se *relaciona* com um *outro* fora dele. Mas, dentro da reflexão, ele é o *negativo* que se *relaciona essencialmente* com um *positivo* e, com isso, está *determinado*; já um negativo não é mais aquele *não-ser indeterminado*; ele está posto de modo a ser somente enquanto o positivo se lhe contrapõe; o terceiro é seu *fundamento*; com isso, o negativo está contido dentro de uma esfera circunscrita, na qual o que um *não* é, é algo *determinado*. – Mas ainda mais na continuidade absolutamente fluida do conceito e de suas determinações, o *não* é, imediatamente, um positivo, e a *negação* não é apenas determinidade, mas é acolhida na universalidade e está posta como idêntica com ela. Portanto, o não-universal é desde logo o *particular*.

2. Enquanto a negação diz respeito à relação do juízo e o *juízo negativo* é considerado ainda como tal, ele *ainda* é, *em um primeiro momento, um juízo*; com isso, está presente a relação de sujeito e predicado, ou de singularidade e universalidade, e a relação dos mesmos, *a forma do juízo*. O sujeito enquanto o imediato subjacente permanece intocado pela negação; conserva, então, sua determinação de ter um predicado, ou seja, sua relação com a universalidade. Portanto, o que é negado no predicado, não é a universalidade em geral, mas a abstração ou a determinidade do mesmo, a qual apareceu como *conteúdo* frente àquela universalidade. – Então, o juízo negativo não é a negação total; a esfera universal, a qual contém o predicado, ainda continua a subsistir; a relação do sujeito com o predicado ainda é, portanto, essencialmente *positiva*; a *determinação* remanescente do predicado é, igualmente, *relação*. – Se, por exemplo, diz-se que a rosa *não* é vermelha, então, com isso, apenas a *determinidade* do predicado é negada e separada da universalidade que igualmente lhe compete; a esfera universal, *a cor*, está conservada; se a rosa não é vermelha, então se supõe, com isso, que ela tenha uma cor e uma outra cor; segundo essa esfera universal, o juízo ainda é positivo.

"O singular é um particular" – essa forma positiva do juízo negativo expressa isso imediatamente; o particular contém a universalidade. Além disso, expressa também que o predicado não é apenas um universal, mas também é ainda um determinado. A forma

negativa contém o mesmo; pois, na medida em que, por exemplo, a rosa não é, de fato, vermelha, ela não apenas deve conservar a esfera universal da cor como predicado, mas deve ter também *qualquer outra cor determinada*; a determinidade *singular* do vermelho é, então, apenas suprassumida, e não apenas é deixada a esfera universal, mas também é conservada a determinidade, só que transformada em uma determinidade *indeterminada*, em uma determinidade universal, com isso, na particularidade.

3. A *particularidade*, a qual resulta como a determinação positiva do juízo negativo, é o mediador entre a singularidade e a particularidade; assim, o juízo negativo é agora, em geral, no terceiro passo, o mediador *da reflexão do juízo do ser aí dentro de si mesmo*. Ele é, segundo seu significado objetivo, apenas o momento da alteração dos acidentes, ou, no ser aí, das propriedades singulares do concreto. Através dessa alteração, emerge a determinidade completa do predicado, ou seja, o *concreto* como posto.

O singular é particular, segundo a expressão positiva do juízo negativo. Mas o singular também *não* é particular; pois a particularidade é de uma extensão maior do que a singularidade; ela é, então, um predicado que não corresponde ao sujeito, no qual, então, esse ainda não tem sua verdade. *O singular é apenas o singular*, a negatividade que não se relaciona com outro, seja esse positivo ou negativo, mas que se relaciona apenas consigo mesma. – A rosa não é de *qualquer* cor, mas ela tem apenas a cor determinada que é a cor da rosa. O singular não é um determinado indeterminado, mas o determinado determinado.

Partindo dessa forma positiva do juízo negativo, essa sua negação aparece, novamente, apenas como uma *primeira* negação. Mas ela não é isso. Ao contrário, o juízo negativo é em si e para si a segunda negação ou a negação da negação, e é preciso pôr isto: o que ele é em si e para si. A saber, ele *nega* a *determinidade* do predicado do juízo positivo, sua universalidade *abstrata* ou, considerada como conteúdo, a qualidade singular do sujeito que ele contém. Mas a negação da determinidade já é a segunda [negação], logo, o retorno infinito da singularidade para dentro de si mesma. Com isso, ocorreu, então, a *produção* da totalidade concreta do sujeito, ou, antes, o sujeito está *posto* somente agora como singular, na medida em que ele tem sido mediado consigo através da negação e do suprassumir da mesma. Por sua parte, o predicado passou, com isso, da primeira universalidade para a determinidade absoluta, e se igualou com o sujeito. A este respeito, o juízo significa: "*o singular é singular*". – Por outro lado, na medida em que era preciso assumir o sujeito igualmente como *universal* e na medida em que o predicado, que é o singular frente àquela determinação do sujeito, *expandiu*-se até a *particularidade* dentro do juízo negativo, e enquanto, agora, além disso, a negação dessa *determinidade* é, igualmente, a purificação da universalidade que o predicado contém, esse juízo também reza assim: "*o universal é o universal*".

Em ambos esses juízos, que resultaram anteriormente pela reflexão exterior, o predicado já está expresso em sua positividade. Mas inicialmente a negação do próprio juízo negativo precisa aparecer na forma de um juízo negativo. Foi mostrado que ainda permaneceram dentro dele uma *relação positiva* do sujeito com o predicado e a *esfera universal* deste último. Por conseguinte, o predicado continha, desse lado, uma universalidade mais purificada da restrição do que o juízo positivo e, portanto, ainda mais tem de ser negado do sujeito como singular. Desta maneira, *toda* a *extensão* do predicado está negada e não há mais nenhuma relação positiva entre ele e o sujeito. Este é o *juízo infinito*.

c. O juízo infinito

O juízo negativo é tão pouco um juízo verdadeiro como o positivo. Porém, o juízo infinito, que deve ser a verdade dele, é, segundo sua expressão negativa, o juízo *infinito negativo*, um juízo no qual está suprassumida também a forma do juízo. – Este é, contudo, um *juízo contrassensual*. Ele deve ser um *juízo*, portanto ele deve conter uma relação de sujeito e predicado; mas uma tal relação, *ao mesmo tempo, não* deve ser nele. – Nas lógicas tradicionais, costuma-se trazer o nome do juízo infinito, mas sem que precisamente sua justificativa se torne distinta. É fácil encontrar exemplos de juízos infinitos negativos na medida em que se combinam negativamente como sujeito e predicado determinações das quais uma não apenas não contém a determinação da outra, mas também não contém a esfera universal dela; assim por exemplo o espírito não é vermelho, amarelo etc., não é ácido, não é alcalino etc. a rosa não é um elefante, o entendimento não é uma mesa e assim por diante. – Esses juízos são *corretos* ou *verdadeiros*, como se usa chamá-los, mas, apesar de uma tal verdade, são contrassensuais e insípidos. – Ou melhor, eles *não* são *juízos*. – Um exemplo mais real de juízo infinito é a ação *má*. No *litígio civil* nega-se algo apenas como propriedade da outra parte, de modo que, porém, concede-se que esse algo deveria ser dela se ela tivesse direito sobre isso, e algo é reivindicado apenas em nome do direito; naquele juízo negativo, a esfera universal, o direito, é reconhecido e conservado. Contudo, o *crime* é o *juízo infinito*, que nega não apenas o direito *particular*, mas a esfera universal, o *direito enquanto direito*. O crime tem, certamente, a *correção* pelo fato de ser uma ação efetiva; mas, porque ela se relaciona de modo completamente negativo com a eticidade, que constitui a sua esfera universal, ela é contrassensual.

O *positivo* do juízo infinito, a negação da negação, é a *reflexão* da *singularidade* dentro de si mesma, pelo que somente ela está posta como a *determinidade determinada*. "O singular é singular" era a expressão do mesmo segundo aquela reflexão. O sujeito é, no juízo do ser aí, enquanto singular *imediato*, portanto, mais do que somente como *algo* em geral. Somente pela mediação do juízo negativo e infinito, ele está *posto* como singular.

O singular está, com isso, *posto* como tal *que continua no seu predicado*, que é idêntico a ele; assim, também a universalidade não é mais, igualmente, como aquela *imediata*, mas é como um *recolher* de diferentes. O juízo positivo infinito reza igualmente: "o universal é universal", assim ele está posto igualmente como o retorno para dentro de si mesmo.

Através dessa reflexão dentro de si das determinações do juízo, o juízo acabou de se suprassumir; no juízo infinito negativo, a diferença é, por assim dizer, *grande demais* para que o juízo ainda permaneça um juízo; sujeito e predicado não têm a mínima relação positiva; ao contrário, no juízo infinito positivo está presente apenas a identidade, e não há mais um juízo, porque falta completamente a diferença.

Mais precisamente, é o *juízo do ser aí* que se suprassumiu; com isso, está *posto* o que a *cópula* do juízo contém, a saber, que os extremos qualitativos estão suprassumidos dentro dessa identidade deles. Contudo, na medida em que essa unidade é o conceito, de modo imediato ela está igualmente de novo dividida, e é como juízo, cujas determinações não são mais, porém, imediatas, mas estão refletidas dentro de si. O *juízo do ser aí* passou para o *juízo da reflexão*.

B. O juízo da reflexão

No juízo que, doravante, surgiu, o sujeito é um singular enquanto tal; igualmente, o universal não é mais universalidade *abstrata* ou *propriedade singular*, mas está posto como universal que se recolheu como em um através da relação de diferentes, ou, considerado segundo o conteúdo de determinações diversas em geral, é o *reunir--se* de propriedades e existências multíplices. – Se devem ser dados exemplos de predicados dos juízos da reflexão, então eles têm de ser de outra espécie do que para juízos do ser aí. Só no juízo da reflexão está presente, propriamente, um conteúdo determinado, quer dizer, um conteúdo em geral; pois ele é a determinação da forma refletida dentro da identidade como diferente da forma, enquanto ela é determinidade diferente – como ela ainda é enquanto juízo. No juízo do ser aí, o conteúdo é apenas um conteúdo imediato ou abstrato, indeterminado. – Como exemplos de juízos da reflexão podem, portanto, servir: "o ser humano é *mortal*", "as coisas são *perecíveis*", "esta coisa é *útil, nociva*"; *dureza, elasticidade* dos corpos, *a felicidade* etc. são tais predicados peculiares. Eles expressam uma essencialidade, a qual, porém, é uma determinação na *relação* ou uma universalidade *recolhedora*. Esta *universalidade*, que se determinará ulteriormente no movimento do juízo da reflexão, ainda é diferente da *universalidade do conceito* enquanto tal; ela, certamente, não é mais a universalidade abstrata do juízo qualitativo, mas ainda tem a relação com o imediato, de onde ela provém, e tem o mesmo como subjacente para sua negatividade. – Inicialmente, o conceito determina o ser aí como *determinações de relação*, como continuidades de si mesmas dentro da multiplicidade diversa da existência –, de modo que, certamente, o universal verídico é sua essência interior, mas *dentro do apareci-*

mento, e essa natureza *relativa* ou também *a nota característica delas* ainda não são o que é em si e para si das mesmas.

Ao juízo da reflexão pode parecer óbvio de ser determinado como juízo da *quantidade*, assim como o juízo do ser aí também foi determinado como juízo *qualitativo*. Porém, como a *imediatidade* dentro desse não era apenas a imediatidade *que é*, mas essencialmente também a imediatidade mediada e *abstrata*, assim aqui também aquela imediatidade suprassumida não é meramente a qualidade suprassumida, portanto, não meramente *quantidade*; assim como a qualidade é a imediatidade mais externa, assim, do mesmo modo, a quantidade é a *determinação mais externa* que pertence à mediação.

Sobre como a *determinação* aparece em seu movimento no juízo da reflexão, ainda é preciso observar que, no juízo do ser aí, o *movimento* da determinação se mostra no *predicado*, porque esse juízo estava na determinação da imediatidade, o sujeito, portanto, aparecia como o subjacente. Pela mesma razão, no juízo da reflexão o movimento progressivo do determinar transcorre *no sujeito*, porque esse juízo tem por sua determinação o *ser em si refletido*. O essencial é, portanto, aqui, o *universal* ou o predicado; ele constitui, portanto, o *subjacente*, no qual o sujeito precisa ser medido e ser determinado de modo correspondente a ele. – Contudo, também o predicado obtém pelo aperfeiçoamento ulterior da forma do sujeito uma determinação ulterior, porém, *de modo indireto*; aquela, pelo contrário, mostra-se, pela razão indicada, como determinação progressiva *direta*.

No que concerne ao significado objetivo do juízo, o singular entra, através da sua universalidade, no ser aí, mas como em uma determinação essencial da relação, em uma essencialidade que se conserva através de toda a multiplicidade do aparecimento; o sujeito *deve* ser o determinado em si e para si; ele tem essa determinidade dentro de seu predicado. O singular está, por outro lado, refletido dentro desse seu predicado, o qual é sua essência universal; o sujeito é, a este respeito, o existente e o que aparece. Nesse juízo, o predicado não *inere* mais ao sujeito; ele é, antes, o *ente em si*, sob o qual aquele singular está *subsumido* como um acidental. Se os juízos do ser aí também podem ser determinados como *juízos da inerência*, então os juízos da reflexão são, antes, *juízos da subsunção*.

a. O juízo singular

Agora o juízo imediato da reflexão é novamente: "o singular é universal" – mas sujeito e predicado no significado indicado; ele pode, portanto, ser expresso de modo mais preciso assim: "isto é um universal essencial".

Mas um isto não é um universal essencial. Aquele juízo *positivo* em geral segundo sua forma universal tem de ser tomado negativamente. Mas, enquanto o juízo da reflexão não é meramente algo positivo, a negação *não* concerne diretamente ao predicado, que não inere, mas é o *ente em si*. O sujeito é, antes, o alterável e o que precisa ser determinado. Por conseguinte, aqui o juízo negativo tem de ser apreendido assim: *não um isto* é um universal da reflexão; um tal *em si* tem uma existência mais universal do que apenas num isto. O juízo singular tem, portanto, sua verdade mais próxima no juízo *particular*.

b. O juízo particular

A não-singularidade do sujeito, que tem de ser posta no lugar de sua singularidade no primeiro juízo da reflexão, é a *particularidade*. Mas, no juízo de reflexão, a singularidade é determinada como *singularidade essencial*; portanto, a particularidade não pode ser determinação *simples, abstrata*, na qual o singular estaria suprassumido [e] o existente iria ao fundo, mas apenas como uma expansão dele mesmo na reflexão exterior; portanto, o sujeito é: "alguns estes" ou "uma quantia particular de singulares".

Este juízo, "Alguns singulares são um universal da reflexão", aparece inicialmente como juízo positivo, mas é, igualmente, também negativo; pois *o algum* contém a universalidade; segundo esta, ele pode ser considerado como *compreensivo*; mas, na medida em que é particularidade, ele não é, igualmente, adequado à universalidade. A determinação *negativa*, que o sujeito conservou através da passagem do juízo singular, é, como mostrado acima, também determinação da relação, da cópula. – No juízo "*alguns* seres humanos são felizes", está *a consequência imediata*: "*alguns* seres humanos *não* são felizes". Se *algumas* coisas são úteis, então, justamente por isso, *algu-*

mas coisas *não* são úteis. O juízo positivo e o negativo não caem mais um fora do outro, mas o juízo particular contém, ao mesmo tempo, imediatamente ambos, justamente porque ele é um juízo de reflexão. – Mas o juízo particular é, por isso, *indeterminado.*

Se consideramos ulteriormente, no exemplo de um tal juízo, o sujeito, *alguns seres humanos, animais* etc., então ele contém, além da determinação particular da forma [, a saber,] "alguns", também ainda a determinação do conteúdo "ser humano" etc. O sujeito do juízo singular podia ser: "Este ser humano", uma singularidade que pertence propriamente ao mostrar externo; portanto, ele deve, antes, soar, por exemplo, como "Caio". Mas o sujeito do juízo particular não pode mais ser "alguns Caios", pois Caio deve ser um singular enquanto tal. Portanto, ao *"alguns"* é agregado um *conteúdo* mais universal, por exemplo, *seres humanos, animais* etc. Este não é meramente um conteúdo empírico, mas um conteúdo determinado pela forma do juízo; a saber, ele é um *universal,* porque *"alguns"* contém a universalidade e, ao mesmo tempo, essa precisa estar separada dos singulares, pois no fundamento está a singularidade refletida. Mais precisamente, ela é também a *natureza universal* ou o *gênero* ser humano, animal – aquela universalidade que *antecipa* o que é o resultado do juízo de reflexão, assim como o juízo positivo, na medida em que ele tem *o singular* por sujeito, antecipava a determinação que é resultado do juízo do ser aí.

O sujeito, que contém os singulares, sua relação com a particularidade e a natureza universal, já está posto, portanto, como a totalidade das determinações do conceito. Mas essa consideração é propriamente uma consideração externa. O que inicialmente já está posto no sujeito pela sua forma em *relação* recíproca, é a *expansão* do *isto* até a particularidade; só que esta universalização não lhe é adequada; *isto* é um determinado completo, mas "alguns estes" é indeterminado. A expansão deve convir ao isto, logo, deve ser correspondente a ele, deve ser *completamente determinada;* uma tal expansão é a totalidade ou, inicialmente, *universalidade* em geral.

Essa universalidade tem o *isto* no seu fundamento, pois o singular é aqui o refletido dentro de si; portanto, suas determinações ulteriores transcorrem *exteriormente* nele, e assim como a particularidade se determinava, por causa disso, como *alguns,* assim a universalidade que alcançou o sujeito é *todidade*, e o juízo particular passou para o juízo *universal*.

c. *O juízo universal*

A universalidade, como ela é no sujeito do juízo universal, é a universalidade exterior da reflexão, *todidade*; *todos* são todos os *singulares*; nisso, o singular fica inalterado. Essa universalidade é, portanto, apenas um *recolher* dos singulares que subsistem para si; ela é uma *comunidade* que compete a eles apenas na *comparação*. – Esta comunidade costuma antes de tudo ocorrer ao *representar* subjetivo quando se fala de universalidade. Como primeira razão pela qual uma determinação deve ser considerada como universal, indica-se a de que *ela convém a vários*. Principalmente na *análise* paira também esse conceito de universalidade, na medida em que, por exemplo, o desenvolvimento de uma função em um *polinômio* vale como *o mais universal* do que o desenvolvimento da mesma em um *binômio*, porque o *polinômio* apresenta *mais singularidades* do que o *binômio*. A exigência de que a função seja apresentada em sua universalidade requer, propriamente, um *pantonômio*, a infinitude esgotada; mas aqui surge por si mesma a barreira daquela exigência, e a apresentação da quantia *infinita* tem de se contentar com o *dever ser* da mesma e, portanto, também com um *polinômio*. De fato, porém, o binômio já é o pantonômio nos casos em que o *método* ou a regra *concernem* apenas à dependência de um membro de um outro, e a dependência de vários membros daqueles que os precedem não se particulariza, mas continua a subjazer uma e a mesma função. O *método* ou a *regra* precisam ser considerados como o *universal* verdadeiro; na prossecução do desenvolvimento ou no desenvolvimento de um polinômio, o método ou a regra são simplesmente *repetidos*; assim, através do aumentar da variedade dos membros, eles não ganham nada em termos de universalidade. Já se falou anteriormente da má infinitude e da sua ilusão; a universalidade do conceito é o *além alcançado*; aquela infinitude, porém, permanece afetada pelo além como por um inalcançável, na medida em que ela permanece o mero *progresso* para ao infinito. Quando, junto da universalidade, vislumbra-se apenas a *todidade*, uma universalidade que deve ser esgotada nos singulares enquanto singulares, isso é uma recaída naquela má infinitude; ou, entretanto, também se toma apenas a *pluralidade* em lugar da todidade. A pluralidade, contudo, por mais que seja grande, permanece simplesmente apenas particularidade e não é todidade. – Porém, junto dela se vislumbra de modo obscuro a universalidade que é em si e para si do *conceito*; ele é aquele que impulsiona com violência para além da singularidade persistente, à qual a representação se agarra, e para além do externo da reflexão dela, e impinge a todidade *enquanto totalidade* ou, antes, o ser em si e para si categórico.

Isso, de resto, mostra-se também na todidade, que é, em geral, a universalidade *empírica*. Enquanto o singular está pressuposto como um imediato, portanto, é *encontrado* e *acolhido* de forma externa, igualmente externa lhe é a reflexão que o recolhe até a todidade. Mas, porque o singular enquanto *isto* é pura e simplesmente indiferente frente a essa reflexão, assim a universalidade e tal singular não podem se unificar numa unidade. A todidade empírica *permanece*, por isso, uma *tarefa*, um *dever ser*, o qual, assim, não pode ser apresentado como ser. Uma proposição universal empírica – pois se estabelecem, de fato, proposições desse tipo – repousa sobre o acordo tácito de que, se não se puder trazer nenhuma *instância* do contrário, a *variedade* de casos deveria valer como *todidade*, ou de que a todidade *subjetiva*, a saber, a todidade dos casos *que vieram ao conhecimento*, poderia ser tomada como uma todidade *objetiva*.

Considerado agora mais de perto o *juízo universal* no qual estamos, o sujeito que, como já foi observado, contém a universalidade que é em si e para si *como pressuposta*, agora contém nele a mesma também como *posta*. "Todos os seres humanos" expressa, *em primeiro lugar*, o *gênero* ser humano, *em segundo lugar*, expressa esse gênero em sua singularização, mas de modo tal que os singulares estão, ao mesmo tempo, ampliados até a universalidade do gênero; inversamente, através dessa ligação com a singularidade, a universalidade está tão completamente determinada quanto a singularidade; através disso, a universalidade *posta* se tornou *igual* àquela *pressuposta*.

Todavia, a rigor não é preciso levar em consideração de modo antecipado o *pressuposto*, mas precisa considerar para si o resultado na determinação da forma. – A singularidade, na medida em que ela se expandiu até a todidade, está *posta* como negatividade, a qual é idêntica relação consigo. Ela não permaneceu, portanto, aquela primeira singularidade, como, por exemplo, aquela de um Caio, mas é a determinação idêntica com a universalidade, ou seja, o ser determinado absoluto do universal. – Aquela *primeira* singularidade do juízo *singular* não era a singularidade *imediata* do juízo positivo, mas aquela que surgiu pelo movimento dialético do juízo do ser aí em geral; ela já estava determinada a ser a *identidade negativa* das determinações daquele juízo. Essa é a pressuposição verdadeira no juízo de reflexão; frente ao pôr que transcorre nesse juízo, aquela *primeira* determinidade da singularidade era o *em si* da mesma; o que ela é, portanto, *em si*, agora está *posto* pelo movimento do juízo da reflexão, a saber, a singularidade como relação idêntica do determinado consigo mesmo. Através disso, aquela *reflexão* que expande a singularidade até a todidade não lhe é uma reflexão externa; mas, através disso, somente torna-se *para si* o que ela já é *em si*. – O resultado é, assim, na verdade, a *universalidade objetiva*. O sujeito se despiu, a este respeito, da determinação da forma do juízo de reflexão, determinação que, a partir do *isto*, através do *algum*, procedeu até a *todidade*; em vez de "todos os seres humanos", doravante é preciso dizer "o ser humano".

A universalidade que surgiu através disso é o *gênero* – a universalidade que é nela mesma um concreto. O gênero não *é inerente* ao sujeito, ou seja, não é uma propriedade *singular*, em geral, não é uma propriedade do sujeito; o gênero contém cada determinidade isolada [como] dissolvida dentro da compacidade substancial dele. – Por estar posto como essa identidade negativa consigo, ele é essencialmente sujeito, mas não está mais *subsumido* ao seu predicado. Com isso, agora, altera-se em geral a natureza do juízo de reflexão.

Esse mesmo era, essencialmente, juízo da *subsunção*. O predicado estava determinado como o universal *que é em si* frente ao seu sujeito; segundo o seu conteúdo, ele podia ser tomado como determinação essencial de relação ou também como nota característica – uma determinação segundo a qual o sujeito é apenas um *aparecimento* essencial. Mas, determinado até a *universalidade objetiva*, o sujeito deixa de ser subsumido sob tal determinação de relação ou sob tal reflexão recolhedora; frente a essa universalidade, tal predicado é, antes, um particular. Assim a relação de sujeito e predicado se inverteu, e o juízo, a este respeito, inicialmente se suprassumiu.

Essa suprassunção do juízo coincide com aquilo que se torna a *determinação da cópula*, que ainda temos de considerar; a suprassunção das determinações do juízo e a passagem delas para a cópula é o mesmo. – A saber, enquanto o sujeito se elevou até a universalidade, nessa determinação se tornou igual ao predicado, o qual, como universalidade refletida, compreende dentro de si também a particularidade; sujeito e predicado são, portanto, idênticos, ou seja, eles se juntaram na cópula. Essa identidade é o gênero, ou seja, a natureza em si e para si de uma coisa. Portanto, na medida em que essa identidade, por sua vez, dirime-se em um juízo, a *natureza interior* é aquela pela qual sujeito e predicado se relacionam um com o outro – uma relação da *necessidade*, onde aquelas determinações do juízo são apenas diferenças inessenciais. "O que compete a todos os singulares de um gênero, compete, através da sua natureza, ao gênero" – é uma consequência imediata e a expressão daquilo que resultou anteriormente, de que o sujeito, por exemplo, *todos os seres humanos*, despe-se de sua determinação de forma e tem de se dizer *o ser humano*. – Essa conexão que é em si e para si constitui a base de um novo juízo –, o *juízo da necessidade*.

C. O juízo da necessidade

A determinação até a qual a universalidade se aperfeiçoou, é, como resultou, a *universalidade que é em si e para si* ou *a universalidade objetiva*, à qual, na esfera da essência, corresponde a *substancialidade*. Ela se diferencia dessa pelo fato de que ela pertence ao *conceito* e, com isso, não é apenas a necessidade *interior*, mas também a necessidade *posta* de suas determinações, ou seja, pelo fato de que *a diferença* lhe é imanente, ao passo que a substância tem a sua [diferença] apenas dentro de seus acidentes, mas não como princípio dentro de si mesma.

Com isso, no juízo essa universalidade objetiva está, agora, *posta primeiramente* com essa sua determinidade essencial como imanente a ela, em segundo lugar, como dela diversa enquanto *particula-*

ridade, da qual aquela universalidade constitui a base substancial. Desta maneira, ela está determinada como *gênero* e *espécie*.

a. O juízo categórico

O *gênero* se *divide* ou se repele essencialmente em *espécies*; ele somente é gênero na medida em que compreende as espécies abaixo de si; a espécie somente é espécie na medida em que, por um lado, ela existe nos singulares, por outro lado, dentro do gênero há uma universalidade superior. – O *juízo categórico* tem, agora, uma tal universalidade por predicado, no qual o sujeito tem sua natureza *imanente*. Mas ele mesmo é o juízo primeiro ou *imediato* da necessidade; por conseguinte, é a determinidade do sujeito, pela qual, frente ao gênero ou à espécie, ele é um particular ou um singular, na medida em que pertence à imediatidade da existência externa. – Mas, de igual modo, a universalidade objetiva apenas tem aqui somente sua particularização *imediata*; por um lado, ela mesma é, por isso, um gênero determinado, frente ao qual há gêneros superiores –; por outro lado, ela não é precisamente o gênero *próximo*, quer dizer, sua determinidade não é precisamente o princípio da particularidade específica do sujeito. Mas o que nisso é *necessário*, é a *identidade substancial* do sujeito e do predicado, frente à qual o elemento próprio, pelo qual aquele se diferencia do predicado, é apenas como um ser posto inessencial –, ou ainda, é apenas um nome; no seu predicado, o sujeito está refletido dentro do seu ser em si e para si. – Um tal predicado não deveria se juntar com os predicados dos juízos encontrados até agora; se, por exemplo, os juízos:

> a rosa é vermelha,
> a rosa é uma planta,

ou:

> este anel é amarelo,
> ele é ouro

são jogados conjuntamente em *uma* classe, e uma propriedade tão externa como a cor de uma flor é tomada como um predicado igual à sua natureza vegetal, então se omite uma diferença que deve saltar aos olhos para ao apreender mais comum. – Por conseguinte, o juízo categórico precisa ser diferenciado do juízo positivo e do juízo negativo; nestes, o que é enunciado do sujeito é um conteúdo *singular contingente*, naquele, é a totalidade da forma refletida dentro de si. Por conseguinte, a cópula tem, dentro do juízo categórico, o significado da *necessidade*, [ao passo que] naqueles tem apenas o significado do *ser* abstrato, imediato.

A *determinidade* do sujeito, pela qual ele é um *particular* frente ao predicado, é, inicialmente, ainda algo *contingente*; sujeito e predicado não estão relacionados como necessários através da *forma* ou *determinidade*; a necessidade é, por conseguinte, ainda como necessidade *interior*. – Mas o sujeito é sujeito apenas como *particular*, e enquanto ele tem universalidade objetiva, ele deve, essencialmente, tê-la segundo aquela determinidade inicialmente imediata. O universal objetivo, enquanto se *determina*, isto é, põe-se no juízo, está, essencialmente, em relação idêntica a essa *determinidade* repelida dele, a essa determinidade enquanto tal, isto é, essa não tem de ser posta essencialmente como algo meramente contingente. O juízo categórico corresponde à sua universalidade objetiva apenas por essa *necessidade* de seu ser imediato e, desta maneira, passou para o *juízo hipotético*.

b. O juízo hipotético

"Se A é, então B é"; ou "o ser do A não é seu próprio ser, mas o ser de um outro, do B". O que está posto nesse juízo é *a conexão necessária* de determinidades imediatas, a qual ainda não está posta no juízo categórico. – Aqui há *duas* existências imediatas ou exteriormente contingentes, das quais no juízo categórico há, inicialmente, apenas uma, o sujeito; mas, enquanto um é externo frente ao outro, esse outro é, imediatamente, também externo frente ao primeiro. – Segundo essa imediatidade, o *conteúdo* de ambos os lados ainda é um conteúdo reciprocamente indiferente; portanto, esse juízo é, inicialmente, uma proposição da forma vazia. Agora, *em primeiro lugar*, a imediatidade decerto é, enquanto tal, um *ser* autossubsistente, concreto; mas, *em segundo lugar*, a relação desse mesmo ser é o essencial; aquele ser é, portanto, igualmente como mera *possibilidade*; o juízo hipotético não contém *o fato de que* A é ou *o fato de que* B é, mas apenas que *se* um é, então o outro é;

apenas a conexão dos extremos está posta como sendo, não eles mesmos. Ao contrário, cada um está posto nessa necessidade como igualmente o *ser de um outro*. – A proposição da identidade enuncia: *A* é apenas *A*, não *B*; e *B* é apenas *B*, não *A*; no juízo hipotético, ao contrário, o ser das coisas finitas está posto pelo conceito segundo sua verdade formal, a saber, de que o finito é seu próprio ser, mas, igualmente, não o *seu próprio*, mas o ser de um outro. Na esfera do ser, o finito se *altera*, torna-se um outro; na esfera da essência, ele é *aparecimento* e está posto que seu ser subsiste nisto: um outro *aparece* nele, e a *necessidade* é a relação *interior*, ainda não posta enquanto tal. Mas o conceito é isto: essa identidade está *posta*, e o ente não é a identidade abstrata consigo, mas é aquela *concreta*, e é imediatamente nele mesmo o ser de um *outro*.

Através das relações de reflexão, o juízo hipotético pode ser tomado, na determinidade mais precisa, como relação do *fundamento* e da *consequência*, da *condição* e do *condicionado*, da *causalidade* etc. Como no juízo categórico a substancialidade está na sua forma do conceito, assim, no juízo hipotético, está a conexão da causalidade. Essa e as outras relações estão, no conjunto, abaixo dele; porém, não são mais aqui como relações de *lados autossubsistentes*, mas são esses lados essencialmente apenas como momentos de uma e da mesma identidade. – Contudo, elas ainda não estão contrapostas dentro dele segundo as determinações do conceito como singular ou particular e universal, mas somente como *momentos em geral*. A este respeito, o juízo hipotético tem mais a figura de uma proposição; assim como o juízo particular é de conteúdo indeterminado, também o hipotético é de forma indeterminada na medida em que seu conteúdo não se relaciona na determinação de sujeito e predicado. – Mas uma vez que é o ser de outro, o ser é *em si*, justamente através disso, *unidade de si mesmo* e *do outro* e, com isso, é *universalidade*; com isso, ele é, ao mesmo tempo, propriamente, apenas um *particular*, porque ele é determinado e em sua determinidade não é o que se relaciona meramente consigo. Porém, não está posta a particularidade *simples* abstrata; mas, através da *imediatidade* que as *determinidades têm*, os momentos dela são como diferentes; ao mesmo tempo, através da unidade deles que constitui sua relação, a particularidade é também como a sua totalidade. – Portanto, o que está posto nesse juízo, na verdade, é a universalidade enquanto identidade concreta do conceito, cujas determinações não têm nenhum subsistir para si, mas apenas dentro da identidade são particularidades postas. Assim ele é o *juízo disjuntivo*.

c. O juízo disjuntivo

No juízo categórico, o conceito é como universalidade objetiva e uma universalidade exterior. No juízo hipotético, o conceito emerge nessa exterioridade em sua identidade negativa; através dessa, seus momentos obtêm a determinidade posta agora no juízo disjuntivo, determinidade que eles têm, no primeiro juízo, de modo imediato. O juízo disjuntivo é, portanto, a universalidade objetiva posta, ao mesmo tempo, na unificação com a forma. Ele contém, assim, *em primeiro lugar*, a universalidade concreta ou o gênero em forma *simples* como o sujeito; *em segundo lugar* contém *a mesma* universalidade, mas como totalidade de suas diferentes determinações. *A é ou B ou C*. Esta é a *necessidade do conceito*, onde, *em primeiro lugar*, a mesmidade de ambos os extremos é uma mesma extensão, um mesmo conteúdo e uma mesma universalidade; *em segundo lugar*, eles estão diferenciados segundo a forma das determinações do conceito, de modo que, contudo, em virtude daquela identidade, essa *é* como *mera forma*. Em terceiro lugar a idêntica universalidade objetiva aparece, por causa disso, como o refletido dentro de si frente à forma inessencial, como *conteúdo*, o qual tem, porém, nele mesmo, a determinidade da forma; uma vez, como a determinidade simples do *gênero*, outra vez, precisamente essa determinidade enquanto desenvolvida em sua diferença, – dessa maneira, a forma é a particularidade das *espécies* e a *totalidade* delas, a universalidade do gênero. – A particularidade em seu desenvolvimento constitui o *predicado*, porque ela, sendo o mais *universal*, contém toda a esfera universal do sujeito, mas contém a mesma também na decomposição da particularização.

Considerada essa particularização mais de perto, o gênero constitui assim, *em primeiro lugar*, a universalidade substancial das espécies; por conseguinte, o sujeito é *tanto B quanto C*; esse *tanto-quanto* designa a identidade *positiva* do particular com o universal;

esse universal objetivo se conserva perfeitamente em sua particularidade. *Em segundo lugar*, as espécies *se excluem reciprocamente*; *A é ou B ou C*; porque elas são *a diferença determinada* da esfera universal. Esse *ou-ou* é a relação *negativa* das mesmas. Nessa relação, elas são, contudo, tanto idênticas quanto naquela esfera universal; o gênero é a *unidade* delas como de particulares *determinados*. – Se o gênero fosse uma universalidade abstrata como nos juízos do ser aí, então as espécies precisariam ser tomadas apenas como *diversas* e indiferentes umas frente às outras, porém o gênero não é aquela universalidade exterior, surgida apenas através da *comparação* e da *abstração*, mas é a universalidade imanente e concreta das espécies. Um juízo empírico disjuntivo é sem necessidade; *A é ou B ou C ou D* etc., porque as espécies *B*, *C*, *D* etc. são *encontradas*; portanto não se pode enunciar propriamente nenhum *ou-ou*, porque tais espécies constituem apenas, por assim dizer, uma completude subjetiva; *uma* espécie exclui, certamente, a *outra*, mas o *ou-ou* exclui *qualquer outra* e encerra dentro de si uma esfera total. Essa totalidade tem sua *necessidade* na unidade negativa do universal-objetivo, o qual dissolveu dentro de si a singularidade e a tem de modo imanente dentro de si como *princípio* simples da diferença, pela qual as espécies estão *determinadas* e *relacionadas*. As espécies empíricas, ao contrário, têm suas diferenças em qualquer contingência, a qual é um princípio externo, ou seja, não é, portanto, princípio *delas*, assim também não é a determinidade imanente do gênero; por conseguinte, elas não estão, segundo a sua determinidade, relacionadas umas com as outras. – Contudo, através da *relação* da sua determinidade, as espécies constituem a universalidade do predicado. – Os assim chamados conceitos *contrários* e *contraditórios* deveriam, propriamente, encontrar seu lugar somente aqui; pois no juízo disjuntivo está posta a diferença essencial do conceito; mas eles têm sua verdade, ao mesmo tempo, também nisto, a saber: o contrário e o contraditório mesmos são diferenciados justamente tanto de maneira contrária quanto de maneira contraditória. As espécies são contrárias na medida em que elas são apenas *diversas* – a saber, elas têm um subsistir que é em si e para si através do gênero enquanto natureza objetiva delas –, elas são *contraditórias* enquanto se excluem. Mas cada uma dessas determinações é, para si, unilateral e sem verdade; no *ou-ou* do juízo disjuntivo, sua unidade está posta como sua verdade, segundo a qual aquele subsistir autossubsistente é, enquanto *universalidade concreta* mesma, também o *princípio* da unidade negativa, através da qual elas se excluem reciprocamente.

Através da identidade mostrada agora do sujeito e do predicado segundo a unidade negativa, no juízo disjuntivo o gênero está determinado como o gênero *próximo*. Essa expressão indica, inicialmente, uma mera diferença de quantidade de *mais* ou *menos* determinações que um universal conteria frente a uma particularidade que está abaixo dele. Por conseguinte, permanece contingente o que é, propriamente, o gênero próximo. Contudo, enquanto o gênero é tomado como um simples universal formado através do descartar de determinações, ele não pode formar, propriamente, nenhum juízo disjuntivo; pois é contingente se, por acaso, ainda tenha permanecido dentro dele a determinidade que constitui o princípio do *ou-ou*; o gênero não estaria minimamente apresentado nas espécies segundo a *determinidade* dele, e estas poderiam ter apenas uma completude contingente. No juízo categórico, o gênero é, inicialmente, apenas na forma abstrata frente ao sujeito, portanto, não é necessariamente o gênero mais próximo a ele, e a este respeito lhe é externo. Porém, na medida em que o gênero é, como universalidade concreta, universalidade essencialmente *determinada*, assim, como determinidade simples, ele é a unidade dos *momentos do conceito* que estão suprassumidos naquela simplicidade, mas têm sua diferença real nas espécies. O gênero é, por conseguinte, o gênero *próximo* de uma espécie, enquanto essa tem sua diferenciação específica na determinidade essencial daquele e as espécies têm, em geral, sua determinação diferente enquanto princípio na natureza do gênero.

O lado aqui considerado constitui a identidade do sujeito e do predicado segundo o lado de *ser determinado* em geral; um lado que foi posto através do juízo hipotético, cuja necessidade é uma identidade de imediatos e diversos, portanto, de modo essencial, enquanto unidade negativa. Essa unidade negativa é, em geral, aquela que separa o sujeito e o predicado, e que, porém, está posta ela mesma doravante como diferenciada, no sujeito como determinidade *simples*, no predicado como *totalidade*. Aquele separar do sujeito e do predicado é a *diferença do conceito*; mas, igualmente, a *totalidade* das *espécies* no predicado não pode ser *outra*. – Através disso resulta, portanto, a *determinação* dos membros *disjuntivos* um frente ao outro. Ela se reduz à diferença do conceito, porque é apenas este que se disjunta e, em sua determinação, revela a sua unidade negativa. Aliás, a espécie vem a ser considerada aqui apenas segundo a sua simples determinidade do conceito, não segundo a *figura* na qual, saindo fora da Ideia, entrou em uma *realidade* autossubsistente mais ampla; essa, todavia, é *deixada de lado* no princípio simples do gênero; mas a diferenciação *essencial* tem de ser momento do conceito. No juízo aqui considerado está doravante propriamente *posta*, através da determinação progressiva *própria* do conceito, a sua disjunção mesma, aquilo que resultou, junto ao conceito, como sua determinação que é em si e para si, como sua diferenciação em conceitos determinados. – Porque o conceito agora é o universal, a totalidade tanto positiva quanto negativa do particular, assim, justamente por isso, *ele mesmo* é também imediatamente *um de seus membros disjuntivos*, mas o *outro* é essa universalidade dissolvida em *sua particularidade*, ou seja, a determinidade do conceito *enquanto determinidade*, na qual precisamente a universalidade se apresenta como totalidade. – Se a disjunção de um gênero em espécies ainda não ganhou essa forma, então esta é a prova de que ela não se elevou até a determinidade do conceito e não emergiu dele. – A *cor* é ou violeta, azul-índigo, azul-celeste, verde, amarela, laranja ou vermelha –; de tal disjunção é preciso ver logo a sua mistura também empírica e a sua impureza; considerada por si desse lado, ela tem de ser chamada de bárbara. Se a cor é concebida como a *unidade concreta* de claro e escuro, assim esse *gênero* tem nele a *determinidade* que constitui o *princípio* da sua particularização em espécies. Dessas, todavia, uma tem de ser a cor absolutamente simples, que contém a oposição em equilíbrio e fechada e negada na sua intensidade; frente a essa cor, tem de se apresentar a oposição da relação do claro e do escuro, à qual tem de sobrevir ainda a neutralidade indiferente da oposição, pois a relação concerne a um fenômeno natural. – Considerar como espécies misturas como violeta e laranja e diferenças de graus como azul-índigo e azul-celeste, pode ter o seu fundamento apenas em um procedimento totalmente irrefletido, que mostra uma reflexão demasiado escassa até mesmo para o empirismo. – De resto, que tipo de formas diferentes e ainda mais precisamente determinadas tenha a disjunção, segundo que ela aconteça no elemento da natureza ou do espírito, não cabe tratar aqui.

O juízo disjuntivo tem, inicialmente, no seu predicado, os membros da disjunção; mas ele mesmo é igualmente disjunto; seu sujeito e seu predicado são os membros da disjunção; eles são os momentos do conceito postos na sua determinidade, mas, ao mesmo tempo, como *idênticos* α) na universalidade objetiva, que é no sujeito como o *gênero* simples e no predicado como a esfera universal e como totalidade dos momentos do conceito e β) na unidade *negativa*, na conexão desenvolvida da necessidade, segundo a qual a *determinidade simples* no sujeito se decompôs na *diferença das espécies* e é precisamente nisso a relação essencial delas e o idêntico consigo mesmo.

Esta unidade, a cópula desse juízo, na qual os extremos se juntaram através da sua identidade, é, com isso, o próprio conceito, e certamente *como posto*; com isso, o mero juízo da necessidade se elevou até o *juízo do conceito*.

D. O juízo do conceito

Saber pronunciar *juízos do ser aí*: "a rosa é vermelha", "a neve é branca" etc. dificilmente valerá para mostrar uma grande faculdade de julgar. Os *juízos da reflexão* são, antes, *proposições*; no juízo da necessidade, o objeto está certamente *presente* em sua universalidade objetiva, mas somente no juízo que deve ser considerado agora *está presente sua relação com o conceito*. O conceito está colocado no fundamento e, por ele estar em relação com o objeto, como *um dever ser*, ao qual a realidade pode ser adequada ou também não. – Somente tal juízo contém, portanto, uma avaliação verídica; os predicados *bom, mau, verdadeiro, belo, correto* etc. exprimem que a Coisa é *medida* no seu *conceito* universal como no *dever ser* pura e simplesmente pressuposto, e está ou não em *concordância* com o mesmo.

Denominou-se o juízo do conceito de juízo da *modalidade* e se considera que ele contenha a forma de como a relação do sujeito e do predicado se comporta em um *entendimento externo*, e que ele concerniria ao valor da cópula apenas *em relação com o pensar*. O juízo *problemático* consistiria, segundo isso, no fato de se assumir o afirmar ou o negar como *arbitrários* ou como *possíveis*, o juízo *assertórico* consiste em assumi-los como *verdadeiros*, quer dizer, *efetivos*, e o juízo *apodítico* consiste em assumi-los como *necessários*. – Vê-se facilmente por que, nesse juízo, fica-se tão próximo de sair do próprio juízo e de considerar sua determinação como algo meramente *subjetivo*. Aqui é precisamente o conceito, o subjetivo, que, no juízo, emerge novamente e se relaciona com uma efetividade imediata. Só que esse subjetivo não tem de ser confundido com a *reflexão externa*, que, com certeza, também é algo subjetivo, mas em outro sentido do que o próprio conceito; este, que emerge novamente do juízo disjuntivo, é, antes, o oposto de uma mera *maneira*. Os juízos anteriores são, nesse sentido, apenas um subjetivo, pois eles repousam numa abstração e numa unilateralidade na qual o conceito está perdido. Ao contrário, o juízo do conceito é o juízo objetivo e a verdade frente a eles, justamente porque lhe subjaz o conceito em sua determinidade enquanto conceito, mas não na reflexão exterior ou *em relação a* um *pensar* subjetivo, quer dizer, contingente.

No juízo disjuntivo, o conceito estava posto como identidade da natureza universal com sua particularização; com isso, tinha-se suprassumido a relação do juízo. Esse *concreto* da universalidade e da particularização é, inicialmente, resultado simples; agora ele tem de se formar ulteriormente até a totalidade na medida em que os momentos que ele contém sucumbiram inicialmente no resultado, e ainda não se contrapõem um ao outro em autossubsistência determinada. – A falha do resultado pode ser expressa mais determinadamente também de modo que, no juízo disjuntivo, a *universalidade* objetiva, decerto, tornou-se perfeita em *sua particularização*, mas de modo que a unidade negativa da última somente regressa *para dentro daquela* e ainda não se determinou até o terceiro, *até a singularidade*. – Mas, na medida em que o próprio resultado é a *unidade negativa*, ele já é, decerto, essa *singularidade*; mas assim é apenas essa determinidade *una*, que agora deve *pôr* sua negatividade, dirimir-se nos *extremos* e, desta maneira, desenvolver-se completamente *até o silogismo*.

A dirimição mais próxima dessa unidade é o juízo no qual ela está posta, uma vez, como sujeito, como um *singular imediato*, e, então, como predicado, como relação determinada de seus momentos.

a. O juízo assertórico

O juízo do conceito é, primeiramente, *imediato*; assim, ele é o juízo *assertórico*. O sujeito é um singular concreto em geral, o predicado expressa o mesmo [singular] como a *relação* de sua *efetividade*, determinidade ou *constituição* com seu *conceito*. (Esta casa é *ruim*, esta ação é *boa*.) De modo mais preciso, ele contém, portanto, a) o fato de que o sujeito *deve* ser algo; sua *natureza universal* se pôs como o conceito autossubsistente; b) a *particularidade*, que não apenas em virtude de sua imediatidade, mas antes em virtude de sua diferenciação explícita de sua natureza universal autossubsistente, é como *constituição* e *existência exterior*; esta, em virtude da autossubsistência do conceito, é também, por seu lado, indiferente frente ao universal, e lhe pode ser adequada ou também não o ser. – Essa é a *singularidade*, que está além da *determinação* necessária do universal no juízo disjuntivo, uma determinação que é apenas como a particularização da *espécie* e como *princípio* negativo do gênero. A este respeito, no juízo assertórico a universalidade concreta que surgiu do juízo disjuntivo está cindida na forma de *extremos*, aos quais ainda falta o próprio conceito como unidade *posta*, que os relaciona.

O juízo, por isso, é apenas inicialmente *assertórico*; sua *verificação* é uma *asseveração* subjetiva. Que algo seja bom ou ruim, correto, adequado ou não etc., tem sua conexão num terceiro exterior. Mas, que a conexão esteja *posta externamente*, é o mesmo que ela seja apenas inicialmente *em si* ou *internamente*. – Se algo é bom ou ruim etc., ninguém entenderá, portanto, que algo é bom apenas na *consciência subjetiva*, mas que em si é ruim, ou seja, ninguém quererá dizer que bom e ruim, correto, adequado etc., não são predicados dos próprios objetos. O meramente subjetivo da asserção desse juízo consiste, portanto, no fato de que a conexão sendo *em si* do sujeito e do predicado ainda não está posta, ou seja, o que é o mesmo, ela é apenas *externa*; a cópula é ainda um *ser abstrato*, imediato.

A asseveração do juízo assertórico está, por conseguinte, com o mesmo direito contra a asseveração oposta. Se se assevera "esta ação é boa", então a asseveração oposta "esta ação é má" ainda tem igual justificação. – Ou, considerado *em si*, porque o sujeito do juízo é *singular imediato*, ele ainda não tem, nessa abstração, a *determinidade* posta *nele*, determinidade que conteria sua relação ao conceito universal; corresponder ou não ao conceito ainda é, assim, algo contingente. O juízo é, por conseguinte, essencialmente *problemático*.

b. O juízo problemático

O juízo *problemático* é o assertórico enquanto esse tem de ser tomado igualmente como positivo e como negativo. – Segundo esse lado qualitativo, o juízo *particular* é, igualmente, um juízo problemático, pois vale, de igual modo, como positivo e como negativo; – da mesma maneira, no juízo *hipotético*, o ser do sujeito e do predicado é problemático; através desse lado também está posto que o juízo singular e o juízo categórico ainda são algo meramente subjetivo. Mas no juízo problemático enquanto tal, esse pôr é mais imanente do que nos juízos mencionados, porque, naquele, o *conteúdo do predicado é a relação do sujeito com o conceito*, com isso, aqui está *presente a determinação do imediato como de um* próprio *contingente*.

Inicialmente aparece apenas como problemático se o predicado deve ser combinado ou não com um certo sujeito, e, a este respeito, a indeterminidade cai na cópula. A partir disso, nenhuma determinação pode surgir para o *predicado*, pois ele já é o universal objetivo, concreto. Portanto, o problemático concerne à imediatidade do *sujeito*, que, através disso, é determinado como *contingência*. – Mas, por isso, não é preciso abstrair, além disso, da singularidade do sujeito; purificado dessa, ele seria apenas um universal; o predicado contém justamente isto: o conceito do sujeito deve ser posto em relação com sua singularidade. – Não se pode dizer: "*A casa* ou *uma casa* é boa", mas antes: "*conforme ela está constituída*". – O problemático do sujeito nele mesmo constitui sua *contingência* enquanto *momento*, a *subjetividade* da Coisa, contraposta à sua natureza objetiva ou ao seu conceito, o mero *modo* ou a *constituição*.

Com isso, o próprio *sujeito* está diferenciado em sua universalidade ou natureza objetiva, seu *dever ser*, e na constituição particular do ser aí. Com isso, ele contém o *fundamento* de se ele *é assim* como *deve ser*. Deste modo, ele está igualado ao predicado. – A *negatividade* do problemático, enquanto está direcionada contra a imediatidade do *sujeito*, significa, de acordo com isso, apenas essa divisão originária do sujeito, o qual já é *em si* como unidade do universal e do particular; *nesses seus momentos*, uma divisão que é o próprio juízo.

Pode-se ainda observar que cada um de *ambos* os lados do sujeito, seu conceito e sua constituição, poderia ser denominado sua *subjetividade*. O *conceito* é a essência interiorizada universal de uma Coisa, sua unidade negativa consigo mesma; esta constitui sua subjetividade. Mas uma Coisa é também essencialmente *contingente* e tem uma *constituição externa*; esta igualmente significa sua mera subjetividade, contraposta àquela objetividade. A própria Coisa é justamente isto: seu conceito, enquanto a unidade negativa de si mesmo, nega sua universalidade e se expõe na exterioridade da singularidade. – O *sujeito* do juízo está posto aqui como esse [termo] duplicado; aqueles significados contrapostos da subjetividade estão, segundo sua verdade, reunidos em um. – O significado do subjetivo se tornou, ele mesmo, problemático por ele *ter perdido* a *determinidade* imediata, a qual ele tinha no juízo imediato, e por ter perdido sua *oposição* determinada frente ao *predicado*. – Aquele significado contraposto do subjetivo, que ocorre também no raciocínio da reflexão comum, poderia por si, pelo menos, chamar a atenção para o fato de que o subjetivo não tem nenhuma verdade em *um* desses mesmos. O significado duplicado é o aparecimento do fato de que cada um é, singularmente, para si unilateral.

Se o problemático é posto assim enquanto problemático da *Coisa*, a Coisa com sua *constituição*, então o próprio juízo não é mais problemático, mas *apodítico*.

c. O juízo apodítico

O sujeito do juízo apodítico (a casa *constituída* desta maneira e daquela é *boa*, a ação *constituída* desta maneira e daquela é *justa*) tem nele, *em primeiro lugar*, o universal, o que ele *deve ser*, *em segundo lugar*, a sua *constituição*; esta contém o *fundamento* pelo qual um predicado do juízo do conceito convém ou não a *todo* o *sujeito*, ou seja, o fundamento [que estabelece] se o sujeito corresponde ou não ao seu conceito. Esse juízo é agora *veridicamente* objetivo; ou seja, ele é a *verdade* do *juízo* em geral. Sujeito e predicado se correspondem e têm o mesmo conteúdo, e esse *conteúdo é*, ele mesmo, a *concreta universalidade* posta; a saber, ele contém os dois momentos, o universal objetivo, ou seja, o *gênero*, e o *singularizado*. Portanto, aqui o universal é *ele mesmo* e continua através do *seu oposto*, e é universal somente enquanto *unidade* com esse. – Um tal universal, como os predicados *bom, apropriado, correto* etc. tem como base um *dever ser* e contém, simultaneamente, o *corresponder* do *ser aí*; não aquele dever ser ou o gênero para si, mas antes esse *corresponder* é a *universalidade*, que constitui o predicado do juízo apodítico.

O *sujeito* contém igualmente esses dois momentos em unidade *imediata* como a *Coisa*. Mas ele é a verdade da mesma, de que ela está *quebrada* dentro de si em seu *dever ser* e em seu *ser*; este é o *juízo absoluto sobre toda a efetividade*. – O fato de que essa divisão originária, a qual é a onipotência do conceito, seja igualmente retorno para dentro de sua unidade e relação absoluta do dever ser e do ser um com o outro, faz do efetivo *uma Coisa*; a relação interior deles, esta identidade concreta, constitui a *alma* da Coisa.

A passagem da simplicidade imediata da Coisa para o *corresponder*, o qual é a relação *determinada* do seu dever ser e do seu ser, ou seja, a *cópula*, mostra-se agora, mais precisamente, consistir na *determinidade* particular da Coisa. O gênero é o universal *que é em si e para si*, o qual aparece a este respeito como o não relacionado –, mas a determinidade é aquilo que se reflete *dentro de si* naquela universalidade, e que, porém, ao mesmo tempo, reflete-se *para dentro de um outro*. O juízo tem, portanto, seu *fundamento* na constituição do sujeito e, através disso, é *apodítico*. Com isso, está presente agora a cópula *determinada* e *preenchida*, que anteriormente subsistia no abstrato "*é*", mas que agora se formou ulteriormente em geral até o *fundamento*. Inicialmente, ela é como determinidade *imediata* no sujeito, mas é igualmente a *relação* com o predicado, o qual não tem outro *conteúdo* senão esse próprio *corresponder*, ou seja, a relação do sujeito com a universalidade.

Assim sucumbiu a forma do juízo, em primeiro lugar, porque o sujeito e o predicado são *em si* o mesmo conteúdo, mas, em segundo lugar, porque o sujeito, através da sua determinidade, aponta para além de si e se relaciona com o predicado; mas igualmente, em terceiro lugar, *esse relacionar* passou para o predicado, constitui somente o conteúdo dele e, deste modo, é a relação *posta*, ou seja, o próprio juízo. – Assim está produzida *por inteiro* a identidade concreta do conceito, a qual era o *resultado* do juízo disjuntivo e que constitui a base *interior* do juízo do conceito, identidade que inicialmente estava posta apenas no predicado.

Considerado mais precisamente o positivo desse resultado, que produz a passagem do juízo para uma outra forma, sujeito e predicado, como vimos, mostram-se cada qual como todo o conceito dentro do juízo apodítico. – A *unidade* do conceito, como a *determinidade* que constitui a cópula que os relaciona, é, ao mesmo tempo, *diferente* deles. Inicialmente ela fica apenas no outro lado do sujeito como sua *constituição imediata*. Mas, enquanto ela é essencialmente *o que relaciona*, ela não é apenas tal constituição imediata, mas sim é *o que perpassa* sujeito e predicado e o *universal*. – Na medida em que sujeito e predicado têm o mesmo *conteúdo*, pelo contrário, através daquela determinidade está posta a *relação da forma, a determinidade como um universal* ou a *particularidade*. – Assim ela contém dentro de si ambas as determinações de forma dos extremos, e é a relação *determinada* do sujeito e do predicado; ela é a *cópula do juízo preenchida, ou seja, cheia de conteúdo*, a unidade do conceito emergida novamente a partir do *juízo* no qual ela estava perdida nos extremos. – *Através deste preenchimento da cópula*, o juízo se tornou o *silogismo*.

TERCEIRO CAPÍTULO
O SILOGISMO

O *silogismo* resultou como o restabelecimento do *conceito* dentro do *juízo* e, com isso, como a unidade e a verdade de ambos. O conceito enquanto tal mantém seus momentos suprassumidos na *unidade*; no juízo essa unidade é um interno ou, o que é o mesmo, um externo, e os momentos estão, com efeito, relacionados, mas eles são postos como *extremos autossubsistentes*. No *silogismo* estão postas as determinações do conceito assim como os extremos do juízo, ao mesmo tempo, está posta a *unidade* determinada dos mesmos.

O silogismo é, com isso, o conceito completamente posto; ele é, portanto, o *racional*. – O entendimento é tomado como a faculdade do conceito *determinado*, que é fixado *por si* através da abstração e da forma da universalidade. Mas na razão os conceitos *determinados* estão postos na sua *totalidade* e *unidade*. O silogismo não é, portanto, apenas racional, mas *todo racional é um silogismo*. Há muito tempo o silogizar tem sido atribuído à razão; mas, por outro lado, fala-se da razão em si e para si, de princípios e leis racionais de tal modo que não fica claro como aquela razão que silogiza e essa razão que é a fonte de leis e outras verdades eternas e pensamentos absolutos estão conectados um para com o outro. Se aquela deve ser apenas a razão formal, mas essa deve gerar conteúdo, então, conforme essa diferença, na última precisamente a *forma* da razão, o silogismo, não teria de poder faltar. A despeito disso, ambas costumam ser mantidas uma fora da outra, sem que, falando sobre uma, se mencione a outra, de tal maneira que a razão de pensamentos absolutos parece, por assim dizer, envergonhar-se da razão do silogismo e o silogismo parece também ser exposto como um atuar da razão quase apenas por força de um hábito. Mas, como há pouco foi observado, a razão lógica, se é considerada como a *formal*, de modo manifesto precisa ser reconhecida essencialmente também na razão que tem a ver com um conteúdo; mais ainda, todo conteúdo pode ser racional somente através da forma racional. A este respeito, não se pode recorrer a um falatório muito comum sobre a razão, pois o mesmo se abstém de indicar o que precisaria ser entendido por *razão*; esse conhecimento que deve ser racional, no mais das vezes está ocupado com seus objetos de tal modo que ele esquece de conhecer a própria razão, e a diferencia e a designa apenas através dos objetos que ela teria. Se a razão deve ser o conhecer que saberia de Deus, da liberdade, do direito e do dever, do infinito, do incondicionado, do suprassensível, ou também daria apenas representações e sentimentos disso, então, em parte, estes últimos são somente objetos negativos, em parte, permanece em geral a primeira questão sobre o que é em todos aqueles objetos aquilo em virtude do qual eles são racionais. – É isso o infinito dos mesmos, que não é a abstração vazia do finito e a universalidade sem conteúdo e sem determinação, mas a universalidade preenchida, o conceito que está *determinado* e tem sua determinidade nele deste modo verdadeiro, segundo o qual o conceito se diferencia em si e é como a unidade dessas suas diferenças determinadas e conformes ao entendimento. Apenas assim a razão se *eleva* para acima do finito, do condicionado, do sensível, ou como se queira determiná-lo de outra maneira, e nessa negatividade é essencialmente *cheia de conteúdo*, pois ela é a unidade como [unidade] de extremos determinados; mas assim o *racional* é somente o *silogismo*.

Inicialmente, agora o silogismo é, como o juízo, *imediato*; assim, as determinações (*termini*) do mesmo são determinidades *abstratas, simples*; ele é, assim, *silogismo do entendimento*. Se se permanece nessa figura do mesmo, então, certamente, a racionalidade só pode estar nele inaparente, embora estando aí presente e posta. O essencial do mesmo é a *unidade* dos extremos, o *meio-termo* que os unifica e o *fundamento* que os mantém. A abstração, enquanto fixa a *autossubsistência* dos extremos, contrapõe-lhes essa unidade como uma determinidade igualmente fixa *que é para si* e, desse modo, apreende a mesma antes como *não unidad*e do que como unidade. A expressão "termo médio" (*medius terminus*) é tomada da representação espacial e contribui para que se fique parado no [ser] *fora uma da outra* das determinações. Se, agora, o silogismo consiste no fato de que a *unidade dos extremos* está *posta* nele, se, porém, essa unidade é tomada pura e simplesmente, por um lado, como um particular por si, por outro, como apenas relação externa e a *não unidade* é tornada a relação essencial do silogismo, então a razão que ele é não ajuda para a racionalidade.

Em primeiro lugar, o *silogismo do ser aí,* no qual as determinações estão determinadas de modo tão imediato e abstrato, nele mesmo, porque ele é, como o juízo, a *relação* das mesmas, mostra que elas não são tais determinações abstratas, mas cada uma contém a *relação com a outra,* e o meio-termo não contém apenas a particularidade frente às determinações dos extremos, mas contém as determinações [como] postas nele.

Através desta sua dialética, ele se torna *silogismo da reflexão,* o *segundo* silogismo –, com determinações tais que nelas *aparece* essencialmente *a outra,* ou seja, determinações que estão postas como *mediadas,* o que elas devem ser em geral segundo o silogismo.

Em terceiro lugar, na medida em que esse *aparecer* ou ser mediado se reflete dentro de si mesmo, o silogismo está determinado como *silogismo da necessidade,* no qual aquilo que medeia é a natureza objetiva da Coisa. Na medida em que esse silogismo determina os extremos do conceito igualmente como totalidades, o *silogismo* alcançou o corresponder do seu conceito ou do meio-termo e do seu ser aí ou das diferenças extremas, alcançou a sua verdade e passou, com isso, da subjetividade para a *objetividade.*

A. O silogismo do ser aí

1. O silogismo, como ele é *imediatamente,* tem por seus momentos as determinações do conceito como *imediatas.* Elas são, com isso, as determinidades abstratas da forma, que ainda não estão formadas através da mediação até tornar-se a *concreção,* mas são apenas as determinidades *singulares.* O *primeiro* silogismo, portanto, é o silogismo propriamente *formal.* O *formalismo* do silogizar consiste em ficar parado na determinação do primeiro silogismo. O conceito, dirimido em seus momentos abstratos, tem a *singularidade* e *universalidade* por seus extremos e, ele mesmo, aparece como

a *particularidade* que está entre eles. Eles são, em virtude da sua imediatidade, como determinidades que se relacionam apenas consigo, em resumo, um *conteúdo singular*. A particularidade constitui primeiramente o meio-termo na medida em que ela unifica ambos os momentos da singularidade e da universalidade *imediatamente* em si. Em virtude da sua determinidade, ela está, por um lado, subsumida sob o universal, por outro lado, o singular, frente ao qual ela tem universalidade, está subsumido sob ela. Mas essa *concreção é*, inicialmente, apenas *uma bilateralidade*; em virtude da imediatidade na qual o termo médio é no silogismo imediato, ele é como determinidade *simples* e a *mediação* que ele constitui *ainda não* está *posta*. Agora, o movimento dialético do silogismo do ser aí consiste no fato de que a mediação, que unicamente constitui o silogismo, seja posta em seus momentos.

a. A primeira figura do silogismo [S - P - U]

S - P - U[8] é o esquema universal do silogismo determinado. A singularidade se silogiza com a universalidade através da particularidade; o singular não é imediatamente universal, mas [o é] através da particularidade; e, inversamente, o universal também não é imediatamente singular, mas se deixa rebaixar até a singularidade através da particularidade. – Essas determinações se contrapõem umas às outras como *extremos*, e são uma [coisa] só em um terceiro *diverso*. Elas são ambas determinidade; nisso elas são idênticas; esta determinidade universal delas é a *particularidade*. Mas elas são *extremos* frente a esta assim como, de igual modo, [são *extremos*] uma frente à outra, porque cada uma está na sua determinidade *imediata*.

O significado universal desse silogismo é que o singular, que enquanto tal é relação infinita consigo e, com isso, seria apenas um *interior*, emerge através da particularidade no *ser aí* como na universalidade, em que ele não pertence mais apenas a si mesmo, mas está *em conexão exterior*; inversamente, na medida em que o singular se separa em sua determinidade como particularidade, ele é nesta separação um [singular] concreto, e, como relação da deter-

---

8. *S* (Singularidade), *P* (Particularidade), *U* (Universalidade) [N.E.A.].

minidade consigo mesma, um [singular] *universal,* que se relaciona consigo e, com isso, é também um [singular] verdadeiramente singular; no extremo da universalidade ele foi para dentro de si a partir da exterioridade. – O significado objetivo do silogismo está presente no primeiro silogismo apenas *superficialmente* na medida em que as determinações não estão ainda postas aí como a unidade que constitui a essência do silogismo. Na medida em que ele é ainda algo subjetivo, como o significado abstrato que seus termos têm, não é em si e para si, mas está isolado apenas na consciência subjetiva. – De resto, a relação de singularidade, particularidade e universalidade, assim como resultou, é a relação de *forma necessária e essencial* das determinações do silogismo; a falta não consiste nesta determinidade da forma, mas no fato de que, *sob esta forma,* cada determinação singular não é, ao mesmo tempo, *mais rica.* – *Aristóteles* ateve-se mais à mera relação de *inerência* na medida em que indica a natureza do silogismo assim: *se três determinações se relacionam umas com as outras de tal modo que um dos extremos está na inteira determinação média, e esta determinação média no outro extremo inteiro, então esses dois extremos estão necessariamente silogizados*[9]. Aqui está expressa mais a repetição da *relação igual* de inerência de um dos extremos ao meio-termo e deste, novamente, ao outro extremo, do que a determinidade dos três termos um para com o outro. – Agora, na medida em que o silogismo repousa na determinidade indicada dos mesmos [termos] um frente ao outro, mostra-se logo que outras relações dos termos, que dão as outras figuras, só podem ter uma validade como silogismos do entendimento na medida em que elas se deixam *reconduzir* àquela relação originária; não são *espécies diversas* de figuras que estão *ao lado* da *primeira,* mas, por um lado, na medida em que devem ser silogismos corretos, elas repousam apenas na forma essencial do silogismo em geral, que é a primeira figura; mas, por outro lado, na medida em que divergem dessa, elas são transformações para as quais esta primeira forma abstrata passa necessariamente e, através disso, determina-se ulteriormente até tornar-se a totalidade. Logo em seguida, resultará mais precisamente que tipo de justificação há para isso.

---

9. *Analíticos anteriores* I, 4 [N.E.A.].

S - P - U é, portanto, o esquema universal do silogismo na sua determinidade. O singular está subsumido sob o particular, este, porém, sob o universal; por conseguinte, o singular também está subsumido sob o universal. Ou seja, ao singular inere o particular, ao particular, porém, [inere] o universal; *por conseguinte*, este inere também ao singular. O particular, por um lado, a saber, frente ao universal, é sujeito; frente ao singular, ele é predicado; ou seja, frente àquele, ele é singular, frente a este, universal. Porque no particular estão unificadas as duas determinidades, os extremos são silogizados por esta sua unidade. O *por conseguinte* aparece como a inferência que ocorreu no *sujeito*, [inferência] que seria derivada a partir da intelecção *subjetiva* da relação das duas premissas *imediatas*. Na medida em que a reflexão subjetiva enuncia as duas relações do meio-termo com os extremos como *juízos* ou *proposições* particulares e, com efeito, imediatas, a conclusão como a relação *mediada* é, certamente, também uma *proposição* particular, e o *por conseguinte* ou o *logo* é a expressão de que ela é a [proposição] mediada. Mas esse *por conseguinte* não precisa ser considerado como uma determinação externa nesta proposição, [determinação] que teria apenas seu fundamento e [seu] lugar na reflexão subjetiva, mas, antes, como fundado na natureza dos próprios extremos, cuja *relação* é enunciada de novo como *mero juízo* ou *mera proposição* apenas em benefício de e através da reflexão que abstrai, porém a *relação verdadeira* dos extremos está posta como o *terminus medius* (termo médio). – "Logo, S é U"; que isso seja um juízo é uma circunstância meramente subjetiva; o silogismo é precisamente isso, que "logo, S é U" não seja meramente um *juízo*, isto é, não uma relação constituída pela mera *cópula* ou pelo *é* vazio, mas pelo meio-termo determinado, cheio de conteúdo.

Por causa disso, quando se vê o silogismo meramente como constituído *de três juízos*, esta é uma visão formal que não menciona a relação das determinações, a qual unicamente importa no silogismo. É, em geral, uma reflexão meramente subjetiva que separa a relação dos termos em premissas isoladas e uma conclusão diversa daquelas:

> todos os seres humanos são mortais,
> Caio é um ser humano
> logo, ele é mortal.

Fica-se imediatamente tomado de tédio quando se ouve citar um tal silogismo – isso procede daquela forma inútil que dá uma aparência de diversidade pelas proposições isoladas, aparência que se dissolve logo na própria Coisa. O silogizar aparece especialmente através desta configuração subjetiva como um *expediente* subjetivo a que a razão ou o entendimento recorre onde eles não poderiam conhecer *imediatamente*. – Todavia, a natureza das coisas, o racional, não põe mãos à obra de tal modo que se estabeleceria, primeiramente, uma premissa maior, a relação de uma particularidade com um universal subsistente, e depois se encontraria, em segundo lugar, uma relação isolada de uma singularidade com a particularidade, de onde enfim viria à luz, em terceiro lugar, uma nova proposição. – Esse silogizar que procede através de proposições isoladas nada mais é do que uma forma subjetiva; a natureza da Coisa é que as determinações diferenciadas do conceito da Coisa estão unificadas na unidade essencial. Esta racionalidade não é um expediente, ao contrário, ela é o [elemento] *objetivo* perante a *imediatidade* da relação que ainda tem lugar no *juízo*, e aquela imediatidade do conhecer é, antes, o meramente subjetivo; ao contrário, o silogismo é a verdade do juízo. – Todas as coisas são o *silogismo*, um universal que, através da particularidade, está silogizado com a singularidade; porém, elas não são certamente um todo constituído de *três proposições*.

2. No silogismo *imediato* do entendimento, os termos têm a forma de *determinações imediatas*; é a partir deste lado, segundo o qual eles são conteúdo, que é preciso agora considerá-lo. Ele pode, sob esse aspecto, ser considerado como o silogismo *qualitativo*, assim como o juízo do ser aí tem o mesmo lado de determinação qualitativa. Através disso, os termos desse silogismo, assim como os termos daquele juízo, são determinidades *singulares*, na medida em que a determinidade, através da sua relação consigo, está posta como indiferente frente à *forma*, então, [está posta] como conteúdo. O *singular* é um objeto concreto imediato qualquer, a *particularidade* é uma determinidade singular entre as determinidades, propriedades ou relações dele, a *universalidade* é, novamente, uma determinidade ainda mais abstrata, mais singular no particular. – Pois o sujeito, como um sujeito *imediatamente* determinado, ainda não está posto no seu conceito, então sua concreção não está reconduzida às deter-

minações essenciais do conceito; sua determinidade que se relaciona consigo é, por conseguinte, *multiplicidade* indeterminada, infinita. O singular tem, nesta imediatidade, uma multidão infinita de determinidades que pertencem à sua particularidade, cada uma das quais pode, portanto, constituir dentro de um silogismo um termo médio para o singular. Mas através de *cada outro* termo médio o singular se silogiza com *um outro universal*; através de cada uma de suas propriedades, ele está em outro contato e em [outra] conexão do ser aí. – Ademais, o termo médio é também um concreto em comparação com o universal; ele mesmo contém vários predicados, e o singular pode ser silogizado novamente, através do termo médio, com vários universais. Portanto, em geral é *plenamente contingente* e *arbitrário* qual das múltiplas propriedades de uma coisa seja apreendida e a partir de qual ela seja ligada a um predicado; outros termos médios são as passagens para outros predicados, e até o mesmo termo médio pode ser por si uma passagem para diversos predicados, pois ele, enquanto particular frente ao universal, contém várias determinações.

Porém, não apenas é possível para um sujeito uma multidão indeterminada de silogismos e um silogismo singular apenas *contingente* segundo seu conteúdo, mas esses silogismos que concernem ao mesmo sujeito precisam também passar para a *contradição*. Pois a diferença em geral, que é inicialmente *diversidade* indiferente, é também essencialmente *contraposição*. O concreto não é mais algo que meramente aparece, mas ele é concreto no conceito através da unidade dos contrapostos que se determinaram em momentos do conceito. Agora, na medida em que, segundo a natureza qualitativa dos termos no silogismo formal, o concreto é apreendido segundo uma determinação singular entre as determinações que lhe competem, o silogismo lhe atribui o predicado correspondente a esse termo médio; mas na medida em que, a partir de um outro lado, conclui-se a determinidade contraposta, aquela conclusão se mostra, através disso, como falsa, embora por si suas premissas e, de igual modo, sua consequência sejam inteiramente corretas. – Se a partir do termo médio, [segundo o qual se afirma] que uma parede foi pintada de azul, conclui-se que a parede, portanto, é azul, então isso está concluído corretamente; mas a parede, apesar desse silogismo, pode ser verde, se ela for também recoberta de uma cor amarela, circunstância a partir da qual seguir-

-se-ia, por si, que ela é amarela. – Se, a partir do termo médio da sensibilidade, conclui-se que o ser humano não seria nem bom nem mau, porque do sensível não se pode predicar nem um, nem o outro, então o silogismo é correto, mas a conclusão é falsa, porque no que diz respeito ao ser humano enquanto concreto vale também o termo médio da espiritualidade. – A partir do termo médio da gravidade dos planetas, dos satélites e dos cometas em relação ao sol, segue-se corretamente que esses corpos caem no sol; porém, eles não caem nele, pois são também por si um centro próprio de gravidade, ou, como se diz, são impulsionados pela força centrífuga. Da mesma maneira, a partir do termo médio da socialidade se pode inferir a comunhão de bens dos cidadãos, mas a partir do termo médio da individualidade, se ele é seguido de modo também abstrato, segue-se a dissolução do Estado, como, por exemplo, ocorreu no império alemão, quando se ateve ao último termo médio. – Razoavelmente, nada é considerado tão insuficiente quanto um tal silogismo formal, porque este repousa no acaso ou no arbítrio, que determinam qual termo médio é utilizado. Se tal dedução se desenrolou tão esplendidamente através de silogismos, e se sua exatidão está plenamente admitida, isso ainda não conduz absolutamente a nada, na medida em que resta sempre o fato de que se encontram ainda outros termos médios a partir dos quais o oposto pode ser derivado de modo igualmente correto. – As *antinomias* kantianas da razão nada mais são do que isto: a partir de um conceito, uma vez foi colocada no fundamento uma das determinações do mesmo, porém, outra vez, também necessariamente a outra. – Esta insuficiência e contingência de um silogismo não precisa, sob esse aspecto, ser empurrada meramente para o conteúdo, como se ela fosse independente da forma e a lógica concernisse unicamente à forma. Está, antes, na forma do silogismo formal o fato de que o conteúdo é uma tal qualidade unilateral; o conteúdo está destinado a esta unilateralidade por causa daquela forma *abstrata*. A saber, ele é uma qualidade singular entre as multíplices qualidades ou determinações de um objeto concreto ou de um conceito, porque, *segundo a forma*, ele não deve ser nada mais do que uma determinidade tão imediata, singular. O extremo da singularidade, como a *singularidade abstrata*, é o concreto *imediato*, por conseguinte, a infinita ou indeterminadamente multíplice; o meio-termo é a *particularidade* igualmente *abstrata*, por conseguinte uma qualidade singular dessas multíplices qualidades, e o outro extremo igualmente é o *universal abstrato*. Por conseguinte, o silogismo formal, em virtude de sua forma, é essencialmente algo inteiramente contingente segundo seu conteúdo, e, com efeito, não na medida em que seria contingente para o silogismo se *este* objeto ou um *outro* objeto lhe for submetido; a lógica abstrai desse conteúdo; mas, enquanto um sujeito está no fundamento, é contingente que tipo de determinações de conteúdo o silogismo infere do sujeito.

3. As determinações do silogismo são determinações de conteúdo na medida em que elas são determinações imediatas, abstratas, refletidas dentro de si. Porém, o essencial delas é, antes, que elas não são tais determinações refletidas dentro de si, indiferentes umas frente às outras, mas são *determinações de forma*; nesta medida, elas são essencialmente *relações [Beziehungen]*. Essas relações são, *primeiramente*, aquelas dos extremos com o meio-termo –, relações que são *imediatas*, as *propositiones praemissae*, e, com efeito, em parte, a relação do particular com o universal, *propositio maior*, em parte, a relação do singular com o particular, *propositio minor*. *Em segundo lugar* está presente a relação dos extremos uns com os outros, a qual é a relação *mediada*, *conclusio*. Aquelas relações *imediatas*, as premissas, são proposições ou juízos em geral e *contradizem a natureza do silogismo*, segundo a qual as diferentes determinações do conceito não estão relacionadas imediatamente, mas deve ser posta igualmente a unidade delas; a verdade do juízo é o silogismo. As premissas não podem, menos ainda, permanecer como relações imediatas na medida em que seu conteúdo são determinações imediatamente *diferentes*, que não são, portanto, imediatamente idênticas em si e para si; a menos que sejam puras proposições idênticas, isto é, tautologias vazias que não conduzem a nada.

A exigência feita às premissas, por conseguinte, diz habitualmente que elas devem ser *provadas*, isto é, *devem ser apresentadas igualmente como conclusões*. As duas premissas dão, com isso, dois silogismos ulteriores. Porém, esses *dois* novos silogismos novamente dão juntos *quatro* premissas, que exigem *quatro* novos silogismos; estes têm *oito* premissas, cujos *oito* silogismos dão, de novo, para suas *dezesseis* premissas, *dezesseis* silogismos, e *assim por diante* numa progressão geométrica ao *infinito*.

Portanto, aqui surge de novo o *progresso* ao infinito, que ocorreu antes na *esfera* inferior *do ser* e que não era mais a ser esperado no campo do conceito, da reflexão absoluta dentro de si a partir do finito, no âmbito da infinitude e da verdade livres. Mostrou-se na esfera do ser que, onde surge a má infinitude que desemboca no progresso, está presente a contradição de um *ser qualitativo* e de um *dever ser impotente* que vai além disso; o próprio progresso é a repetição da exigência de unidade que interveio frente ao qualitativo e da recaída constante na barreira não conforme à exigência. Agora, no silogismo formal a relação *imediata* ou o juízo qualitativo é a base, e a *mediação* do silogismo é, ao contrário, aquilo que é posto como a verdade superior. O provar das premissas que progride ao infinito não dissolve aquela contradição, mas apenas a renova sempre, e é a repetição de uma e da mesma falta originária. – A verdade do progresso infinito é, antes, que ele mesmo e a forma por ele determinada como deficitária já foram suprassumidos. – Esta forma é aquela da mediação como S - P - U. As duas relações S - P e P - U devem ser mediadas; se isso acontece da mesma maneira, então é duplicada apenas a forma S - P - U e assim por diante até o infinito. P tem igualmente, em relação a S, a determinação da forma de um *universal*, e, em relação a U, a determinação da forma de um *singular*, porque essas relações são, em geral, juízos. Eles precisam, por conseguinte, da mediação; mas através daquela figura das mesmas relações entra novamente em cena apenas a relação que deve ser suprassumida.

A mediação precisa, por conseguinte, acontecer de uma outra maneira. Para a mediação de P - U, está presente S; por conseguinte, a mediação precisa obter a figura:

$$P - S - U.$$

Para mediar S - P, está presente U; esta mediação, por conseguinte, torna-se o silogismo:

$$S - U - P.$$

Considerada mais precisamente essa passagem segundo seu conceito, *em primeiro lugar*, como foi mostrado mais acima, a mediação do silogismo formal, segundo seu *conteúdo*, é *contingente*. O *singular* imediato tem nessas suas determinidades uma multidão indeterminável de termos médios, e estes têm de novo também múltiplas determinidades em geral; de modo que [a questão do tipo de universal] com o qual o sujeito do silogismo deve ser silogizado está [decidida] inteiramente em um *arbítrio* externo ou em geral em uma *circunstância externa* e em uma determinação contingente. Por conseguinte, a mediação não é, segundo o conteúdo, nada de necessário nem de universal, ela não está fundamentada no *conceito da Coisa*; o *fundamento* do silogismo é, antes, o que é exterior nela, isto é, o imediato; porém, o *imediato*, entre as determinações do conceito, é o *singular*.

A respeito da *forma*, a *mediação* tem igualmente por sua *pressuposição* a *imediatidade da relação*; aquela está, por conseguinte, ela mesma mediada, e, com efeito, pelo *imediato, isto é*, pelo *singular*. – Mais precisamente, o singular tornou-se o que medeia através da *conclusão* do primeiro silogismo. A conclusão é S - U; através disso, o *singular* está posto como *universal*. Numa das premissas, a menor S - P, o singular já é como *particular*; ele é, com isso, como aquilo em que essas duas determinações estão unificadas. – Ou seja, a conclusão em si e para si expressa o singular como universal e, com efeito, não de uma maneira imediata, mas através da mediação, portanto como uma relação necessária. A particularidade *simples* era termo médio; na conclusão, esta particularidade está *posta de modo desenvolvido* como a *relação do singular e da universalidade*. Mas o universal é ainda uma determinidade qualitativa, predicado do *singular*; na medida em que o singular é determinado como universal, ele está *posto* como a universalidade dos extremos ou como meio-termo; ele é, por si, extremo da singularidade, mas, porque agora está determinado como universal, ele é, ao mesmo tempo, a unidade de ambos os extremos.

b. A segunda figura: P - S - U

1. A verdade do primeiro silogismo qualitativo é que algo está silogizado com uma determinidade qualitativa como com uma [determinidade] universal, não [estando silogizado] em si e para si, mas através de uma contingência ou em uma singularidade. O *sujeito* do silogismo não retornou para seu conceito em tal qualidade, mas está compreendido apenas na sua *exterioridade*; a imediatidade constitui

o fundamento da relação, com isso, a mediação; sob este aspecto, o singular é, na verdade, o meio-termo.

Mas, além disso, a relação do silogismo é a *suprassunção* da imediatidade; a conclusão não é uma relação imediata, mas através de um terceiro; ela contém, portanto, uma unidade *negativa*; a mediação, portanto, é agora determinada a conter dentro de si um momento *negativo*.

Nesse segundo silogismo, as premissas são P - S e S - U; apenas a primeira dessas premissas ainda é imediata; a segunda, S - U, já é uma premissa mediada, a saber, através do primeiro silogismo; portanto, o segundo silogismo pressupõe o primeiro, assim como, inversamente, o primeiro pressupõe o segundo. – Nisso, ambos os extremos, enquanto particular e universal, são determinados um frente ao outro; nesse aspecto, o último ainda tem seu *lugar*: é predicado; mas o particular trocou o seu lugar: ele é sujeito, ou seja, está *posto* sob a *determinação do extremo da singularidade*, assim como o *singular* está posto *com a determinação do meio-termo* ou da particularidade. Portanto, ambos não são mais as imediatidades abstratas que eram no primeiro silogismo. Todavia, eles ainda não estão postos como concretos; pelo fato de que cada um está no *lugar* de outro, ele está posto no seu próprio lugar e, ao mesmo tempo, na *outra* determinação, porém, apenas *externamente*.

O *sentido determinado* e *objetivo* desse silogismo é que o universal não é um particular determinado *em si e para si* – pois é, antes, a totalidade de seus particulares –, mas é *uma* de suas espécies *através da singularidade*; as suas outras espécies são excluídas dele através da exterioridade imediata. Por outro lado, o particular não é, de igual modo, o universal imediatamente e em si e para si, mas a unidade negativa o despoja da determinidade e o eleva, através disso, à universalidade. A singularidade relaciona-se *negativamente* com o particular na medida em que ela deve ser seu predicado; *não* é predicado do particular.

2. Mas inicialmente os termos ainda são determinidades imediatas; eles não avançaram através de si mesmos para algum significado objetivo; a *posição* alterada que dois dos termos obtêm é a forma, que é apenas primeiramente externa a eles; portanto, eles ainda são

em geral um conteúdo indiferente de um frente ao outro, como no primeiro silogismo –, duas qualidades que não estão ligadas em si e para si mesmas, mas através de uma singularidade contingente.

O silogismo da primeira figura era o *imediato* ou igualmente o silogismo na medida em que ele é em seu conceito enquanto *forma abstrata* que ainda não se realizou em suas determinações. Na medida em que essa forma pura passou para uma outra figura, isso é, por um lado, a realização iniciada do conceito, na medida em que o momento *negativo* da mediação e, através disso, uma determinidade ulterior da forma são postos na determinidade inicialmente imediata e qualitativa dos termos. – Mas, ao mesmo tempo, isso é um *tornar--se outro* da forma pura do silogismo; ele não corresponde mais completamente a ela, e a determinidade posta em seus termos é diversa daquela determinação originária da forma. – Na medida em que ele é considerado apenas como um silogismo subjetivo, que ocorre em uma reflexão exterior, ele vale como uma *espécie* do silogismo que deveria corresponder ao gênero, a saber, o esquema universal S - P - U. Mas ele não corresponde inicialmente a esse esquema; as duas premissas do mesmo são P - S, ou S - P, e S - U; portanto, em ambos os casos, o termo médio está subsumido, ou, em ambos os casos, é o sujeito ao qual ambos os outros termos inerem, então não é um meio-termo que, em um caso, deve subsumir, ou seja, ser predicado, e, em outro caso, deve estar subsumido, ou seja, ser sujeito, ou seja, não é um meio-termo ao qual um termo deve inerir, ao passo que, ele mesmo, deve ser inerente ao outro. – Que esse silogismo não corresponda à forma universal do silogismo, tem o sentido verdadeiro de que essa passou para ele, na medida em que a verdade dela consiste em ser um silogizar subjetivo e contingente. Se a conclusão na segunda figura está correta (a saber, sem recorrer à ajuda da delimitação que a transforma em algo indeterminado, delimitação à qual, logo, faremos referência) então ela está correta porque é correta para si, não por ser a conclusão desse silogismo. Mas o mesmo se aplica à conclusão da primeira figura; é essa sua verdade que está posta através da segunda figura. – Na visão de que a segunda figura deve ser apenas *uma* espécie, deixa-se de lado a passagem necessária da primeira para a segunda forma e fica-se parado naquela como na forma verdadeira. Portanto, na medida em que na segunda figura (que é exposta, seguindo um velho hábito, sem fundamento ulterior, como a *terceira*) deve ter lugar igualmente um silogismo *correto* nesse sentido subjetivo, ele precisaria ser adequado ao primeiro; com isso, pois uma premissa S-U tem a relação da subsunção do termo médio sob um extremo, então, a outra premissa P-S precisaria obter a relação oposta àquela que tem, e P precisaria poder ser subsumido sob S. Mas uma tal relação seria a suprassunção do juízo determinado "S é P" e poderia ter lugar apenas em um juízo indeterminado – em um [juízo] particular; portanto, a conclusão pode ser, nessa figura, apenas particular. Mas o juízo particular é, como observado acima, tanto positivo quanto negativo, – uma conclusão à qual, portanto, não se pode atribuir um grande valor. – Na medida em que também o particular e o universal são os extremos e são determinidades imediatas, indiferentes uma frente a outra, a relação delas é indiferente; pode-se arbitrariamente tomar uma ou a outra como termo maior ou menor; portanto, também uma ou outra premissa pode ser arbitrariamente tomada como premissa maior ou menor.

3. A conclusão, enquanto é tanto positiva quanto negativa, é, por conseguinte, uma relação indiferente para com essas determinidades, portanto, uma relação *universal*. Considerada mais precisamente, a mediação do primeiro silogismo era *em si* uma mediação contingente; no segundo, essa contingência está *posta*. Com isso, ela é mediação que suprassume a si mesma; a mediação tem a determinação da singularidade e da imediatidade; o que está silogizado através desse silogismo precisa, antes, ser *em si e imediatamente* idêntico, pois aquele meio-termo, *a singularidade imediata*, é o ser determinado infinitamente multíplice e externo. Então nele está posta, antes, a mediação *externa* a si. Mas a exterioridade da singularidade é a universalidade; aquela mediação através do singular imediato aponta, para além de si mesma, para a *sua outra*, que, com isso, acontece através do *universal*. – Ou seja, o que deve ser unificado pelo segundo silogismo precisa ser silogizado *imediatamente*; através da imediatidade, que está no seu fundamento, não surge um silogizar determinado. A *imediatidade* que aquele silogismo aponta é a outra imediatidade frente à sua própria, é a primeira imediatidade suprassumida do ser – logo, a universalidade refletida dentro de si mesma ou *que é em si*, o *universal* abstrato.

A passagem desse silogismo, segundo o lado considerado, era um *tornar-se outro* como o passar do ser, porque o qualitativo e, com efeito, a singularidade imediata está no seu fundamento. Mas segundo o conceito, a singularidade silogiza o particular e o universal enquanto *suprassume* a *determinidade* do particular, o que se apresenta como a contingência desse silogismo; os extremos *não* são silogizados pela sua relação determinada, que eles têm com o termo médio; portanto, ele não é a *unidade determinada* deles, e a unidade positiva que ainda lhe compete é apenas *a universalidade abstrata*. Na medida em que o meio-termo é posto nessa determinação, que é sua verdade, isso é, porém, uma outra forma do silogismo.

c. A terceira figura: S - U - P

1. Este terceiro silogismo não tem mais nenhuma premissa imediata; a relação S - U foi mediada pelo primeiro silogismo, a relação P - U pelo segundo. Portanto, ele pressupõe os dois primeiros silogismos; mas, inversamente, ambos o pressupunham, assim como, em geral, cada um pressupõe ambos os restantes. Com isso, no silogismo da terceira figura está realizada plenamente, em geral, a destinação do silogismo. – Esta mediação recíproca contém precisamente isso, que cada silogismo, embora sendo a mediação por si, ao mesmo tempo não é nele mesmo a totalidade da mesma, mas tem nele uma imediatidade cuja mediação se encontra fora dele.

Considerado nele mesmo, o silogismo S - U - P é a verdade do silogismo formal; ele expressa que a mediação dele é a abstratamente universal e que os extremos não estão contidos dentro do meio-termo segundo sua determinidade essencial, mas apenas segundo sua universalidade, antes, portanto, não está silogizado nisso aquilo que deveria estar mediado. Portanto, aqui está posto aquilo em que consiste o formalismo do silogismo, cujos termos têm um conteúdo imediato, indiferente frente à forma, ou seja, o que é o mesmo, cujos termos são tais determinações da forma que não se refletiram ainda até se tornarem determinações do conteúdo.

2. O meio-termo desse silogismo é, com efeito, a unidade dos extremos, na qual, porém, se abstraiu da determinidade deles, o universal *indeterminado*. Mas na medida em que este universal, como o

abstrato, ao mesmo tempo é diferente dos extremos como do *determinado*, é, também ele mesmo, ainda um *determinado* frente a eles, e o todo é um silogismo cuja relação com seu conceito precisa ser considerada. O meio-termo, como o universal, é o que sobsome, ou seja, o predicado, frente a *ambos* os extremos, nem uma vez é o que está subsumido, ou seja, sujeito. Portanto, na medida em que esse silogismo, como *uma* espécie do silogismo, deve corresponder ao silogismo, isso só pode acontecer apenas de tal modo que, na medida em que uma relação [*Beziehung*] S - U já tem a conexão [*Verhältnis*] apropriada, também a outra relação U - P obtenha a mesma [conexão]. Isso acontece em um juízo em que a conexão de sujeito e predicado é indiferente, em um juízo *negativo*. Assim, o juízo se torna legítimo, mas a conclusão se torna necessariamente negativa.

Agora, portanto, também é indiferente qual das duas determinações dessa proposição seja tomada como predicado ou como sujeito e, no silogismo, se é tomada como extremo da singularidade ou como extremo da particularidade, com isso, se é tomada como termo menor ou maior. Na medida em que, segundo o que habitualmente se assume, é disso que depende qual das premissas deve ser a maior ou a menor, isso aqui se tornou indiferente. – Este é o fundamento da habitual *quarta figura* do silogismo, figura que Aristóteles não conhecia e que concerne a uma diferença completamente vazia, sem interesse. A posição imediata dos termos é, nisso, a posição *inversa* da primeira figura; pois o sujeito e o predicado da conclusão negativa, segundo a consideração formal do juízo, não têm a conexão determinada de sujeito e predicado, mas um pode ocupar o lugar do outro, é indiferente qual termo seja tomado como sujeito e qual como predicado; portanto, é igualmente indiferente qual premissa é tomada como maior ou menor. – Essa indiferença, para a qual contribui também a determinação da particularidade (em particular na medida em que se observa que ela pode ser tomada no sentido compreensivo), faz daquela quarta figura algo completamente ocioso.

3. O significado objetivo do silogismo no qual o universal é o meio-termo, é que o mediador, como unidade dos extremos, é *essencialmente um universal*. Na medida em que a universalidade, porém, é inicialmente apenas a universalidade qualitativa ou abstrata, a determinidade dos extremos não está contida nela; o silogizar

deles, se deve acontecer, precisa ter seu fundamento igualmente em uma mediação que está fora desse silogismo, e é, com respeito a esse, completamente tão contingente quanto nas formas precedentes dos silogismos. Mas, na medida em que agora o universal está determinado como o meio-termo e a determinidade dos extremos não está contida nele, esta determinidade está posta como completamente indiferente e exterior. – Todavia, com isso, segundo esta mera abstração, surgiu uma *quarta figura* do silogismo, a saber, a figura do silogismo *sem conexão*, U - U - U, silogismo que abstrai da diferença qualitativa dos termos e tem, assim, como determinação a unidade meramente exterior dos mesmos, a saber, a *igualdade* dos mesmos.

d. A quarta figura: U - U - U, ou seja, o silogismo matemático

1. O silogismo matemático quer dizer: "se duas coisas ou determinações são iguais a uma terceira, elas são iguais entre si". – Nele se extinguiu a relação de inerência ou de subsunção dos termos.

Um *terceiro* em geral é o mediador, mas ele não tem absolutamente determinação alguma frente aos seus extremos. Cada um dos três pode igualmente bem ser o terceiro que medeia. Qual deve ser usado para isso, quais das três relações, portanto, devem ser tomadas como as imediatas e qual como a mediada, depende de circunstâncias exteriores e de outras condições, – a saber, [depende de] quais [são as] duas entre as mesmas que são as [relações] *dadas* imediatamente. Mas essa determinação não diz nada a respeito do próprio silogismo e é completamente externa.

2. O silogismo matemático vale como um *axioma* na matemática, – como uma proposição *primeira evidente em si e para si*, que não seria capaz nem necessitaria de nenhuma prova, quer dizer, de nenhuma mediação, não pressuporia nada diferente, nem poderia ser derivada disso. – Se se considera mais de perto a excelência deste axioma, [o fato] de ele ser imediatamente *evidente*, mostra-se que ela reside no formalismo desse silogismo, que abstrai de toda a diversidade qualitativa das determinações e apenas acolhe a igualdade ou desigualdade quantitativa delas. Justamente por essa razão, porém, ele não é sem pressuposição, ou seja, não mediado; a determinação quantitativa, que nele somente vem em consideração, é apenas *atra-*

vés da abstração das diferenças qualitativas e das determinações do conceito. – Linhas, figuras que são equiparadas umas à outras, são entendidas apenas conforme sua grandeza; um triângulo é equiparado a um quadrado, mas não como triângulo ao quadrado, e sim unicamente conforme a grandeza etc. Igualmente, o conceito e suas determinações não entram nesse silogizar; com isso, o silogizar não é *compreendido* de modo algum; o entendimento não tem diante de si nem mesmo as determinações formais, abstratas do conceito; o aspecto evidente deste silogismo repousa, portanto, apenas no fato de que ele é tão pobre de determinação do pensamento e tão abstrato.

3. Mas o *resultado do silogismo do ser aí* não é meramente essa abstração de toda a determinidade do conceito; a *negatividade* das determinações imediatas, abstratas que surgiu disso tem ainda um outro lado *positivo*, a saber, que na determinidade abstrata está *posta sua outra* e ela se tornou, através disso, *concreta*.

Primeiramente, todos os silogismos do ser aí se têm reciprocamente por *pressuposição*, e os extremos silogizados na conclusão são silogizados verdadeiramente e em si e para si apenas na medida em que *de outra maneira* estão unificados por uma identidade fundada em outro lugar; o termo médio, como está constituído nos silogismos considerados, *deve* ser a unidade do conceito deles, mas é apenas uma determinidade formal que não está posta como a unidade concreta deles. Porém, este *pressuposto* de cada uma daquelas mediações não é meramente uma *imediatidade dada* em geral como no silogismo matemático, mas ele mesmo é uma mediação para cada um de ambos os outros silogismos. Logo, o que está verdadeiramente presente não é a mediação que se funda numa imediatidade dada, mas a mediação que se funda na mediação. Isso, portanto, não é a mediação quantitativa que abstrai da forma da mediação, mas, antes, a mediação *que se relaciona com a mediação*, ou seja, a *mediação da reflexão*. O círculo do pressupor recíproco que os silogismos fecham um para com o outro é o retorno desse pressupor para dentro de si mesmo, pressupor que, nisso, forma uma totalidade e não tem *fora* [do círculo], em virtude da abstração, o *outro* para o qual cada silogismo singular aponta, mas o inclui *dentro* do círculo.

Além disso, do lado das *determinações singulares* da forma se mostrou que nesse todo dos silogismos formais cada uma delas veio à posição do meio-termo. Esse estava imediatamente determinado como a *particularidade*; em seguida, ele determinou-se através do movimento dialético como *singularidade* e *universalidade*. Igualmente, cada uma dessas determinações percorreu as *posições de ambos os extremos*. O *resultado meramente negativo* é a extinção das determinações qualitativas da forma no silogismo meramente quantitativo, matemático. Mas o que está verdadeiramente presente é o *resultado positivo* de que a mediação não acontece através de uma determinidade singular, qualitativa da forma, mas através da *identidade concreta* das mesmas. A falha e o formalismo das três figuras consideradas dos silogismos consistem justamente no fato de que uma tal determinidade singular devia constituir o meio-termo dentro delas. – A mediação, portanto, determinou-se como a indiferença das determinações imediatas ou abstratas da forma e como *reflexão* positiva de uma dentro da outra. O silogismo imediato do ser aí passou, com isso, para o *silogismo da reflexão*.

Observação [A consideração habitual do silogismo]

Na apresentação aqui dada da natureza do silogismo e de suas formas diversas, tem-se também prestado atenção, de passagem, ao que na consideração e no tratamento habituais dos silogismos constitui o interesse principal, a saber, como em cada figura pode ser feito um silogismo correto; entretanto, indicou-se aí apenas o momento principal e foram deixados de lado os casos e as complicações que surgem quando a diferença entre juízos positivos e negativos é introduzida ao lado da determinação quantitativa, sobretudo da particularidade. – Algumas observações sobre a visão habitual e a maneira de tratamento do silogismo na lógica estarão aqui ainda no seu lugar. Como se sabe, esta doutrina foi elaborada com tanta precisão que suas assim chamadas sutilezas se tornaram fastio e desgosto universal. Na medida em que o *entendimento natural* se fez valer de todos os lados da cultura do espírito, contra as formas de reflexão sem substância, ele também se voltou contra esta noção artificial das formas da razão, e opinou que podia prescindir de uma tal ciência pela razão de que ele executaria já por si mesmo, por natureza, sem aprendizagem particular, as operações singulares do pensar aí traçadas. De fato, a respeito do pensar racional, o ser humano estaria mal se a condição desse pensar fosse o estudo laborioso das fórmulas silogísticas, assim como estaria mal (como já se observou no prefácio)[10] se não pudesse andar ou digerir sem ter estudado a anatomia e a fisiologia. Como o estudo dessas ciências pode ter utilidade para o comportamento dietético, assim também se atribuirá ao estudo das formas racionais, sem dúvida, uma influência ainda mais importante para a correção do pensar; porém, sem entrar aqui nesse aspecto que concerne à cultura do pensar subjetivo, por conseguinte, propriamente falando à pedagogia, será preciso admitir que o estudo que tem por objeto os modos de operação e as leis da razão precisa ser em si e para si do mais grande interesse, – de um interesse ao menos não menor do que ter noção das leis da natureza e das configurações particulares da natureza. Se não se considera assunto de pouca importância ter descoberto sessenta e tantas espécies de papagaios, cento e trinta e sete espécies de verônicas etc., então muito menos ainda se pode considerar de pouca importância descobrir as formas racionais; uma figura do silogismo não é algo infinitamente superior a uma espécie de papagaios ou de verônica?

Assim como, por conseguinte, o fato de desprezar as noções das formas racionais em geral precisa ser considerado apenas como falta de cultura, do mesmo modo, é preciso admitir que a apresentação habitual do silogismo e de suas configurações particulares não é um conhecimento *racional*, que não é uma apresentação das mesmas como *formas racionais*, e que a sabedoria silogística atraiu, pelo seu desvalor, a pouca estima que experimentou. Sua falha consiste no fato de ela se deter simplesmente na *forma* do silogismo *do entendimento* segundo a qual as determinações do conceito são tomadas como determinações formais *abstratas*. É tão mais inconsequente fixá-las como qualidades abstratas, pois no silogismo as *relações [Beziehungen]* das mesmas constituem o essencial e a inerência e [a] subsunção contêm já o fato de que o singular, porque o universal inere a ele, é ele mesmo universal, e o universal, porque sobsome o singular, é ele mesmo um singular, e [que], mais precisamente, o silogismo põe de modo explícito justamente esta *unidade* como *meio--termo* e sua destinação é precisamente a *mediação*, isto é, que as

---

10. Aqui Hegel está fazendo referência ao primeiro prefácio (1812) da *Ciência da Lógica* [N.T.].

determinações do conceito não têm mais por base, sua exterioridade umas frente às outras, como no juízo, mas antes sua unidade. – Com isso, através do conceito do silogismo é enunciada a imperfeição do silogismo formal, no qual o meio-termo não deve ser fixado como unidade dos extremos, mas como uma determinação abstrata, formal, qualitativamente diversa deles. – A consideração torna-se ainda mais vazia de conteúdo pelo fato de que também tais relações [*Beziehungen*] ou juízos nos quais mesmo as determinações formais se tornam indiferentes, como no juízo negativo e particular, e se aproximam, por conseguinte, das proposições, são assumidos ainda como conexões [*Verhältnisse*] perfeitas. – Na medida em que, em geral, a forma qualitativa S – P – U vale como o último e [o] absoluto, a consideração dialética do silogismo desaparece totalmente; assim, os outros silogismos são considerados não como *alterações necessárias* daquela forma, mas como *espécies*. – Aqui é indiferente se o primeiro silogismo formal é considerado, ele mesmo, apenas como uma espécie *ao lado* dos outros ou como *gênero* e espécie ao mesmo tempo [;] este último caso acontece na medida em que os outros silogismos são reconduzidos ao primeiro. Se esta redução não ocorre explicitamente, então está no fundamento sempre a mesma relação formal da subsunção externa que a primeira figura expressa.

Este silogismo formal é a contradição segundo a qual o meio-termo deve ser a unidade determinada dos extremos, porém não como esta unidade, mas como uma determinação qualitativamente diversa daqueles extremos dos quais ela deve ser [a] unidade. Por ser esta contradição, o silogismo é dialético nele mesmo. Seu movimento dialético o apresenta nos momentos completos do conceito, de tal modo que não apenas aquela relação [*Verhältnis*] de subsunção ou a particularidade, mas *também essencialmente* a unidade negativa e a universalidade são momentos do silogizar. Na medida em que cada um dos mesmos é, por si, igualmente apenas um momento unilateral da particularidade, eles são igualmente meios-termos imperfeitos, mas, ao mesmo tempo, constituem as determinações desenvolvidas dos mesmos [meios-termos]; o percurso total através das três figuras apresenta o meio-termo em cada uma dessas determinações uma depois da outra, e o verdadeiro resultado que surge disso é que o meio-termo não é uma [determinação] singular, mas a totalidade dessas mesmas.

A falha do silogismo formal não está, por conseguinte, na *forma do silogismo* – ela é, antes, a forma da racionalidade – mas no fato de que ela é apenas como forma *abstrata*, por conseguinte, sem conceito. Mostrou-se que a determinação abstrata, em virtude de sua relação abstrata consigo, pode também ser considerada como conteúdo; neste aspecto, o silogismo formal não realiza nada senão o fato de que uma relação de um sujeito com um predicado segue ou não *apenas desse termo médio*. Não serve de nada ter demonstrado uma proposição através de um tal silogismo; em virtude da determinidade abstrata do termo médio, que é uma qualidade sem conceito, pode igualmente haver outros termos médios a partir dos quais se segue o oposto, e mesmo a partir do mesmo termo médio podem também ser derivados de novo predicados contrapostos através de silogismos ulteriores. Além de o silogismo formal não realizar muito, ele é também algo de muito simples; as muitas regras que foram descobertas já são importunas pelo fato de contrastarem muito com a natureza simples da Coisa, mas também porque elas se referem aos casos onde o conteúdo formal do silogismo – pela determinação externa da forma, sobretudo da particularidade, especialmente na medida em que ela deve, para este fim, ser tomada em um sentido compreensivo –, é completamente desvalorizado, e também segundo a forma são produzidos apenas resultados totalmente sem conteúdo. – O lado mais justo e mais importante do desprezo no qual caiu a silogística é, porém, que ela é uma ocupação tão extensa, *sem conceito*, com um objeto cujo único conteúdo é o próprio *conceito*. – As muitas regras silogísticas recordam o procedimento dos mestres do cálculo, que dão igualmente uma multidão de regras sobre as operações aritméticas, [regras] que todas pressupõem o fato de não se ter o *conceito* da operação. – Mas os números são uma matéria sem conceito, a operação de cálculo é um externo combinar ou separar, um proceder mecânico a tal ponto que se descobriram máquinas de calcular que realizam essas operações; pelo contrário, o cúmulo de dureza e de rudeza é quando as determinações da forma do silogismo, que são conceitos, são tratadas como uma matéria sem conceito.

O ponto mais extremo dessa maneira sem conceito de tomar as determinações conceituais do silogismo é, decerto, [o fato de] que Leibniz (*Opera*, tom. II, p. I) submeteu o silogismo ao cálculo combinatório e, através do mesmo, calculou quantas posições do silogismo são possíveis, – a saber, com respeito às diferenças entre juízos positivos e negativos, depois universais, particulares, indeterminados e singulares; de tais ligações, encontram-se 2.048 possíveis, das quais, após excluir as inutilizáveis, restam 24 figuras utilizáveis. – Leibniz atribui grande importância à utilidade da análise combinatória para encontrar, não apenas as formas do silogismo, mas também as ligações de outros conceitos. A operação pela qual se encontra isso é a mesma através da qual se calcula quantas ligações de letras permite um alfabeto, assim como quantas jogadas são possíveis num jogo de dados, [quantas] combinações com um jogo de l'hombre etc. Aqui se encontram, portanto, as determinações do silogismo postas em *uma* classe com os pontos do dado e o jogo de l'hombre, [encontra-se] o racional como algo de morto e tomado sem conceito e [encontra-se] deixado de lado o que é peculiar do conceito e suas determinações, [a saber,] *relacionar-se* como seres espirituais e, através desse relacionar, *suprassumir* sua determinação *imediata*. – Esta aplicação leibniziana do cálculo combinatório ao silogismo e à ligação de outros conceitos não se diferencia em nada da desacreditada *Arte de Lúlio*[11] senão porque ela era mais metódica a respeito do *valor numérico*, de resto era tão sem sentido quanto aquela. – Com isso se conectava um pensamento predileto de Leibniz que ele apreendeu em sua juventude e, não obstante a imaturidade e a platitude do mesmo [pensamento], nem sequer abandonou mais tarde, [o pensamento] de uma *característica universal* dos conceitos – uma língua escrita na qual cada conceito seria apresentado tal como ele é [enquanto] uma relação constituída de outros ou [enquanto] se relacionaria com outros – como se na ligação racional, que é essencialmente dialética, um conteúdo guardasse ainda as mesmas determinações que tem quando está fixado por si.

O *cálculo de Ploucquet*[12] se ateve, sem dúvida, ao modo mais coerente de proceder, através do qual a conexão do silogismo se torna capaz de ser submetida ao cálculo. Ele se baseia no fato de que se abstrai da diferença da conexão [*Verhältnisunterschied*], da diferença da singularidade, da particularidade e da universalidade

---

11. Raymundus Lullus (1235-1315), *Ars magna* [N.E.A.].
12. PLOUCQUET, G. *Principia de substantiis et phaenomenis*, 1753 [N.E.A.].

no juízo, e se fixa a *identidade abstrata* do sujeito e do predicado através da qual eles estão em *igualdade matemática* –, em uma relação que faz do silogismo uma formação completamente vácua e tautológica de proposições. – Na proposição: "a rosa é vermelha", o predicado não deve significar o vermelho universal, mas apenas o *vermelho* determinado *da rosa*; na proposição: "todos os cristãos são seres humanos", o predicado deve significar apenas aqueles seres humanos que são cristãos; a partir disso e da proposição: os judeus não são cristãos, segue-se então a conclusão que não recomendou o cálculo silogístico para *Mendelssohn*: "logo, os judeus não são seres humanos" (a saber, não são aqueles seres humanos que são os cristãos). – *Ploucquet* indica como uma consequência de sua invenção, *posse etiam rudes mechanice totam logicam doceri, uti pueri arithmeticam docentur, ita quidem, ut nulla formidine in ratiociniis suis errandi torqueri, vel fallaciis circumveniri possint, si in calculo non errant*[13]. – Esta recomendação de que toda a lógica pode ser ensinada mecanicamente através do cálculo às pessoas não instruídas é, por certo, o pior que se pode dizer a respeito de uma invenção concernente à apresentação da ciência lógica.

B. O silogismo da reflexão

O curso do silogismo qualitativo suprassumiu o *abstrato* das determinações do mesmo; o termo se pôs, através disso, como uma determinidade dentro da qual também a outra *aparece*. Além dos termos abstratos, no silogismo está presente também a *relação* [*Beziehung*] dos mesmos, e na conclusão ela está posta como uma relação mediada e necessária; por conseguinte, cada determinidade não é, na verdade, como uma [determinidade] singular por si, mas como relação da outra, como determinidade *concreta*.

O *meio-termo* era a particularidade abstrata, para si uma determinidade simples, e era meio-termo apenas de modo externo e relativo frente aos extremos autossubsistentes. Agora ele está posto como

---

13. "Podem também os incultos ser ensinados mecanicamente em toda a lógica, assim como as crianças são ensinadas na aritmética, pois eles não podem ser extraviados nos seus raciocínios por algum medo de erro ou de incorrerem em ilusões, contanto que se atenham ao cálculo" [N.E.A.].

a *totalidade* das determinações; assim, é a unidade *posta* dos extremos, mas inicialmente a unidade da reflexão que os inclui dentro de si, – um incluir que, como *primeiro* suprassumir da imediatidade e como primeiro relacionar [*Beziehen*] das determinações, ainda não é a identidade absoluta do conceito.

Os extremos são as determinações do juízo da reflexão; *singularidade* própria e *universalidade* como determinação de relação [*Verhältnisbestimmung*], ou seja, uma reflexão que recolhe um múltiplo dentro de si. Mas o sujeito singular contém também, como se mostrou no juízo da reflexão, além da mera singularidade que pertence à forma, a determinidade como universalidade pura e simplesmente refletida dentro de si, como *gênero* pressuposto, isto é, aqui assumido ainda imediatamente.

A partir dessa determinidade dos extremos que pertence ao curso da determinação do juízo, resulta o conteúdo mais preciso do *meio-termo*, que é o que importa essencialmente no silogismo, pois ele o diferencia do juízo. Ele contém 1) a *singularidade*, 2) mas expandida até a universalidade, como *todos*, 3) *o gênero*, a universalidade que está no fundamento, que unifica pura e simplesmente dentro de si a singularidade e a universalidade abstrata. – O silogismo da reflexão tem, desse modo, a *determinidade própria* da forma apenas na medida em que o meio-termo está *posto* como a totalidade das determinações; o silogismo imediato é por isso frente a ele o silogismo *indeterminado*, enquanto o meio-termo apenas ainda é a particularidade abstrata, na qual os momentos do seu conceito ainda não estão postos. – Esse primeiro silogismo da reflexão pode ser denominado o *silogismo da todidade*.

a. O silogismo da todidade

1. O silogismo da todidade é o silogismo do entendimento na sua perfeição, mas ainda não mais que isto. Que o meio-termo, nele, não seja particularidade *abstrata*, mas desenvolvida nos seus momentos e, por conseguinte, como [particularidade] concreta, é, com efeito, um requisito essencial para o conceito, só que a forma da *todidade* recolhe o singular na universalidade inicialmente apenas de modo externo e inversamente ela conserva na universalidade o singular

ainda como um [singular] que subsiste imediatamente por si. A negação da imediatidade das determinações, que era o resultado do silogismo do ser aí, é apenas a *primeira* negação, ainda não a negação da negação ou [a] reflexão absoluta dentro de si. Por conseguinte, elas ainda estão no fundamento daquela universalidade da reflexão que inclui dentro de si as determinações singulares – ou seja, a todidade ainda não é a universalidade do conceito, mas a [universalidade] exterior da reflexão.

O silogismo do ser aí era contingente porque o termo médio do mesmo, como uma determinidade singular do sujeito concreto, admite uma quantia indeterminável de tais outros termos médios, e, com isso, o sujeito podia estar silogizado com predicados indeterminavelmente diferentes e contrapostos. Mas na medida em que, doravante, o meio-termo contém *a singularidade* e, através disso, é ele mesmo concreto, ele pode ligar ao sujeito apenas um predicado, que lhe compete como a um sujeito concreto. – Se, por exemplo, a partir do termo médio *verde*, dever-se-ia concluir que uma pintura é agradável porque o verde é agradável ao olho, ou que um poema, um prédio etc. são belos porque possuem a *regularidade*, então a pintura etc. poderia, não obstante, ser feia, em razão de outras determinações a partir das quais se poderia concluir com este último predicado. Na medida em que, ao contrário, o termo médio tem a determinação da *todidade*, ele contém o verde, a regularidade, como um *concreto*, que, precisamente por isso, não é a abstração de algo simplesmente verde, regular etc.; a este *concreto* podem agora ser ligados somente predicados que são adequados à *totalidade do concreto*. – No juízo "o verde ou o regular é agradável", o sujeito é apenas a abstração do verde, da regularidade; na proposição "todo verde ou todo o regular é agradável", o sujeito, ao contrário, é: todos os objetos efetivos concretos que são verdes ou regulares, que, portanto, são tomados *como* objetos *concretos* com *todas as suas propriedades* que eles ainda têm além do verde ou da regularidade.

2. Mas esta perfeição da reflexão do silogismo o torna justamente um mero logro. O termo médio tem a determinidade *todos*; a estes compete *imediatamente*, na premissa maior, o predicado que é silogizado com o sujeito. Mas *todos* são *todos os singulares*; nisso, portanto, o sujeito singular já tem imediatamente o predicado, e

não o obtém apenas pelo silogismo. – Ou seja, o sujeito obtém pela conclusão um predicado como uma consequência; porém, a premissa maior já contém em si essa conclusão; portanto, *a premissa maior não é por si correta*, ou não é um juízo pressuposto, imediato, mas *pressupõe ela mesma já a conclusão* da qual deveria ser o fundamento. – No silogismo perfeito predileto:

> todos os seres humanos são mortais,
> *agora, Caio é um ser humano*,
> logo, Caio é mortal,

a premissa maior só é correta porque e na medida em que a *conclusão é correta*; se, por acaso, Caio não fosse mortal, então a premissa maior não seria correta. A proposição que deveria ser conclusão precisa ser já correta imediatamente por si, porque a premissa maior, de outro modo, não poderia incluir *todos* os singulares; antes de a premissa maior poder valer como correta, há *previamente* a pergunta se aquela conclusão mesma não seria uma *instância* contra ela.

3. No silogismo do ser aí resultou do conceito do silogismo que as premissas enquanto *imediatas* contradizem a conclusão, a saber, a *mediação* exigida pelo conceito do silogismo, que o primeiro silogismo pressupunha, por conseguinte, outros [silogismos] e, inversamente, os outros [silogismos] o pressupunham. No silogismo da reflexão está posto nele mesmo que a premissa maior pressupõe sua conclusão, na medida em que aquela contém a ligação do singular com um predicado que deve ser justamente apenas conclusão.

O que, portanto, de fato está presente pode ser expresso inicialmente assim [:] que o silogismo da reflexão é apenas uma *aparência* vazia, externa *do silogizar* – que, por conseguinte, a essência deste silogizar repousa numa *singularidade* subjetiva, que essa, com isso, constitui o meio-termo e precisa ser posta como tal – a singularidade que é como tal e tem nela a universalidade apenas de modo externo. – Ou, segundo o conteúdo mais preciso do silogismo da reflexão, mostrou-se que o singular está em [relação] *imediata*, não em relação silogizada com o seu predicado, e que a premissa maior, que é a ligação de um particular com um universal, ou, de modo mais preciso, de um universal formal com um universal em si, está mediada pela relação da singularidade que está presente naquela, – da singularidade como todidade. Isso, porém, é *o silogismo da indução*.

b. O silogismo da indução

1. O silogismo da todidade está sob o esquema da primeira figura, S - P - U, o silogismo da indução sob o da segunda, U - S - P, pois ele tem novamente por meio-termo a singularidade, não a singularidade *abstrata*, mas posta como *completa*, a saber, posta com a sua determinação contraposta, a universalidade. – *Um extremo* é qualquer predicado que é comum a todos esses singulares; a relação do mesmo com eles constitui as premissas imediatas, das quais uma devia ser conclusão no silogismo anterior. – O *outro extremo* pode ser o *gênero* imediato, como ele está presente no meio-termo do silogismo precedente ou no sujeito do juízo universal e que se esgotou nas singularidades completas ou também nas espécies do meio-termo. De acordo com isso, o silogismo tem a seguinte figura:

$$
\begin{array}{c}
s \\
s \\
U\text{- - }P \\
s \\
s \\
\text{ao infinito.}
\end{array}
$$

2. A segunda figura do silogismo formal, U - S - P, não correspondeu ao esquema porque, em uma das premissas, S, que constitui o meio-termo, não era um [termo] que sobsome, ou seja, não era predicado. Na indução, essa falha é superada; o meio-termo é aqui: *todos os singulares*; a proposição U - S, que contém o universal objetivo ou o *gênero* como colocado ao extremo, como sujeito, tem um predicado que é pelo menos da mesma extensão que ele, logo é idêntico para a reflexão exterior. O leão, o elefante etc., constituem o gênero dos animais de quatro patas; a diferença de que o *mesmo* conteúdo esteja, uma vez, posto na singularidade, outra vez, na universalidade, é, assim, mera *determinação indiferente da forma* – uma indiferença que é o resultado do silogismo formal posto no silogismo da reflexão e que está posta aqui pela igualdade da extensão.

Portanto, a indução não é o silogismo da mera *percepção* ou do ser aí contingente, como a segunda figura correspondente a ele, mas silogismo da *experiência* –, do recolher subjetivo dos singulares no gênero e do silogizar do gênero com uma determinidade universal, porque ela é encontrada em todos os singulares. Ele também tem o significado objetivo de que o gênero imediato, através da totalidade da singularidade, determina-se como uma propriedade universal, tem seu ser aí em uma relação [*Verhältnis*] universal ou [em uma] nota característica. – Só que o significado objetivo desse silogismo, assim como dos outros, é apenas seu conceito interior e ainda não está posto aqui.

3. A indução é, antes, ainda essencialmente um silogismo subjetivo. Os meios-termos são os singulares em sua imediatidade; o recolher dos mesmos no gênero através da todidade é uma reflexão *externa*. Em virtude da *imediatidade* subsistente dos singulares e da *exterioridade* decorrente disso, a universalidade é apenas completude ou, antes, permanece *uma tarefa*. – Por conseguinte, na indução o *progresso* para a má infinitude vem novamente à tona; a *singularidade* deve ser posta como *idêntica* à *universalidade*, mas, na medida em que os *singulares* estão postos igualmente como *imediatos*, aquela unidade permanece apenas como um *dever ser* perene; ela é uma unidade da *igualdade*; os [termos] que devem ser idênticos, ao mesmo tempo, devem *não* ser idênticos. Os a, b, c, d, e, constituem o gênero e dão a experiência completa apenas em direção ao *infinito*. Nessa medida, a *conclusão* da indução permanece *problemática*.

Mas enquanto ela expressa que a percepção *deve* prosseguir *ao infinito*, a fim de se tornar experiência, ela pressupõe que o gênero esteja silogizado com sua determinidade *em si e para si*. Com isso, ela pressupõe, a rigor, sua conclusão, antes, como um imediato, como o silogismo da todidade pressupõe a conclusão para uma de suas premissas. – Uma experiência que repousa na indução é assumida como válida, *embora* a percepção admitidamente *não* esteja *realizada plenamente*; porém, pode-se assumir que nenhuma *instância* possa surgir *contra* aquela experiência apenas na medida em que essa seja verdadeira *em si e para si*. Portanto, o silogismo por indução se funda certamente numa imediatidade, porém, não naquela em que ele deveria se fundar, na imediatidade da *singularidade*, [imediatidade] *que é*, mas na [imediatidade] *que é em si e para si*, na imediatidade universal. – A determinação fundamental da indução é a de ser um silogismo; se a singularidade é tomada como determinação essencial, mas a universalidade é apenas como determinação externa do meio-termo, então o meio-termo se desfaz em duas partes não ligadas, e nenhum silogismo estaria presente; essa exterioridade pertence, antes, aos extremos. A *singularidade* só pode ser meio-termo como *imediatamente idêntica* à *universalidade*; uma tal universalidade é propriamente a universalidade *objetiva, o gênero*. – Isso pode também ser considerado assim: a universalidade é *externa* na determinação da singularidade, que está no fundamento do meio-termo da indução, *mas essencial*; um tal *externo* é, de modo igualmente imediato, seu oposto, o *interno*. – Por conseguinte, a verdade do silogismo da indução é um silogismo que tem por meio-termo uma singularidade que é universalidade imediatamente *em si mesma* –; *o silogismo da analogia*.

c. O silogismo da analogia

1. Esse silogismo tem a terceira figura do silogismo imediato, S - U - P, como seu esquema abstrato. Mas o seu meio-termo não é mais uma qualidade singular qualquer, mas uma universalidade, que é *a reflexão dentro de si de um concreto*, assim, a *natureza* do mesmo – e inversamente, por ser assim a universalidade como [universalidade] de um concreto, ela é, ao mesmo tempo, em si mesma esse *concreto*. – Aqui, portanto, o meio-termo é um singular, mas segundo a sua natureza universal; além disso, é extremo um outro singular, que tem com aquele a mesma natureza universal. Por exemplo:

> *a Terra* tem habitantes;
> a lua é *uma terra*;
> logo, a lua tem habitantes.

2. A analogia é tanto mais superficial quanto mais o universal, no qual os dois singulares são um só e segundo o qual um se torna predicado do outro, é uma mera *qualidade* ou, como a qualidade é tomada subjetivamente, uma ou uma outra *nota característica*, quando a identidade de ambos é tomada aqui como uma mera *se-*

melhança. Contudo, uma tal superficialidade, à qual uma forma do entendimento ou da razão é reduzida quando é rebaixada para a esfera da mera *representação*, nem deveria ser mencionada na lógica. – Tampouco é apropriado apresentar a premissa maior desse silogismo do seguinte modo: "o que é semelhante a um objeto em alguma característica é semelhante a ele também em outras". Dessa maneira, a *forma do silogismo* é expressa na figura de um conteúdo e, junto com isso, o conteúdo empírico, [ou seja,] aquilo que tem de ser chamado propriamente de conteúdo, é transferido para a premissa menor. Assim, também toda a forma, por exemplo, do primeiro silogismo, poderia ser expressa como a sua premissa maior: "o que está subsumido sob um outro ao qual é inerente um terceiro, a ele é inerente também esse terceiro; mas agora", e assim por diante. Mas no próprio silogismo não importa o conteúdo empírico, e fazer da sua própria forma o conteúdo de uma premissa maior é tão indiferente quanto se se tomasse por isso todo e qualquer outro conteúdo empírico. Contudo, na medida em que no silogismo da analogia não deveria ser importante aquele conteúdo que não contém nada senão a forma peculiar do silogismo, tampouco isso seria importante no primeiro silogismo, ou seja, não seria importante aquilo que faz do silogismo o silogismo. – O que importa é sempre a forma do silogismo, seja que o silogismo tenha como seu conteúdo empírico esta própria forma ou algo diferente. Assim, o silogismo da analogia é uma forma peculiar, e é uma razão completamente vazia para não querer considerá-lo uma tal forma o fato de poder fazer da sua forma o conteúdo ou matéria de uma premissa maior, ao passo que a matéria não concerne ao [elemento] lógico. – Aquilo que no silogismo da analogia, [e] de alguma forma também no silogismo da indução, pode induzir a esse pensamento é que nesses silogismos o meio-termo e também os extremos são mais determinados do que no silogismo meramente formal e que, portanto, a determinação da forma precisa aparecer também como *determinação de conteúdo*, porque não é mais simples e abstrata. Mas o fato de que a forma se determina assim como conteúdo é, *em primeiro lugar*, um progredir necessário do [elemento] formal e, portanto, concerne essencialmente à natureza do silogismo; por conseguinte, *em segundo lugar*, uma tal determinação de conteúdo não pode enquanto tal ser considerada como um outro conteúdo empírico e não se pode abstrair dela.

Se se considera a forma do silogismo da analogia naquela expressão da sua premissa maior de que, *quando dois objetos concordam em uma propriedade ou também em algumas propriedades, a um compete também uma propriedade ulterior que o outro tem*, então pode parecer que esse silogismo contenha *quatro determinações*, a *quaternio terminorum*, – uma circunstância que implicaria a dificuldade de colocar a analogia na forma de um silogismo formal. – Há *dois* singulares, *em terceiro lugar* uma propriedade assumida imediatamente em comum e, *em quarto lugar*, a outra propriedade que um singular tem imediatamente, mas que o outro obtém apenas através do silogismo. – Isso deriva do fato de que, como resultou, no silogismo analógico *o meio-termo* está posto como singularidade, mas imediatamente *também* como a verdadeira universalidade dela. – Na *indução*, além de ambos os extremos o meio-termo é uma quantia indeterminável de singulares; nesse silogismo, por conseguinte, deveria ser contada uma quantia infinita de termos. – No silogismo da todidade, a universalidade é no meio-termo apenas como a determinação exterior da forma da todidade, no silogismo da analogia, pelo contrário, [a universalidade] é como universalidade essencial. No exemplo acima, o termo médio, *a terra*, é tomado como um concreto que, segundo sua verdade, é tanto uma natureza universal, ou [seja], um gênero, quanto um singular.

Segundo esse lado, a *quaternio terminorum* não faria da analogia um silogismo imperfeito. Mas o silogismo se torna imperfeito através dela segundo um outro lado; porque, embora certamente um sujeito tenha a mesma natureza universal do outro, é indeterminado se a um sujeito a determinidade que é silogizada também para o outro lhe compete em virtude da sua *natureza* ou em virtude da sua *particularidade*, se, por exemplo, a terra tem habitantes como corpo celeste *em geral* ou apenas como esse corpo celeste *particular*. – A analogia é ainda um silogismo da reflexão na medida em que singularidade e universalidade são *imediatamente* unificadas no seu meio-termo. Em virtude dessa imediatidade está presente ainda a *exterioridade* da unidade da reflexão; o singular é gênero apenas *em si*, não estando posto nessa negatividade pela qual sua determinidade seria como a determinidade própria do gênero. Por conseguinte, o predicado que compete ao singular do meio-termo ainda não é predicado do outro singular, embora ambos pertençam ao mesmo gênero.

3. S - P (a lua tem habitantes) é a conclusão; mas uma das premissas (a Terra tem habitantes) é igualmente tal S - P; na medida em que S - P deve ser uma conclusão, nisso está a exigência de que também aquela premissa seja uma tal conclusão. Portanto, esse silogismo é, dentro de si mesmo, a exigência de si contra a imediatidade que ele contém; ou seja, ele pressupõe a sua conclusão. Um silogismo do ser aí tem sua pressuposição nos *outros* silogismos do ser aí; nos silogismos que acabamos de considerar, essa pressuposição se deslocou para dentro deles, porque eles são silogismos da reflexão. Portanto, na medida em que o silogismo da analogia é a exigência da sua mediação contra a imediatidade pela qual sua mediação está afetada, é do momento da *singularidade* que ele exige a suprassunção. Assim permanece para o meio-termo o universal objetivo, o *gênero*, purificado da imediatidade. – No silogismo da analogia, o gênero era momento do meio-termo apenas como *pressuposição imediata*; na medida em que o próprio silogismo exige a suprassunção da imediatidade pressuposta, a negação da singularidade e, portanto, o universal, não são mais imediatos, mas *postos*. – O silogismo da reflexão continha apenas a *primeira* negação da imediatidade; doravante, entrou a segunda [negação], e, com isso, a universalidade externa da reflexão está determinada como universalidade que é em si e para si. Assim, considerada do lado positivo, a conclusão se mostra idêntica à premissa, a mediação juntada com sua pressuposição, assim, uma identidade da universalidade da reflexão através da qual ela se tornou uma universalidade superior.

Se olhamos para o andamento dos silogismos da reflexão, a mediação é em geral a unidade *posta* ou *concreta* das determinações da forma dos extremos; a reflexão consiste nesse pôr de uma determinação dentro da outra; o mediador, assim, é a *totidade*. Contudo, a *singularidade* se mostra como o fundamento essencial da mesma, e a universalidade se mostra apenas como determinação externa nela, como *completude*. Porém, a universalidade é *essencial* para o singular para que ele seja um meio-termo que silogiza; portanto, ele precisa ser tomado como um universal que é *em si*. Todavia, o singular não é unificado com a universalidade dessa maneira meramente positiva, mas está suprassumido dentro dela e é momento negativo; assim, o universal, o ente em si e para si, é gênero posto, e o singular como imediato é, antes, a exterioridade do gênero, ou seja, é *extremo*. – O silogismo da reflexão, tomado em geral, está sob o esquema P - S - U; o singular nele é ainda, como tal, determinação essencial do meio-termo; contudo, enquanto sua imediatidade se suprassumiu e o meio-termo se determinou como universalidade que é em si e para si, o silogismo entrou sob o esquema formal S - U - P, e o silogismo da reflexão passou para o *silogismo da necessidade*.

C. O silogismo da necessidade

O mediador se determinou doravante 1) como universalidade determinada *simples*, como a particularidade é no silogismo do ser aí, mas 2) como universalidade *objetiva*, isto é, que contém a determinidade inteira dos extremos diferentes, como a todidade do silogismo da reflexão é uma universalidade *preenchida*, mas *simples* –, a *natureza universal* da Coisa, o *gênero*.

Este silogismo é *cheio de conteúdo* porque o meio-termo *abstrato* do silogismo do ser aí se pôs como a *diferença determinada*, como ele é enquanto meio-termo do silogismo da reflexão, mas essa diferença se refletiu novamente na identidade simples. – Este silogismo é, por conseguinte, silogismo da *necessidade*, pois seu meio-termo não é um outro conteúdo imediato qualquer, mas a reflexão da determinidade dos extremos dentro de si. Estes têm no meio-termo sua identidade interior, cujas determinações de conteúdo são as determinações da forma dos extremos. – Com isso, aquilo pelo qual os termos se diferenciam é como forma *externa* e *inessencial*, e eles são como momentos *de um* ser aí *necessário*.

Inicialmente, este silogismo é o imediato e, a este respeito, tão formal que a *conexão* [*Zusammenhang*] dos termos é a *natureza essencial* como *conteúdo* e este nos termos diferentes é apenas em *forma diversa* e os extremos para si são apenas como um subsistir *inessencial*. – A realização deste silogismo deve determiná-lo de tal modo que os *extremos* sejam *postos* igualmente como essa *totalidade*, que é inicialmente o meio-termo, e de tal modo que a *necessi-*

dade da relação [*Beziehung*], que é inicialmente apenas o *conteúdo* substancial, seja uma relação [*Beziehung*] da *forma posta*.

a. O silogismo categórico

1. O silogismo categórico tem o juízo categórico como uma ou como ambas suas premissas. – Aqui, com esse silogismo, como com o juízo, é ligado o significado mais determinado de que o meio-termo do mesmo silogismo é a *universalidade objetiva*. De modo superficial, o silogismo categórico também não é tomado como mais do que um mero silogismo da inerência.

O silogismo categórico, segundo seu significado cheio de conteúdo, é o *primeiro silogismo da necessidade*, em que um sujeito está silogizado por *sua substância* com um predicado. A substância, porém, elevada para a esfera do conceito, é o universal, posta como aquilo que é em si e para si de tal modo que não tem na sua relação peculiar a acidentalidade, mas a determinação do conceito como forma, como maneira de seu ser. Por conseguinte, suas diferenças são os extremos do silogismo e, de modo determinado, a universalidade e [a] singularidade. Aquela é, frente ao *gênero*, como o *meio-termo* está determinado mais precisamente, a universalidade abstrata ou determinidade universal – a acidentalidade da substância recolhida na determinidade simples, que é, contudo, a *diferença essencial*, a diferença específica dela. – A singularidade, porém, é o efetivo, em si a unidade concreta do gênero e da determinidade, mas aqui, como no silogismo imediato, singularidade inicialmente imediata, a acidentalidade recolhida na forma do subsistir *que é para si*. – A relação deste extremo com o meio-termo constitui um juízo categórico; mas na medida em que o outro extremo, segundo a determinação indicada, também expressa a diferença específica do gênero ou seu princípio determinado, esta outra premissa também é categórica.

2. Inicialmente este silogismo, como silogismo primeiro, portanto imediato, da necessidade, está sob o esquema do primeiro silogismo formal S - P - U. Mas, como o meio-termo é a *natureza* essencial do singular e não *qualquer* das determinidades ou propriedades do mesmo [singular], e igualmente o extremo da universalidade não é qualquer universal abstrato e tampouco apenas uma qualidade sin-

gular, mas sim a determinidade universal, o *específico da diferença* do gênero, então desaparece a contingência segundo a qual o sujeito só seria silogizado por *qualquer* termo médio com *qualquer qualidade*. – Na medida em que, com isso, também as *relações* dos extremos com o meio-termo não têm a mesma imediatidade externa como no silogismo do ser aí, a exigência da prova não ocorre no sentido em que tinha lugar lá e conduzia ao progresso infinito.

Além disso, este silogismo não pressupõe, como o faz um silogismo da reflexão, sua conclusão para suas premissas. Os termos estão, segundo o conteúdo substancial, em relação idêntica uns com os outros, [relação] que é *em si e para* si; está presente *uma* essência que percorre os três termos, na qual as determinações da singularidade, da particularidade e da universalidade são apenas momentos *formais*.

Por conseguinte, a este respeito o silogismo categórico não é mais subjetivo; naquela identidade, inicia a objetividade; o meio-termo é a identidade cheia de conteúdo de seus extremos, que estão contidos segundo sua autossubsistência nesta mesma [identidade], pois sua autossubsistência é aquela universalidade substancial, o gênero. O subjetivo do silogismo consiste no subsistir indiferente dos extremos frente ao conceito, ou seja, o meio-termo.

3. Mas há ainda isto de subjetivo neste silogismo, que esta identidade é ainda como a identidade substancial ou como *conteúdo*, ainda não, ao mesmo tempo, como *identidade da forma*. Por conseguinte, a identidade do conceito é ainda um vínculo *interior*, portanto, como relação [*Beziehung*], ainda *necessidade*; a universalidade do meio-termo é identidade compacta, *positiva*, não igualmente como *negatividade de seus extremos*.

De modo mais preciso, a imediatidade desse silogismo, que ainda não está *posta* como o que ela é *em si*, está assim presente. O propriamente imediato do silogismo é o *singular*. Este é subsumido sob seu gênero como meio-termo; mas sob o mesmo [gênero] está ainda uma *pluralidade indeterminada* de outros singulares; é, por conseguinte, *contingente* que somente *este* singular esteja posto sob ele como subsumido. – Mas esta contingência, ademais, não pertence meramente à *reflexão exterior*, que de modo contingente, por *comparação* com outros, encontra o singular posto no silogismo; ao contrário, na medida em que ele mesmo está relacionado com o meio-termo como sua universalidade objetiva, está posto como *contingente*, como uma efetividade subjetiva. Por outro lado, na medida em que o sujeito é um singular *imediato*, ele contém determinações que não estão contidas no meio-termo como na natureza universal; portanto, ele tem também uma existência indiferente frente a isso, determinada por si, que é de conteúdo peculiar. Com isso, inversamente, este outro termo também tem uma imediatidade indiferente e [uma] existência diversa daquele. – A mesma conexão [*Verhältnis*] tem lugar também entre o meio-termo e o outro extremo, pois este tem igualmente a determinação da imediatidade, portanto de um ser contingente frente ao seu meio-termo.

O que está posto com isso no silogismo categórico são, *por um lado*, os extremos em uma relação tal com o meio-termo que eles têm *em si* [uma] universalidade objetiva ou [uma] natureza autossubsistente, e são, ao mesmo tempo, como imediatos, portanto *efetividades indiferentes* um para com o outro. Mas, *por outro lado*, eles estão igualmente determinados como [extremos] *contingentes*, ou seja, sua imediatidade está determinada como *suprassumida* na identidade deles. Esta, porém, em virtude daquela autossubsistência e totalidade da efetividade, é apenas a [identidade] formal, interior; através disso, o silogismo da necessidade se determinou como *hipotético*.

b. O silogismo hipotético

1. O juízo hipotético contém apenas a *relação* necessária sem a imediatidade dos relacionados. *Se* A *é, então* B *é*; ou o ser do A é também igualmente o ser *de um outro*, do B; com isso, ainda não está dito nem que A *é*, nem que B *é*. O silogismo hipotético adiciona essa *imediatidade* do ser:

> se A é, então B é,
> agora, A *é*,
> logo, B é.

A premissa menor enuncia por si o ser imediato do A.

Mas não é meramente isso que sobreveio ao juízo. O silogismo não contém a relação do sujeito e do predicado como a cópula abstrata, mas como a unidade preenchida *que medeia*. Portanto, o *ser* do A *não* precisa ser tomado *como mera imediatidade*, mas essencialmente como *meio-termo do silogismo*. Isso tem de ser considerado mais precisamente.

2. Inicialmente a relação do juízo hipotético é a *necessidade*, ou seja, a *identidade* interior *substancial* na diversidade externa da existência ou da indiferença recíproca do ser que aparece, – um *conteúdo* idêntico que está internamente no fundamento. Ambos os lados do juízo não são, portanto, um ser imediato, mas um ser retido na necessidade, e portanto, ao mesmo tempo, ser *suprassumido* ou apenas ser que aparece. Além disso, eles se comportam como lados do juízo, como *universalidade* e *singularidade*; um é, portanto, aquele conteúdo como *totalidade das condições*, o outro como *efetividade*. Todavia, é indiferente qual lado seja tomado como universalidade e qual como singularidade. Pois, na medida em que as condições ainda são o *interior*, o *abstrato* de uma *efetividade*, elas são o *universal*, e é pelo *estar recolhido* das mesmas em uma *singularidade* que elas entraram na efetividade. Inversamente, as condições são um aparecimento *isolado*, *disperso*, que ganha *unidade* e significado e um *ser aí universalmente válido* apenas na *efetividade*.

Todavia, a conexão [*Verhältnis*] mais precisa que aqui foi assumida entre ambos os lados como conexão da condição com o condicionado, pode ser tomada também como causa e efeito, fundamento e consequência; isto é indiferente aqui; mas a conexão da condição corresponde mais precisamente à relação [*Beziehung*] que estava presente no juízo e, consequentemente, no silogismo hipotético; na medida em que a condição é essencialmente uma existência indiferente, fundamento e causa, ao contrário, são tais que, por si mesmos, passam; a condição também é uma determinação mais universal, enquanto ela compreende ambos os lados daquelas conexões [*Verhältnisse*], porque o efeito, a consequência etc. são igualmente condição da causa, do fundamento, como esses [são condições] daqueles.

A é agora o ser *mediador*, enquanto ele é, *em primeiro lugar*, um ser imediato, uma efetividade indiferente; mas, *em segundo lugar*, na medida em que ele é igualmente como um ser *contingente em si mesmo*, [um ser] que suprassume a si. O que transpõe as condições para a efetividade da nova figura da qual elas são condições é o fato de elas não serem o ser como o imediato abstrato, mas o *ser em seu conceito*, inicialmente o *devir*, – mas, uma vez que o conceito não é mais o passar, [é o fato de elas serem] mais determinadamente a *singularidade* como unidade *negativa* que se relaciona consigo. – As condições são um material disperso, que espera e exige sua utilização; essa *negatividade* é o mediador, a unidade livre do conceito. Ela se determina como *atividade*, pois esse meio-termo é a contradição da *universalidade objetiva*, ou seja, da totalidade do conteúdo idêntico e da *imediatidade indiferente*. – Por conseguinte, esse meio-termo não é mais meramente interior, mas *necessidade que é*; a universalidade objetiva contém a relação consigo mesma como *imediatidade simples*, como ser; – no silogismo categórico, esse momento é inicialmente determinação dos extremos; mas, frente à universalidade objetiva do meio-termo, ele se determina como *contingência*, com isso, [determina-se] apenas como um *posto*, também como um suprassumido, isto é, como algo que retornou para o conceito ou para o meio-termo como unidade que agora é, ela mesma, em sua objetividade, também ser.

A conclusão "logo, B é" expressa a mesma contradição: que B é um ente que é *imediatamente*, mas igualmente é através de um outro, ou seja, é *mediado*. Portanto, segundo sua forma, ele é o mesmo conceito que é o meio-termo; apenas como o *necessário* ele é diferente da *necessidade*, – na forma inteiramente superficial da singularidade frente à universalidade. O *conteúdo* absoluto de A e de B é o mesmo; são apenas dois nomes diversos da mesma base para a *representação*, na medida em que ela fixa o aparecimento da figura diversa do ser aí e do necessário diferencia sua necessidade; mas na medida em que essa [a necessidade] devesse ser separada de B, ele não seria o necessário. Logo, nisso está presente a identidade do *que medeia* e do *mediado*.

3. O silogismo hipotético apresenta inicialmente a *relação necessária* como conexão [*Zusammenhang*] através da *forma* ou *unidade negativa*, assim como o [silogismo] categórico, através da unidade positiva, apresenta o *conteúdo* compacto, a universalidade objetiva. Mas a *necessidade* se junta com o *necessário*; a *atividade da forma* do

transpor a efetividade condicionante para a condicionada é, *em si*, a unidade, na qual as determinações anteriores da oposição, libertas para o ser aí indiferente, estão *suprassumidas* e a diferença de A e de B é um nome vazio. Ela é, portanto, unidade refletida dentro de si – por conseguinte, um conteúdo *idêntico*, e é isso não apenas *em si*, mas também está *posta* através desse silogismo, na medida em que o ser do A também não é seu próprio, mas do B e, inversamente, em geral, o ser de um é o ser do outro e na conclusão, determinadamente, o ser imediato, ou seja, a determinidade indiferente, é como uma determinidade mediada, – logo, a exterioridade se suprassumiu e o que está *posto* é sua *unidade que foi para dentro de si.*

Através disso, a mediação do silogismo se determinou como *singularidade, imediatidade* e como *negatividade que se relaciona consigo*, ou seja, como identidade que se diferencia e se reúne em si a partir dessa diferença, como forma absoluta e, justamente por isso, como *universalidade* objetiva, *conteúdo* que é idêntico a si. Nessa determinação, o silogismo é o *silogismo disjuntivo.*

c. O silogismo disjuntivo

Como o silogismo hipotético está em geral sob o esquema da segunda figura U - S - P, assim o silogismo disjuntivo está sob o esquema da terceira figura do silogismo formal: S - U - P. O meio-termo é, porém, a *universalidade preenchida com a forma*; ele se determinou como a *totalidade*, como universalidade objetiva *desenvolvida*. O termo médio é, por conseguinte, tanto universalidade quanto particularidade e singularidade. Enquanto é aquela [universalidade], ele é, em primeiro lugar, a identidade substancial do gênero; mas, em segundo lugar, como uma identidade tal que nela é *acolhida* a *particularidade*, mas *como igual a ela*, portanto como esfera universal que contém sua total particularização – o gênero dividido nas suas espécies: A, que é *tanto* B *quanto* C *quanto* D. Mas a particularização é, como diferenciação, também o *ou-ou* de B, C e D, unidade *negativa*, o excluir-se *recíproco* das determinações. – Além disso, agora, esse excluir não é apenas um excluir-se recíproco, nem a determinação é meramente uma determinação relativa, mas é também essencialmente determinação *que se relaciona consigo* – o particular como *singularidade* com exclusão das *outras*.

> A é ou B ou C ou D,
> mas A é B;
> logo, A não é nem C nem D.

Ou também:

> A é ou B ou C ou D,
> mas A não é nem C nem D;
> logo, ele é B.

A não é sujeito apenas em ambas as premissas, mas também na conclusão. Na primeira premissa ele é universal e no seu predicado a esfera *universal* particularizada na totalidade das suas espécies; na segunda premissa está posto como *determinado*, ou [seja] como uma espécie; na conclusão está posto como a determinidade *singular*, a determinidade que exclui. – Ou também já na premissa menor [A] está posto como singularidade que exclui e na conclusão está posto positivamente, como o determinado que ele é.

Portanto, aquilo que, em geral, aparece como o *mediado* é a *universalidade* do A com a *singularidade*. O *mediador*, todavia, é esse A, que é a esfera *universal* das suas particularizações e um determinado como *singular*. O que é a verdade do silogismo hipotético, a unidade do mediado e daquilo que medeia, está, assim, *posto* no silogismo disjuntivo, que, por essa razão, igualmente *não* é mais *um silogismo*. O meio-termo, que nele está posto como a totalidade do conceito, contém, a saber, ele mesmo, ambos os extremos na determinidade completa deles. Os extremos, na diferença do meio-termo, são somente como um ser posto ao qual não compete mais qualquer determinidade própria frente ao meio-termo.

Se isso é considerado de uma maneira ainda mais determinada em relação ao silogismo hipotético, estavam presentes, dentro dele, uma *identidade substancial*, como o nexo *interior* da necessidade, e uma *unidade negativa* diferente dele – a saber, a atividade ou a forma que transpôs um ser aí para um outro. O silogismo disjuntivo é, em geral, na determinação da *universalidade*; o meio-termo dele é o A como *gênero* e como um [termo] perfeitamente *determinado*;

através dessa unidade, aquele conteúdo que antes foi interior agora está também *posto*, e, inversamente, o ser posto, ou seja, a forma, não é a unidade negativa externa frente a um ser aí indiferente, mas é idêntico àquele conteúdo compacto. Toda a determinação da forma do conceito está posta na diferença determinada dela e, ao mesmo tempo, na identidade simples do conceito.

Através disso, agora, suprassumiu-se o *formalismo do silogizar*, com isso, a subjetividade do silogismo e do conceito em geral. Este [elemento] formal ou subjetivo consistia em que o que mediava os extremos era o conceito como determinação *abstrata*, e essa determinação era, por isso, *diversa* daqueles, dos quais era unidade. Ao contrário, na realização plena do silogismo, onde a universalidade objetiva está igualmente posta como totalidade das determinações da forma, a diferença daquilo que medeia e do mediado desapareceu. Aquilo que está mediado é ele mesmo um momento essencial do seu [elemento] que medeia, e cada momento é como a totalidade dos mediados.

As figuras do silogismo apresentam cada determinidade do conceito *singularmente* como o meio-termo, que, ao mesmo tempo, é o conceito como *dever ser*, como exigência de que o que medeia seja a totalidade dele. Contudo, os diversos gêneros de silogismo apresentam os estágios do *preenchimento* ou concreção do meio-termo. No silogismo formal, o meio-termo é posto como totalidade apenas pelo fato de que todas as determinidades, mas cada qual singularmente, percorrem a função da mediação. No silogismo da reflexão, o meio-termo é como a unidade que recolhe *externamente* as determinações dos extremos. No silogismo da necessidade, ele se determinou como unidade tanto desenvolvida e total quanto simples, e, através disso, a forma do silogismo, o qual consistia na diferença do meio-termo frente aos seus extremos, suprassumiu-se.

Com isso, realizou-se o conceito em geral; mais determinadamente, ele ganhou uma realidade tal que é objetividade. A *primeira realidade* foi que o *conceito*, como unidade dentro de si negativa, dirime-se e põe como juízo suas determinações em uma diferença determinada e indiferente, e no silogismo contrapõe a si mesmo a elas. Na medida em que o conceito é, deste modo, ainda o interno desta sua exterioridade, através do curso dos silogismos esta exterioridade é igualada com a unidade interna; através da mediação na qual, inicialmente, são idênticas apenas em um terceiro, as diversas determinações retornam para essa unidade, e a exterioridade apresenta, através disso, nela mesma o conceito, que portanto não está mais por sua vez diferenciado dela como unidade interna.

Contudo, aquela determinação do conceito que foi considerada como *realidade* é, inversamente, também um *ser posto*. Pois não apenas nesse resultado se apresentou como verdade do conceito a identidade da sua interioridade com a sua exterioridade, mas já os momentos do conceito no juízo, também na indiferença recíproca deles, permanecem determinações que somente têm seu significado na sua relação. O silogismo é *mediação*, o conceito completo no seu *ser posto*. Seu movimento é o suprassumir desta mediação, na qual nada é em si e para si, mas cada um é apenas mediante um outro. O resultado é, portanto, uma *imediatidade* que surgiu através do *suprassumir da mediação*, um *ser* que é igualmente idêntico à mediação e é o conceito, que produziu a si mesmo a partir de e no seu ser outro. Este *ser*, portanto, é uma *Coisa* que é *em si e para si* – a *objetividade*.

SEGUNDA SEÇÃO
A OBJETIVIDADE

No primeiro livro da Lógica Objetiva, o *ser* abstrato foi apresentado como tal que passa para o *ser aí*; mas, igualmente, como tal que regressa para dentro da *essência*. No segundo livro, mostra-se que a essência se determina até o *fundamento*, através disso, entra na *existência* e se realiza até a *substância*, mas regressa novamente para dentro do *conceito*. Ora, do conceito foi inicialmente mostrado que ele se determina até a *objetividade*. Fica claro por si mesmo que esta última passagem, conforme sua determinação, é o mesmo que, de outra maneira, ocorria na *metafísica* como o *silogismo* do *conceito*, precisamente do *conceito de Deus*, [em direção] ao *seu ser aí*, ou seja, como a assim chamada *prova ontológica* do *ser aí* de Deus. – Igualmente, é bem conhecido que o pensamento sublime de Descartes de que Deus é aquilo *cujo conceito inclui seu ser dentro de si*, depois de ter decaído à forma ruim do silogismo formal, a saber, à forma daquela prova, está finalmente submetido à crítica da razão e ao pensamento de que *o ser aí não se deixa extrair do conceito*. Alguns pontos concernentes a essa prova já foram elucidados anteriormente; na primeira parte[14], enquanto o *ser* desapareceu em sua próxima oposição, no *não-ser*, e o *devir* se mostrou como a verdade de ambos, observou-se o equívoco [que surge] se, junto a um ser aí determinado, não se fixa o *ser* do mesmo, mas seu *conteúdo determinado* e, por conseguinte, opina-se se *esse conteúdo determinado*, por exemplo, cem táleres, é comparado com um outro *conteúdo determinado*, por exemplo, o contexto da minha percepção, do meu estado de patrimônio, e se descobre, nesse caso, uma diferença se aquele conteúdo sobrevém

---

14. Aqui Hegel faz uma referência à *Doutrina do Ser*, para a qual remetemos à nossa tradução: HEGEL, G.W.F. *Ciência da Lógica* – 1. A Doutrina do Ser. Petrópolis: Vozes, 2016, p. 89ss. [N.T.].

a esse ou não – [opina-se] como se, então, se falasse da diferença do ser e do não-ser ou até mesmo da diferença do ser e do conceito. Além disso, lá[15] e na segunda parte[16] foi elucidada a determinação de *um sumo conjunto de todas as realidades*, a qual ocorre na prova ontológica. – Mas a consideração que acaba de ser concluída do *conceito* e de todo o curso através do qual ele se determina até a *objetividade*, concerne ao objeto essencial daquela prova, *à conexão do conceito e do ser aí*. O conceito é, como negatividade absolutamente idêntica a si, o que determina a si mesmo; tem sido observado que ele, já na medida em que na singularidade se decide pelo *juízo*, põe-se como *real*, como *ente*; essa realidade ainda abstrata se consuma na *objetividade*.

Ora, se poderia parecer que a passagem do conceito para a objetividade fosse algo diferente do que a passagem do conceito de Deus para seu ser aí, então seria preciso, por um lado, considerar que o *conteúdo* determinado, Deus, não faria nenhuma diferença no andamento lógico e que a prova ontológica seria apenas uma aplicação desse andamento lógico àquele conteúdo particular. Mas, por outro lado, é preciso lembrar essencialmente a observação feita acima de que o sujeito obtém determinidade e conteúdo somente em seu predicado, ao passo que, antes do mesmo, por mais que ele possa ser diversamente o que ele quer para o sentimento, a intuição e a representação, para o conhecer conceituante é somente um *nome*; mas no predicado, com a determinidade começa simultaneamente a *realização* em geral.

Porém, os predicados têm de ser apreendidos como ainda incluídos, eles mesmos, dentro do conceito, portanto, como algo subjetivo, com o qual ainda não se saiu ao ser aí; a este respeito, por um lado, a *realização* do conceito ainda não está minimamente consumada no juízo. Mas, por outro lado, a mera determinação de um objeto através de predicados, sem que ela seja, ao mesmo tempo, a realização e objetivação do conceito, também permanece algo tão subjetivo

---

15. Cf. HEGEL, G.W.F. *Ciência da Lógica* – 1. A Doutrina do Ser. Petrópolis: Vozes, 2016, p. 116 [N.T.].

16. Aqui Hegel faz uma referência à *Doutrina da Essência*, para a qual remetemos à nossa tradução: HEGEL, G.W.F. *Ciência da Lógica* – 2. A Doutrina da Essência. Petrópolis: Vozes, 2017, p. 90 [N.T.].

que ela não é sequer o conhecimento verídico e a *determinação do conceito* do objeto – um subjetivo no sentido da reflexão abstrata e das representações não compreendidas. – Deus como Deus vivo e ainda mais como espírito absoluto torna-se conhecido apenas em seu *atuar*. Desde muito tempo, o ser humano tem sido instruído a conhecê-lo em suas *obras*; somente a partir delas podem surgir as *determinações* que são denominadas suas *propriedades*, assim como nelas está contido também seu *ser*. Assim o conhecer conceituante do seu *agir*, isto é, dele mesmo, compreende o *conceito* de Deus em seu *ser* e seu ser em seu conceito. O *ser* para si ou até mesmo o *ser aí* é uma determinação tão pobre e limitada que a dificuldade de a encontrar dentro do conceito certamente pode vir apenas do fato de não ter sido considerado o que, pois, é o próprio *ser* ou o próprio *ser aí*. – O *ser*, enquanto a *relação imediata consigo mesma, abstrata*, nada mais é do que o momento abstrato do conceito, momento que é universalidade abstrata, que também desempenha aquilo que se exige no ser, [a saber], de ser *fora* do conceito; pois, assim como ela é momento do conceito, assim ela é a diferença ou o juízo abstrato do mesmo, na medida em que ele se contrapõe a si mesmo. O conceito, também como formal, já contém imediatamente o *ser* em sua forma *mais verdadeira e mais rica*, na medida em que ele, enquanto negatividade que se relaciona consigo mesma, é a *singularidade.*

Mas a dificuldade de encontrar o *ser* no conceito em geral e, igualmente, no conceito de Deus, torna-se, certamente, insuperável se o ser deve ser um ser tal que deve ocorrer *no contexto da experiência exterior* ou *na forma da percepção sensível* como *os cem táleres em meu estado patrimonial* apenas como algo compreendido com a mão, não com o espírito, visível essencialmente com o olho exterior, não com aquele interior, – se é denominado de ser, de realidade, de verdade, aquilo que as coisas têm como sensíveis, temporais e perecíveis. – Se, junto ao ser, um filosofar não se eleva acima dos sentidos, então a isso se acompanha o fato de que também tal filosofar não abandona o pensamento abstrato sequer no conceito; este está contraposto ao ser.

A habituação a tomar o conceito apenas como algo tão unilateral quanto é o pensamento abstrato, já terá dificuldade para reconhecer aquilo que há pouco foi proposto, a saber, considerar a passagem do *conceito de Deus* para o seu *ser* como uma *aplicação* do curso lógico apresentado da objetivação do conceito. Se, contudo, admite--se, como ocorre habitualmente, que o lógico, como o formal, constitui a forma para o conhecimento de cada conteúdo determinado, assim teria de ser concedida pelo menos aquela relação, a menos que, em geral, justamente no caso da oposição do conceito frente à objetividade, fique-se detido, como em algo último, no conceito não verdadeiro e numa realidade igualmente não verdadeira. – Só que na exposição do *conceito puro* ainda se aludiu ulteriormente ao fato de que o mesmo é o próprio conceito absoluto, divino, de modo que na verdade não ocorreria a relação de uma *aplicação*, mas aquele curso lógico seria a apresentação imediata da autodeterminação de Deus até o ser. Mas acerca disso é preciso observar que, enquanto o conceito deve ser apresentado como o conceito de Deus, ele tem de ser apreendido como ele já está acolhido na *ideia*. Aquele conceito puro percorre as formas finitas do juízo e do silogismo, porque ele ainda não está posto como, em si e para si, um com a objetividade, mas está compreendido somente no devir em direção a ela. Assim também essa objetividade ainda não é a existência divina, ainda não é a realidade que aparece dentro da ideia. Contudo, a objetividade é tanto mais rica e mais alta do que o *ser* ou o *ser aí* da prova ontológica quanto o conceito puro é mais rico e mais alto do que aquele vazio metafísico do *sumo conjunto* de toda a *realidade*. – No entanto, reservo para uma outra ocasião a elucidação mais precisa do múltiplo mal-entendido que foi trazido na prova ontológica assim como nas demais assim chamadas provas do ser aí de Deus, como também reservo a elucidação da crítica kantiana das mesmas e a recondução dos pensamentos subjacentes ao valor e à dignidade delas através da produção de seu significado verdadeiro[17].

Já ocorreram, como já foi lembrado, várias formas da imediatidade, mas em determinações diversas. Na esfera do ser ela é o próprio ser e o ser aí; na esfera da essência é a existência e, então, a efetividade e a substancialidade; na esfera do conceito, além da imediatidade enquanto universalidade abstrata, é, doravante, a objetividade. – Quando não se trata da precisão das diferenças conceituais filosóficas, essas expressões podem ser empregadas sinonimamente;

---

17. Cf.: "Lições sobre as provas do ser aí de Deus" [N.E.A.].

aquelas determinações surgiram da necessidade do conceito; – o *ser* é, em geral, a *primeira* imediatidade e o *ser aí* é a mesma com a primeira determinidade. A *existência* com a coisa é a imediatidade que surge do *fundamento* – da mediação que se suprassume da reflexão simples da essência. Mas a *efetividade* e a *substancialidade* são a imediatidade que surgiu da diferença suprassumida da existência ainda inessencial enquanto aparecimento e da sua essencialidade. A *objetividade* é, finalmente, a imediatidade até a qual o conceito se determina através da suprassunção de sua abstração e mediação. – A filosofia tem o direito de escolher, a partir da linguagem da vida comum, que está feita para o mundo das representações, expressões tais que *parecem se aproximar* das determinações do conceito. Não pode ser que se trate de *comprovar* para uma palavra escolhida da linguagem da vida comum, que também na vida comum se liga com ela o mesmo conceito para o qual a filosofia a emprega, pois a vida comum não tem conceitos, mas sim representações, e a própria filosofia é conhecer o conceito daquilo que, de outra maneira, é mera representação. Portanto, tem de ser suficiente se a representação, junto às suas expressões que são empregadas para determinações filosóficas, vislumbra, de certo modo, algo próximo da sua diferença, como naquelas expressões pode ser o caso de que nelas se conheçam nuanças da representação que se relacionam mais precisamente com os conceitos correspondentes. – Talvez admitir-se-á mais dificilmente que algo possa *ser* sem *existir*; mas, pelo menos, não se trocará, por exemplo, o ser enquanto cópula do juízo com a expressão *existir* e não se dirá: essa mercadoria *existe* cara, adequada etc., o dinheiro *existe* metal ou metálico, mas antes: esta mercadoria *é* cara, adequada etc., o ouro *é* metal[18]; mas, de resto, também são diferenciados *ser* e *aparecer, aparecimento* e *efetividade*, como também o mero *ser* frente à *efetividade*, assim como todas essas expressões ainda mais são distintas da *objetividade*. – Se elas, contudo, também devessem ser empregadas sinonimamente, então a filosofia terá, de toda maneira, a liberdade de utilizar tal abundância vazia da linguagem para suas diferenças.

---

18. Em um relato francês em que o comandante do navio declara que, para se dirigir para a terra, ele esperou o vento que na ilha se levantava habitualmente de manhã, ocorre a expressão: "le vent *ayant été* long temps sans *exister*"; aqui a diferença se originou meramente do outro modo de falar, por exemplo, "il a été longtemps sans m'écrire" [N.H.].

Junto ao juízo apodítico, onde, como na consumação do juízo, o sujeito perde sua determinidade frente ao predicado, tem sido lembrado o significado duplicado da *subjetividade* que disso derivava, a saber, a subjetividade do conceito e, igualmente, da exterioridade e da contingência que, de resto, se contrapõem a ele. Assim também para a objetividade aparece o significado duplicado de estar *contraposta* ao *conceito* autossubsistente, mas também de ser *aquilo que é em si e para si*. Na medida em que o objeto se contrapõe naquele sentido ao Eu = Eu, enunciado no idealismo subjetivo como o absoluto verdadeiro, ele é o mundo multíplice em seu ser aí imediato, com o qual o Eu ou o conceito não se põe senão na luta infinita, para dar à primeira certeza de si mesmo a *verdade efetiva* da sua igualdade consigo através da negação desse outro *em si nulo*. – No sentido mais indeterminado, ele significa, assim, um objeto em geral para qualquer interesse e atividade do sujeito.

Mas, no sentido contraposto, o objetivo significa *aquilo que é em si e para si*, que é sem limitação e oposição. Princípios racionais, obras de arte perfeitas etc. se chamam objetivos enquanto eles são livres e além de toda contingência. Embora princípios racionais, teóricos ou éticos, pertençam somente ao subjetivo, à consciência, aquilo que é em si e para si do subjetivo é denominado, contudo, objetivo; o conhecimento da verdade é posto no fato de conhecer o objeto, como ele é enquanto objeto livre da intervenção da reflexão subjetiva, e o atuar correto é posto na observância de leis objetivas que não têm origem subjetiva e que são capazes de [não admitir] arbítrio algum, e algum tratamento que inverta sua necessidade.

No presente ponto de vista do nosso tratado, a objetividade tem, antes de tudo, o significado do *ser que é em si e para si do conceito*, do conceito que suprassumiu a *mediação* posta em sua autodeterminação em direção à relação *imediata* consigo mesmo. Através disso, essa imediatidade está, ela mesma, imediata e totalmente compenetrada pelo conceito, assim como sua totalidade é imediatamente idêntica a seu ser. Mas, enquanto, além disso, o conceito deve produzir igualmente o ser para si livre de sua subjetividade, introduz-se uma relação do mesmo enquanto *finalidade* com a objetividade, em que a imediatidade dessa se torna o negativo frente ao conceito e aquilo que precisa ser determinado pela sua atividade, obtendo, com isso, o outro significado de ser o nulo em si e para si, enquanto se contrapõe ao conceito.

Ora, *em primeiro lugar*, a objetividade, em sua imediatidade, cujos momentos, em virtude da totalidade de todos os momentos, subsistem *uns fora dos outros* na indiferença autossubsistente enquanto *objetos* e, em sua relação, têm a *unidade subjetiva* do conceito apenas como unidade *interior* ou como *exterior* – é o *mecanismo*. – Mas na medida em que dentro dele, *em segundo lugar*, aquela unidade se mostra como própria lei *imanente* dos objetos, assim a relação deles se torna sua diferença *peculiar*, fundamentada pela sua lei, e uma relação na qual sua autossubsistência determinada se suprassume – o *quimismo*.

Em terceiro lugar, essa unidade essencial dos objetos, justamente com isso, está posta como diferenciada de sua autossubsistência, ela é o conceito subjetivo, mas posto como relacionado em si e para si mesmo com a objetividade, como *finalidade* – a *teleologia*.

Na medida em que a finalidade é o conceito que é posto de modo a se relacionar nele mesmo com a objetividade e de modo a suprassumir através de si sua falta, consistente em ser subjetivo, através da realização do fim a conformidade inicialmente *exterior* a fins se torna conformidade *interior* e *ideia*.

PRIMEIRO CAPÍTULO
O MECANISMO

Visto que a objetividade é a totalidade do conceito a qual regressou para dentro da sua unidade, assim está posto, com isso, um imediato que é em si e para si aquela totalidade e também está *posto* enquanto tal, totalidade dentro da qual, porém, a unidade negativa do conceito ainda não se separou da imediatidade dessa totalidade; – ou seja, a objetividade ainda não está posta como *juízo*. Na medida em que ela tem o conceito de modo imanente dentro de si, a diferença do mesmo está presente nela; mas, em virtude da totalidade objetiva, os diferentes são *objetos completos* e *autossubsistentes* que também na sua relação, portanto, relacionam-se um com o outro apenas como *autossubsistentes* e permanecem *externos* a si em cada combinação [*Verbindung*]. – O caráter do *mecanismo* é constituído por isto: seja qual for a relação que tem lugar entre os [termos] combinados, esta relação lhes é uma relação *alheia*, que não concerne minimamente à sua natureza e, ainda que ela esteja conectada com a aparência de um uno, nada mais permanece do que *composição, mistura, agregação* etc. Como o mecanismo *material*, assim também o mecanismo *espiritual* consiste no fato de que os [termos] relacionados no espírito permanecem externos uns aos outros e a ele mesmo. Um *modo mecânico de representação*, uma *memória mecânica*, o *hábito*, um *modo mecânico de ação*, significam que, naquilo que o espírito apreende ou atua, faltam a penetração peculiar e a presença do espírito. Embora seu mecanismo teórico e prático não possa ocorrer sem sua autoatividade, sem um impulso e sem a consciência, nisso falta, porém, a liberdade da individualidade, e porque ela não aparece nisso, tal atuar aparece como um atuar meramente externo.

A. O objeto mecânico

O objeto é, como resultou, o *silogismo*, cuja mediação tem sido igualada e, portanto, tornou-se identidade imediata. Ele é, por conseguinte, um universal em si e para si; a universalidade não no sentido de uma comunidade de propriedades, mas a que compenetra a particularidade e, dentro dela, é singularidade imediata.

1. Em primeiro lugar, o objeto não se diferencia, portanto, em *matéria* e *forma*, das quais aquela seria o universal autossubsistente do objeto, ao passo que essa seria o particular e o singular; uma tal diferença abstrata de singularidade e universalidade não está presente nele conforme seu conceito; se ele é considerado como matéria, então ele precisa ser tomado como matéria formada em si mesma. Igualmente, ele pode ser determinado como coisa com propriedades, como todo consistente em partes, como substância com acidentes, e segundo as outras relações da reflexão; mas essas relações já sucumbiram, em geral, no conceito; o objeto não tem, portanto, nem propriedades, nem acidentes, pois esses são separáveis da coisa ou da substância; mas, no objeto, a particularidade está refletida pura e simplesmente dentro da totalidade. Nas partes de um todo, está, certamente, presente aquela autossubsistência que compete às diferenças do objeto, mas essas diferenças são, desde logo, elas mesmas, objetos, totalidades que não têm, como as partes, essa determinidade frente ao todo.

Portanto, o objeto é inicialmente *indeterminado* na medida em que ele não tem nenhuma oposição determinada nele; pois ele é a mediação que se juntou até [tornar-se] a identidade imediata. Na medida em que o *conceito é essencialmente determinado*, ele tem a determinidade como uma *multiplicidade* decerto completa; mas, de resto, *indeterminada*, isto é, *sem relação* nele, a qual constitui uma totalidade que, de igual modo, inicialmente não está ulteriormente determinada; *lados, partes*, que podem ser diferenciados nele, pertencem a uma reflexão exterior. Aquela diferença totalmente indeterminada é, portanto, apenas o fato de que há *vários* objetos, cada um dos quais contém sua determinidade apenas refletida dentro da sua universalidade e não aparece *para fora*. – Porque essa determinidade indeterminada é essencial ao objeto, ele é, dentro de si mesmo, uma tal *variedade* e, portanto, tem de ser considerado como *composto*, como *agregado.* – Ele, contudo, não consiste em *átomos*, pois estes não são objetos, porque eles não são totalidades. A *mônada leibniziana* seria mais um objeto, porque ela é uma totalidade da representação do mundo; mas, encerrada na sua *subjetividade intensiva,* ela deve ser pelo menos essencialmente *una* dentro de si. Contudo, a mônada, determinada como *uno excludente,* é apenas um princípio *assumido* pela *reflexão.* Mas ela é objeto enquanto, em parte, o fundamento de suas representações multíplices, das determinações desenvolvidas, quer dizer, *postas,* de sua totalidade que é meramente *em si,* reside *fora dela,* em parte, enquanto para a mônada é igualmente indiferente [o fato] de constituir um objeto *juntamente com outras;* ele não é, com isso, de fato, um objeto *excludente, determinado para si mesmo.*

2. Na medida em que o objeto é, agora, totalidade do *ser determinado;* mas, em virtude da sua indeterminidade e imediatidade, não é a *unidade negativa* do mesmo, assim ele é *indiferente* frente às *determinações* como *singulares,* determinadas em si e para si, assim como essas mesmas são *indiferentes* umas frente às outras. Essas não são, portanto, compreensíveis nem a partir dele, nem umas a partir das outras; a totalidade do objeto é a forma do ser-refletido universal de sua multiplicidade dentro da singularidade em geral, não determinada em si mesma. Decerto, então, as determinidades que o objeto tem nele lhe competem; mas a *forma* que constitui a diferença delas e as combina até [se tornarem] uma unidade é uma forma exterior, indiferente; seja ela uma *mistura* ou, mais ainda, uma *ordem,* um certo *arranjo* de partes e lados, esses são combinações que são indiferentes aos [termos] assim relacionados.

Com isso, o objeto, como um ser aí em geral, tem a determinidade de sua totalidade *fora dele,* em *outros* objetos, e estes novamente de igual modo, tem-na *fora deles,* e assim por diante ao infinito. O retorno para dentro de si desse ir além ao infinito precisa igualmente, decerto, ser assumido e representado como uma *totalidade,* como um *mundo,* o qual, porém, nada mais é do que a universalidade concluída em si através da singularidade indeterminada, um *universo.*

Portanto, na medida em que o objeto em sua determinidade é igualmente indiferente frente a ela, para seu ser determinado ele aponta através de si mesmo *para fora de si,* novamente para objetos aos quais é, de igual modo, *indiferente* [o fato] de *serem determinan-*

tes. Em nenhum lugar, portanto, está presente um princípio da auto-determinação; o *determinismo* – o ponto de vista no qual o conhecer está enquanto o verdadeiro é, para ele, o objeto como aqui inicialmente resultou – traz para qualquer determinação do objeto aquela de um outro objeto; mas esse outro é igualmente indiferente, tanto frente ao seu ser determinado quanto frente ao seu comportamento ativo. – O determinismo é, por isso, ele mesmo, também tão indeterminado que progride ao infinito; ele pode parar arbitrariamente em todo lugar e estar satisfeito, porque o objeto para ao qual ele passou, como uma totalidade formal, está encerrado em si e indiferente frente ao ser determinado através de um outro. Por causa disso, o *explicar* da determinação de um objeto e a progressão dessa representação feita para essa finalidade é uma *palavra vazia*, porque dentro do outro objeto ao qual ele progride não reside nenhuma autodeterminação.

3. Ora, na medida em que a *determinidade* de um objeto *reside dentro de um outro*, não está presente nenhuma diversidade determinada entre eles; a determinidade é apenas *duplamente*, uma vez em um, depois, no outro objeto, um pura e simplesmente *idêntico*, e a explicação ou o compreender são, a este respeito, *tautológicos*. Essa tautologia é o vai e vem externo, vazio; uma vez que a determinidade dos objetos indiferentes a ele não recebe nenhuma diferencialidade peculiar e, por causa disso, é apenas idêntica, está presente apenas *uma* determinidade; e que ela seja dupla, exprime justamente essa exterioridade e nulidade de uma diferença. Mas, ao mesmo tempo, os objetos são *autossubsistentes* uns frente aos outros; eles permanecem, por isso, pura e simplesmente *externos* a si naquela identidade. – Com isso, está presente a *contradição* entre a *indiferença* perfeita dos objetos uns frente aos outros e a *identidade* da *determinidade* dos mesmos ou da sua *exterioridade* perfeita na *identidade* de sua determinidade. Essa contradição é, com isso, a *unidade negativa* de vários objetos que pura e simplesmente se repelem dentro dela –, o *processo mecânico*.

B. O processo mecânico

Se os objetos são considerados somente como totalidades [auto-contidas ou] concluídas em si, então eles não podem agir uns sobre os outros. Nessa determinação eles são o mesmo que as *mônadas*, que precisamente por causa disso foram pensadas sem qualquer influência recíproca. Mas justamente por isso o conceito de uma mônada é uma reflexão deficitária. Pois, em primeiro lugar, ela é uma representação *determinada* de sua totalidade que é apenas *em si*; enquanto é um *certo grau* do desenvolvimento e do *ser posto* de sua representação do mundo, ela é um *determinado*; na medida em que agora ela é a totalidade fechada em si, assim ela é também indiferente a essa determinidade; esta não é, portanto, sua própria determinidade, mas uma determinidade *posta* por um *outro* objeto. *Em segundo lugar*, ela é um *imediato* em geral, enquanto deve ser apenas *algo representador*; sua relação consigo é, portanto, a *universalidade abstrata*; por causa disso, ela é um *ser aí aberto para outras*. – Para ganhar a liberdade da substância, não é suficiente representá-la como uma totalidade que, [sendo] *completa dentro de si*, nada tenha a receber *desde fora*. Ao contrário, exatamente a relação consigo mesma sem conceito, meramente representadora, é uma *passividade* frente a outro. – De igual modo a *determinidade*, por mais que ela seja apreendida como a determinidade de um *ente* ou de um *representador*, como um *grau* de seu próprio desenvolvimento vindo de dentro, é [algo] *externo* –; o *grau* que o desenvolvimento alcança, tem seu *limite* em um *outro*. Remeter a interação das substâncias a uma *harmonia preestabelecida* nada mais significa senão fazer delas uma *pressuposição*, isto é, algo que é subtraído do conceito. – A necessidade [*Bedürfnis*] de escapar da *influência* das substâncias se fundava sobre o momento da absoluta *autossubsistência* e *originariedade*, momento que foi colocado como fundamento. Mas uma vez que a esse *ser em si* não corresponde o *ser posto*, o grau do desenvolvimento, justamente por isso esse ser em si tem seu fundamento em um *outro*.

A seu tempo foi mostrado que a relação de substancialidade passa para a relação de causalidade. Porém, aqui o ente não tem mais a determinação de uma substância, mas de um *objeto*; a relação de causalidade sucumbiu no conceito; a originariedade de uma *substância* frente a outra se mostrou como uma aparência, seu agir se mostrou como um passar para o contraposto. Portanto, essa relação [*Verhältnis*] não contém objetividade alguma. Na medida em que um objeto está posto na forma da unidade subjetiva como causa eficiente, isso não vale mais como uma determinação originária, mas como algo *mediado*; o objeto eficiente tem essa sua determinação apenas mediante um outro objeto. – O *mecanismo*, por pertencer à esfera do conceito, mostrou nele aquilo que se comprovou como a verdade da relação de causalidade, segundo a qual aquilo que deve ser o ente em si e para si é essencialmente, de igual modo, efeito, ser posto. Por conseguinte, no mecanismo a causalidade do objeto é imediatamente uma não-originariedade; ele é indiferente a essa sua determinação; que o objeto seja causa é, portanto, algo contingente para ele. – A este respeito, poder-se-ia bem dizer que a causalidade das substâncias é *apenas algo representado*. Mas precisamente essa causalidade representada é o *mecanismo*, enquanto ele é isto: a causalidade, enquanto determinidade *idêntica* de substâncias diversas, então como o sucumbir de sua autossubsistência nessa identidade, é um *mero ser posto*; os objetos são indiferentes a essa unidade e se mantêm frente a ela. Mas, de igual modo, também essa sua *autossubsistência* indiferente é um mero *ser posto*; por isso elas são capazes de se *misturar* e de se *agregar*, e de se tornar *um objeto* enquanto *agregado*. Através dessa indiferença, tanto frente à sua passagem quanto frente à sua autossubsistência, as substâncias são *objetos*.

a. O processo mecânico formal

O processo mecânico é o pôr daquilo que está contido no conceito do mecanismo, inicialmente, portanto, [o pôr] de uma *contradição*.

1. O influir dos objetos resulta do conceito mostrado, de modo que ele é o *pôr* da relação *idêntica* dos objetos. Esse [pôr] consiste apenas no fato de que à determinidade, que é efetivada, é dada a forma da *universalidade* – o que é a *comunicação*, a qual é sem o passar para o contraposto. A *comunicação espiritual*, que, aliás, procede no elemento que é o universal na forma da universalidade, é, para si mesma, uma relação *ideal*, em que *uma determinidade* se *continua* imperturbada de uma pessoa para a outra e se universaliza sem nenhuma alteração – como um aroma se difunde livremente na atmosfera sem resistência. Mas também na comunicação entre objetos materiais, sua determinidade, por assim dizer, *expande*-se de maneira igualmente ideal; a personalidade é uma *dureza* infinitamente

mais intensiva daquela que os objetos têm. A totalidade formal do objeto em geral, a qual é indiferente frente à determinidade, não é, com isso, autodeterminação alguma, torna o objeto indiferenciado do outro e faz da influência, portanto, inicialmente, uma continuação desimpedida da determinidade de um no outro.

Ora, no [âmbito] espiritual, é um conteúdo infinitamente multíplice que é capaz de comunicação, na medida em que, acolhido na inteligência, obtém essa *forma* da universalidade, na qual ele se torna algo comunicável. Mas o universal não apenas através da forma, mas em si e para si, é o *objetivo* enquanto tal, tanto no espiritual quanto no corpóreo, ao passo que a singularidade dos objetos exteriores como também das pessoas é um inessencial que não lhe pode opor resistência. As leis, os costumes, as representações racionais em geral, são, no espiritual, semelhantes comunicáveis, os quais compenetram os indivíduos de uma maneira inconsciente e se fazem valer dentro deles. No corpóreo, são o movimento, o calor, o magnetismo, a eletricidade e semelhantes que, se se quiser representá-los como matérias, têm de ser determinados como agentes *imponderáveis* que não têm da materialidade aquilo que fundamenta *sua singularização*.

2. Ora, se no influir recíproco dos objetos é posta, primeiramente, sua universalidade *idêntica*, então é igualmente necessário pôr o outro momento do conceito, a saber, a *particularidade*; os objetos demonstram, portanto, também sua *autossubsistência*, conservam-se como externos uns aos outros e produzem a *singularidade* naquela universalidade. Essa produção é a *reação* em geral. Inicialmente, ela não deve ser apreendida como um *mero suprassumir* da ação e da determinidade comunicada; o comunicado está, enquanto universal, positivamente nos objetos particulares e *se particulariza* apenas na diversidade deles. A este respeito, o comunicado permanece, portanto, o que ele é; somente ele se *reparte* nos objetos ou é determinado através da sua particularidade. – A causa se perde em seu outro, no efeito, a atividade da substância causal se perde em seu agir; mas o objeto *que influi* se torna apenas um *universal*; seu agir não é, antes de tudo, uma perda da sua determinidade, mas uma *particularização*, pela qual aquilo que, inicialmente, era aquela determinidade toda que nele era *singular*, agora se torna uma *espécie* da mesma, e somente através disso a *determinidade* é posta como um universal.

Ambas, a elevação da determinidade singular à universalidade na comunicação e a particularização da universalidade ou o rebaixamento da mesma que era apenas *uma* a uma espécie na repartição, são o um e o mesmo.

Ora, a *reação* é igual à *ação*. – Isso aparece, *em primeiro lugar*, de modo que o outro objeto *acolheu dentro de si* todo o universal e assim é, agora, o ativo frente ao primeiro. Assim a sua reação é a mesma que a ação, um *repelir recíproco da impulsão*. *Em segundo lugar*, o comunicado é o objetivo; ele *permanece*, portanto, determinação substancial dos objetos na pressuposição da sua diversidade; com isso, o universal especifica-se, ao mesmo tempo, dentro deles, e cada objeto, portanto, não apenas restitui toda a ação, mas tem sua parte específica. Mas, *em terceiro lugar*, a reação é, nesse aspecto, *ação totalmente negativa*, na medida em que cada um expulsa o ser posto de um outro dentro dele através da *elasticidade de sua autossubsistência* e conserva sua relação consigo. A *particularidade* específica da determinidade comunicada nos objetos, o que há pouco foi denominado espécie, regressa à *singularidade*, e o objeto afirma sua exterioridade frente à *universalidade comunicada*. A ação passa, através disso, para o *repouso*. Ela se mostra como uma alteração apenas *superficial*, transitória, na totalidade indiferente, fechada dentro de si, do objeto.

3. Esse regressar constitui o *produto* do processo mecânico. *Imediatamente*, o objeto está *pressuposto* como singular, além disso, como particular frente a outros; mas, em terceiro lugar, como indiferente frente à sua particularidade enquanto universal. O *produto* é aquela totalidade *pressuposta* do conceito, agora como uma [totalidade] *posta*. Ele é a conclusão em que o universal comunicado está silogizado com a singularidade por meio da particularidade; mas, ao mesmo tempo, no repouso está posta a *mediação* como uma mediação tal que se *suprassumiu*, ou seja, posta de modo que o produto é indiferente a esse seu tornar-se determinado e a determinidade obtida é uma [determinidade] externa nele.

De acordo com isso, o produto é o mesmo que o objeto que, primeiramente, entra no processo. Mas, ao mesmo tempo, ele está *determinado* somente através desse movimento; o objeto mecânico *somente é, em geral, objeto enquanto produto*, porque aquilo que ele *é*, é nele somente *através da mediação de um outro*. Assim, enquanto produto, ele é o que devia ser em si e para si, um *composto*, *misturado*, uma certa *ordem* e um *arranjo* das partes, em geral algo cuja determinidade não é autodeterminação, mas algo *posto*.

Por outro lado, também o *resultado* do processo mecânico *não está já presente antes dele mesmo*; seu *fim não é* em seu *início* como na finalidade. O produto é uma determinidade no objeto como *exteriormente* posta. Segundo o *conceito*, este produto é, portanto, certamente, o mesmo que o objeto já é desde o início. Mas, no início, a determinidade externa ainda não é como *posta*. A este respeito, o resultado é algo *totalmente outro* do primeiro ser aí do objeto e é, para o mesmo, como algo pura e simplesmente contingente.

b. O processo mecânico real

O processo mecânico passa para o *repouso*. A saber, a determinidade que o objeto obtém através do processo é apenas uma determinidade *externa*. Algo igualmente externo ao objeto é esse próprio repouso, na medida em que esse é a determinidade contraposta ao *agir* do objeto, mas cada determinidade é indiferente ao objeto; o repouso pode ser visto, portanto, também como produzido por uma causa *externa*, assim como ao objeto era indiferente [o fato] de ser agente.

Ora, na medida em que, além disso, a determinidade é uma determinidade *posta* e o conceito do objeto *regressou* a *si mesmo através da mediação*, assim o objeto tem a determinidade como uma determinidade refletida dentro de si nele. No processo mecânico, os objetos e esse mesmo processo têm, portanto, doravante, uma relação determinada mais precisamente. Eles não são meramente diversos, mas *determinadamente diferentes* um frente ao outro. O resultado do processo formal, o qual é, por um lado, o repouso sem determinação, é, com isso, por outro lado, a *repartição* através da determinidade refletida dentro de si, *da oposição* que o objeto em geral tem nele, em vários objetos que se relacionam mecanicamente uns com os outros. O objeto, por um lado, algo sem determinação que se comporta *de modo inelástico* e *não autossubsistente*, tem, por outro lado, uma *autossubsistência impenetrável*. Os objetos têm, agora, uns frente aos outros também essa oposição mais determinada da *singularida-*

de autossubsistente e da *universalidade não autossubsistente*. – A diferença mais precisa pode ser apreendida como uma diferença meramente quantitativa da grandeza diversa da *massa* no corpóreo, ou da *intensidade*, ou de múltiplas outras maneiras. Mas, em geral, ela não deve ser fixada meramente naquela abstração; ambos são também, enquanto objetos, autossubsistentes *positivos*.

O primeiro momento desse *processo* real é agora, como há pouco, a *comunicação*. O *mais fraco* pode ser captado e penetrado pelo *mais forte* somente na medida em que o acolhe e constitui *uma esfera* com ele. Assim como, no [âmbito] material, o fraco está assegurado contra o que é desproporcionalmente forte (como um lenço que está suspenso livremente no ar não é atravessado por uma bala de espingarda, uma receptividade orgânica fraca não é agredida tanto pelos estimulantes fortes quanto pelos fracos), assim o espírito totalmente fraco é mais seguro contra o forte do que um espírito que está mais próximo desse; se se quiser representar algo totalmente estúpido, ignóbil, então um entendimento superior, algo nobre, não pode impressioná-lo; o único meio consequente *contra* a razão é não se envolver com ela. – Na medida em que o não autossubsistente não pode juntar-se com o autossubsistente e não pode ocorrer nenhuma comunicação entre eles, o último também não pode opor nenhuma *resistência*, quer dizer, não pode especificar para si o universal comunicado. – Se eles não se encontrassem em *uma* esfera, então sua relação um com o outro seria um juízo infinito e nenhum processo seria possível entre eles.

A *resistência* é o momento mais preciso da subjugação de um objeto pelo outro, enquanto ela é o momento inicial da repartição do universal comunicado e do pôr da negatividade que se relaciona consigo mesma, da singularidade a ser produzida. A resistência é *subjugada* na medida em que sua determinidade não é *adequada* ao universal comunicado que foi acolhido pelo objeto e deve se singularizar dentro dele. Sua não-autossubsistência relativa se manifesta no fato de que sua *singularidade* não tem a *capacidade para o comunicado*, portanto, o objeto é detonado por esse mesmo, porque não pode continuar nesse universal enquanto *sujeito*, não pode fazer desse mesmo o seu *predicado*. – Apenas conforme esse segundo lado, a *violência* contra um objeto é algo *estranho* para o mesmo. A *potência* torna-se *violência* através do fato de que ela, uma universalidade objetiva, é *idêntica à natureza* do objeto, mas sua determinidade ou negatividade não é a própria *reflexão negativa* dentro de si do objeto, segundo a qual ele é um singular. Na medida em que a negatividade do objeto não se reflete dentro de si na potência, a potência não é a própria relação dele consigo, a negatividade é, frente à potência, apenas negatividade *abstrata*, cuja manifestação é o sucumbimento.

A potência, como *universalidade objetiva* e como violência *contra* o objeto, é o que é denominado *destino*, – um conceito que cai dentro do mecanismo na medida em que ele é denominado *cego*, quer dizer, sua *universalidade objetiva* não é conhecida pelo sujeito em seu específico caráter próprio. – Para fazer algumas observações sobre isso, o destino do ser vivo é, em geral, o *gênero*, o qual se manifesta através da perecibilidade dos indivíduos vivos, os quais não o têm em sua *singularidade efetiva* enquanto gênero. Como meros objetos, as naturezas apenas vivas, assim como as coisas restantes de grau inferior, não têm destino algum; o que lhes ocorre é uma contingência; mas elas são *externas a si* em *seu conceito enquanto objetos*; a potência estranha do destino é, portanto, totalmente apenas a *natureza imediata própria* delas, a exterioridade e a contingência mesmas. Apenas a autoconsciência tem um destino autêntico, porque ela é *livre*, na *singularidade* do seu Eu ela é, portanto, pura e simplesmente *em si e para si* e pode se contrapor à sua universalidade objetiva e *tornar-se estranha* frente a ela. Mas, através dessa própria separação, a autoconsciência suscita contra si a relação mecânica de um destino. Portanto, para que o destino possa ter poder [*Gewalt*] sobre a autoconsciência, ela precisa ter dado a si qualquer determinidade frente à universalidade essencial, precisa ter cometido um *ato*. Através disso, ela fez de si um *particular*, e esse ser aí é, como universalidade abstrata, simultaneamente, o lado aberto para a comunicação de sua essência que se tornou estranha a ela; nesse lado, a autoconsciência é arrastada no processo. O povo que não age é irrepreensível; ele está envolto na universalidade objetiva, ética, e dissolvido nela, sem a individualidade que move o imóvel, dá a si uma determinidade para fora e uma universalidade abstrata separada daquela objetiva; com isso, no entanto, também o sujeito se torna algo esvaziado de sua essência, um *objeto*, e entrou na relação da *exterioridade* frente à sua natureza e [na relação] do mecanismo.

c. O produto do processo mecânico

O produto do mecanismo *formal* é o objeto em geral, uma totalidade indiferente, na qual a *determinidade* está como *posta*. Na medida em que, através disso, o objeto entrou como *determinado* no processo, assim, por um lado, no sucumbimento do objeto o resultado é o *repouso* enquanto formalismo originário do objeto, a negatividade do seu ser determinado para si. Mas, por outro lado, o suprassumir do ser determinado enquanto *reflexão positiva do mesmo* dentro de si, é a determinidade que foi para dentro de si ou a *totalidade posta do conceito*, a *singularidade verídica* do objeto. O objeto, primeiramente em sua universalidade indeterminada, então como *particular*, está agora determinado como *objetivamente singular*, de modo que, nele, foi suprassumida aquela *aparência de [uma] singularidade* que é apenas uma autossubsistência *que* se *contrapõe* à universalidade substancial.

Essa reflexão dentro de si é agora, como resultou, o ser-uno objetivo dos objetos, o qual é autossubsistência individual – o *centro*. *Em segundo lugar*, a reflexão da negatividade é a universalidade que não é um destino que se contrapõe à determinidade, mas, sim, um destino racional, determinado dentro de si – uma universalidade que se *particulariza nela mesma*, a diferença em repouso, firme na particularidade não autossubsistente dos objetos e no seu processo, a *lei*. Esse resultado é a verdade, com isso, também a base do processo mecânico.

C. O mecanismo absoluto

a. O centro

A multiplicidade vazia do objeto está agora, em primeiro lugar, recolhida na singularidade objetiva, no *centro* simples que determina a si mesmo. Na medida em que, em segundo lugar, o objeto como totalidade imediata guarda sua indiferença frente à determinidade, assim essa está presente nele também como inessencial ou como um *ser fora um do outro* de múltiplos objetos. A primeira, a determinidade essencial, constitui, pelo contrário, o *meio-termo real* entre os múltiplos objetos que agem mecanicamente uns sobre os outros, pelo qual eles estão silogizados *em si e para si*, e que é a universalidade objetiva deles. A universalidade se mostrou primeiramente na relação da *comunicação* como uma universalidade presente apenas através do *pôr*; mas, como universalidade *objetiva*, ela é a essência penetrante, imanente, dos objetos.

No mundo material, o *corpo central* é aquele que é o *gênero*, mas universalidade *individual* dos objetos singulares e de seu processo mecânico. Os corpos singulares inessenciais se relacionam por *choque e pressão* recíproca; tal relação não se realiza entre o *corpo central* e os objetos dos quais ele é a essência; pois a exterioridade deles não constitui mais sua determinação fundamental. Sua identidade com o corpo central é, portanto, pelo contrário, o repouso, a saber, o *ser em seu centro*; essa unidade é o conceito deles que é em si e para si. Ela permanece, contudo, apenas um *dever ser*, pois a exterioridade, ao mesmo tempo, ainda posta dos objetos não corresponde àquela unidade. Portanto, o *tender* que eles têm para o centro, é sua universalidade absoluta, não posta pela *comunicação*; ela constitui o *repouso* verdadeiro, ele mesmo *concreto*, não *posto desde fora*, ao qual o processo da não autossubsistência tem de regressar. – Por causa disso, é uma abstração vazia quando, na mecânica, assume-se que um corpo posto em movimento em geral continuaria a se mover em linha reta ao infinito, se ele não perdesse seu movimento por resistência externa. O *atrito*, ou qualquer outra forma que a resistência tenha, é apenas o aparecimento da *centralidade*; esta é que reconduz o corpo absolutamente a si; pois aquilo em que o corpo movido se fricciona, tem unicamente a força de uma resistência por seu ser uno com seu centro. – No *espiritual*, o centro e o ser uno com o mesmo assumem formas superiores; mas a unidade do conceito e sua realidade, a qual é aqui inicialmente centralidade mecânica, também lá tem de constituir a determinação fundamental.

A este respeito, o corpo central deixou de ser um mero *objeto*, uma vez que, nesse, a determinidade é um inessencial; pois o corpo central não tem mais apenas o *ser em si*, mas também o *ser para si* da totalidade objetiva. Por causa disso, ele pode ser visto como um *indivíduo*. Sua determinidade é essencialmente diversa de uma mera ordem ou de um *arranjo* e uma *conexão externa* de partes; enquanto determinidade que é em si e para si, ela é uma forma *imanente*, princípio autodeterminante ao qual os objetos inerem e pelo qual eles estão combinados até [tornarem-se] um uno verídico.

Mas esse indivíduo central é, assim, apenas primeiramente *meio-termo* que ainda não tem extremos verídicos; mas, como unidade negativa do conceito total, ele se dirime em tais [extremos]. Ou seja, os objetos anteriormente não autossubsistentes, externos a si, são igualmente determinados como indivíduos pelo retorno do conceito; a identidade consigo do corpo central, que é ainda um *tender*, está afetada por *exterioridade* à qual, por ela estar acolhida em sua *singularidade objetiva*, essa está comunicada. Através dessa centralidade própria, esses objetos, colocados fora daquele primeiro centro, são, eles mesmos, centros para os objetos não autossubsistentes. Esses segundos centros e os objetos não autossubsistentes estão silogizados por aquele meio-termo absoluto.

Mas os indivíduos centrais relativos constituem também, eles mesmos, o meio-termo *de um segundo silogismo*, meio-termo que, por um lado, está subsumido sob um extremo superior, a *universalidade* objetiva e a *potência* do centro absoluto, por outro, sobsome a si os objetos não autossubsistentes, cuja singularização superficial ou formal são carregadas por ele. – Também esses não autossubsistentes são o meio-termo de um *terceiro silogismo*, do *silogismo formal*, enquanto eles são o vínculo entre a individualidade central absoluta e aquela relativa na medida em que a última tem dentro deles sua exterioridade, através da qual a *relação consigo* é, ao mesmo tempo, um *tender* para um centro absoluto. Os objetos formais têm por sua essência a *gravidade* idêntica do seu corpo central imediato, ao qual eles inerem como ao seu sujeito e extremo da singularidade; através da exterioridade que eles constituem, o corpo central imediato está subsumido ao corpo central absoluto; eles são, portanto, o meio-termo formal da *particularidade*. – Mas o indivíduo absoluto é o meio-termo objetivamente universal, o qual silogiza e mantém firme o ser dentro de si do indivíduo relativo e sua exterioridade. – Assim, também o *governo*, os *indivíduos como cidadãos* e os *carecimentos* ou *a vida externa* dos singulares são três termos, cada um dos quais é o meio-termo dos outros dois. O *governo* é o centro absoluto em que o extremo dos singulares é silogizado com seu subsistir externo; igualmente, os *singulares* são meios-termos, os quais ativam aquele indivíduo universal até a existência exterior e transpõem sua essência ética para o extremo da efetividade. O terceiro silogismo é o silogismo formal, o silogismo da aparência de que os singulares, através de seus *carecimentos* e do ser aí externo, estão vinculados nessa individualidade absoluta universal –, um silogismo que, enquanto silogismo meramente subjetivo, passa para os outros e neles tem sua verdade.

Essa totalidade, cujos momentos são, eles mesmos, as relações [*Verhältnisse*] completas do conceito, os *silogismos* nos quais cada um dos três objetos diferenciados percorre a determinação do meio-termo e dos extremos, constitui o *mecanismo livre*. Dentro dele, os objetos diferenciados têm por sua determinação fundamental a universalidade objetiva, a gravidade *penetrante* que se conserva *identicamente* na *particularização*. As relações [*Beziehungen*] de *pressão, choque, atração* e semelhantes, tais como *agregações* e *misturas*, pertencem à relação [*Verhältnis*] da exterioridade que fundamenta o terceiro dos silogismos juntados. A *ordem*, que é a determinidade meramente externa dos objetos, passou para a determinação imanente e objetiva; esta é a *lei*.

b. A lei

Na lei se destaca a diferença mais determinada da *realidade ideal* da objetividade frente àquela *externa*. O objeto, enquanto totalidade *imediata* do conceito, ainda não tem a exterioridade como diferenciada do *conceito* que não está posto para si. Na medida em que o objeto foi para dentro de si através do processo, entrou em cena a oposição da *centralidade simples* frente a uma *exterioridade* que está, agora, determinada *como* exterioridade, isto é, *posta* como aquilo que não é em si e para si. Em virtude da relação com a exterioridade, aquele idêntico ou ideal da individualidade é um *dever ser*; é a unidade em si e para si determinada e autodeterminante do conceito, à qual aquela realidade exterior não corresponde, chegando, portanto, apenas até o *tender*. Mas a individualidade é *em si e para si o princípio concreto da unidade negativa, enquanto tal, ela mesma totalidade*, uma unidade que se dirime nas *diferenças determinadas do conceito* e permanece dentro da sua universalidade igual a si mesma, com isso, o centro *expandido através da diferença* dentro da sua idealidade pura. – Essa realidade, que corresponde ao conceito, é aquela *ideal*, diferente daquela apenas tendencial, a diferença, que é inicialmente uma pluralidade de objetos, acolhida em sua essencialidade e na universalidade pura. Essa idealidade real é a *alma* da totalidade objetiva anteriormente desenvolvida, a *identidade em si e para si determinada* do sistema.

O *ser em si e para si* objetivo resulta, por conseguinte, em sua totalidade mais determinada como a unidade negativa do centro, a qual se divide em *individualidade subjetiva* e em *objetividade externa*, nesta conserva aquela e a determina numa diferença ideal. Essa unidade autodeterminante que reconduz absolutamente a objetividade externa na idealidade é o princípio do *automovimento*; a *determinidade* desse animador, a qual é a diferença do próprio conceito, é a *lei*. – O mecanismo morto era o processo mecânico já considerado de objetos que apareciam imediatamente como autossubsistentes; mas, justamente por causa disso, são, na verdade, não-autossubsistentes e têm seu centro fora deles; esse processo, que passa para o *repouso*, mostra ou *contingência* e desigualdade indeterminada ou *uniformidade formal*. Essa uniformidade é, certamente, uma *regra*, mas não uma *lei*. Apenas o mecanismo livre tem uma *lei*, a determinação própria da individualidade pura ou *do conceito que é para si*; a lei é, enquanto diferença em si mesma, fonte imperecível de movimento que acende a si mesmo, na medida em que ela se relaciona somente consigo na idealidade de sua diferença, *necessidade livre*.

c. Passagem do mecanismo

No entanto, essa alma ainda está mergulhada no seu corpo; o conceito *doravante determinado*, porém *interior*, da totalidade objetiva é necessidade livre de modo que a lei ainda não se contrapôs ao seu objeto; ela é a centralidade *concreta* como universalidade *imediatamente* difundida em sua objetividade. Aquela idealidade não tem, por conseguinte, os *próprios objetos* por sua diferença determinada; esses são *indivíduos autossubsistentes* da totalidade ou também, se nós olhamos retrospectivamente para o estágio formal, *objetos* não individuais, externos. Decerto, a lei é imanente a eles e constitui sua natureza e potência; mas a diferença da lei está incluída em sua idealidade e os objetos não estão, eles mesmos, diferenciados na diferença ideal da lei. Mas o objeto tem unicamente na centralidade ideal e em suas leis sua autossubsistência essencial; ele não tem, por conseguinte, nenhuma força para resistir ao juízo do conceito e se manter na autossubsistência abstrata, indeterminada, e no fechamento. Pela sua diferença ideal, imanente a ele, seu ser aí é uma *determinidade posta pelo conceito*. Dessa maneira, sua não-autossubsistência não é mais apenas um *tender* para o *centro*, frente ao qual ele justamente, porque sua relação é apenas um tender, ainda tem o aparecimento de um objeto autossubsistente externo; mas antes é um tender para o objeto que *lhe é determinadamente contraposto*; assim como o centro, através disso, cindiu-se e sua unidade negativa passou para a *oposição objetivada*. A centralidade é agora, portanto, *relação* dessas objetividades reciprocamente negativas e tensionadas. Assim o mecanismo livre se determina até o *quimismo*.

SEGUNDO CAPÍTULO
O QUIMISMO

No todo da objetividade, o quimismo constitui o momento do juízo, da diferença e do processo que se tornaram objetivos. Uma vez que ele já começa com a determinidade e o ser posto e o objeto químico é, ao mesmo tempo, totalidade objetiva, seu próximo percurso é simples e está determinado completamente pela sua pressuposição.

A. O objeto químico

O objeto químico se distingue do mecânico pelo fato de que o último é uma totalidade que é indiferente frente à determinidade; no objeto químico, pelo contrário, a *determinidade*, com isso, a *relação com outro* e a maneira dessa relação, pertencem à sua natureza. – Essa determinidade é essencialmente, ao mesmo tempo, *particularização*, quer dizer, está acolhida na universalidade; ela é, assim, *princípio* – a *determinidade universal*, não apenas aquela de *um objeto singular*, mas também aquela do *outro*. Ora, portanto, diferenciam-se no objeto químico o seu conceito, como a totalidade interior de ambas as determinidades, e a determinidade, a qual constitui a natureza do objeto singular em sua *exterioridade e existência*. Na medida em que ele é, dessa maneira, *em si* todo o conceito, ele tem nele mesmo a *necessidade* e o *impulso* de suprassumir seu *subsistir unilateral*, contraposto, e de fazer de si o *todo real* no ser aí, o qual ele é conforme seu conceito.

Sobre a expressão *quimismo* para [designar] a relação da diferença da objetividade, como ela resultou, pode, de resto, ser observado que ela aqui não tem de ser entendida como se essa relação se apresentasse apenas naquela forma da natureza elementar que se chama propriamente quimismo. Já a relação meteorológica tem de ser considerada como um processo, cujas partes têm mais a natureza de elementos físicos do que de elementos químicos. No ser vivo, a relação sexual está sob esse esquema, assim como ele também constitui a base *formal* para as relações espirituais do amor, da amizade etc.

Considerado mais de perto, o objeto químico é, inicialmente, como uma totalidade *autossubsistente* em geral, um objeto refletido dentro de si que, sob esse aspecto, é diferente de seu ser-refletido para fora – uma *base* indiferente, o indivíduo ainda não determinado como diferente; também a pessoa é uma tal base que se relaciona somente consigo. Mas a determinidade imanente que constitui a *diferença* do objeto químico está, *em primeiro lugar*, refletida dentro de si de tal modo que esse recolhimento da relação para fora é apenas universalidade formal abstrata; assim a relação para fora é a determinação da imediatidade e existência do objeto. Conforme esse lado, ele não regressa *nele mesmo* à totalidade individual; e a unidade negativa tem ambos os momentos de sua oposição em dois *objetos particulares*. Por conseguinte, um objeto químico não é compreensível a partir dele mesmo, e o ser de um é o ser de um outro. – Mas, *em segundo lugar*, a determinidade está refletida absolutamente dentro de si e o momento concreto do conceito individual do todo, conceito que é a essência universal, o *gênero real* do objeto particular. O objeto químico, com isso, a contradição do seu ser posto imediato e do seu conceito imanente individual, é um *esforço* para suprassumir a determinidade do seu ser aí e dar a existência à totalidade objetiva do conceito. Portanto, ele é, decerto, igualmente um objeto não-autossubsistente, mas de modo que ele, ao contrário, está tensionado pela sua própria natureza e inicia o *processo* de modo autodeterminante.

B. O processo químico

1. Ele começa com a pressuposição de que os objetos tensionados, embora eles o sejam frente a si mesmos, eles o são, primeiro, justamente por isso, uns frente aos outros – uma relação que se chama de sua *afinidade*. Enquanto cada objeto está, pelo seu conceito, em contradição com unilateralidade própria de sua existência, esforçando-se, portanto, para suprassumi-la, nisso está imediatamente

posto o esforço para suprassumir a unilateralidade do outro e, através desse igualamento recíproco e dessa combinação, para tornar a realidade adequada ao conceito que contém ambos os momentos.

Enquanto cada objeto está posto como tal que se contradiz e se suprassume nele mesmo, eles estão mantidos na separação um do outro e da sua complementação recíproca apenas pela *violência exterior*. O meio-termo pelo qual esses extremos agora são silogizados é, *em primeiro lugar*, a natureza que *é em si* de ambos, todo o conceito que retém ambos dentro de si. Mas, *em segundo lugar*, visto que eles estão contrapostos na sua existência, assim sua unidade absoluta é também um elemento *existente diferente* deles, ainda formal – o elemento da *comunicação* em que eles entram na *comunidade* externa um com o outro. Visto que a diferença real pertence aos extremos, assim esse meio-termo é apenas a neutralidade abstrata, a possibilidade real dos mesmos – quase que o *elemento teórico* da existência dos objetos químicos, do seu processo e do seu resultado –; no corpóreo, a *água* tem a função desse meio; no espiritual, enquanto nele se realiza o análogo de uma tal relação [*Verhältnis*], deve ser visto como meio o *signo* em geral e, mais precisamente, a *linguagem*.

Nesse elemento, a relação [*Verhältnis*] dos objetos enquanto mera comunicação é, por um lado, um juntar-se quieto; mas, por outro lado, igualmente um *comportamento* [*Verhalten*] *negativo*, na medida em que o conceito concreto, que é a natureza dos objetos, na comunicação é posto na realidade, com isso, as *diferenças reais* dos objetos são reduzidas à unidade dele. Sua *determinidade* anteriormente autossubsistente é, com isso, suprassumida na unificação adequada ao conceito, que em ambos [os objetos] é um e o mesmo, a oposição e a tensão deles são, portanto, embotadas, com o que o esforço alcança sua *neutralidade* quieta nessa complementação mútua.

Dessa maneira, o processo *extinguiu-se*; na medida em que a contradição do conceito e da realidade está igualada, os extremos do silogismo perderam a oposição, com isto, cessaram de ser extremos um frente ao outro e frente ao meio-termo. O *produto* é um produto *neutro*, quer dizer, tal que nele os ingredientes, que não podem mais ser denominados objetos, não têm mais sua tensão e, com isso, as propriedades que lhes competiam enquanto eles estavam em tensão, mas um produto em que se conservou a *capacidade* de sua autossubsistência e tensão anteriores. A unidade negativa do neutro parte precisamente de uma diferença *pressuposta*; a *determinidade* do objeto químico é idêntica à sua objetividade, ela é originária. Pelo processo considerado, essa diferença está suprassumida somente *de modo imediato*, a determinidade ainda não é, portanto, como absolutamente refletida dentro de si, com isso, o produto do processo é apenas uma unidade formal.

2. Certamente nesse produto a tensão da oposição e a unidade negativa como atividade do processo estão agora extintas. Mas, visto que essa unidade é essencial ao conceito e veio, ao mesmo tempo, ela mesma à existência, assim ela ainda está presente, mas caiu *fora* do objeto neutro. O processo não se acende de novo por si mesmo, na medida em que ele tinha a diferença apenas como sua *pressuposição*, não a *punha* ele mesmo. – Essa negatividade autossubsistente fora do objeto, a existência da singularidade *abstrata*, cujo ser para si tem sua realidade no *objeto indiferente*, está agora em tensão dentro de si mesma frente à sua abstração, uma atividade inquieta dentro de si que, consumindo-se, vira-se para fora. Ela se relaciona *imediatamente* com o objeto, cuja neutralidade quieta é a possibilidade real da oposição dela; o mesmo [objeto] é, doravante, o *meio-termo* da neutralidade já meramente formal, agora concreta dentro de si mesma e determinada.

A relação imediata mais precisa do *extremo* da *unidade negativa* com o objeto é que este é determinado por ela e, através disso, é dirimido. Essa dirimição pode, inicialmente, ser vista como a produção da oposição dos objetos em tensão com a qual o quimismo começou. Mas essa determinação não constitui o outro extremo do silogismo, mas pertence à relação imediata do princípio diferenciante com o meio-termo no qual esse [princípio] se dá sua realidade imediata; ele é a determinidade que tem, ao mesmo tempo, o meio-termo no silogismo disjuntivo, além do fato de ele ser a natureza universal do objeto, pelo que este é tanto universalidade objetiva quanto particularidade. O *outro extremo* do silogismo está contraposto ao *extremo autossubsistente* exterior da singularidade; é, portanto, o extremo igualmente autossubsistente da *universalidade*; a dirimição que a neutralidade real do meio-termo, portanto, experimenta dentro dele, é que o meio--termo não é decomposto em momentos reciprocamente diferentes, mas [em momentos] *indiferentes*. Esses momentos são, com isso, a *base* [*Basis*] abstrata, indiferente, por um lado, o princípio *animador* da mesma, por outro, princípio que, pela sua separação da base, alcança igualmente a forma da objetividade indiferente.

Esse silogismo disjuntivo é a totalidade do quimismo, na qual o mesmo todo objetivo está apresentado tanto como a unidade *negativa* autossubsistente, então, como unidade *real* no meio-termo – mas, por fim, a realidade química está dissolvida em seus momentos *abstratos*. Nestes últimos, a determinidade não veio, como no neutro, à sua *reflexão dentro de si* em *um outro*, mas regressou em si para dentro de sua abstração, um *elemento originariamente determinado*.

3. Estes objetos elementares estão, com isso, libertos da tensão química; neles a base originária daquela *pressuposição* com a qual o quimismo começava, tem sido *posta* pelo processo real. Na medida em que agora, além disso, por um lado sua *determinidade* interior enquanto tal é essencialmente a contradição de seu *subsistir indiferente simples* e dela [mesma] enquanto *determinidade*, e o impulso para fora que se dirime e põe a tensão em seu objeto e num *outro*, *a fim de ter aquilo* com o qual o objeto possa comportar-se como diferente, no qual ele possa se neutralizar e dar à sua determinidade simples a realidade que é aí [*die daseiende Realität*], assim o quimismo regressou, com isso, para seu início, no qual objetos em tensão recíproca procuram um ao outro e, então, unificam-se num objeto neutro através de um meio-termo formal, exterior. Por outro lado, através desse retorno para o seu *conceito*, o quimismo se suprassume e passou para uma esfera superior.

C. Passagem do quimismo

A química habitual já mostra exemplos de alterações químicas em que um corpo, por exemplo, atribui a uma parte da sua massa uma oxidação superior e com isso rebaixa uma outra parte a um grau menor da mesma, grau no qual somente ele pode entrar com um outro corpo diferente trazido a ele numa combinação neutra da qual ele não teria sido susceptível naquele primeiro grau imediato. O que acontece aqui é que o objeto não se relaciona com um outro segundo uma determinação imediata, unilateral, mas segundo a totalidade interior de uma *relação* [*Verhältnis*] originária *põe* a *pressuposição* da qual ele precisa para uma relação [*Beziehung*] real e se dá, através disso, um meio-termo pelo qual ele silogiza seu conceito com sua realidade; é a singularidade determinada em si e para si, o conceito concreto enquanto princípio da *disjunção* em extremos cuja *reunificação* é a atividade *do mesmo* princípio negativo que, através disso, retorna à sua primeira determinação, mas *objetivado*.

O próprio quimismo é *a primeira negação* da objetividade *indiferente* e da *exterioridade* da determinidade; ele está, portanto, ainda afetado pela autossubsistência imediata do objeto e pela exterioridade. Por conseguinte, ele ainda não é para si aquela totalidade da autodeterminação que surge dele e na qual ele, antes, se suprassume. – Os três silogismos que resultaram constituem sua totalidade: o primeiro tem por meio-termo a neutralidade formal e por extremos, os objetos em tensão; o segundo tem por meio-termo o produto do primeiro, a neutralidade real, e por extremos, a atividade que dirime e seu produto, o elemento indiferente; mas o terceiro é o conceito que se realiza, que se põe a pressuposição pela qual o processo de sua realização é condicionado – um silogismo que tem o universal por sua essência. No entanto, em virtude da imediatidade e da exterioridade, em cuja determinação a objetividade química está, *esses silogismos ainda caem uns fora dos outros*. O primeiro processo, cujo produto é a neutralidade dos objetos em tensão, extingue-se em seu produto e aquela que o acende novamente é uma diferenciação que sobrevém exteriormente; condicionado por uma pressuposição imediata, o primeiro processo se esgota nela. – De igual modo, a secreção dos extremos diferentes a partir do neutro, também a decomposição deles em seus elementos abstratos, têm de partir de *condições que sobrevêm exteriormente*, e de estimulações da atividade. Mas, na medida em que também ambos os momentos essenciais do processo, por um lado, a neutralização, por outro, a separação e redução, estão ligados em um e no mesmo processo, e *unificação* e embotamento dos extremos em tensão também são uma *separação* em tais extremos, assim eles constituem, em virtude da exterioridade ainda subjacente, *dois* lados *diversos*; os extremos que são secretados no mesmo processo são outros objetos ou matérias do que aqueles que se unem nele; na medida em que aqueles surgem dele novamente de modo diferente, eles têm de se voltar para fora; sua nova neutralização é um processo diferente daquela que ocorreu no primeiro.

Mas esses processos diversos, que resultaram como necessários, são outros tantos *estágios* pelos quais a *exterioridade* e o *ser condicionado* são suprassumidos. Disso surge o conceito como totalidade determinada em si e para si e não condicionada pela exterioridade. No primeiro silogismo, suprassume-se a exterioridade dos extremos reciprocamente diferentes que constituem toda a realidade, ou seja, a diferencialidade entre o conceito determinado que *é em si* e a sua determinidade que *é aí*; no segundo silogismo, é suprassumida a exterioridade da unidade real, a unificação como meramente *neutra*; – mais precisamente, suprassume-se a atividade formal, inicialmente, em bases igualmente formais ou determinidades indiferentes, cujo *conceito interior* é, agora, a atividade interiorizada, absoluta, como aquela que se realiza nela mesma, isto é, que *põe* dentro de si as diferenças determinadas e se constitui como unidade real através dessa *mediação* – uma mediação que é, com isso, a mediação *própria* do conceito, sua autodeterminação e, com respeito à sua reflexão dentro de si a partir disso, é *pressupor* imanente. O terceiro silogismo, que é, por um lado, o restabelecimento do processo precedente, suprassume, por outro lado, ainda o último momento das bases [*Basen*] *indiferentes* – a *imediatidade* externa totalmente abstrata que se torna, desse modo, o momento *próprio* da mediação do conceito através de si mesmo. O conceito que, com isso, suprassumiu todos os momentos do seu ser aí objetivo como externos e os pôs na sua unidade simples, está através disso completamente liberto da exterioridade objetiva com a qual ele se relaciona apenas como com uma realidade inessencial; esse conceito livre objetivo é a *finalidade*.

TERCEIRO CAPÍTULO
TELEOLOGIA

Onde é percebida a *conformidade a fins*, assume-se um *entendimento* como autor da mesma, portanto, para o fim se exige a existência própria, livre, do conceito. A *teleologia* é contraposta principalmente ao *mecanismo* no qual a determinidade posta no objeto, essencialmente como externa, é um tipo de determinidade na qual não se manifesta *autodeterminação* alguma. A oposição de *causis efficientibus* e *causis finalibus*, de causas meramente *eficientes* e causas *finais*, relaciona-se com aquela diferença à qual, tomada em forma concreta, reconduz-se também a investigação sobre se a essência absoluta do mundo tem de ser apreendida como mecanismo cego da natureza ou como um entendimento que se determina segundo fins. A antinomia do *fatalismo* com o *determinismo* e da *liberdade* concerne igualmente à oposição do mecanismo e da teleologia; pois o livre é o conceito em sua existência.

Com esses conceitos, a metafísica de outrora procedeu como com seus outros conceitos; em parte, ela pressupôs uma representação do mundo e se esforçou para mostrar que um ou o outro conceito seria adequado a ela, enquanto o conceito contraposto seria deficitário, porque tal representação não se deixaria *explicar* a partir dele; em parte, ela não investigou aí o conceito da causa mecânica e do fim, [para determinar] qual [deles] teria verdade *em si e para si*. Se isso está estabelecido por si, então o mundo objetivo pode apresentar causas mecânicas e causas finais; a existência delas não é o padrão de medida do *verdadeiro*, mas o verdadeiro é, antes, o critério [para determinar] qual dessas existências seria aquela verídica do mundo objetivo. Como o entendimento subjetivo mostra nele também erros, assim o mundo objetivo mostra também aqueles lados e estágios da verdade que, por si, são somente unilaterais, incompletos e apenas relações do aparecimento [*Erscheinungsverhältnisse*]. Se o mecanismo e a conformidade a fins se contrapõem, então eles não podem, justamente por causa disso, ser tomados como *igualmente válidos*, dos quais cada um seria para si um conceito correto e teria tanta validade quanto o outro, de modo que, nesse caso, tudo dependeria disto: onde um ou o outro poderia ser aplicado. Essa validade igual de ambos repousa apenas no fato de que eles *são*, a saber, no fato de que nós *temos* ambos. Mas a primeira questão necessária, por eles serem contrapostos, é [a questão sobre] qual de ambos [os conceitos] seria o verdadeiro; e a autêntica questão superior é *se a verdade deles é um terceiro ou se um é a verdade do outro*. – Mas a *relação da finalidade* resultou como a *verdade* do *mecanismo*. – Aquilo que se apresentava como *quimismo* é tomado em conjunto com o *mecanismo* na medida em que a finalidade é o conceito na existência livre e se lhe contrapõe em geral a falta de liberdade do mesmo, seu ser-mergulhado na exterioridade; ambos, mecanismo assim como quimismo, são reunidos, portanto, sob a necessidade natural na medida em que, no primeiro, o conceito não existe no objeto, porque este, enquanto objeto mecânico, não contém a autodeterminação; mas, no outro, o conceito ou tem uma existência em tensão, unilateral, ou, na medida em que ele surge como a unidade, a qual tensiona o objeto neutro nos extremos, é externo a si mesmo na medida em que ele suprassume essa separação.

Quanto mais o princípio teleológico se conecta com o conceito de um entendimento *extramundano* e, a este respeito, foi favorecido pela devoção, mais ele parecia se afastar da investigação da natureza, que quer conhecer as propriedades da natureza não como *determinidades* alheias, mas como *imanentes*, e só um tal conhecer deixa valer como um *compreender*. Visto que a finalidade é o próprio conceito em sua existência, assim pode parecer estranho que o conhecer dos objetos a partir de seu conceito apareça, antes, como uma transgressão injustificada para um elemento *heterogêneo*, ao passo que o mecanismo, para o qual a determinidade de um objeto é como uma determinidade posta externamente nele e por um outro, vale como uma visão *mais imanente* do que a teleologia. O mecanismo, pelo menos o mecanismo comum, sem liberdade, assim como o quimismo, têm de ser vistos, no entanto, como um princípio imanente na medida em que o próprio *externo* determinante é *de novo somente um tal objeto*, um objeto determinado externamente e indiferente a tal tornar-se determinado, ou, no quimismo, o outro objeto é, de igual modo, um objeto quimicamente determinado, em geral, um momento essencial da totalidade reside sempre num externo. Esses princípios continuam a estar, portanto, dentro da mesma forma natural da finitude; mas embora eles não queiram ultrapassar o finito e, para os fenômenos, apenas conduzam a causas finitas, que exigem elas mesmas o prosseguimento, assim elas, contudo, expandem-se ao mesmo tempo, em parte, até uma totalidade formal no conceito de força, causa e outras determinações da reflexão que devem designar uma *originariedade*; mas, em parte, expandem-se pela *universalidade* abstrata de um *tudo* de forças, de um *todo* de causas recíprocas. O mecanismo se mostra, ele mesmo, como um esforço da totalidade pelo fato de que ele procura apreender a natureza *por si* como um *todo*, que não precisa para *seu* conceito de nenhum outro – uma totalidade que não se encontra na finalidade e no entendimento extramundano que se conecta com ela.

Ora, a conformidade a fins se mostra, inicialmente, em geral, como algo *superior* a um *entendimento* que determina *exteriormente* a multiplicidade dos objetos *através de uma unidade que é em si e para si*, de modo que as determinidades indiferentes dos objetos se tornam *essenciais através dessa relação*. No mecanismo, elas se tornam essenciais através da *mera forma da necessidade*, enquanto seu *conteúdo* é indiferente, pois elas devem permanecer externas e apenas o entendimento enquanto tal [deve] se satisfazer na medida em que ele conhece a conexão dele, a identidade abstrata. Na teleologia, pelo contrário, o conteúdo se torna importante, porque ela pressupõe um conceito, um *determinado em si e para si* e, com isso, autodeterminante, portanto, diferenciou da *relação* das diferenças e de seu ser determinado umas pelas outras, da *forma*, a *unidade refletida dentro de si, um determinado em si e para si*, com isso, *um conteúdo*. Mas, se este, de outra maneira, é um conteúdo *finito* e insignificante, então ele contradiz aquilo que ele deve ser, pois a finalidade é, segundo sua forma, uma totalidade *infinita dentro de si* – especialmente, se o agir que opera segundo fins é assumido como vontade e entendimento *absolutos*. A teleologia atraiu a objeção do ridículo, porque as finalidades que ela mostrava são, conforme o caso, mais significativos ou também mais frívolos, e a relação da finalidade dos objetos tinha de aparecer tão frequentemente como uma brincadeira porque essa relação aparece tão externa e, portanto, contingente. O mecanismo, pelo contrário, deixa às determinidades dos objetos, conforme o conteúdo substancial, seu valor de [determinidades] contingentes, frente às quais o objeto é indiferente e que nem para si, nem para o entendimento subjetivo, devem ter um valor superior. Em sua conexão de necessidade externa, esse princípio dá a consciência de liberdade infinita frente à teleologia que estabelece as insignificâncias e mesmo os lados desprezíveis de seu conteúdo como algo absoluto, no qual o pensamento mais universal somente pode se encontrar infinitamente restrito e mesmo enojado.

A desvantagem formal na qual essa teleologia primeiramente está, é que ela chega apenas até a *conformidade exterior a fins*. Na medida em que o conceito, através disso, está posto como algo formal, assim para aquela o conteúdo é também algo dado exteriormente ao conceito na multiplicidade ou no mundo objetivo –, justamente naquelas determinidades que também são conteúdo do mecanismo, mas como algo externo, contingente. Em virtude desse caráter comum, a *forma da conformidade a fins* constitui unicamente por si o essencial do teleológico. A este respeito, sem ainda olhar para a diferença entre conformidade exterior e interior a fins, a relação de finalidade em geral se comprovou em si e para si como a *verdade do mecanismo*. – A teleologia tem em geral o princípio superior, o conceito em sua existência, o qual é em si e para si o infinito e o absoluto – um princípio da liberdade, que pura e simplesmente certo de sua autodeterminação, está subtraído do *tornar-se determinado externo* do mecanismo.

Um dos maiores méritos de *Kant* na filosofia consiste na distinção que ele estabeleceu entre a conformidade a fins relativa ou *exterior* e aquela *interior*; na última, ele abriu o conceito da *vida*, a *ideia*, e, com isso, elevou *positivamente* a filosofia acima das determinações da reflexão e do mundo relativo da metafísica – o que a crítica da razão faz apenas imperfeitamente, numa virada muito enviesada e apenas *negativamente*. – Foi recordado que a oposição da teleologia e do mecanismo é, inicialmente, a oposição mais universal da *liberdade* e da *necessidade*. Kant apresentou a oposição nessa forma nas *antinomias* da razão, e precisamente como o *terceiro conflito das ideias transcendentais*[19]. – Trago sua apresentação, à qual se remeteu anteriormente[20], de modo extremamente sucinto, na medida em que o essencial da mesma é tão simples que não precisa de nenhuma discussão extensa, e a maneira das antinomias kantianas foi elucidada alhures mais detalhadamente[21].

A *tese* da [antinomia] que aqui precisa ser considerada, reza: "a causalidade conforme leis da natureza não é a única a partir da qual os fenômenos do mundo podem ser derivados em seu conjunto. É necessário ainda assumir uma causalidade pela liberdade para a explicação dos mesmos".

A *antítese*: "não há nenhuma liberdade, mas tudo no mundo acontece somente conforme leis da natureza".

Como nas demais antinomias, a prova começa, em primeiro lugar, apagogicamente; assume-se o oposto de cada tese; em segundo lugar, a fim de mostrar o contraditório dessa assunção, assume-se e pressupõe-se como válido, inversamente, o oposto da mesma assunção, isso é com isso a proposição que deve ser provada; – todo o desvio do provar podia ser, portanto, poupado; consiste em nada mais do que na afirmação assertórica de ambas as proposições contrapostas.

Para a prova da *tese*, deve-se, primeiramente, assumir que não haveria *nenhuma outra causalidade* senão aquela de acordo com

---

19. *Crítica da razão pura*, B 472ss. [N.E.A.].

20. Cabe notar que o pronome possessivo adjetivo *"sein"* na expressão *"seine Darstellung"* ("sua apresentação"), por ele ser masculino, não pode a rigor qualificar os substantivos "antinomias" ou "ideias", que em alemão, assim como em português, são femininos e exigiriam, portanto, o possessivo *"ihr"*. Embora Hegel já tenha apresentado a ideia geral das antinomias "anteriormente" na Lógica, precisamente na segunda seção da *Doutrina do Ser* (cf. HEGEL, G.W.F. *Ciência da Lógica*. – 1. A Doutrina do Ser. Petrópolis: Vozes, 2016, p. 200ss.). Aqui Hegel quer se referir a algo mais específico, a saber, ao conteúdo da terceira antinomia, que concerne ao terceiro conflito das ideias transcendentais. A prova disso é que o termo alemão para "conflito" é *Widerstreit*, que no original também é masculino. O lugar da reformulação dialético-especulativa da terceira antinomia se encontra "anteriormente" no fim da *Doutrina da Essência* (1813), especificamente, na passagem fundamental da necessidade absoluta da substância para a liberdade do conceito. Hegel resume essa transição nos parágrafos iniciais da Introdução ("Sobre o conceito em geral") à *Doutrina do Conceito* [N.T.].

21. Cf. *Fé e saber*. A. Filosofia kantiana [N.E.A.].

as *leis da natureza*, isto é, de acordo com a necessidade do mecanismo em geral, incluindo o quimismo. Mas essa proposição se contradiria, porque a lei da natureza justamente consistiria no fato de que nada acontece *sem causa determinada suficientemente a priori*, a qual, com isso, conteria dentro de si uma espontaneidade absoluta – quer dizer, a assunção contraposta à tese é contraditória, porque ela contradiz a tese.

Em benefício da prova da *antítese se deveria* pôr que haveria uma *liberdade* como uma espécie particular de causalidade, [capaz] de iniciar pura e simplesmente um estado, portanto, também uma série de consequências desse mesmo. Mas, visto que, agora, um tal iniciar *pressupõe* um estado que não tem *nenhuma conexão da causalidade* com o estado precedente da mesma [liberdade], assim tal iniciar contradiz *a lei da causalidade*, segundo a qual unicamente é possível a unidade da experiência e a experiência em geral – quer dizer, a assunção da liberdade, que é contra a antítese, não pode ser feita, porque ela contradiz a antítese.

Segundo a essência, a mesma antinomia retorna na *Crítica da faculdade de juízo teleológica* como a oposição segundo a qual, [por um lado], *toda geração de coisas materiais* acontece *segundo leis meramente mecânicas* e, [por outro lado], *algumas gerações das mesmas coisas não são possíveis segundo tais leis*[22]. – A dissolução kantiana dessa antinomia é a mesma que a dissolução geral das demais: a saber, que a razão não poderia provar nem uma nem a outra proposição, porque da possibilidade das coisas segundo leis meramente empíricas da natureza nós *não podemos ter nenhum princípio* determinante *a priori* – que, portanto, além disso, ambas não têm de ser vistas *como proposições objetivas*, mas *como máximas subjetivas* segundo as quais *eu* deveria, *por um lado*, sempre *refletir* sobre todos os acontecimentos naturais conforme o princípio do mero mecanismo natural, mas isso não impediria na *ocasião oportuna* de *investigar* algumas formas naturais segundo uma *outra máxima*, a saber, segundo o princípio das causas finais – como se agora essas *duas máximas*, que aliás devem ser necessárias apenas somente à *razão humana*, não estivessem na mesma oposição

---

22. *Crítica da faculdade de julgar*, B 314ss. [N.E.A.].

na qual se encontram aquelas *proposições*. – Como há pouco foi observado, em todo esse ponto de vista não se investiga aquilo que unicamente exige o interesse filosófico, a saber, qual de ambos os princípios teria verdade em si e para si; mas, para esse ponto de vista, não faz nenhuma diferença se os princípios devem ser considerados como *objetivos*, quer dizer, enquanto determinações externamente existentes da natureza, ou como meras *máximas* de um conhecer *subjetivo* – é, antes, um conhecer subjetivo, quer dizer, contingente, aquele que aplica uma ou a outra máxima à *ocasião oportuna*, conforme ele a tem por adequada para objetos dados, [mas], de resto, não pergunta pela *verdade* dessas próprias determinações, sejam elas ambas determinações dos objetos ou do conhecer.

Por mais que seja insuficiente, portanto, a discussão kantiana do princípio teleológico em relação ao ponto de vista essencial, é sempre digna de nota a posição que Kant dá ao mesmo princípio. Na medida em que ele o atribui a uma *faculdade reflexionante do juízo*, transforma-o num *membro intermédio* conectivo entre o *universal da razão* e o *singular da intuição*; – além disso, ele diferencia aquela faculdade *reflexionante* do juízo da faculdade *determinante*, a qual meramente *sobsome* o particular ao universal. Tal universal, que é apenas *subsuminte*, é um *abstrato*, que se torna *concreto* somente em um *outro*, no particular. A finalidade, pelo contrário, é o *universal concreto* que tem dentro dele mesmo o momento da particularidade e da exterioridade, portanto, é ativo e é o impulso de se repelir de si mesmo. O conceito é, decerto, enquanto finalidade, um *juízo objetivo*, em que uma determinação é o sujeito, a saber, o conceito concreto como determinado através de si mesmo, mas a outra não é apenas um predicado, e sim a objetividade externa. Mas a relação de finalidade não é, por causa disso, um julgar *reflexionante* que considera os objetos externos apenas conforme uma unidade, *como se* um entendimento os tivesse dado *em benefício de nossa faculdade do conhecimento*, mas ela [a relação final] é o verdadeiro que é em si e para si, que julga *objetivamente* e determina absolutamente a objetividade externa. A relação de finalidade é, por causa disso, mais do que o *juízo*; ela é o *silogismo* do conceito livre autossubsistente que se silogiza consigo mesmo através da objetividade.

A finalidade resultou como o *terceiro* em relação ao mecanismo e ao quimismo; é a verdade deles. Na medida em que ela mesma ainda está dentro da esfera da objetividade ou da imediatidade do conceito total, ela ainda está afetada pela exterioridade enquanto tal e tem diante de si um mundo objetivo com o qual ela se relaciona. Segundo esse lado, a causalidade mecânica na qual em geral deve ser tomado também o quimismo, aparece ainda nessa *relação de finalidade* que é aquela *externa*, mas como *subordinada a ela*, como suprassumida em si e para si. No que concerne à relação mais precisa, assim o objeto mecânico, como totalidade imediata, é indiferente frente ao seu ser determinado e, com isso, frente ao fato de ser um determinante. Esse ser determinado externo está, agora, aperfeiçoado até a autodeterminação e, com isso, doravante, está *posto* o *conceito* apenas *interior* no objeto, ou, o que é o mesmo, o *conceito* apenas *exterior*; a finalidade é, de imediato, justamente esse mesmo conceito externo ao [objeto] mecânico. Assim, a finalidade é também para o quimismo o autodeterminante, o qual reconduz à unidade do conceito o tornar-se determinado externo pelo qual a finalidade é condicionada. – A natureza da subordinação de ambas as formas anteriores do processo objetivo resulta disso; o outro que nelas reside no progresso infinito é o conceito posto inicialmente como externo a elas, o qual é a finalidade; o conceito não é apenas a substância delas, mas também a exterioridade é o momento essencial para elas, o momento que constitui sua determinidade. Portanto, a técnica mecânica ou química se oferece por si mesma, através de seu caráter de estar exteriormente determinada, à relação de finalidade [*Zweckbeziehung*], que agora tem de ser considerada mais detalhadamente.

A. A finalidade subjetiva

Na *centralidade* da esfera objetiva, que é uma indiferença frente à determinidade, o conceito *subjetivo* reencontrou e pôs, primeiramente, o *ponto negativo da unidade*, mas no quimismo pôs a objetividade das *determinações do conceito*, pela qual ele somente está posto como *conceito concreto objetivo*. Sua determinidade ou sua diferença simples tem doravante nela mesma a *determinidade da exterioridade*, e sua unidade simples é, através disso, a unidade que se repele de si mesma e, nisso, se conserva. A finalidade é, portanto, o conceito subjetivo, como esforço e impulso essenciais para se pôr exteriormente. Nisso, ela está subtraída ao passar. Ela não é nem uma força que se externa, nem uma substância e uma causa que se manifesta nos acidentes e nos efeitos. A força é apenas abstratamente um interior na medida em que ela não se externou; ou seja, ela tem ser aí somente na externação, para a qual ela tem de ser solicitada, assim como a causa e a substância; porque elas têm efetividade apenas nos acidentes e no efeito, sua atividade é a passagem, frente à qual elas não se conservam em liberdade. A finalidade pode, certamente, ser determinada também como força e causa, mas essas expressões preenchem apenas um lado incompleto do significado da finalidade; se elas devem ser enunciadas da finalidade conforme a verdade dessa, assim elas podem sê-lo somente de um modo que suprassume seu conceito – como uma força que solicita a si mesma para a externação, como uma causa que é causa de si mesma ou cujo efeito é imediatamente a causa.

Se o aspecto da conformidade a fins é atribuído a um *entendimento*, como foi indicado anteriormente, então, nesse caso, leva-se em consideração o *determinado do conteúdo*. Mas o entendimento deve ser tomado em geral como o *racional em sua existência*. Ele manifesta *racionalidade* porque é o conceito concreto que retém *a diferença objetiva em sua unidade absoluta*. Ele é, portanto, essencialmente o *silogismo* nele mesmo. Ele é o *universal* igual a si e precisamente como tal que contém a negatividade que se repele de si, inicialmente a *atividade* universal, a este respeito, ainda *indeterminada*; mas, porque essa é a relação negativa consigo mesma, ela se *determina* imediatamente e se dá o momento da *particularidade*, que, como a *totalidade* igualmente *refletida dentro de si da forma*, é o *conteúdo* frente às diferenças *postas* da forma. De modo igualmente imediato, essa negatividade, através da sua relação consigo mesma, é reflexão absoluta da forma dentro de si e *singularidade*. Por um lado, essa reflexão é a *universalidade interior* do *sujeito*; mas, por outro, *reflexão para fora*; e, a este respeito, a finalidade ainda é um subjetivo e sua atividade se dirige contra a objetividade exterior.

A finalidade é, precisamente, o conceito que na objetividade veio a si mesmo; a determinidade que ele se deu na objetividade é a da *indiferença objetiva* e da *exterioridade* do ser determinado; sua negatividade que se repele de si é, portanto, uma negatividade cujos momentos, na medida em que eles são apenas as determinações do próprio conceito, têm também a forma da indiferença objetiva uns frente aos outros. – No *juízo* formal, sujeito e predicado já estão determinados como autossubsistentes um frente ao outro; mas sua autossubsistência é apenas primeiramente universalidade abstrata; ela alcançou, doravante, a determinação da *objetividade*; mas, como momento do conceito, essa diversidade perfeita está incluída na unidade simples do conceito. Ora, na medida em que a finalidade é essa *reflexão* total da objetividade *dentro de si* e, precisamente, *de modo imediato*, assim a autodeterminação ou a particularidade como reflexão *simples* dentro de si, é, *em primeiro lugar*, diferente da forma *concreta* e é um *conteúdo determinado*. Disso se segue que a finalidade é *finita*, embora, segundo sua forma, ela seja subjetividade infinita. *Em segundo lugar*, porque sua determinidade tem a forma da indiferença objetiva, ela tem a figura de uma *pressuposição* e sua finitude consiste, segundo esse lado, no fato de que ela tem um *mundo objetivo*, mecânico e químico, diante de si, com o qual sua atividade se relaciona como com [algo] *presente*; sua atividade autodeterminante é, assim, na sua identidade, imediatamente *externa a si mesma*, e tanto reflexão dentro de si quanto reflexão para fora. A este respeito, a finalidade ainda tem uma existência veridicamente *extramundana*, na medida em que se lhe contrapõe aquela objetividade, assim como essa se contrapõe à finalidade como um todo mecânico e químico, ainda não determinado e penetrado pela finalidade.

Por conseguinte, o movimento da finalidade pode, agora, ser expresso de modo que ele visa suprassumir a *pressuposição*, isto é, a imediatidade do objeto, e *pô-lo* como determinado pelo conceito. Esse comportamento negativo frente ao objeto é igualmente um comportamento negativo frente a si mesmo, um suprassumir da subjetividade da finalidade. Positivamente, esse comportamento é a realização da finalidade, a saber, a unificação do ser objetivo com essa mesma, de modo que o mesmo que, como momento da finalidade, é imediatamente a determinidade idêntica a ela, seja *como determinidade externa*, e, inversamente, o objetivo como *pressuposição* seja *posto*, antes, como determinado pelo conceito. – A finalidade é, nela mesma, o impulso de sua realização; a determinidade dos momentos do conceito é a exterioridade; mas a *simplicidade* dos mesmos na unidade do conceito é inadequada àquilo que ela é, e o conceito se repele, portanto, de si mesmo. Esse repelir é a *decisão* em geral da relação da unidade negativa consigo, pela qual ela é singularidade *excludente*; mas, através desse *excluir*, ela se *decide* ou se *abre*, porque esse [excluir] é *autodeterminar*, pôr *de si mesmo*. Por um lado, na medida em que a subjetividade se determina, faz de si a particularidade, dá a si um conteúdo que, incluído na unidade do conceito, ainda é um conteúdo interno; esse *pôr*, a reflexão simples dentro de si, é, porém, como resultou, imediatamente, ao mesmo tempo, um *pressupor*; e no mesmo momento em que o sujeito da finalidade *se* determina, ele está relacionado com uma objetividade externa, indiferente, que deve ser por ele equiparada àquela determinidade interior, quer dizer, deve ser posta como um *determinado* pelo conceito, inicialmente como *meio*.

B. O meio

O primeiro pôr imediato na finalidade é, ao mesmo tempo, o pôr de um *interno*, quer dizer, de um determinado como *posto* e, ao mesmo tempo, o pressupor de um mundo objetivo que é indiferente frente à determinação da finalidade. A subjetividade da finalidade, porém, é a *unidade negativa absoluta*; o *segundo* determinar da subjetividade é, por conseguinte, o suprassumir dessa pressuposição em geral; esse suprassumir é, neste sentido, *o retorno para dentro de si*, enquanto, através disso, é suprassumido aquele momento da *primeira negação*, o pôr do negativo frente ao *sujeito*, o objeto externo. Mas, frente à pressuposição ou frente à imediatidade do determinar, frente ao mundo objetivo, o suprassumir é somente a *primeira* [negação], ela mesma, negação imediata e, portanto, externa. Esse pôr ainda não é, por conseguinte, a própria finalidade executada, mas somente o *início* em relação a ela. O objeto assim determinado é somente o *meio*.

Através de um meio, o fim se silogiza com a objetividade e, nesta, consigo mesmo. O meio é o meio-termo do silogismo. O fim necessita de um meio para a sua execução, porque o fim é finito – necessita de um meio, quer dizer, de um meio-termo, o qual tem, ao mesmo tempo, a figura de um ser aí *externo* indiferente frente ao próprio fim e à sua execução. O conceito absoluto tem dentro de si mesmo a mediação de tal modo que o primeiro pôr do mesmo não é um pressupor, em cujo objeto a exterioridade indiferente seria a determinação fundamental; mas o mundo como criatura tem apenas a forma de tal exterioridade, mas sua negatividade e o ser posto constituem, pelo contrário, a determinação fundamental do mundo. – A finitude do fim consiste, de acordo com isso, no fato de que seu determinar em geral é externo a si mesmo, com isso, seu primeiro determinar, como vimos, decompõe-se em um pôr e em um pressupor; a *negação* desse determinar já é, portanto, também apenas conforme um lado, a reflexão dentro de si, conforme o outro lado, ela é, antes, apenas *primeira* negação; – ou seja: a reflexão dentro de si é, ela mesma, também externa a si e reflexão para fora.

O meio é, por conseguinte, o meio-termo *formal* de um silogismo *formal*; ele é um *externo* frente ao *extremo* do fim subjetivo, assim como, portanto, também frente ao extremo do fim objetivo; como no silogismo formal, a particularidade é um *meio-termo* indiferente, em cujo lugar outros podem entrar. Assim como a particularidade é, além disso, meio-termo apenas pelo fato de que ela, em relação a um extremo, é determinidade, mas em relação ao outro extremo é um universal, tem, portanto, sua determinação mediadora relativamente através de outros, assim também o meio é o meio-termo somente porque, em primeiro lugar, ele é um objeto imediato, em segundo lugar, porque ele é meio através da relação que lhe é *externa* com o extremo do fim, – relação que é, para o meio, uma forma frente ao qual ele é indiferente.

No meio, o conceito e a objetividade estão, portanto, ligados apenas exteriormente; ele é, a este respeito, um *objeto* meramente *mecânico*. A relação [*Beziehung*] do objeto com o fim é uma premissa, ou seja, a relação imediata que, em relação ao fim, como mostrado, é *reflexão dentro de si mesma*, o meio é predicado inerente; sua objetividade está subsumida sob a determinação do fim, a qual, em virtude de sua concreção, é universalidade. Através dessa determinação do fim a qual é nele, o meio é, agora, também subsuminte frente ao outro extremo da objetividade ainda inicialmente indeterminada. – Inversamente, frente ao fim subjetivo, o meio, enquanto *objetividade imediata*, tem [a] *universalidade do ser aí*, do qual a singularidade subjetiva do fim ainda prescinde. – Na medida em que o fim é assim, inicialmente, apenas como determinidade externa no meio, ele mesmo é, enquanto unidade negativa, fora do meio, assim como o meio é objeto mecânico que tem nele o fim apenas como uma determinidade, não como concreção simples da totalidade. Mas, como aquilo que silogiza, o próprio meio-termo tem de ser, ele mesmo, a totalidade do fim. Mostrou-se que a determinação de finalidade no meio é, ao mesmo tempo, reflexão dentro de si mesma; a este respeito, ela é relação *formal* consigo, pois a *determinidade*, como *indiferença real*, está posta como a *objetividade* do meio. Mas, justamente por causa disso, essa subjetividade, por um lado, pura, é ao mesmo tempo também *atividade*. – Na finalidade subjetiva, a relação negativa consigo mesma ainda é idêntica à determinidade enquanto tal, ao conteúdo e à exterioridade. Mas, na objetivação incipiente da finalidade, no tornar-se outro do conceito simples, aqueles momentos se separam, ou, inversamente, nisso consiste esse tornar-se outro ou a própria exterioridade.

Todo esse meio-termo é, com isso, ele mesmo, a totalidade do silogismo em que a atividade abstrata e o meio exterior constituem os extremos, cujo meio-termo constitui a determinidade do objeto através do fim, determinidade pela qual o objeto é meio. – Mas, além disso, a *universalidade* é a *relação* da atividade final e do meio. O meio é objeto, *em si* a totalidade do conceito; ele não tem minimamente contra a finalidade a força da resistência que ele tem, inicialmente, contra um outro objeto imediato. O meio é, por conseguinte, pura e simplesmente penetrável para a finalidade, que é o conceito posto e susceptível dessa comunicação, porque ele é *em si* idêntico à finalidade. Mas, doravante, ele está também *posto* como o penetrável para o conceito, pois, na centralidade, ele é algo que se esforça para a unidade negativa; igualmente no quimismo ele, enquanto neutro bem como enquanto diferente, tornou-se um não-autossubsistente. – Sua não-autossubsistência consiste no fato de que ele é apenas *em si* a totalidade do conceito; mas esse é o ser para si. Frente à finalidade, o objeto tem, portanto, o caráter de ser impotente e de servir-lhe; ela é a subjetividade ou a alma do objeto, a qual tem seu lado exterior nele.

O objeto, sujeitado desse modo *imediatamente* ao fim, não é um extremo do silogismo; mas essa relação constitui uma premissa do mesmo. Mas o meio tem também um lado segundo o qual ele ainda tem autossubsistência frente ao fim. A objetividade ligada a ele no meio, por ela estar ligada apenas imediatamente, ainda é exterior ao fim; e a *pressuposição*, portanto, ainda subsiste. A atividade do fim através do meio se dirige, por causa disso, ainda contra essa pressuposição, e o fim é justamente atividade, não mais meramente impulso e esforço, enquanto no meio o momento da objetividade está posto em sua determinidade como externo e a unidade simples do conceito agora tem em si a objetividade *enquanto tal*.

C. A finalidade executada

1. Em sua relação com o meio, o fim já está refletido dentro de si; mas seu retorno *objetivo* ainda não está posto. A atividade do fim através de seu meio ainda se dirige contra a objetividade como pressuposição originária; *ela* é justamente isto: ser indiferente frente à determinidade. Na medida em que a atividade novamente consistisse meramente em determinar a objetividade imediata, assim o produto seria, novamente, apenas um meio e assim adiante ao infinito; resultaria apenas um meio conforme ao fim, mas não a objetividade do próprio fim. Portanto, o fim ativo em seu meio não tem de determinar o objeto imediato *como um externo*, com isso, este tem de juntar-se através de si mesmo até a unidade do conceito; ou seja, aquela atividade exterior do fim através de seu meio tem de se determinar *como mediação* e suprassumir a si mesma.

A relação [*Beziehung*] da atividade do fim através do meio com o objeto externo é, inicialmente, a *segunda premissa* do silogismo, – uma relação *imediata* do meio-termo com o outro extremo. Ela é *imediata*, porque o meio-termo tem um objeto exterior nele e o outro extremo é justamente um tal objeto. O meio é eficaz e poderoso frente a esse, porque seu objeto está ligado com a atividade autodeterminante; mas, para esse, a determinidade imediata que ele tem é uma determinidade indiferente. O processo dela nessa relação [*Beziehung*] não é de modo algum outro do que o processo mecânico ou químico; nessa exterioridade objetiva emergem as relações [*Verhältnisse*] anteriores, mas sob a dominação do fim. – Mas esses processos regressam através de si mesmos, como se mostrou neles, para a finalidade. Se, portanto, a relação do meio com objeto exterior a ser trabalhado é, inicialmente, uma relação imediata, então ela já se apresentou anteriormente como um silogismo, na medida em que o fim se comprovou como o meio-termo verídico e a unidade dela. Na medida em que o meio é, portanto, o objeto, o qual está no lado do fim e tem dentro de si a atividade dele, assim o mecanismo que aqui ocorre é, ao mesmo tempo, o retorno da objetividade para dentro de si mesma, para o conceito, o qual, porém, já está pressuposto como finalidade; o comportamento negativo da atividade conforme ao fim frente ao objeto não é, a este respeito, um comportamento *externo*, mas a alteração e a passagem da objetividade nela mesma para a finalidade.

Que o fim se relacione imediatamente com um objeto e transforme esse mesmo [objeto] o meio, como também que o fim determine um outro através desse [meio], pode ser considerado como *violência*, na medida em que o fim aparece como dotado de natureza totalmente outra do que o objeto e ambos os objetos são, igualmente, totalidades autossubsistentes uma frente à outra. Mas que o fim se ponha na relação *mediada* com o objeto e *interponha entre* si e o mesmo um outro objeto, pode ser visto como a *astúcia* da razão. A finitude da racionalidade tem, como observado, este lado de que o fim se relaciona com a pressuposição, quer dizer, com a exterioridade do objeto. Na *relação imediata* com o mesmo, ela mesma entraria no mecanismo ou no quimismo, e estaria, com isso, submetida à contingência e ao sucumbimento de sua determinação de ser conceito que é em si e para si. Mas assim ela coloca para fora um objeto como meio, deixa-o trabalhar exteriormente em seu lugar, abandona-o ao desgaste e conserva-se atrás dele frente à violência mecânica.

Na medida em que o fim é finito, ele tem, além disso, um conteúdo finito; de acordo com isso, ele não é um absoluto ou um *racional* pura e simplesmente em si e para si. Mas o *meio* é o meio-termo externo do silogismo, o qual é a execução do fim; no meio, portanto, dá-se a conhecer enquanto tal a racionalidade [presente] no fim, [a qual consiste em] conservar-se *nesse outro externo* e justamente *através* dessa exterioridade. Na medida em que o *meio* é *algo superior* do que os fins *finitos* da conformidade *exterior* a fins – o *arado* é mais honroso do que são, imediatamente, os gozos que são proporcionados por ele e que são os fins. A *ferramenta* se conserva, enquanto os gozos imediatos perecem e são esquecidos. Em suas ferramentas, o ser humano possui o poder sobre a natureza externa, ainda que ele, conforme seus fins, esteja, antes, submetido a ela.

Porém, o fim não apenas se mantém fora do processo mecânico, mas se conserva no mesmo e é sua determinação. O fim, como o conceito que existe livremente frente ao objeto e ao seu processo, e é atividade que determina a si mesma, junta-se somente consigo mesmo no mecanismo, por ele ser, igualmente, a verdade que é em si e para si do mecanismo. A potência do fim sobre o objeto é essa identidade que é para si, e a atividade do fim é a manifestação dessa mesma potência. O fim como *conteúdo* é a *determinidade* que é em si e para si, a qual no objeto é como indiferente e externa; mas a atividade do fim é, por um lado, a *verdade* do processo e, como unidade negativa, o *suprassumir da aparência da exterioridade*. Conforme a *abstração*, é a determinidade indiferente do objeto que, de igual modo, é substituída exteriormente por uma outra; mas a *abstração* simples da determinidade é, em sua *verdade*, a totalidade do negativo, o conceito concreto que põe dentro de si a exterioridade.

O *conteúdo* do fim é sua negatividade como *particularidade simples refletida dentro de si*, diferenciada de sua totalidade enquanto *forma*. Em virtude dessa *simplicidade*, cuja determinidade é em si e para si a totalidade do conceito, o conteúdo aparece como o *que permanece idêntico* na realização do fim. O processo teleológico é *transposição* do conceito distintamente existente como conceito para a objetividade; mostra-se que esse transpor para um outro pressuposto é o juntar-se do conceito *consigo mesmo através de si mesmo*. O conteúdo do fim é, agora, essa identidade que existe na forma do idêntico. Em todo passar, o conceito se conserva; por exemplo, na medida em que a causa se torna efeito, a causa é aquela que no efeito se junta somente consigo mesma; mas, no passar teleológico, é o conceito que, enquanto tal, já existe *enquanto causa*, como a unidade absoluta, *livre* e concreta frente à objetividade e à sua determinabilidade externa. A exterioridade para a qual o fim se transpõe já está, como nós vimos, ela mesma posta como momento do conceito, como forma de sua diferenciação dentro de si. Por conseguinte, o fim tem na exterioridade *seu próprio momento*; e o conteúdo, como conteúdo da unidade concreta, é a *forma simples* do fim, a qual não apenas permanece *em si* igual a si nos momentos diferentes do fim – como fim subjetivo, como meio e atividade mediada e como fim objetivo – mas também existe como aquele que permanece igual a si.

Sobre a atividade teleológica se pode, portanto, dizer que, nela, o fim [*Ende*] é o início, a consequência é o fundamento, o efeito é a causa, que ela é um devir daquilo que deveio, que nela vem à existência somente o já existente etc., quer dizer, que, em geral, todas as determinações de relação que pertencem à esfera da reflexão ou do ser imediato, perderam suas diferenças, e o que é enunciado como um *outro*, tal como fim, consequência, efeito etc., na relação da finalidade não tem mais a determinação de um *outro*, mas antes está posto como idêntico ao conceito simples.

2. O produto da atividade teleológica, considerado agora mais de perto, tem a finalidade apenas exteriormente nele na medida em que ele é pressuposição absoluta frente à finalidade subjetiva, na medida em que se permanece precisamente no fato de que a atividade conforme a fins se relaciona com o objeto apenas mecanicamente através de seu meio, e em vez de uma determinidade indiferente do objeto, ela põe uma *outra* determinidade igualmente externa a ele. Uma tal determinidade que um objeto tem através da finalidade, diferencia-se em geral de uma outra determinidade meramente mecânica pelo fato de aquele [objeto] ser momento de uma *unidade*, com isso, embora ela seja externa ao objeto, porém, dentro de si não é algo meramente externo. O objeto que mostra uma tal unidade é um todo, frente ao qual suas partes, sua própria exterioridade, são indiferentes; uma unidade, determinada, *concreta* que unifica em si relações e determinidades diferentes. Essa unidade, que não pode ser compreendida a partir da natureza específica do objeto e, segundo o conteúdo determinado, é um outro do que o conteúdo peculiar do objeto, não é *para si* mesma uma determinidade mecânica, mas ela ainda é mecânica no objeto. Como nesse produto da atividade conforme a fins o conteúdo da finalidade e o conteúdo do objeto são externos a si, assim também nos outros momentos do silogismo as determinações dos mesmos se relacionam reciprocamente – no meio-termo que silogiza a atividade conforme a fins e o objeto que

é meio e no fim subjetivo, que é o outro extremo, [silogiza] a forma infinita como totalidade do conceito e o seu conteúdo. Segundo a *relação* pela qual o fim subjetivo é silogizado com a objetividade, tanto uma premissa, precisamente a relação do objeto determinado como meio com o objeto ainda externo, quanto a outra, a saber, a relação do fim subjetivo com o objeto que é feito meio, é uma relação imediata. O silogismo tem, portanto, a falta do silogismo formal em geral de que as relações nas quais ele consiste não são, elas mesmas, conclusões ou mediações, de que elas, pelo contrário, já pressupõem a conclusão, para cuja produção elas devem servir como meio.

Se nós consideramos uma *premissa*, a relação imediata do fim subjetivo com o objeto, o qual, através disso, torna-se meio, então o fim não pode se relacionar imediatamente com o objeto; pois este é um imediato tanto quanto o objeto do outro extremo no qual o fim deve ser executado *através da mediação*. Na medida em que eles estão, assim, postos como *diversos*, entre essa objetividade e a finalidade subjetiva tem de ser interposto um meio de sua relação; mas esse meio é, igualmente, um objeto determinado pela finalidade; entre sua objetividade e a determinação teleológica é preciso interpor um novo meio, e assim por diante ao infinito. Com isso, está posto o *progresso infinito da mediação*. – O mesmo acontece em relação à outra premissa, a relação do meio com o objeto ainda indeterminado. Visto que eles são pura e simplesmente autossubsistentes, assim eles podem ser unificados apenas em um terceiro, e assim por diante ao infinito. Ou, inversamente, porque as premissas já pressupõem a *conclusão*, assim a conclusão, como ela é através daquelas premissas imediatas, pode ser apenas imperfeita. A conclusão ou o *produto* do atuar conforme a fins nada mais é do que um objeto determinado por um fim externo a ele; *o produto é, com isso, o mesmo que o meio.* Por conseguinte, em tal produto emergiu mesmo *apenas um meio*, não *um fim executado*, ou seja, o fim não alcançou veridicamente no produto nenhuma objetividade. – É, portanto, totalmente indiferente considerar um objeto determinado pela finalidade exterior como finalidade executada ou apenas como meio; isso é uma determinação relativa, externa ao próprio objeto, não objetiva. Portanto, todos os objetos nos quais está executada uma finalidade exterior, são igualmente apenas meios da finalidade. O que é utilizado para a execução de um fim e deve ser tomado essencialmente como meio, é meio de acordo com sua determinação de ser consumido. Mas também é perecível o objeto que deve conter o fim executado e se apresentar como sua objetividade; ele igualmente não cumpre sua finalidade através de um ser aí quieto que conserva a si mesmo, mas apenas na medida em que ele é consumido, pois apenas nessa medida ele corresponde à unidade do conceito, enquanto sua exterioridade, isto é, sua objetividade, suprassume-se na mesma [unidade]. – Uma casa, um relógio, podem aparecer como fins frente às ferramentas utilizadas para sua produção; mas as pedras, as vigas, ou rodas, eixos etc., que constituem a efetividade da finalidade, cumprem o fim somente pela pressão que eles sofrem, pelos processos químicos aos quais eles estão expostos com ar, luz, água, e que eles subtraem do homem através de seu atrito etc. Eles cumprem, portanto, sua determinação apenas por seu uso e desgaste, e correspondem apenas através de sua negação àquilo que eles devem ser. Eles não estão unificados positivamente com a finalidade, porque eles têm a autodeterminação apenas exteriormente neles e são apenas fins relativos ou essencialmente também apenas meios.

Esses fins têm em geral, como mostrado, um conteúdo limitado; sua forma é a autodeterminação infinita do conceito, que através do conteúdo se restringiu à singularidade externa. O conteúdo limitado torna esses fins inadequados à infinitude do conceito e faz deles a inverdade; tal determinidade já está exposta ao devir e à alteração pela esfera da necessidade, pelo ser, e é algo perecível.

3. Com isso, surge como resultado que a conformidade exterior a fins, a qual tem apenas a forma da teleologia, chega propriamente apenas a meios, não a um fim objetivo – porque o fim subjetivo permanece como uma determinação externa, subjetiva; ou seja, na medida em que ele é ativo e se realiza, ainda que apenas num meio, ele ainda está ligado *imediatamente* à objetividade, nela mergulhado; ele mesmo é um objeto, e o fim, pode-se dizer, neste sentido não vem ao meio, porque precisa da execução da finalidade já antes que ela possa se instaurar através de um meio.

Mas, de fato, o resultado não é apenas uma relação exterior da finalidade, mas a verdade da mesma, a relação interior da finalidade e uma finalidade objetiva. A exterioridade autossubsistente do objeto frente ao conceito, exterioridade que a finalidade pressupõe a si, está *posta* nessa pressuposição como uma aparência inessencial e, também, já suprassumida em si e para si; a atividade da finalidade é, por conseguinte, propriamente apenas a apresentação dessa aparência e o suprassumir da mesma. – Como se mostrou pelo conceito, o primeiro objeto se torna meio pela comunicação, porque ele é em si totalidade do conceito e sua determinidade, que de modo nenhum é outra do que a própria exterioridade, está posta apenas *como* [algo] externo, inessencial, portanto, é na própria finalidade como seu próprio momento, não como um autossubsistente frente a ela. Através disso, [a] determinação do objeto até [tornar-se] o meio é pura e simplesmente uma determinação imediata. Para a finalidade subjetiva, não precisa, portanto, de nenhuma violência ou de outra afirmação contra o objeto para torná-lo meio senão a afirmação do próprio objeto; a *resolução*, a abertura, essa determinação de si mesmo é a exterioridade *somente posta* do objeto, o qual, nela, está como imediatamente submetido à finalidade e não tem nenhuma outra determinação frente a ela senão aquela da nulidade do ser em si e para si.

O segundo suprassumir da objetividade pela objetividade é diverso desse de modo que aquele, enquanto o primeiro, é a finalidade na *imediatidade* objetiva, esse, portanto, não apenas é o suprassumir de uma primeira imediatidade, mas de ambos, do objetivo como apenas um posto e do imediato. A negatividade retorna para dentro de si mesma de modo que ela é, igualmente, o restabelecer da objetividade, mas como de uma [objetividade] idêntica a ela, e, nisso, ao mesmo tempo, é também o pôr da objetividade como determinada somente pela finalidade, [objetividade] externa. Através do pôr, esse produto permanece, como anteriormente, também meio; pelo primeiro [suprassumir], ele é a objetividade idêntica ao conceito, o fim realizado, no qual o lado de ser meio é a realidade do próprio fim. No fim executado, o meio desaparece porque ele seria a objetividade subsumida apenas imediatamente à finalidade, objetividade que, no fim realizado, é como retorno do fim para dentro de si mesmo; desaparece, além disso, portanto, também a própria mediação, como aquela que é um comportamento do externo, [e desaparece], em parte, na identidade concreta da finalidade objetiva, em parte, na mesma como identidade abstrata e imediatidade do ser aí.

Nisso também está contida a mediação, a qual foi exigida para a primeira premissa, a relação imediata da finalidade com o objeto. A finalidade executada é também meio e, inversamente, a verdade do meio é igualmente de ser a própria finalidade real, e o primeiro suprassumir da objetividade já é também o segundo – como o segundo mostrava conter também o primeiro. O conceito *se determina*; a saber, sua determinidade é a indiferença externa que imediatamente na resolução está determinada como *suprassumida*, a saber, como *interna, subjetiva* e, ao mesmo tempo, como *objeto pressuposto*. O ulterior sair de si do conceito, sair de si que, especificamente, apareceu como comunicação *imediata* e subsunção a ele do objeto pressuposto, é, ao mesmo tempo, suprassumir daquela determinidade interna da exterioridade, *encerrada no conceito*, isto é, posta como suprassumida e, ao mesmo tempo, [suprassumir] da pressuposição de um objeto; portanto, esse suprassumir aparentemente primeiro da objetividade indiferente já é também o segundo, uma reflexão dentro de si passada através da mediação e a finalidade executada.

Na medida em que aqui, na esfera da objetividade, onde sua determinidade tem a forma da *exterioridade indiferente*, o conceito está na interação consigo mesmo, a apresentação do seu movimento se torna aqui duplamente difícil e complicada, porque ele mesmo é, imediatamente, algo duplicado e [porque] sempre um primeiro é também um segundo. No conceito para si, quer dizer, em sua subjetividade, a sua diferença de si é como totalidade *imediata* idêntica para si; mas, visto que aqui sua determinidade é exterioridade indiferente, assim a identidade na exterioridade consigo mesmo é também imediatamente, de novo, o repelir de si, de modo que aquilo que é determinado como exterior e indiferente à identidade é, antes, ela mesma, e ela, enquanto ela mesma, como refletida dentro de si, é, antes, seu outro. Somente enquanto isso é estabelecido, apreende-se o retorno objetivo do conceito para dentro de si, isto é, a objetivação verídica do mesmo – apreende-se que cada um dos momentos singulares pelos quais essa mediação procede é, ele mesmo, todo o silogismo dos mesmos. Assim a exterioridade *interior* originária do conceito, pela qual ele é a unidade que se repele de si, a finalidade e seu esforço para a objetivação, o pôr imediato ou a pressuposição de um objeto externo; a *autodeterminação* é também a determinação de um objeto *externo*, como não determinado pelo conceito e, inversamente, ela é autodeterminação, isto é, a exterioridade suprassumida, *posta* como *interior* – ou seja, a *certeza* da *inessencialidade* do objeto exterior. Da segunda relação, a determinação do objeto como meio, tem sido mostrado agora mesmo como ela é nela mesma a mediação da finalidade consigo no objeto. – Igualmente o terceiro, o mecanismo, o qual procede sob a dominação da finalidade e suprassume o objeto através do objeto, é, por um lado, suprassumir do meio, do objeto já posto como suprassumido, com isso, em segundo lugar, suprassumir e reflexão dentro de si, por outro lado, primeiro determinar do objeto exterior. Na finalidade executada, o último é, de novo, como foi observado, a produção apenas de um meio; na medida em que a subjetividade do conceito finito desdenhosamente joga fora o meio; em sua meta ela não alcançou nada melhor. Mas essa reflexão de que a finalidade está alcançada no meio e, na finalidade cumprida, o meio e a mediação estão conservados, é o *último resultado da relação da finalidade externa*, resultado em que ela mesma se suprassumiu e que ela apresentou como sua verdade. – O terceiro silogismo considerado por último se diferencia pelo fato de que ele é, em primeiro lugar, a atividade final subjetiva dos silogismos anteriores, mas também a suprassunção da objetividade externa e, portanto, da exterioridade em geral *através de si mesma*, com isso, *a totalidade em seu ser posto*.

Ora, depois que vimos a *subjetividade*, o *ser para si* do conceito, passar para o *ser em si* do mesmo, para a *objetividade*, nessa se destacou novamente, além disso, a negatividade do seu ser para si; o conceito se determinou nela de modo que sua *particularidade é objetividade externa*, ou, como a unidade concreta simples, cuja exterioridade é sua autodeterminação. O movimento da finalidade agora alcançou isto: o momento da exterioridade não apenas está posto no conceito, esse não é apenas um *dever ser* e *esforço*, mas, como totalidade concreta, é idêntico à objetividade imediata. Essa identidade é, por um lado, o conceito simples e [a] objetividade igualmente *imediata*; mas, por outro lado, é também essencial *mediação*, e apenas através dessa enquanto mediação que suprassume a si mesma é aquela imediatidade simples; assim o conceito é essencialmente isto: ser diferenciado, enquanto identidade que é para si, da sua objetividade *que é em si* e ter, através disso, exterioridade, mas, nessa totalidade externa, ser a identidade autodeterminante da mesma. Assim, o conceito é, agora, a *ideia*.

TERCEIRA SEÇÃO
A IDEIA

A ideia é o *conceito adequado*, o *verdadeiro* [num sentido] objetivo ou o *verdadeiro enquanto tal*. Se algo tem verdade, ele a tem através de sua ideia, ou *algo tem verdade somente enquanto é ideia*. – De resto, muitas vezes na filosofia, assim como na vida comum, a expressão *ideia* tem sido utilizada também para o *conceito*, até mesmo para uma mera *representação*; "eu ainda não tenho nenhuma *ideia* desta disputa judicial, deste edifício, desta região", não pretende expressar aqui nada mais senão a *representação*. Kant reivindicou novamente a expressão *ideia* para o *conceito da razão*. – O conceito da razão, segundo Kant, deve ser o conceito do *incondicionado*, mas em relação aos fenômenos deve ser *transcendente*, quer dizer, dele não se deve poder fazer *nenhum uso empírico que lhe seja adequado*. Os conceitos da razão devem servir para o *compreender*, os conceitos do entendimento para *entender* as percepções. – De fato, porém, se os últimos são efetivamente *conceitos*, então eles *são conceitos* – através deles se compreende, e um *entender* as percepções através de conceitos do entendimento será um *compreender*. Mas se o entender é apenas um determinar das percepções através de tais determinações, por exemplo, o todo e as partes, força, causa e semelhantes, então significa apenas um determinar através da reflexão, assim como também com o *entender* apenas se pode visar apenas ao *representar* determinado de um conteúdo sensível totalmente determinado; é como quando alguém, ao qual se indica o caminho, por exemplo, que no fim da floresta precisa virar à esquerda, responde: "*entendo*", de modo que o *entender* não quer dizer nada mais do que o apreender na representação e na memória. – Também o *conceito da razão* é uma expressão um tanto inadequada; pois o conceito é, em geral, algo racional; e na medida em que a razão é diferenciada do entendimento e do conceito enquanto tal, ela é a totalidade do conceito e da objetividade. – Nesse sentido, a ideia é o *racional* – ela é o incondicionado, porque tem condições apenas aquilo que se relaciona essencialmente com uma objetividade, mas com uma objetividade não determinada por ele mesmo, e sim uma objetividade que ainda se lhe contrapõe na forma da indiferença e da exterioridade, como ainda a tinha a finalidade exterior.

Na medida em que a expressão *ideia* é reservada para o conceito objetivo ou real e é diferenciada do próprio conceito, mais ainda da mera representação, assim, além disso, é preciso rejeitar ainda mais a apreciação da ideia segundo a qual ela é tomada como algo apenas não efetivo, e dos verdadeiros pensamentos se diz que eles *são apenas ideias.* Se os *pensamentos* são algo meramente *subjetivo* e contingente, então eles, sem dúvida, não têm nenhum valor ulterior, mas nisso eles não ficam atrás das *efetividades* temporais e contingentes, que igualmente não têm nenhum valor ulterior senão o de contingências e fenômenos. Ao contrário, se, inversamente, a ideia não deve ter o valor da verdade, porque é *transcendente* em relação aos fenômenos, porque não lhe pode ser dado um objeto congruente no mundo sensível, então isso é um equívoco notável, na medida em que se nega à ideia validade objetiva porque lhe falta o que constitui o fenômeno, o *ser não verdadeiro* do mundo objetivo. Em relação às ideias práticas, Kant reconhece que não se pode encontrar nada mais prejudicial e indigno de um filósofo do que o apelo *vulgar* a uma *experiência* pretensamente contrastante com a ideia; essa experiência nem sequer existiria se, por exemplo, as instituições do Estado tivessem se constituído a seu tempo segundo as ideias e se, em seu lugar, *conceitos brutos*, justamente *porque foram extraídos da experiência*, não tivessem impedido toda boa intenção"[23]. Kant vê a ideia como algo necessário, como a meta que seria preciso estabelecer como modelo para um máximo e da qual seria preciso aproximar o estado da efetividade com cada vez mais esforço.

Mas na medida em que resultou que a ideia é a unidade do conceito e da objetividade, o verdadeiro, ela não tem de ser considerada apenas como uma *meta* da qual seria preciso se aproximar, mas que permanece, ela mesma, sempre como uma espécie de *além*, mas sim

---

23. *Crítica da razão pura*, B 373 [N.E.A.].

de modo que todo efetivo somente *é* na medida em que tem a ideia dentro de si e a expressa. O objeto, o mundo objetivo e subjetivo em geral, não devem meramente ser *congruentes* com a ideia, mas eles mesmos são a congruência do conceito e da realidade; aquela realidade que não corresponde ao conceito é mero *fenômeno*, o subjetivo, o contingente, o arbitrário, que não é a verdade. Quando se diz que na experiência não se encontra nenhum objeto que é completamente congruente com a *ideia*, a ideia é, então, contraposta ao efetivo como um padrão de medida subjetivo; mas o que um efetivo deveria verdadeiramente *ser*, se seu conceito não está nele e se sua objetividade não é minimamente adequada a esse conceito, isso não se pode dizer; pois isso seria o nada. O objeto mecânico e químico, assim como o sujeito sem espírito e o espírito apenas consciente do finito, não de sua essência, têm, decerto, segundo sua natureza diversa, seu conceito, que não existe neles *na sua própria forma livre*. Mas eles podem em geral ser algo verdadeiro somente enquanto são a unificação de seu conceito e da realidade, de sua alma e de seu corpo. Totalidades tais como o Estado e a Igreja deixam de existir se a unidade de seu conceito e de sua realidade está dissolvida; o ser humano, o ser vivo, está morto se a alma e o corpo se separam nele; a natureza morta, o mundo mecânico e químico – se, a saber, o morto é tomado pelo mundo inorgânico, senão ele nem mesmo teria algum significado positivo – a natureza morta, portanto, se ela é separada em seu conceito e em sua realidade, nada mais é do que a abstração subjetiva de uma forma pensada e de uma matéria sem forma. O espírito que não fosse ideia, unidade do conceito consigo mesmo – o conceito que tivesse o próprio conceito por sua realidade, seria o espírito morto, sem espírito, um objeto material.

O *ser* alcançou o significado da *verdade* na medida em que a ideia é a unidade do conceito e da realidade; doravante, portanto, *é* somente aquilo que é ideia. As coisas finitas são finitas na medida em que não têm a realidade do seu conceito completamente nelas mesmas, mas necessitam, para tanto, de outras coisas – ou, inversamente, [são finitas] na medida em que elas estão pressupostas como objetos, com isso têm o conceito como uma determinação externa nelas. O ponto supremo que elas alcançam segundo o lado dessa finitude é a conformidade exterior a fins. O fato de que as coisas efetivas não são congruentes com a ideia é o lado da sua *finitude*, *inverdade*, segundo a qual elas são *objetos*, cada qual estando determinado mecanicamente, quimicamente ou por uma finalidade externa, conforme sua esfera diversa e nas relações da objetividade. A possibilidade de a ideia não ter elaborado perfeitamente sua realidade, de que a tenha submetido ao conceito de modo incompleto, baseia-se no fato de que ela mesma tem um *conteúdo limitado*, de que ela, do mesmo modo que é essencialmente a unidade do conceito e da realidade, do mesmo modo é essencialmente também sua diferença; pois apenas o objeto é a unidade imediata, quer dizer, unidade que *é em si*. Mas, se um objeto, por exemplo, o Estado, *não* fosse *de modo algum* adequado à sua ideia, quer dizer, se, ao contrário, nem mesmo fosse a ideia do Estado, se a sua realidade, que é a dos indivíduos autoconscientes, não correspondesse minimamente ao conceito, então sua alma e seu corpo teriam se separado; aquela fugiria nas regiões remotas do pensamento, esse estaria decomposto nas individualidades singulares; porém, na medida em que o conceito do Estado constitui tão essencialmente a natureza das individualidades, o mesmo conceito é nelas um impulso tão poderoso que elas, mesmo que apenas na forma da conformidade exterior a fins, são forçadas a transformá-lo em realidade ou a aceitá-lo dessa forma, ou elas teriam de ir ao fundo. O pior Estado, cuja realidade corresponde minimamente ao conceito, na medida em que ainda existe, ainda é ideia; os indivíduos ainda obedecem a um conceito que exerce potência.

Mas a ideia não tem apenas o sentido mais geral do *ser verídico*, da unidade do *conceito* e da *realidade*, mas o sentido mais determinado do *conceito subjetivo* e da *objetividade*. Isso quer dizer que o conceito enquanto tal já é, ele mesmo, a identidade de si e da *realidade*; pois a expressão indeterminada "*realidade*" nada mais significa do que o *ser determinado*; mas o conceito tem esse em sua particularidade e singularidade. Igualmente, além disso, a *objetividade* é o *conceito* total que se juntou na *identidade* consigo a partir de sua determinidade. Naquela subjetividade, a determinidade ou a diferença do conceito é uma *aparência* que está imediatamente suprassumida e que regressou ao ser para si ou à unidade negativa: o predicado *inerente*. Mas, nessa objetividade, a determinidade está posta como totalidade imediata, como todo externo. Ora, a ideia se mostrou como o conceito novamente liberto da imediatidade na qual ele está mergulhado no objeto até [tornar-se] a sua subjetividade, como o conceito que se diferencia da sua objetividade, a qual, porém, do mesmo modo está determinada por ele e tem sua substancialidade apenas naquele conceito. Essa identidade foi, portanto, justamente determinada como o *sujeito-objeto*, no sentido de que ela é *tanto* o conceito formal ou subjetivo *quanto* o objeto como tal. Mas isso tem de ser apreendido de modo mais determinado. O conceito, na medida em que ele alcança veridicamente sua realidade, é esse juízo absoluto, cujo *sujeito*, como a unidade negativa que se relaciona consigo mesma, diferencia-se da sua objetividade e é o ser em si e para si da mesma, mas essencialmente se relaciona com ela através de si mesmo – por conseguinte, é *fim em si mesmo* e *impulso*; porém, justamente por causa disso, o sujeito não tem a objetividade imediatamente nele – ele seria assim apenas a totalidade do objeto enquanto tal perdida na objetividade –, mas ela é a realização do fim, uma objetividade *posta* pela atividade do fim, objetividade que, enquanto *ser posto*, tem seu subsistir e sua forma apenas como compenetrada por seu sujeito. Enquanto objetividade, ela tem o momento da *exterioridade* do conceito nela e, por conseguinte, é em geral o lado da finitude, da alterabilidade e do aparecimento, lado que, no entanto, tem seu sucumbimento no fato de regressar para a unidade negativa do conceito; a negatividade, através da qual o ser fora um do outro indiferente da objetividade se mostra como o inessencial e o ser posto, é o próprio conceito. A ideia é, portanto, apesar dessa objetividade, absolutamente *simples* e *imaterial*, pois a exterioridade é apenas como determinada pelo conceito e acolhida em sua unidade negativa; na medida em que ela subsiste como exterioridade indiferente, ela não apenas está exposta ao mecanismo em geral, mas é apenas como o perecível e não verdadeiro. – Portanto, embora a ideia tenha sua realidade numa materialidade, essa não é um *ser* abstrato que subsiste por si mesmo frente ao conceito, mas apenas como *devir*, através da negatividade do ser indiferente enquanto determinidade simples do conceito.

Disso resultam as seguintes determinações mais precisas da ideia. *Em primeiro lugar*, ela é a verdade simples, a identidade do conceito e da objetividade como o *universal* no qual a oposição e o subsistir do particular estão dissolvidos na sua negatividade idêntica consigo e são como igualdade consigo mesmo [do universal]. *Em segundo lugar*, ela é a *relação* da subjetividade que é para si do conceito simples e da sua objetividade *diferenciada* daquela; aquela é essencialmente o *impulso* de suprassumir essa separação, e essa é o ser posto indiferente, o subsistir em si e para si nulo. Enquanto essa relação, a ideia é o *processo* de se dirimir na individualidade e na sua natureza inorgânica e de a reconduzir novamente sob o poder do sujeito e de retornar para a primeira universalidade. A *identidade* da ideia consigo mesma é um com o *processo*; o pensamento que liberta a efetividade da aparência da alterabilidade sem finalidade e a transfigura em *ideia*, não tem de representar essa verdade da efetividade como o repouso morto, como uma mera *imagem*, fraca, sem impulso e movimento, como um gênio ou um número ou um pensamento abstrato; a ideia, em virtude da liberdade que o conceito alcança nela, tem também a *oposição mais dura* dentro de si; seu repouso consiste na segurança e na certeza com as quais ela eternamente a gera e eternamente a supera e, nela, junta-se consigo mesma.

Inicialmente, porém, a ideia é também novamente *imediata* ou apenas em seu *conceito*; a realidade objetiva é, decerto, adequada ao conceito, mas ainda não liberta até o conceito, e ele não existe *para si como o conceito*. Assim o conceito é, certamente, *alma*, mas a alma está no modo de um *imediato*, quer dizer, sua determinidade não é como ela mesma, ela não se apreendeu como alma, não tem dentro dela mesma sua realidade objetiva; o conceito é como uma alma que ainda não é *plena de alma*.

Assim a ideia é, *em primeiro lugar*, a *vida*; o conceito que, diferenciado da sua objetividade, simplesmente compenetra dentro de si sua objetividade e, como fim em si mesmo, tem seu meio nela e a põe como seu meio, mas é imanente a esse meio e é, nele, o fim realizado idêntico consigo. – Em virtude da sua imediatidade, essa ideia tem a *singularidade* como forma da sua existência. Mas a reflexão de seu processo absoluto dentro de si mesmo é a suprassunção dessa singularidade imediata; através disso, o conceito, que dentro dela é o *interior* como universalidade, faz da exterioridade a universalidade ou põe sua objetividade como igualdade consigo mesma. Assim a ideia é, *em segundo lugar*, a do *verdadeiro* e do *bem*, como *conhecer* e *querer*. Inicialmente, ela é conhecer finito e querer finito, nos quais o verdadeiro e o bem ainda se diferenciam e ambos são apenas primeiramente como *meta*. O conceito inicialmente *se* libertou para si mesmo e se deu como realidade apenas uma *objetividade abstrata*. Mas o processo desse conhecer e agir finitos faz da universalidade inicialmente abstrata a totalidade pela qual ela se torna *objetividade perfeita*. – Ou seja, considerado pelo outro lado, o espírito finito, isto é, subjetivo, *constitui* para si a *pressuposição* de um mundo objetivo, assim como a vida *tem* uma tal pressuposição; mas sua atividade é a de suprassumir essa pressuposição e de fazer dela algo posto. Assim, sua realidade é, para ele, o mundo objetivo, ou, inversamente, o mundo objetivo é a idealidade na qual ele mesmo se conhece.

Em terceiro lugar, o espírito conhece a ideia como sua *verdade absoluta*, como a verdade que é em si e para si; a ideia infinita na qual conhecer e atuar igualaram-se e que é o *saber absoluto de si mesma*.

PRIMEIRO CAPÍTULO
A VIDA

A ideia da vida concerne a um objeto tão concreto e, se se quer, tão real que, segundo a representação habitual da lógica, pode parecer que, com a mesma ideia, seja ultrapassado o âmbito da lógica. Se, no entanto, a lógica não devesse conter nada mais do que formas do pensamento vazias e mortas, então nela não se poderia minimamente falar de um conteúdo tal como a ideia ou a vida. Mas, se a verdade absoluta é o objeto da lógica e *a verdade* enquanto tal está essencialmente *no conhecer*, pelo menos o *conhecer* teria de ser tratado. – À assim chamada lógica pura se costuma acrescentar em sequência uma lógica *aplicada* – uma lógica que se ocupa com o *conhecer concreto*, excetuada muita *psicologia* e *antropologia* que frequentemente se considera necessário entrelaçar com a lógica. O lado antropológico e psicológico do conhecer, porém, concerne ao seu *aparecimento*, no qual o conceito para si mesmo ainda não consiste em ter uma objetividade que lhe é igual, isto é, em ter a si mesmo como objeto. A parte da lógica que considera o conhecer não pertence à *lógica aplicada* enquanto tal; assim cada ciência precisaria ser incluída na lógica, pois cada ciência é uma lógica aplicada na medida em que consiste em apreender seu objeto em formas do pensamento e do conceito. – O conceito subjetivo tem pressuposições que se apresentam em forma psicológica, antropológica e mais outra. À lógica, porém, pertencem apenas as pressuposições do conceito puro na medida em que elas têm a forma do pensamento puro, das essencialidades abstratas, as determinações do *ser* e da *essência*. De igual modo, em relação ao *conhecer*, ao apreender-se a si mesmo do conceito, na lógica não têm de ser tratadas as outras figuras de sua pressuposição, mas apenas aquela que é, ela mesma, ideia; mas essa tem de ser considerada necessariamente na lógica. Agora, essa pressuposição é a ideia *imediata*; pois, na medida em que o conhecer é o conceito enquanto é para si mesmo, mas como o subjetivo em relação ao objetivo, o conceito se relaciona com a ideia enquanto ideia *pressuposta* ou *imediata*. Mas a ideia imediata é a *vida*.

A este respeito, a necessidade de considerar a ideia da vida na lógica se fundaria sobre a necessidade, reconhecida também de outra maneira, de considerar aqui o conceito concreto do conhecer. Essa ideia, porém, produziu-se pela necessidade própria do conceito; a *ideia*, o *verdadeiro* em si e para si, é essencialmente objeto da lógica; visto que ela tem de ser considerada primeiramente em sua imediatidade, então ela tem de ser apreendida e conhecida nessa determinidade na qual ela é *vida*, para que sua consideração não seja algo vazio e sem determinação. Talvez apenas se possa observar em que medida a visão lógica da vida se diferencia de outra visão científica sobre a mesma; entretanto, não cabe aqui examinar como nas ciências não filosóficas se trata dela, e sim somente como a vida lógica enquanto ideia pura tem de ser diferenciada da vida natural, que é considerada na *filosofia da natureza*, e da vida enquanto está em conexão com o *espírito*. – A primeira, enquanto vida da natureza, é a vida na medida em que está lançada para fora na *exterioridade do subsistir*, tem sua *condição* na natureza inorgânica e os momentos da ideia são uma multiplicidade de configurações efetivas. A vida na ideia é sem tais *pressuposições* que são como figuras da efetividade; sua pressuposição é o *conceito*, tal como ele foi considerado, por um lado, como subjetivo, por outro lado, como objetivo. Na natureza, a vida aparece como o estágio supremo que é alcançado por sua exterioridade pelo fato de que essa se interiorizou e se suprassume na subjetividade. Na lógica, é o ser dentro de si simples que na ideia da vida alcançou sua exterioridade que lhe corresponde veridicamente; o conceito que apareceu anteriormente como subjetivo é a alma da própria vida; ele é o impulso que medeia sua realidade através da objetividade. Na medida em que a natureza alcança essa ideia a partir de sua exterioridade, ela vai além de si; seu fim não é como seu início, mas como seu limite, em que ela se suprassume a si mesma. – Igualmente, na ideia da vida os momentos da sua realidade não obtêm a figura da efetividade exterior, mas permanecem encerrados na forma do conceito.

Porém, no *espírito* a vida aparece, em parte, contraposta a ele, em parte, como posta em unidade com ele, e essa unidade aparece gerada de novo puramente por ele. Especificamente, aqui a vida tem de ser tomada em geral no sentido próprio como *vida natural,* pois o que é denominado *vida do espírito* enquanto espírito é sua peculiaridade que se contrapõe à mera vida; assim como se fala também da *natureza* do espírito, embora o espírito não seja minimamente algo natural, mas antes a oposição à natureza. A vida enquanto tal é, portanto, para o espírito, em parte *meio,* então ele a contrapõe a si; em parte, ele é indivíduo vivo e a vida é seu corpo, em parte essa unidade de si com sua corporeidade viva é gerada a partir dele mesmo como *ideal.* Nenhuma dessas relações com o espírito interessa à vida lógica, e ela não tem de ser considerada nem como meio de um espírito, nem como seu corpo vivo, nem como momento do ideal e da beleza. – A vida tem nos dois casos, como vida *natural* e como está em relação *como o espírito,* uma *determinidade de sua exterioridade,* lá por meio de suas pressuposições, que são as outras configurações da natureza, mas aqui através dos fins e da atividade do espírito. A ideia da vida para si é livre daquela objetividade pressuposta e condicionante, bem como da relação com essa subjetividade.

A vida, considerada mais precisamente em sua ideia, é *universalidade* absoluta em si e para si; a objetividade que ela tem nela mesma é compenetrada pura e simplesmente pelo conceito, possui somente ele como substância. Aquilo que se diferencia como parte ou segundo uma outra reflexão exterior, tem todo o conceito dentro de si mesmo; o conceito é a alma *onipresente* nisso, a qual permanece relação simples consigo mesma e una na multiplicidade que compete ao ser objetivo. Essa multiplicidade, como a objetividade externa a si, tem um subsistir indiferente, que no espaço e no tempo, se esses já pudessem ser mencionados aqui, é um [ser] fora um do outro totalmente diverso e autossubsistente. Mas a exterioridade é na vida, ao mesmo tempo, como a *determinidade simples* de seu conceito; assim a alma está difundida e onipresente nessa multiplicidade e, ao mesmo tempo, permanece pura e simplesmente o ser-uno simples do conceito concreto consigo mesmo. – Na vida, nessa unidade do seu conceito na exterioridade da objetividade, na pluralidade absoluta da matéria atomística, somem pura e simplesmente todos os pensamentos do pensar que se atêm às determinações das relações de reflexão [*Reflexionsverhältnisse*] e do conceito formal; a onipresença do simples na exterioridade múltipla é para a reflexão uma contradição absoluta e, na medida em que a reflexão precisa, ao mesmo tempo, apreender tal onipresença a partir da percepção da vida e, como isso, tem de admitir a efetividade dessa ideia, ela é um *mistério incompreensível*, porque a reflexão não apreende o conceito, e não apreende o conceito como a substância da vida. – A vida simples, porém, não é apenas onipresente, mas pura e simplesmente o *subsistir* e a *substância imanente* de sua objetividade, mas, como substância subjetiva, é *impulso* e, precisamente, o *impulso específico* da *diferença particular* e, igualmente, de modo essencial, o impulso uno e universal do específico, que reconduz a sua particularização para a unidade e nela a conserva. Somente como essa *unidade negativa* de sua objetividade e particularização a vida é vida que se relaciona consigo, que é para si, uma alma. Ela é, assim, essencialmente *algo singular* que se relaciona à objetividade como a um outro, a uma natureza não viva. O *juízo* originário da vida consiste, portanto, no fato de que a vida se separa como sujeito individual frente ao objetivo e, ao se constituir como a unidade negativa do conceito, constitui a *pressuposição* de uma objetividade imediata.

Por conseguinte, a vida tem de ser considerada, *em primeiro lugar*, como *indivíduo vivo*, que é para si a totalidade subjetiva e está pressuposto como indiferente frente a uma objetividade que lhe se contrapõe como indiferente.

Em segundo lugar, a vida é o *processo da vida*, de suprassumir sua pressuposição, de pôr como negativa a objetividade indiferente frente à vida e de se efetivar como potência e unidade negativa da objetividade. Com isso, ela faz de si o universal que é a unidade de si mesmo e de seu outro. A vida é, por conseguinte, *em terceiro lugar*, o *processo do gênero*, de suprassumir sua singularização e de se relacionar com o seu ser aí objetivo como consigo mesmo. Esse processo é, com isso, por um lado, o retorno ao seu conceito e a repetição da primeira dirimição, o devir de uma nova individualidade e a morte da primeira individualidade imediata; por outro lado, porém, o *conceito* da vida *que foi para dentro de si mesmo* é o devir do conceito que se relaciona consigo mesmo, como existente para si de modo universal e livre, a passagem para o *conhecer*.

A. O indivíduo vivo

1. O conceito de vida ou a vida universal é a ideia imediata, o conceito ao qual sua objetividade é adequada; mas ela lhe é adequada somente na medida em que o conceito é a unidade negativa dessa exterioridade, quer dizer, *põe*-na como adequada a si. A relação infinita do conceito consigo mesmo é, como negatividade, o autodeterminar-se, sua dirimição dentro de si como *singularidade subjetiva e dentro de si como universalidade indiferente.* Em sua imediatidade, a ideia da vida é somente a alma universal criadora. Em virtude dessa imediatidade, sua primeira relação negativa da ideia dentro de si mesma é a sua autodeterminação como *conceito* – o pôr *em si* que somente como retorno para dentro de si é *ser para si*, o *pressupor* criador. Através desse autodeterminar-se, a vida *universal* é um *particular*; ela se cindiu, com isso, nos dois extremos do juízo, que imediatamente se torna silogismo.

As determinações da oposição são as *determinações* universais do *conceito*, pois o conceito é aquilo ao qual compete a cisão; mas o *preenchimento* dessas é a ideia. Um extremo é a *unidade* do conceito e da realidade, que é ideia enquanto ideia *imediata* que anteriormente se mostrou como a *objetividade*. Mas aqui ela está em outra determinação. Lá ela era a unidade do conceito e da realidade na medida em que o conceito passou para ela e apenas se perdeu nela; ele não se contrapunha a ela, ou seja, porque o conceito é apenas *algo interior* à realidade, ele é somente uma reflexão *externa* a ela. Aquela objetividade é, portanto, o próprio imediato de modo imediato. Aqui, ao contrário, ela é somente o que surgiu do conceito, de modo que sua essência é o ser posto de que ela é como o *negativo*. – Ela deve ser considerada como o lado da *universalidade do conceito*, com isso, como universalidade *abstrata*, essencialmente apenas *inerente* ao sujeito e na forma do *ser* imediato, que, posto para si, é indiferente ao sujeito. A este respeito, a totalidade do conceito que compete à objetividade é como que apenas uma totalidade *emprestada*; a última autossubsistência que ela tem frente ao sujeito é aquele *ser* que, segundo sua verdade, é somente aquele momento do conceito, o qual é como *pressuponente* na primeira determinidade de um *pôr* que é *em si*, que ainda não é *como* pôr, como a unidade refletida dentro de si. Surgindo da ideia, a objetividade autossubsistente é, portanto, ser imediato somente como *predicado* do juízo da autodeterminação do conceito – um ser que, decerto, é diverso do sujeito, mas, ao mesmo tempo, está posto essencialmente como *momento* do conceito.

Segundo o conteúdo, essa objetividade é a totalidade do conceito, a qual, todavia, tem contraposta a si a subjetividade ou unidade negativa do conceito, a qual constitui a centralidade verídica, a saber, sua unidade livre consigo mesmo. Este *sujeito* é a ideia na forma da *singularidade* como identidade simples, porém negativa consigo, o *indivíduo vivo*.

Este é, primeiramente, a vida como *alma*, como o conceito de si mesma, o qual está totalmente determinado dentro de si, como o *princípio* que inicia e que move a si mesmo. O conceito contém em sua simplicidade a exterioridade determinada como momento *simples* incluído dentro de si. – Mas, além disso, *em sua imediatidade*, esta alma é imediatamente externa e tem um ser objetivo nela mesma – a realidade submetida ao fim, o *meio* imediato, antes de tudo, a objetividade como *predicado* do sujeito; mas, além disso, ela é também o *meio-termo* do silogismo, a corporeidade da alma é aquilo através do qual ela se silogiza com a objetividade externa. – O ser vivo tem a corporeidade, inicialmente, como a realidade que é imediatamente idêntica ao conceito; com isto, a alma em geral tem a corporeidade por *natureza*.

Agora, porque essa objetividade é predicado do indivíduo e está acolhida na unidade subjetiva, não lhe competem as determinações anteriores do objeto, a relação mecânica e química, menos ainda as relações abstratas de reflexão do todo e das partes e semelhantes. Como exterioridade, ela é *capaz* de tais relações; mas, a este respeito, ela não é um ser aí vivo; se o ser vivo é considerado como um todo que consiste em partes, como algo sobre o qual influem causas mecânicas ou químicas, como produto mecânico ou químico, seja tomado meramente como produto enquanto tal ou como determinado também por um fim externo, então o conceito lhe é externo, o ser vivo é tomado como *morto*. Uma vez que o conceito lhe é imanente, a conformidade a fins do ser vivo precisa ser apreendida como *conformidade interior*; o conceito está nele como determinado, diferenciado da sua exterioridade e como tal que, em seu diferenciar, com-

250

penetra a exterioridade e é idêntico consigo. Essa objetividade do ser vivo é o *organismo*; ela é o *meio* e a ferramenta do fim, é perfeitamente conforme a fins, já que o conceito constitui sua substância; mas, precisamente por causa disso, esse meio e essa ferramenta são, eles mesmos, o fim executado em que o fim subjetivo está, portanto, silogizado imediatamente consigo mesmo. Segundo sua exterioridade, o organismo é um múltiplo, não de *partes*, mas sim de *membros* que, enquanto tais, a) subsistem apenas na individualidade; eles são separáveis na medida em que são externos e podem ser apreendidos nessa externalidade; mas na medida em que eles são separados, eles voltam às relações mecânicas e químicas da objetividade comum. b) Sua exterioridade se contrapõe à unidade negativa da individualidade viva; por conseguinte, essa é *impulso* de pôr o momento abstrato da determinidade do conceito como diferença real. Na medida em que essa diferença é imediata, ela é o impulso de cada *momento singular, específico*, de se produzir e, igualmente, de elevar sua particularidade à universalidade, de suprassumir os outros momentos externos a ele, de se produzir à custa deles, mas, do mesmo modo, de suprassumir-se a si mesmo e fazer de si o meio para os outros.

2. Esse *processo* da individualidade viva está limitado a si mesmo e cai ainda totalmente no interior dela. – No silogismo da conformidade externa a fins, a primeira premissa, de que o fim se relaciona imediatamente à objetividade e faz dela o meio, foi considerada anteriormente de modo que nela, decerto, o fim permanece igual a si e retornou para dentro de si, mas a objetividade ainda não se suprassumiu *nela mesma*, portanto, o fim não é *em si e para si* nela, e isso ocorre somente na conclusão. O processo do ser vivo consigo mesmo é aquela premissa, mas enquanto ela é, ao mesmo tempo, conclusão, na medida em que a relação imediata do sujeito com a objetividade que, através disso, torna-se meio e ferramenta, é, ao mesmo tempo, em si mesma como *unidade negativa* do conceito; o fim se executa nessa sua externalidade pelo fato de que ele é a potência subjetiva dessa e é o processo em que ela mostra sua autodissolução e o retorno nessa sua unidade negativa. A inquietude e a alterabilidade do lado exterior do vivo é a manifestação do conceito nele, conceito que, como negatividade em si mesmo, somente tem objetividade enquanto seu subsistir indiferente se mostra como tal que se suprassume.

O conceito se produz, portanto, através do seu impulso de tal modo que o produto, na medida em que o conceito é sua essência, é, ele mesmo, o produtor, de modo que o produto é apenas como a exterioridade que se põe igualmente de modo negativo, ou seja, como o processo do produzir.

3. A ideia acima considerada é, agora, o *conceito do sujeito vivo* e do *seu processo*; as determinações que estão em relação uma com a outra são a *unidade negativa* do conceito que se relaciona consigo mesmo e a *objetividade* que é o *meio* do conceito, na qual, todavia, o conceito *retornou* para dentro de si mesmo. Mas, na medida em que esses são momentos da ideia da vida *no interior do seu conceito*, não são momentos determinados do conceito do *indivíduo vivo em sua realidade*. A objetividade ou corporeidade do indivíduo vivo é uma totalidade concreta; aqueles momentos são os lados, a partir dos quais a vitalidade se constitui; eles não são, portanto, os momentos dessa vitalidade já constituída pela ideia. Contudo, a *objetividade* viva do indivíduo enquanto tal, por ela ser animada pelo conceito, e por tê-lo como sua substância, também tem nela, como suas diferenças essenciais, determinações tais que são determinações do conceito, *universalidade, particularidade* e *singularidade*; por conseguinte, a *figura* na qual essas estão exteriormente diferenciadas, está dividida ou cortada (*insectum*) segundo as mesmas.

Com isto, a objetividade viva do indivíduo é, *em primeiro lugar, universalidade*, o puro vibrar somente dentro de si mesma da vitalidade, a *sensibilidade*. O conceito da universalidade, como resultou anteriormente, é a imediatidade simples, que é isso, porém, somente como negatividade absoluta dentro de si. Esse conceito da *diferença absoluta*, como sua negatividade está dissolvida na *simplicidade* e é igual a si mesma, foi trazido à intuição na sensibilidade. Ela é o ser dentro de si, não como simplicidade abstrata, mas sim como receptividade infinita *determinável*, a qual em sua *determinidade* não se torna um multíplice e um exterior, mas está refletida pura e simplesmente dentro de si. Nessa universalidade, a *determinidade* está presente como *princípio* simples; a determinidade singular externa, uma assim chamada *impressão*, retorna a partir da sua determinação externa e multíplice para essa simplicidade do *autossentimento*. A sensibilidade pode, assim, ser considerada como o ser aí da alma que é dentro de si, pois ela acolhe dentro de toda a exterioridade, mas reconduz a mesma à perfeita simplicidade da universalidade igual a si.

A segunda determinação do conceito é a *particularidade*, o momento da diferença *posta*; a abertura da negatividade, a qual está encerrada no simples autossentimento, ou seja, é determinidade ideal nele, ainda não determinidade real – a *irritabilidade*. Em virtude da abstração da sua negatividade, o sentimento é impulso; ele se *determina*. A autodeterminação do ser vivo é seu juízo ou sua finitização, segundo a qual ele se refere ao externo como a uma objetividade *pressuposta* e está em interação com ela. – Segundo sua particularidade, o ser vivo é, por um lado, uma *espécie* ao lado de outras espécies de ser vivos; a reflexão *formal* dentro de si dessa *diversidade indiferente* é o *gênero* formal e sua sistematização; mas a reflexão individual é que a particularidade é a negatividade de sua determinidade como de uma direção para fora, a negatividade do conceito que se relaciona consigo.

De acordo com essa *terceira* determinação, o ser vivo é *enquanto singular*. Mais precisamente, essa reflexão dentro de si determina-se de tal modo que o ser vivo na irritabilidade é exterioridade de si frente a si mesmo, frente à objetividade que tem imediatamente nele como seu meio e ferramenta, e é determinável de modo externo. A reflexão dentro de si suprassume essa imediatidade – por um lado, como reflexão teórica, a saber, na medida em que a negatividade é como momento simples da sensibilidade que foi considerado na mesma e que constitui o *sentimento* – por outro lado, como reflexão real, na medida em que a unidade do conceito se põe em sua *objetividade externa* como unidade negativa: a *reprodução*. – Os primeiros dois momentos, a sensibilidade e a irritabilidade, são determinações abstratas; a vida é algo *concreto* e é vitalidade na reprodução; o ser vivo tem somente dentro dela, como em sua verdade, também sentimento e força de resistência. A reprodução é a negatividade como momento simples da sensibilidade, e a irritabilidade somente é força de resistência viva pelo fato de que a relação com o externo é reprodução e identidade individual consigo. Cada um dos momentos particulares é essencialmente a totalidade de todos; sua diferença constitui a determinidade ideal da forma, que está posta na reprodução como totalidade concreta do todo. Este todo é, assim, por um lado, como terceiro, a saber, como totalidade *real*, contraposto àquelas totalidades determinadas; mas, por outro lado, ele é sua essencialidade que é em si, ao mesmo tempo, aquilo em que elas estão recolhidas como momentos e têm seu sujeito e seu subsistir.

Com a reprodução como o momento da singularidade, o ser vivo se põe como individualidade *efetiva*, um ser para si que se relaciona consigo, mas é, ao mesmo tempo, *relação* real *para fora*, – a reflexão da *particularidade* ou irritabilidade *frente a um outro*, frente ao mundo *objetivo*. O processo da vida encerrado no interior do indivíduo passa para a relação com a objetividade pressuposta enquanto tal pelo fato de que o indivíduo, enquanto se põe como totalidade *subjetiva*, também o *momento da sua determinidade* enquanto *relação* com a exterioridade se torna *totalidade*.

B. O processo vital

Por se configurar dentro de si mesmo, o indivíduo vivo entra em tensão com seu pressupor originário e se coloca como sujeito que é em si e para si frente ao mundo objetivo pressuposto. O sujeito é fim em si mesmo, o conceito que tem seu meio e sua realidade subjetiva na objetividade a ele submetida; através disso, ele está constituído como a ideia que é em si e para si e como o autossubsistente essencial, frente ao qual o mundo exterior pressuposto tem somente um valor negativo e não-autossubsistente. Em seu autossentimento, o ser vivo tem esta *certeza* da nulidade que é em si do *ser outro* que lhe se contrapõe. Seu impulso é a necessidade [*Bedürfnis*] de suprassumir esse ser outro e de dar-se a verdade daquela certeza. O indivíduo como sujeito é, primeiramente, apenas o *conceito* da ideia da vida; seu processo subjetivo dentro de si, em que ele se nutre de si mesmo, e a objetividade imediata, que ele põe como meio natural conforme ao seu conceito, é mediado pelo processo que se refere à exterioridade completamente posta, à totalidade objetiva que está *de modo indiferente* ao lado dele.

Este processo inicia com o *carecimento*, isto é, com o momento segundo o qual o ser vivo, *em primeiro lugar*, determina-se e, com isto, põe-se como negado e, através disso, relaciona-se com uma objetividade *outra* frente a si, com a objetividade indiferente – mas, *em segundo lugar*, igualmente nesta perda de si ele não está perdido, conserva-se nela e permanece a identidade do conceito igual a si mesmo; através disso, o ser vivo é o impulso de pôr para si, igual a si, aquele mundo que lhe é *outro*, de suprassumi-lo e de objetivar-*se*. Através disso, sua autodeterminação tem a forma da exterioridade objetiva, e pelo fato de ser, ao mesmo tempo, idêntico consigo, ele é a *contradição* absoluta. A configuração imediata é a ideia em seu conceito simples, é a objetividade conforme ao conceito; assim, ela é boa por natureza. Mas na medida em que seu momento negativo se determina até a particularidade objetiva, isto é, na medida em que os momentos essenciais da sua unidade estão realizados, cada qual para si, até a totalidade, o conceito está *cindido* na sua desigualdade absoluta de si, e na medida em que ele é, de igual modo, a identidade absoluta nessa cisão, o ser vivo é para si mesmo essa cisão, e tem o sentimento dessa contradição, sentimento que é a *dor*. Por conseguinte, a *dor* é o privilégio das naturezas vivas; porque elas são o conceito existente, elas são uma efetividade da força infinita, segundo a qual elas são dentro de si a *negatividade* de si mesmas, e essa *sua negatividade* é *para elas* de modo que elas se conservam em seu ser outro. – Quando se diz que a contradição não seria pensável, a contradição é, antes, uma existência efetiva na dor do ser vivo.

Esta dirimição do vivo dentro de si é *sentimento*, na medida em que ela está acolhida na universalidade simples do conceito, na sensibilidade. A partir da dor inicia do *carecimento* e o *impulso* que constituem a passagem pela qual o indivíduo, como ele é para si enquanto negação de si, torna-se também como identidade para si – uma identidade que é somente como negação daquela negação. – A identidade que está no impulso enquanto tal é a certeza subjetiva de si mesmo, segundo o qual o ser vivo se relaciona ao seu mundo externo que existe de modo indiferente, como a um aparecimento, a uma efetividade em si sem conceito e inessencial. Essa deve receber o conceito dentro de si somente através do sujeito, que é a finalidade imanente. A indiferença do mundo objetivo frente à determinidade e, com isto, frente à finalidade, constitui sua capacidade externa de ser adequado ao sujeito; quaisquer que sejam as especificações que o mundo tiver nele, sua determinabilidade mecânica, a falta de liberdade do conceito imanente constitui sua impotência para se conservar frente ao ser vivo. – Na medida em que o objeto frente ao ser vivo é, em primeiro lugar, como algo externo indiferente, pode agir sobre o ser vivo de modo mecânico; assim, contudo, não age como sobre um ser vivo; na medida em que se relaciona com esse, o objeto não age como causa, mas sim *estimula* o ser vivo. Pelo fato de que o ser vivo é impulso, a exterioridade somente pode chegar ou entrar nele se já estiver em si e para si *dentro dele*; a influência sobre o sujeito consiste, portanto, somente no fato de que este *encontra correspondente* a exterioridade que [se] lhe oferece –; a exterioridade pode até não ser adequada à totalidade do sujeito, mas ela tem de corresponder pelo menos a um lado particular nele, e essa possibilidade reside no fato que o sujeito, precisamente na sua relação externa, é um particular.

Agora, na medida em que o sujeito, determinado em seu carecimento, relaciona-se com o externo e, com isso, é ele mesmo algo externo ou uma ferramenta, exerce *violência* sobre o objeto. Seu caráter particular, sua finitude em geral, cai no aparecimento mais determinado dessa relação. – O externo nessa relação é o processo da objetividade em geral, mecanismo e quimismo. Mas o mesmo processo é interrompido imediatamente e a exterioridade se transforma em interioridade. A conformidade externa a fins, a qual é produzida inicialmente pela atividade do sujeito no objeto indiferente, é suprassumida pelo fato de que o objeto não é uma substância frente ao conceito, portanto, o conceito pode tornar-se não apenas sua forma exterior, mas tem de se pôr como sua essência e como sua determinação imanente, penetrante, conforme à sua identidade originária.

Com o apoderamento do objeto, o processo mecânico se transforma, por conseguinte, no [processo] interior, pelo qual o indivíduo se *apropria* do objeto de tal modo que lhe subtrai sua constituição peculiar, faz dele seu meio e lhe dá como substância sua subjetividade. Essa assimilação vem, portanto, a coincidir com o processo de reprodução do indivíduo considerado acima; neste processo, o indivíduo se nutre, antes de tudo, de si mesmo, ao tornar objeto sua própria objetividade; o conflito mecânico e químico de seus membros com as coisas externas é um momento objetivo dele. O [elemento] mecânico e químico do processo é um começo da dissolução do ser vivo. Uma vez que a vida é a verdade desses processos, com isso, enquanto ser vivo, ela é a existência dessa verdade e a potência dos mesmos [processos], a qual os pervade e os compenetra como sua universalidade, e o produto deles está totalmente determinado pela vida. Esta transformação deles na individualidade viva constitui o retorno desta última para dentro de si mesma, de tal modo que a produção que, enquanto tal, seria o passar para um outro, torna-se a reprodução na qual o ser vivo se põe *para si* como idêntico consigo mesmo.

A ideia imediata é também a identidade imediata do conceito e da realidade, não como identidade que é *para si*; através do processo objetivo, o ser vivo se dá seu *autossentimento*, pois ele se *põe* nisso como aquilo que ele é em si e para si, [isto é], ser o idêntico consigo mesmo em seu ser outro posto como indiferente, a unidade negativa do negativo. Neste juntar-se do indivíduo com sua objetividade, que inicialmente está pressuposta como indiferente a ele, o indivíduo, assim como, por um lado, constituiu-se como singularidade efetiva, assim *suprassumiu sua particularidade* e se elevou até a *universalidade*. Sua particularidade consistia na dirimição pela qual a vida pôs como suas espécies a vida individual e a objetividade externa a essa. Através do processo vital exterior, a vida pôs-se como vida real, universal, como *gênero*.

C. O gênero

O indivíduo vivo, primeiramente separado do conceito universal da vida, é uma pressuposição que ainda não é verificada através de si mesma. Através do processo com o mundo simultaneamente pressuposto, o indivíduo vivo pôs a si mesmo *para si* como a unidade negativa do seu ser outro – como a base de si mesmo; ele é, assim, a efetividade da ideia, de tal maneira que o indivíduo se produz, agora, a partir da *efetividade*, assim como antes surgia somente a partir do *conceito*, e de modo que seu nascimento, que era um *pressupor*, torna-se agora sua produção.

A determinação ulterior, todavia, que ele conseguiu através da suprassunção da oposição, é a de ser *gênero* enquanto sua identidade com seu ser outro anterior indiferente. Esta ideia do indivíduo, por ela ser uma totalidade essencial, é essencialmente a particularização de si mesmo. Esta sua dirimição é, segundo a totalidade da qual ela surge, a duplicação do indivíduo – um pressupor de uma objetividade que é idêntica a ele, e um relacionar do ser vivo consigo mesmo como com um outro ser vivo.

Este universal é o terceiro estágio, a verdade da vida, na medida em que essa ainda está encerrada no interior da sua esfera. Este grau é o processo que se relaciona consigo do indivíduo, onde a exterioridade é seu momento imanente; *em segundo lugar*, essa exterioridade é, ela mesma, como totalidade viva, uma objetividade que, para o indivíduo, é ele mesmo, uma objetividade na qual ele tem a certeza de si mesmo não como *suprassumido*, mas como *subsistente*.

Agora, porque a relação [*Verhältnis*] do gênero é a identidade do autossentimento individual naquele que é, ao mesmo tempo, um outro indivíduo autossubsistente, tal relação é a *contradição*; o ser vivo é, com isso, novamente, impulso. – O gênero é, certamente, a consumação da ideia da vida, porém, ele ainda está inicialmente no interior da esfera da imediatidade; essa universalidade é, por conseguinte, *efetiva* em uma figura *singular* – o conceito cuja realidade tem a forma de objetividade imediata. O indivíduo é, portanto, *em si*, com efeito, gênero, mas não é o gênero *para si*; o que é para ele, é somente um outro indivíduo vivo; o conceito diferenciado de si tem por objeto com o qual é idêntico a si não a si mesmo como conceito, mas um conceito que, enquanto ser vivo, tem ao mesmo tempo objetividade externa para ele, uma forma que, portanto, é imediatamente recíproca.

A identidade com o outro, a universalidade do indivíduo, é, com isso, apenas, *interior* ou *subjetiva*; por conseguinte, ele tem o desejo de pô-la e de realizar-se como universal. Mas este impulso do gênero pode somente realizar-se pela suprassunção das individualidades singulares, ainda particulares uma frente à outra. Inicialmente, na medida em que são estas que satisfazem *em si* universalmente a tensão do seu desejo e se dissolvem na sua universalidade genérica, sua identidade realizada é a unidade negativa do gênero que se reflete dentro de si a partir da cisão. Ela é, nesta medida, a individualidade da própria vida, não mais *gerada* a partir do seu conceito, mas sim da ideia *efetiva*. Inicialmente, ela mesma é somente o conceito que primeiramente tem de se objetivar, mas é o *conceito efetivo – o germe de um indivíduo vivo*. Nele está presente para a percepção ordinária o que é o conceito, e o fato de que o *conceito subjetivo* tem *efetividade externa*. Pois o germe do vivo é a concreção completa da individualidade, na qual todos os lados diversos do ser vivo, todas as propriedades e as diferenças articuladas, estão contidas em sua *determinidade total*, e a totalidade, inicialmente *imaterial*, subjetiva, é não desenvolvida, simples e não sensível; o germe é, assim, o ser vivo total na forma interna do conceito.

A reflexão do gênero dentro de si é, segundo esse lado, aquilo através do qual o gênero obtém *efetividade*, na medida em que o momento da unidade negativa e da individualidade é *posto* nele – a *propagação* das gerações vivas. A ideia que, enquanto vida, ainda está na forma da imediatidade, recai, sob esse aspecto, na efetividade, e esta sua reflexão é somente a repetição e o processo infinito, no qual ela não sai da finitude da sua imediatidade. Mas esse retorno ao seu primeiro conceito tem também o lado mais elevado, de que a ideia não meramente percorreu a mediação dos seus processos no interior da imediatidade, mas, justamente com isso, suprassumiu essa imediatidade e, através disso, elevou-se a uma forma superior do seu ser aí.

O processo do gênero no qual os indivíduos singulares suprassumem sua existência indiferente, imediata, uns nos outros e morrem nessa unidade negativa, tem, além disso, como outro lado do seu produto, o *gênero realizado* que se pôs idêntico ao conceito. – No processo do gênero sucumbem as singularidades isoladas da vida individual; a identidade negativa na qual o gênero retorna para dentro de si, assim como é, por um lado, o *gerar da singularidade*, assim, por outro lado, é *o suprassumir dessa mesma*, com isso, ela é o gênero que se junta consigo, a *universalidade* da ideia que *se torna para si mesma*. Na cópula [*Begattung*] morre a imediatidade da individualidade viva; a morte desta vida é o surgir do espírito. A ideia que enquanto gênero é *em si*, é *para si* na medida em que ela suprassumiu a sua particularidade que constituiu as gerações vivas e se deu, com isso, uma *realidade* que é, *ela mesma, universalidade simples*; assim ela é a ideia que *se relaciona consigo* como *ideia*, o universal que tem a universalidade como sua determinidade e ser aí – a *ideia* do *conhecer*.

SEGUNDO CAPÍTULO
A IDEIA DO CONHECER

A vida é a ideia imediata ou a ideia como seu *conceito* ainda não realizado em si mesmo. Em seu *juízo*, a ideia é o *conhecer* em geral.

O conceito é como conceito *para si* enquanto ele existe *livremente* como universalidade abstrata ou como gênero. Assim, ele é sua pura identidade consigo, a qual se diferencia dentro de si mesma de tal modo que o diferenciado não é uma *objetividade*, mas está igualmente liberto para a subjetividade, ou seja, para a forma da igualdade simples consigo, portanto, o objeto do conceito é o próprio conceito. Sua *realidade* em geral é a *forma do seu ser aí*; é a determinação dessa forma que é importante; sobre ela repousa a diferença daquilo que o conceito é *em si*, ou seja, como *subjetivo*, daquilo que ele é [enquanto] mergulhado na objetividade e, então, na ideia da vida. Nesta última, ele, decerto, está diferenciado da sua realidade externa e posto *para si*, mas ele tem esse seu ser para si apenas como a identidade, que é uma relação consigo como mergulhada em sua objetividade submetida a ele ou uma relação consigo como forma imanente, substancial. A elevação do conceito para acima da vida é o fato de que sua realidade é a forma do conceito liberta até a universalidade. Através desse juízo, a ideia está duplicada – no conceito subjetivo, cuja realidade é ele mesmo, e no conceito objetivo, que é como vida. – *Pensar, espírito, autoconsciência* são determinações da ideia enquanto ela tem a si mesma como objeto, e seu *ser aí*, isto é, a determinidade de seu ser, é sua própria diferença de si mesma.

A *metafísica do espírito* ou, como se preferia falar no passado, da *alma*, girava em torno das determinações de substância, simplicidade, imaterialidade – determinações nas quais era colocada na base como sujeito a *representação* do espírito derivada da consciência *empírica* e se perguntava que tipo de predicados concordam com as percepções – um procedimento que não podia avançar mais do que o procedimento da física de trazer o mundo do aparecimento a leis universais e a determinações de reflexão, já que o espírito estava na base também apenas em seu *aparecimento*; ao contrário, esse procedimento teve de ficar ainda atrás da cientificidade física, já que o espírito não apenas é infinitamente mais rico do que a natureza, mas porque também a unidade absoluta do contraposto no *conceito* constitui sua essência; assim ele mostra em seu aparecimento e na relação com a exterioridade a contradição em sua determinidade suprema, portanto, para cada uma das determinações de reflexão contrapostas tem de poder ser trazida uma experiência, ou a partir das experiências é preciso poder chegar às determinações opostas segundo o modo do silogizar formal. Porque os predicados que se dão imediatamente no aparecimento pertencem inicialmente ainda à psicologia empírica, para a consideração metafísica restam propriamente apenas determinações de reflexão totalmente pobres. – Em sua crítica da *doutrina racional da alma*[24], Kant mantém firme essa metafísica no fato de que, enquanto aquela deve ser uma ciência racional, ela transformar-se-ia numa ciência *empírica* e sua pureza racional e independência de toda experiência seria corrompida pelo mínimo [traço] que sobreviesse à *representação universal* da auto-consciência a partir da percepção. – Com isso, nada mais resta senão a representação simples do *Eu*, para si totalmente vazia de conteúdo, representação da qual nem sequer se pode dizer que é um *conceito*, sendo, antes, uma *mera consciência* que *acompanha todos os conceitos*. Através desse *Eu* ou também *isso* (a *coisa*) que pensa, segundo as ulteriores consequências kantianas, também nada mais é representado do que um sujeito transcendental dos pensamentos = X, que é conhecido apenas através dos pensamentos que são seus *predicados*, e do qual nós, separadamente, *nunca* podemos ter o *mínimo conceito*; esse Eu tem assim, segundo a própria expressão de Kant, a *inconveniência* de que *nós já temos de nos servir dele* em qualquer momento para julgar de qualquer coisa sobre ele; pois ele não é *uma representação* através da qual é diferenciado um objeto particular, mas uma *forma* da representação em geral, na medida em

---

24. *Crítica da razão pura*, B 401s. [N.E.A.].

que ela deve ser chamada de conhecimento. – O *paralogismo*, no qual incorreria a doutrina racional da alma, consistiria no fato de que, no pensar, *modos* da autoconsciência seriam transformados em *conceitos do entendimento* como que [referidos a] um *objeto*, [e consistiria] no fato de que aquele *"Eu penso"* seria tomado como uma *essência pensante*, como uma *coisa em si*; de modo que, a partir do fato de que o Eu ocorre na consciência sempre como *sujeito*, e precisamente como sujeito *singular*, idêntico em toda multiplicidade da representação, e tal que me diferencia dela como de uma multiplicidade externa, deriva-se ilegitimamente o fato de que o Eu é uma *substância*, além disso, *algo* qualitativamente *simples* e um *uno* e *algo que existe independentemente* das coisas espaciais e temporais.

Ofereci um extrato detalhado dessa exposição, porque ela permite conhecer de modo determinado tanto a natureza da *metafísica* de outrora *sobre a alma* quanto, particularmente, também a natureza *da crítica* através da qual aquela metafísica sucumbiu. – Aquela visou determinar a *essência abstrata* da alma; nesse caso, ela partia originariamente da percepção e transformava sua universalidade empírica e a determinação de reflexão, *externa* em geral à singularidade do efetivo na forma das alegadas *determinações da essência*. – Em geral, Kant tem diante de si apenas o estado da metafísica de sua época, que ficava essencialmente parada em tais determinações abstratas e unilaterais, sem nenhuma dialética; ele não levou em consideração e não investigou as ideias verdadeiramente *especulativas* de filósofos mais antigos sobre o conceito do espírito. Em sua *crítica* daquelas determinações, ele seguiu de modo totalmente simples a maneira humana do ceticismo, a saber, ele se atém a como o Eu aparece na autoconsciência, descartando, porém, já que deveria ser conhecida sua *essência – a coisa em si* – tudo o que é empírico; nada mais restaria senão esse aparecimento do *"Eu penso"* que acompanha todas as representações – do qual *não* se teria *o mínimo conceito*. – Certamente é preciso admitir que não se tem o mínimo conceito nem do Eu nem de qualquer outra coisa, tampouco do próprio conceito, enquanto não se *compreende* e apenas se fica preso à *representação* simples, fixa, e ao *nome*. Esquisito é o pensamento – se ele, aliás, pode ser chamado de pensamento – de que eu já tenha de me *servir* do Eu a fim de julgar sobre o Eu; o Eu que se *serve* da autoconsciência como de um meio a fim de julgar, isso certamente é um *x* do qual, bem como da relação de tal servir, não se pode ter o mínimo conceito. Mas, certamente, é ridículo denominar essa natureza da autoconsciência – de que o Eu pensa a si mesmo, de que o Eu não pode ser pensado sem que o Eu seja aquilo que o pensa – uma *inconveniência* e, como [se fosse] algo falacioso, um *círculo* – [ao passo que é] uma relação através da qual, na autoconsciência empírica e imediata, revela-se a natureza absoluta e eterna da mesma e do conceito, revela-se porque a autoconsciência é justamente o *conceito* puro *que é aí*, portanto, *empiricamente perceptível*, a relação absoluta consigo mesma, a qual, como juízo que separa, faz de si um objeto e consiste unicamente no fato de fazer de si um círculo através desse [juízo]. – Uma pedra não tem aquela *inconveniência*; se ela é pensada ou se deve julgar sobre ela, ela não se interpõe como obstáculo a si mesma; ela está dispensada do incômodo de servir-se de si mesma para essa ocupação; é um outro fora dela que tem de assumir esse esforço.

A falha que essas representações, que têm de ser chamadas de bárbaras, colocam no fato de que, no pensamento do Eu, o mesmo não poderia ser deixado de lado como *sujeito*, aparece então, inversamente, também de tal modo que o Eu *apenas* ocorreria como *sujeito da consciência*, ou seja, Eu somente poderia me *utilizar* como *sujeito* de um juízo, e faltaria a *intuição* através da qual ele seria *dado* como um *objeto*, mas o conceito de uma coisa que apenas poderia existir como sujeito, ainda não traria consigo nenhuma realidade objetiva. – Se para a objetividade se exige a intuição externa, determinada no tempo e no espaço, e é dela que se sente falta, então se vê bem que por objetividade se entende apenas aquela realidade sensível [mas] a elevação sobre essa é condição do pensamento e da verdade. Mas, de toda maneira, se o Eu é tomado sem conceito como mera representação simples, segundo o modo em que o enunciamos na consciência cotidiana, então ele é a determinação abstrata, não a relação de si mesmo que tem a si mesma por objeto –; ele é assim apenas *um* dos extremos, sujeito unilateral sem sua objetividade, ou seja, ele seria também apenas objeto sem subjetividade, se, a saber, não houvesse aqui a inconveniência mencionada segundo a qual do Eu como objeto não se pode afastar o sujeito pensante. De fato, porém, a mesma inconveniência ocorre também na primeira determinação, no Eu como sujeito; o Eu pensa algo, a si ou algo outro. Essa inseparabilidade das duas formas nas quais ele se contrapõe a si mesmo pertence à natureza mais própria de seu conceito e do próprio conceito; ela é justamente aquilo que Kant quer afastar, a fim de conservar firmemente apenas a *representação* que não se diferencia dentro de si e certamente é, portanto, apenas a *representação sem conceito*. Agora, algo tão vazio de conceito pode certamente se contrapor às determinações de reflexão abstratas ou às categorias da metafísica anterior – pois, em termos de unilateralidade, está no mesmo nível que elas, embora essas sejam, todavia, um pensamento mais elevado; ao contrário, ele aparece tanto mais pobre e vazio diante das ideias mais profundas da filosofia mais antiga sobre o conceito da alma ou do pensar, por exemplo, diante das ideias verdadeiramente especulativas de Aristóteles. Se a filosofia kantiana investigou aquelas determinações de reflexão, então ela teria precisado investigar ainda mais a abstração fixada do Eu vazio, a pretensa ideia da coisa em si, que justamente em virtude da sua abstração se mostra, antes, como algo totalmente não verdadeiro; a experiência da inconveniência lastimada é, ela mesma, o fato empírico no qual se enuncia a inverdade daquela abstração.

A crítica kantiana da psicologia racional[25] menciona apenas a prova de Mendelssohn da persistência da alma, e trago ainda sua refutação da mesma prova em virtude da extravagância daquilo que lhe é contraposto. Aquela prova se funda sobre a *simplicidade* da alma, em força da qual ela não seria capaz da alteração, do *passar para um outro* no tempo. A simplicidade qualitativa é a forma acima considerada da *abstração* em geral; ela foi investigada como determinidade *qualitativa* na esfera do ser, e foi provado que o qualitativo, como essa determinidade que se relaciona abstratamente consigo, é, antes, justamente por isso, dialético, e é somente o passar para um outro. No conceito, porém, foi mostrado que, se ele é considerado em relação à persistência, à indestrutibilidade e à imperecibilidade, ele é, ao contrário, o ente em si e para si e o eterno, porque ele não é a simplicidade *abstrata*, mas *concreta*, não é o ser determinado que se relaciona abstratamente consigo, e sim a unidade *de si mes-*

---

25. *Crítica da razão pura*, B 414s. [N.E.A.].

mo e de seu outro, para o qual ele não pode, portanto, passar como se nele se alterasse, justamente porque o *outro*, o ser determinado, é ele mesmo e, nesse passar, portanto, ele chega somente a si mesmo. – Agora, a crítica kantiana contrapõe àquela determinação *qualitativa* da unidade do conceito a determinação *quantitativa*. Embora a alma não seja um multíplice fora um do outro e não contenha nenhuma grandeza *extensiva*, a consciência teria, no entanto, *um grau*, e a alma, como *cada* existente, teria uma *grandeza intensiva*; porém, através disso, a possibilidade do passar para o nada estaria posta através do *desaparecer gradual*. – O que é essa refutação senão a aplicação ao espírito de uma categoria *do ser*, da *grandeza intensiva* – de uma determinação que não tem nenhuma verdade em si e está, antes, suprassumida no conceito?

A metafísica, mesmo também aquela que se limitava aos conceitos fixos do entendimento e não se elevava ao especulativo e à natureza do conceito e da ideia, tinha por seu fim *conhecer a verdade*, e investigava seus objetos para saber se fossem *algo verdadeiro* ou não, se fossem substâncias ou fenômenos. Mas a vitória da crítica kantiana sobre essa mesma metafísica consiste, antes, em eliminar a investigação que tem por finalidade o *verdadeiro*, e em eliminar essa própria finalidade; ela não coloca minimamente a pergunta que unicamente tem interesse, a saber, se um sujeito determinado, aqui o *Eu abstrato da representação*, teria verdade em si e para si. Mas significa renunciar ao conceito e à filosofia quando se fica parado no fenômeno e naquilo que se dá na consciência cotidiana para a mera representação. Aquilo que ultrapassa esse âmbito significa na crítica kantiana algo transcendente em relação ao qual a razão não tem nenhuma legitimidade. De fato, o conceito ultrapassa aquilo que é sem conceito, e a primeira legitimação para ultrapassar esse âmbito é, por um lado, o próprio conceito, por outro lado, segundo o lado negativo, é a inverdade do fenômeno e da representação, bem como de tais abstrações como a coisa em si e aquele Eu que não deve ser objeto de si mesmo.

No contexto dessa apresentação lógica, a *ideia* da *vida* é aquela da qual a ideia do espírito surgiu, ou seja, o que é o mesmo, esta se comprovou como a verdade da ideia da natureza. Enquanto esse resultado, essa ideia tem em si e para si mesma a sua verdade, com a qual, então, pode ser comparado o empírico ou o aparecimento do espírito, para ver como concorda com ela; todavia, o empírico pode, ele mesmo, ser apreendido através e a partir da ideia. Vimos que a *vida* é a ideia; mas, ao mesmo tempo, ela se mostrou como não sendo ainda a apresentação verídica ou o verídico modo de seu ser aí. Pois a realidade da ideia é, na vida, como *singularidade*; a *universalidade* ou o gênero é o *interior*; a verdade da vida como unidade absoluta negativa consiste, portanto, em suprassumir a singularidade abstrata ou, o que é o mesmo, a singularidade imediata, e em ser idêntico consigo *como idêntico* em ser igual a si mesmo como gênero. Essa ideia é, agora, o *espírito*. – Mas, sobre isso, pode-se ainda observar que ele é considerado aqui na forma que cabe a essa ideia enquanto [ideia] lógica. Ela ainda tem outras figuras que aqui podem ser indicadas de passagem, nas quais ela tem de ser considerada nas ciências concretas do espírito, a saber, como *alma, consciência* e *espírito enquanto tal.*

O nome *alma*, de resto, foi empregado para [designar o] espírito finito singular em geral, e a doutrina racional ou empírica da alma devia significar o mesmo que *doutrina do espírito*. Na expressão *alma* paira a representação de que ela é uma *coisa* como as outras coisas; pergunta-se por seu *lugar*, pela determinação *espacial* a partir da qual suas *forças* agem, mais ainda, pergunta-se como essa coisa seria *imperecível*, submetida às condições da *temporalidade*, mas como, nessa temporalidade, estaria subtraída à alteração. O sistema das *mônadas* eleva a matéria à animicidade; nessa representação, a alma é um átomo como os átomos da matéria em geral; o átomo que sai como vapor da xícara de café seria capaz, por circunstâncias favoráveis, de se desenvolver até a alma, apenas a *obscuridade maior* de seu representar o diferenciaria daquela coisa que aparece como alma. – O *conceito que é para si mesmo* está necessariamente também no *ser aí imediato*; nessa identidade substancial com a vida, em seu estar mergulhado em sua exterioridade, ele tem de ser considerado na *Antropologia*. Mas também para essa tem de permanecer estranha aquela metafísica em que essa forma da *imediatidade* se torna igual a uma *coisa psíquica*, a um *átomo*, aos átomos da matéria. – À Antropologia é preciso deixar apenas a região obscura em que o espírito, como se dizia antigamente, está sob influências *siderais* e *terrestres* onde ele vive como um espírito natural em *simpatia* com a natureza e percebe suas alterações nos *sonhos* e nos *pressentimentos*, a região onde o espírito habita o cérebro, o coração, os gânglios, o fígado etc., ao qual, segundo Platão, a divindade, para que também o lado *irracional* fosse considerado por sua bondade e tivesse parte do mais elevado, teria dado o dom de *profetizar*, acima do qual se elevaria o ser humano autoconsciente. A esse lado irracional pertence, além disso, a relação do representar e da atividade espiritual superior, enquanto essa, no sujeito singular, está submetida ao jogo da constituição corporal totalmente contingente, às influências externas e às circunstâncias isoladas.

Essa figura mais baixa das figuras concretas em que o espírito está mergulhado na materialidade tem sua figura imediatamente mais elevada na *consciência*. Nessa forma, o conceito livre, enquanto *Eu que é para si*, retrai-se da objetividade, mas se relacionando com ela como com *seu outro*, como objeto que se contrapõe a ele. Na medida em que o espírito aqui não é mais como alma, mas na *certeza* de si mesmo, a *imediatidade* do ser tem, antes, o significado de *um negativo* para ele, assim a identidade na qual ele está consigo mesmo naquilo que é objetivo é, ao mesmo tempo, somente um *aparecer*, enquanto o que é objetivo ainda tem também a forma de um *ente em si*.

Esse estágio é o objeto da *Fenomenologia do espírito* – uma ciência que está [no meio] entre a ciência do espírito natural e aquela do espírito enquanto tal, e considera o espírito *que é para si*, ao mesmo tempo, em sua *relação com seu outro* que, através disso, como foi lembrado, está determinado tanto como objeto *que é em si* quanto como objeto negado – considera o espírito, portanto, como [espírito] *que aparece*, apresentando-se no oposto de si mesmo.

A verdade superior dessa forma é, porém, o *espírito para si*, para o qual o objeto que é *em si* para a consciência tem a forma de sua própria determinação, da *representação* em geral; esse espírito, que é ativo sobre as determinações como sobre suas próprias, sobre os sentimentos, as representações e os pensamentos, é, a este respeito, infinito dentro de si e em sua forma. A consideração desse estágio pertence à verdadeira *doutrina do espírito*, que abrangeria aquilo que é objeto da *psicologia empírica* habitual, a qual, porém, a fim de ser a ciência do espírito, não pode pôr mãos à obra de modo empírico, mas tem de ser apreendida cientificamente. – Nesse estágio, o espírito é espírito *finito*, na medida em que o *conteúdo* de sua determinidade é imediato, dado; a ciência do mesmo espírito tem de apresentar o caminho no qual ele se liberta dessa sua determinidade e progride até a apreensão de sua verdade, do espírito infinito.

Ao contrário, a *ideia do espírito* que é objeto *lógico*, já se encontra no interior da ciência pura; por conseguinte, ela não tem de ver como o espírito percorre o caminho no qual ele está envolvido com a natureza, com a determinidade imediata e com a matéria ou com a representação, o que é considerado naquelas três ciências; ela já tem esse caminho atrás de si, ou antes, o que é o mesmo, frente a si – atrás de si, na medida em que a lógica é tomada como a *última* ciência, frente a si, na medida em que ela é tomada como a *primeira* ciência, a partir da qual, somente, a ideia passa para a natureza. Na ideia lógica do espírito, portanto, o Eu, conforme se mostrou a partir do conceito da natureza como a verdade dela, é desde logo o conceito livre, que em seu juízo é o objeto para si mesmo, o *conceito como a sua ideia*. Mas também nessa figura a ideia ainda não está consumada.

Na medida em que a ideia é, certamente, o conceito livre, que tem a si mesmo por objeto, ela é *imediatamente*, justamente por ser imediata, ainda a ideia em sua *subjetividade* e, com isso, em sua finitude em geral. Ela é a *finalidade* que se deve realizar, ou seja, é a própria *ideia absoluta* ainda em seu *aparecimento*. O que ela *procura* é o *verdadeiro*, essa identidade do próprio conceito e da realidade, mas ela apenas o procura; pois aqui ela é ainda *algo subjetivo*, como ela é *primeiramente*. O objeto que é para o conceito é aqui, portanto, certamente também um objeto dado, porém ele não entra no sujeito como objeto que exerce influência sobre ele ou como objeto que estaria constituído para si mesmo enquanto tal, ou como representação, mas, sim, o sujeito o transforma em uma *determinação do conceito*; é o conceito que se ativa no objeto, relaciona-se consigo nele e, pelo fato de que dá a si sua realidade no objeto, encontra a *verdade*.

Portanto, a ideia é inicialmente um dos extremos de um silogismo como o conceito que, enquanto finalidade, primeiramente tem a si mesmo por realidade subjetiva; o outro extremo é a barreira do sujeito, o mundo objetivo. Ambos os extremos são idênticos no fato de serem a ideia; em primeiro lugar, sua unidade é aquela do conceito, que num [dos extremos] é apenas *para si*, no outro é apenas *em si*; em segundo lugar, a realidade é, num [dos extremos], abstrata, no outro, em sua exterioridade concreta. – Essa unidade é agora *posta* pelo do conhecer; por ela ser a ideia subjetiva, que parte de si como finalidade, ela é inicialmente apenas como *meio-termo*. – O termo que conhece se relaciona através da determinidade de seu conceito, a saber, através do ser para si abstrato, certamente com um mundo exterior, mas na certeza absoluta de si mesmo, a fim de elevar sua realidade em si mesmo, essa verdade formal, para a verdade real. Ele tem em seu conceito *a essencialidade total* do mundo objetivo; seu processo consiste em pôr o conteúdo concreto do mundo objetivo para si como idêntico ao *conceito* e, inversamente, em pôr o conceito como idêntico à objetividade.

A ideia do aparecimento é, de modo imediato, ideia *teórica*, o *conhecer* enquanto tal. Pois o mundo objetivo tem imediatamente a forma da *imediatidade* ou do *ser* para o conceito que é para si, assim como este primeiramente é para si apenas como o conceito de si mesmo abstrato, ainda encerrado dentro de si; ele é, portanto, apenas como *forma*; sua realidade, que ele tem nele mesmo, são apenas suas determinações simples da *universalidade* e da *particularidade*; mas a singularidade ou a *determinidade determinada*, o conteúdo, essa forma os recebe desde fora.

A. A ideia do verdadeiro

A ideia subjetiva é, inicialmente, *impulso*. Pois ela é a contradição do conceito, consistente em ter a si como *objeto* e de ser para si a realidade, sem que, todavia, o objeto seja como *outro*, autossubsistente frente a ele ou sem que sua diferença de si mesmo tivesse, ao mesmo tempo, a determinação essencial da *diversidade* e do ser aí indiferente. O impulso tem, portanto, a determinidade de suprassumir sua própria subjetividade, de tornar concreta sua realidade primeiramente abstrata e de preenchê-la com o *conteúdo* do mundo pressuposto por sua subjetividade. – Por outro lado, através disso, o impulso se determina assim: o conceito é, decerto, a certeza absoluta de si mesmo; mas ao seu *ser para si* se contrapõe sua pressuposição de um mundo que é *em si*, mas cujo *ser outro* indiferente tem para sua certeza de si mesmo o valor apenas de um *inessencial*; ele é, a este respeito, o impulso de suprassumir esse ser outro e de intuir no objeto a identidade consigo mesmo. Na medida em que essa reflexão dentro de si é a oposição suprassumida e a *singularidade* posta, efetivada para o sujeito, a qual inicialmente aparece como o *ser em si* pressuposto, assim é a identidade da forma consigo mesma produzida a partir da oposição – uma identidade que, com isso, está determinada como indiferente frente à forma em sua diferencialidade e é *conteúdo*.

Esse impulso é, por conseguinte, o impulso da *verdade* na medida em que ela é no *conhecer*, portanto, da *verdade* como ideia *teórica* em seu sentido próprio. – Se a verdade *objetiva* é, decerto, a própria ideia como a realidade correspondente ao conceito, e um objeto pode, a este respeito, ter ou não verdade nele, então o sentido mais determinado da verdade é, pelo contrário, o fato de que ela é *para* ou *no* conceito subjetivo, no *saber*. Ela é a relação do *juízo do conceito*, que se mostrou como o juízo formal da verdade; a saber, no mesmo juízo, o predicado não é apenas a objetividade do conceito, mas a comparação relacionante do conceito da Coisa e da efetividade da mesma. – *Teórica* é essa realização do conceito enquanto ele como *forma* tem ainda a determinação de um conceito *subjetivo*, ou seja, tem a determinação para o sujeito de ser a sua forma. Porque o conhecer é a ideia como finalidade ou como ideia subjetiva, assim a negação do mundo pressuposto como *sendo em si* é a *primeira*; a conclusão na qual o objetivo está *posto* no subjetivo tem, portanto, inicialmente também apenas o significado de que aquilo que é em si está apenas posto como um subjetivo, ou seja, está apenas *posto* na determinação do conceito; mas, por causa disso, não é assim em si e para si. A conclusão vem, neste sentido, apenas a uma unidade *neutra* ou a uma *síntese*, quer dizer, a uma unidade de tais que são originariamente separados, ligados assim apenas exteriormente. – Na medida em que, portanto, nesse conhecer o conceito põe o objeto como *o seu*, a ideia se dá inicialmente apenas um conteúdo, cuja base [está] *dada* e nele foi suprassumida apenas a forma da exterioridade. A este respeito, esse conhecer ainda guarda sua *finitude* em sua finalidade executada; nessa finalidade, o conhecer, ao mesmo tempo, *não* alcançou a mesma finalidade, e *em sua verdade* ainda *não* chegou *à verdade*. Pois, na medida em que, no resultado, o conteúdo tem ainda a determinação de um conteúdo *dado*, assim o *ser em si* pressuposto frente ao conceito não está suprassumido; com isso, a unidade do conceito e da realidade, a verdade, também não está contida nisso. – Curiosamente, nos tempos modernos se manteve firme esse lado da *finitude*, que foi assumido como a relação *absoluta* do conhecer –; como se o finito enquanto tal devesse ser o absoluto! Nesse ponto de vista, ao objeto se atribui uma *coisidade em si* desconhecida *atrás* do conhecer, e a mesma e, portanto, também a verdade, é considerada com um *além* absoluto para o conhecer. As determinações do pensamento em geral, as categorias, as determinações de reflexão, assim como o conceito formal e seus momentos, recebem nisso esta posição, não de serem determinações finitas em si e para si, mas finitas no sentido de serem um subjetivo frente àquela *coisidade em si* vazia; assumir essa relação da inverdade do conhecer como a [relação] verídica é o erro que se tornou a opinião universal da época moderna.

A partir dessa determinação do conhecer finito fica imediatamente claro que ele é uma contradição que suprassume a si mesma – a contradição de uma verdade que, ao mesmo tempo, não deve ser verdade – de um conhecer daquilo que *é*, conhecer que, ao mesmo tempo, não conhece a coisa em si. No colapsar dessa contradição, colapsa, quer dizer, mostra-se como um não verdadeiro, seu conteúdo, o conhecer subjetivo e a coisa em si. Mas o conhecer deve dissolver sua finitude e, com isso, sua contradição, através de seu próprio andamento; aquela consideração que nós fazemos sobre o conhecer, é uma reflexão externa; mas é o próprio conceito, que é finalidade para si, que, portanto, executa-se através de sua realização, e justamente nessa execução suprassume sua subjetividade e o ser em si pressuposto. – O conhecer precisa, portanto, ser considerado nele mesmo em sua atividade positiva. Visto que essa ideia, como mostrado, é o impulso do conceito de se realizar *para si mesmo*, assim sua atividade é determinar o objeto e se relacionar nele identicamente consigo através desse determinar. O objeto é, em geral, o pura e simplesmente determinável, e na ideia ele tem esse lado essencial de não ser em si e para si frente ao conceito. Porque esse conhecer é ainda o conhecer finito, não aquele especulativo, assim a objetividade pressuposta ainda não tem para o mesmo a figura de ser apenas pura e simplesmente o conceito nela mesma e de não conter nada particular para si frente a ele. Mas, com o fato de que ela vale como um além que é em si, ela tem a determinação da *determinabilidade pelo conceito* essencialmente porque a *ideia* é o conceito que é para si e o infinito pura e simplesmente dentro de si em que o objeto é *em si*, suprassumido, e a finalidade consiste apenas ainda em suprasumi-lo *para si*; o objeto, portanto, é certamente pressuposto pela ideia do conhecer como *sendo em si*, mas essencialmente na relação de que ela, certa de si mesma e da nulidade dessa oposição, vem à realização do seu conceito dentro do objeto.

No silogismo pelo qual a ideia subjetiva se silogiza agora com a objetividade, a *primeira premissa* é a mesma forma do apoderamento imediato e da relação do conceito com o objeto que vimos na relação da finalidade. A atividade determinante do conceito sobre o objeto é uma *comunicação* imediata e uma *difusão* nele sem resistência. Nisso, o conceito permanece na pura identidade consigo mesmo; mas essa sua imediata reflexão dentro de si tem, igualmente, a determinação da imediatidade objetiva; aquilo que *para ele* é sua própria determinação, é igualmente um *ser*, pois é a *primeira* negação da pressuposição. A determinação posta vale, portanto, igualmente como uma pressuposição *encontrada*, como o *apreender* de um *dado* em que a atividade do conceito consiste, antes, apenas em ser negativamente contra si mesma, em manter-se retraído diante do que está presente e em se tornar passiva, para que o mesmo possa se *mostrar* não como determinado pelo sujeito, mas como ele é dentro de si mesmo.

Portanto, nessa premissa, esse conhecer não aparece sequer como uma *aplicação* das determinações lógicas, mas como um receber e apreender das mesmas enquanto encontradas, e sua atividade aparece como limitada a afastar do objeto apenas um obstáculo subjetivo, uma casca externa. Esse conhecer é o conhecer *analítico*.

a. O conhecer analítico

A diferença do conhecer analítico e sintético se encontra de vez em quando indicada desta maneira: um precede do bem conhecido ao desconhecido, o outro, do desconhecido ao bem conhecido.

Mas, se se considera essa diferença mais precisamente, será difícil descobrir nela um pensamento determinado, muito menos um conceito. Pode-se dizer que o conhecer começa em geral com o desconhecimento, pois não se aprende algo que já fica bem conhecido. Inversamente, o conhecer começa com o bem conhecido; esta é uma proposição tautológica; aquilo com o qual ele começa, o que ele, portanto, efetivamente conhece, é justamente um bem conhecido através disso; o que ainda não foi conhecido e deve ser conhecido apenas em seguida, é ainda o desconhecido. Portanto, é preciso dizer que o conhecer, uma vez que começou, progride sempre do bem conhecido ao desconhecido.

Aquilo que diferencia o conhecer analítico já se determinou no sentido de que a ele, enquanto é a primeira premissa de todo o silogismo, ainda não pertence a mediação, mas ele é a comunicação imediata do conceito, a qual ainda não contém o ser outro, e na qual a atividade se despoja da sua negatividade. No entanto, aquela imediatidade da relação é, por isso, ela mesma, mediação, pois ela é a relação negativa do conceito com o objeto, mas que aniquila a si mesma e torna-se, através disso, simples e idêntica. Essa reflexão dentro de si é apenas algo subjetivo, porque, em sua mediação, a diferença está presente apenas ainda como a diferença pressuposta *que é em si*, enquanto diversidade *do objeto* dentro de si. A determinação que, portanto, instaura-se através dessa relação, é a forma da *identidade* simples, da *universalidade abstrata*. O conhecer analítico tem, por conseguinte, em geral como seu princípio essa identidade, e a passagem para outro, a ligação de diversos, está excluída dele mesmo, da sua atividade.

Agora, ao considerar mais precisamente o conhecer analítico, começa-se de um objeto *pressuposto*, com isso, singular, *concreto*, seja ele agora um objeto já *pronto* para a representação ou uma *tarefa*, a saber, um objeto apenas dado em suas circunstâncias e condições, mas ainda não destacado para si a partir delas e apresentado na autossubsistência simples. Agora, a análise do mesmo objeto não pode consistir no fato de ele ser meramente *dissolvido* nas *representações* particulares que ele pode conter; uma tal dissolução e a apreensão das mesmas [representações] é uma ocupação que não pertenceria ao conhecer, mas apenas concerniria a uma *noção* mais precisa, a uma determinação dentro da esfera do *representar*. A análise, por ela ter por fundamento o conceito, tem por seus produtos essencialmente as determinações do conceito e precisamente enquanto tais que estão *imediatamente contidas* no objeto. A partir da natureza a ideia do conhecer resultou que a atividade do conceito subjetivo, por um lado, tem de ser vista somente como *desenvolvimento* daquilo que *já está no objeto*, porque o próprio objeto nada mais é do que a totalidade do conceito. É igualmente unilateral representar a análise como se no objeto nada houvesse que não fosse *colocado* dentro dele, assim como é unilateral opinar que as determinações resultantes são apenas *extraídas* dele. Como se sabe, aquela representação é expressa pelo idealismo subjetivo, que, na análise, toma a atividade do conhecer unicamente como um *pôr* unilateral, além do qual a *coisa em si* permanece escondida; a outra representação pertence ao assim chamado realismo, que apreende o conceito subjetivo como uma identidade vazia, que *acolhe* em si *desde fora* as determinações do pensamento. – Visto que o conhecer analítico, a transformação da matéria dada em determinações lógicas, mostrou-se como sendo ambos em um, como um *pôr* que imediatamente se determina de igual modo como *pressupor*, em virtude deste último, o lógico pode aparecer como algo já *pronto* no objeto, assim como, por causa do pôr, o lógico pode aparecer como *produto* de uma atividade meramente subjetiva. Mas ambos os momentos não devem ser separados; em sua forma abstrata, na qual a análise o destaca, o lógico está presente, decerto, apenas no conhecer, assim como ele, inversamente, não é apenas um *posto*, mas um *ente em si*.

Ora, na medida em que o conhecer analítico é a transformação indicada, ele não atravessa nenhum *membro intermediário* ulterior, mas a determinação é, a este respeito, *imediata* e tem justamente este sentido, de ser própria ao objeto e de lhe pertencer em si, portanto, de ser apreendida sem mediação subjetiva a partir dele. – Mas, além disso, o conhecer deve ser também um *progredir*, um *desenvolvimento de diferenças*. Mas, por ser sem conceito e não dialético, de acordo com a determinação que ele tem aqui, o conhecer tem apenas uma *diferença dada* e seu progredir acontece unicamente nas determinações da *matéria*. Ele parece ter um progredir *imanente* apenas na medida em que as determinações do pensamento derivadas podem ser novamente analisadas, portanto, são ainda um concreto; o supremo e último desse analisar é a essência abstrata suprema ou a identidade abstrata, subjetiva, e contraposta a ela, a diversidade. No entanto, esse progredir nada mais é do que apenas a repetição do um atuar originário da análise, a saber, a redeterminação do que já foi acolhido na forma abstrata do conceito como redeterminação de um *concreto* e, em seguida, a análise do mesmo, então, de novo, a determinação do abstrato que surge dela como um concreto e assim por diante. – Mas as determinações do pensamento parecem conter dentro delas mesmas também uma passagem. Se o objeto foi determinado como um todo, então, decerto, progride-se disso para a *outra* determinação *da parte*, da *causa* se progride para a outra determinação do *efeito* etc. Mas isso não é progredir algum, porque todo e partes, causa e efeito, são *relações* [*Verhältnisse*] e precisamente para esse conhecer formal são relações prontas de tal modo que uma determinação se *encontra diante* essencialmente ligada à outra. O objeto que foi determinado como *causa* ou como *parte* está, portanto, determinado por toda a relação, determinado já por ambos os lados da mesma. Que tal conexão seja determinada de outra maneira como um *a priori* ou um *a posteriori*, isso é indiferente na medida em que ela é apreendida como uma conexão *encontrada* ou, como também foi denominada, como um *fato* da consciência, de que à determinação do *todo* está ligada a determinação da *parte* e assim por diante. Na medida em que Kant expôs a observação profunda sobre os princípios *sintéticos a priori* e conheceu como sua raiz a unidade da autoconsciência, portanto, a identidade do conceito consigo, ele, todavia, acolhe a partir *da lógica formal*, como *dados* a conexão *determinada*, os conceitos de relação e os próprios princípios sintéticos; a dedução dos mesmos teria de ser a apresentação da passagem daquela unidade simples da autoconsciência para essas suas determinações e diferenças; mas Kant se poupou de mostrar esse progredir veridicamente sintético, do conceito que produz a si mesmo.

Sabe-se que a *Aritmética* e as *ciências mais universais da grandeza discretas* são denominadas preferentemente *ciência analítica* e *análise*. O modo de conhecimento das mesmas é, de fato, analítico na maneira mais imanente, e deve ser considerado brevemente aquilo sobre o qual isso se funda. – O demais conhecer analítico começa de uma matéria concreta que tem em si uma multiplicidade contingente; toda diferença do conteúdo e o progredir para um conteúdo ulterior dependem daquela matéria. A matéria aritmética e algébrica, pelo contrário, é algo que já se tornou totalmente abstrato e indeterminado, no qual está cancelada toda a peculiaridade da relação, para o qual, portanto, agora cada determinação e ligação é um externo. Este é o princípio da grandeza discreta, o *uno*. Esse átomo sem relação pode ser aumentado até uma *pluralidade* e pode ser exteriormente determinado e unificado até um valor numérico; esse aumentar e limitar é um progredir e um determinar vazios que permanece no mesmo princípio do uno abstrato. Como os *números*, além disso, são recolhidos e separados, depende unicamente do pôr do cognoscente. A *grandeza* é em geral a categoria dentro da qual são feitas essas determinações – ela é a determinidade que se tornou *indiferente* de modo que o objeto não tem nenhuma determinidade que lhe seja imanente, portanto, *dada* ao conhecer. Na medida em que o conhecer se deu, inicialmente, uma diversidade contingente de números, eles constituem agora a matéria para um tratamento ulterior e para relações [*Verhältnisse*] multíplices. Tais relações, sua invenção e seu tratamento, não parecem, decerto, ser minimamente imanentes ao conhecer analítico, mas parecem ser algo contingente e dado; assim como, por causa disso, também essas relações e as operações que se relacionam com elas são expostas habitualmente *uma atrás da outra*, como *diversas*, sem observação de uma conexão interior. Entretanto, é fácil conhecer um princípio condutor, e é precisamente esse o imanente da identidade analítica que aparece no diverso como *igualdade*; o progresso é a redução do desigual a uma igualdade sempre maior. Para dar um exemplo nos primeiros elementos, a adição é o recolher de números *desiguais* de modo totalmente contingente, a multiplicação, pelo contrário, é o recolher de *iguais*, ao que ainda segue a relação da *igualdade* do *valor numérico* e da *unidade*, com o que faz seu ingresso a relação de potências.

Porque, agora, a determinidade do objeto e das relações [*Verhältnisse*] é uma determinidade *posta*, a operação ulterior com elas é também totalmente analítica e, portanto, a ciência analítica não tem tanto *teoremas* quanto *problemas*. O teorema analítico contém o problema como já resolvido para si mesmo, e a diferença completamente externa que compete a ambos os lados que ele equipara é tão inessencial que um tal teorema apareceria como uma identidade trivial. Kant declarou a proposição *5 + 7 = 12* uma proposição *sintética*, porque o mesmo está apresentado, por um lado, na forma de vários, de *5* e *7*, por outro lado, na forma de um, de *12*. Só que, se o analítico não deve significar o idêntico totalmente abstrato e tautológico *12 = 12*, e se deve haver em geral uma progressão no mesmo, então tem de estar presente uma diferença qualquer, todavia, uma diferença tal que não se funda em nenhuma qualidade, em nenhuma determinidade da reflexão, e ainda menos do conceito. *5 + 7* e *12* são absolutamente o mesmo conteúdo; naquele lado, está também expressa a *exigência* de que *5* e *7* sejam recolhidos em *uma* expressão, quer dizer, a exigência de que, como cinco é algo numerado em conjunto, no qual o interromper foi completamente arbitrário e a conta podia igualmente ser continuada, agora, da mesma maneira, deve-se continuar a contar com a determinação de que os unos a serem acrescentados devem ser sete. O *12* é, portanto, um resultado de *5* e *7* e de uma operação que já está posta e, conforme sua natureza, é também um atuar completamente externo, sem pensamento, de modo que pode, portanto, ser executado também por uma máquina. Aqui não há minimamente passagem alguma para um *outro*; há um mero prosseguir, quer dizer, [um mero] *repetir* da mesma operação pela qual surgiram *5* e *7*.

A *prova* de um tal teorema – ele exigi-la-ia se fosse uma proposição sintética – consistiria apenas na operação do contar progressivo determinado por *7* a partir de *5* e no conhecer da concordância desse que foi progressivamente adicionado com aquilo que, de outra maneira, denomina-se *12* e que, de novo, nada mais é do que justamente aquele próprio contar progressivo determinado. Em vez da forma dos teoremas, escolhe-se, portanto, desde logo a forma da *tarefa*, [ou seja, do *problema*], da *exigência* da operação, a saber, o enunciar apenas de *um* lado da equação que constituiria o teorema, e cujo outro lado agora deve ser descoberto. A tarefa contém o conteúdo e indica a operação determinada que com ele deve ser efetuada. A operação não está limitada por nenhuma matéria rígida, dotada de relações específicas, mas é um atuar externo, subjetivo, cujas determinações são acolhidas indiferentemente pela matéria na qual elas são postas. Toda a diferença das condições postas na tarefa e do resultado na *solução* é somente a diferença de que no resultado se unifica ou se separa *efetivamente* naquela maneira determinada que estava indicada na tarefa.

É, portanto, uma estrutura extremamente supérflua aquela que aplica a forma do método geométrico, forma que se relaciona às proposições sintéticas, e fazer seguir a tarefa ainda por uma *prova* além da *solução*. Essa prova nada mais pode expressar do que a tautologia de que a solução é correta porque se operou como foi indicado. Se a tarefa é a de que se devem adicionar vários números, então a solução é que sejam adicionados; a prova mostra que a solução é correta porque foi dada a instrução de adicionar e se adicionou. Se a tarefa contém determinações e operações mais compostas, por exemplo, multiplicar porventura números decimais, e a solução nada mais indica do que o procedimento mecânico, então se torna necessária, decerto, uma prova; mas esta nada mais pode ser do que a análise daquelas determinações e da operação a partir da qual a solução surge por si mesma. Por causa dessa separação da *solução* como um procedimento mecânico e da *prova* como a recordação da natureza do objeto a ser tratado e da própria operação, perde-se justamente a vantagem da tarefa analítica, a saber, o fato de que a *construção* pode ser derivada imediatamente da tarefa e, portanto, pode ser apresentada em si e para si como *conforme ao entendimento*; de outra maneira, é dada explicitamente à construção uma falha que é própria ao método sintético. – Na análise superior, onde com as relações de potências entram principalmente relações qualitativas e relações das grandezas discretas dependentes de determinidades do conceito, as tarefas e os teoremas contêm, com efeito, determinações sintéticas; aqui é preciso tomar como membros intermédios determinações e relações *outras* daquelas que estão *indicadas imediatamente* pela tarefa ou pelo teorema. De resto, também essas determinações tomadas como subsídios precisam ser tais que estão fundadas na consideração e no desenvolvimento de um lado da tarefa ou do teorema; a aparência sintética vem unicamente do fato de que a tarefa ou o teorema já não designa ele mesmo esse lado. – A tarefa de, por exemplo, encontrar a soma das potências das raízes de uma equação, é solucionada pela consideração e, então, pela ligação das funções que são os coeficientes da equação das raízes. A determinação aqui subsidiária das funções dos coeficientes e sua ligação não está já expressa na tarefa, – de resto, o desenvolvimento é, ele mesmo, totalmente analítico. Assim a solução da equação $x^{m-1} = 0$ com a ajuda dos senos é também a solução imanente algébrica encontrada, como se sabe, por [Carl Friederich] *Gauß* com a ajuda da consideração do *resíduo* de x^{m-1}-1 dividido por m e das assim chamadas raízes primitivas – uma das ampliações mais importantes da análise do tempo moderno – uma solução sintética, porque as determinações subsidiárias, os senos ou a consideração dos resíduos, não são uma determinação da própria tarefa.

Sobre a natureza da análise, que considera assim chamadas diferenças infinitas de grandezas variáveis, do cálculo diferencial e integral, tratou-se mais detalhadamente na *primeira parte* dessa lógica[26]. Lá foi mostrado que aqui está na base uma determinação qualitativa de grandeza que pode ser apreendida unicamente pelo conceito. A passagem para a mesma a partir da grandeza enquanto tal não é mais analítica; até hoje, portanto, a matemática não pôde chegar ao ponto de justificar por si mesma, quer dizer, de modo matemático, as operações que se baseiam naquela passagem porque essa passagem não é de natureza matemática. *Leibniz*, ao qual se atribui a fama de ter transformado a operação com as diferenças infinitas num *cálculo*, fez, como lá foi indicado, a passagem de uma maneira que é a mais insuficiente, tanto completamente sem conceito quanto não matemática; mas, uma vez pressuposta a passagem – e no estado atual da ciência ela não é mais do que uma pressuposição – o curso ulterior é, sem dúvida, apenas uma série de operações analíticas habituais.

Foi recordado que a análise se torna sintética na medida em que ela vem a *determinações* que não estão mais *postas* pelas próprias tarefas. Mas a passagem universal do conhecer analítico para o conhecer sintético reside na passagem necessária da forma da imediatidade para a mediação, da identidade abstrata para a diferença. Em sua atividade, o analítico fica parado nas determinações em geral enquanto elas se relacionam consigo mesmas; mas, através da sua *determinidade*, elas são essencialmente também de tal natureza que

---

26. Aqui Hegel faz uma referência à *Doutrina do Ser*, para a qual remetemos à nossa tradução: HEGEL, G.W.F. *Ciência da Lógica* – 1. A Doutrina do Ser. Petrópolis: Vozes, 2016, p. 252-292 [N-T.].

elas se *relacionam com um outro*. Já foi recordado que, embora o conhecer analítico progrida em relações que não são uma matéria dada exteriormente, mas determinações do pensamento, ele permanece, contudo, analítico, na medida em que também essas relações estão *dadas* para o conhecer. Mas, porque a identidade abstrata que esse conhecer unicamente sabe como a sua, é essencialmente *identidade do diferenciado*, assim também enquanto tal ela tem de ser a sua e, para o conceito subjetivo, também a *conexão* tem de ser posta por ele e idêntica a ele.

b. O conhecer sintético

O conhecer analítico é a primeira premissa de todo o silogismo – a relação [*Beziehung*] *imediata* do conceito com o objeto; a *identidade* é, portanto, a determinação que ele conhece como a sua, e ele é apenas o *apreender* daquilo que *é*. O conhecer sintético visa ao *compreender* daquilo que *é*, quer dizer, visa apreender a multiplicidade de determinações em sua unidade. Ele é, portanto, a segunda premissa do silogismo, no qual o *diverso* enquanto tal é relacionado. Sua finalidade é, por causa disso, a *necessidade* em geral. – Os diversos que estão ligados, estão, em parte, em uma *relação* [*Verhältnis*]; nesta eles estão tanto relacionados quanto indiferentes e *autossubsistentes* um frente ao outro; mas, em parte, estão ligados no *conceito*; este é sua unidade simples, mas determinada. Na medida em que, agora, o conhecer sintético passa, inicialmente, da *identidade abstrata* para a *relação* [*Verhältnis*] ou do *ser* para a *reflexão*, ele não é a reflexão absoluta do conceito que o conceito reconhece em seu objeto; a realidade que o conceito se dá é o próximo estágio, a saber, a identidade indicada dos diversos enquanto tais, a qual, portanto, ao mesmo tempo, ainda é identidade *interior* e apenas necessidade, não a identidade subjetiva que é para si mesma, portanto, ainda não é o conceito enquanto tal. Por conseguinte, o conhecer sintético tem certamente também as determinações do conceito como seu conteúdo, o objeto é posto nas mesmas; mas elas estão somente em *relação* uma com a outra ou estão em unidade *imediata*, mas, com isso, justamente não naquela unidade através da qual o conceito é sujeito.

Isso constitui a finitude desse conhecer; porque esse lado real da ideia tem dentro dele ainda a identidade como *interior*, assim suas determinações são ainda como *externas* a si; visto que a identidade não é como subjetividade, ao próprio que o conceito tem no seu objeto falta ainda a *singularidade*, e não é mais, decerto, a forma abstrata, mas a forma determinada, portanto, o *particular* do conceito, aquilo que lhe corresponde no objeto, mas o *singular* do mesmo ainda é um conteúdo *dado*. Portanto, o conhecer transforma certamente o mundo objetivo em conceitos, mas lhe dá apenas a forma segundo as determinações do conceito e tem de *encontrar* o objeto segundo sua *singularidade*, segundo a determinidade determinada; o conhecer ainda não é, ele mesmo, determinante. Igualmente ele *encontra* proposições e leis e prova sua *necessidade*, mas não como uma necessidade da coisa em si e para si mesma, isto é, a partir do conceito, mas antes como uma necessidade do conhecer, que progride nas determinações dadas, nas diferenças do aparecimento, e conhece *para si* a proposição como unidade e relação, ou, a partir do *aparecimento*, conhece o fundamento dele. Agora é preciso considerar os momentos mais precisos do conhecer sintético.

1. A definição

O primeiro é que a objetividade ainda dada é transformada na forma simples, enquanto primeira, portanto, na forma do *conceito*; os momentos desse apreender, portanto, não são outros do que os momentos do conceito: a *universalidade, particularidade* e *singularidade*. – O *singular* é o próprio objeto enquanto *representação imediata*, aquilo que deve ser definido. Na determinação do juízo objetivo ou do juízo da necessidade, o universal do objeto da definição resultou como o *gênero* e precisamente como o gênero *próximo*, a saber, o universal com a determinidade que é simultaneamente princípio para a diferença do particular. O objeto tem essa diferença na *diferença específica*, a qual faz dele a espécie determinada e fundamenta sua disjunção frente às demais espécies.

A definição, na medida em que reconduz desta maneira o objeto ao seu conceito, despoja-o de suas exterioridades que são necessárias para a existência; ela abstrai daquilo que sobrevém ao conceito em sua realização, através da qual ele, em primeiro lugar, sai até a ideia e, em segundo lugar, até a existência externa. A *descrição* é para a *representação* e acolhe esse conteúdo ulterior que pertence à realidade. Mas a definição reduz essa riqueza das determinações múltiplas do ser aí intuído aos momentos mais simples; qual é a forma desses elementos simples e como eles estão determinados uns frente aos outros, isso está contido no conceito. O objeto, como foi indicado, é apreendido como universal que é, ao mesmo tempo, essencialmente um determinado. O próprio objeto é o terceiro, o singular, no qual o gênero e a particularização estão postos em uno, e é um *imediato* que está posto *fora* do conceito, pois ele ainda não é autodeterminante.

Naquelas determinações, na diferença formal da definição, o conceito encontra a si mesmo e nisso tem a realidade que lhe corresponde. Mas, porque a reflexão dos momentos do conceito dentro de si mesmos, a singularidade, ainda não está contida nessa realidade, porque, com isso, o objeto, na medida em que ele é no conhecer, ainda não está determinado como um subjetivo, assim o conhecer é, pelo contrário, um subjetivo e tem um início externo, ou seja, por causa do seu início externo no singular, ele é um subjetivo. O conteúdo do conceito é, portanto, um dado e um contingente. O próprio conceito concreto é, com isso, um contingente conforme o lado duplo, uma vez conforme seu conteúdo em geral, outra vez dependendo de quais determinações de conteúdo, entre as qualidades multíplices que o objeto tem no ser aí externo, são escolhidas para o conceito e devem constituir os momentos do mesmo.

O último aspecto precisa de uma consideração mais precisa. Pelo fato de a singularidade, enquanto ser determinado em si e para si, residir fora da determinação peculiar do conceito do conhecer sintético, não está presente nenhum princípio para estabelecer quais lados do objeto devem ser vistos como pertinentes à sua determinação do conceito e quais como pertinentes apenas à realidade externa. Isso constitui nas definições uma dificuldade que não pode ser eliminada para esse conhecer. Contudo, aqui é preciso estabelecer uma diferença.

Em primeiro lugar: quanto aos produtos da conformidade autoconsciente a fins, a definição se pode encontrar facilmente, pois o fim para o qual eles devem servir é uma determinação gerada a partir da decisão subjetiva e constitui a particularização essencial, a forma do existente, a qual unicamente importa aqui. A natureza restante do seu material ou outras propriedades exteriores estão contidas em sua determinação na medida em que elas correspondem ao fim; as demais são inessenciais para o fim.

Em segundo lugar: os objetos geométricos são determinações abstratas do espaço; a abstração subjacente, o assim chamado espaço absoluto, perdeu todas as determinações concretas ulteriores e tem agora, além disso, apenas figuras e configurações tais como são postas dentro dele; *elas são*, portanto, essencialmente somente aquilo que elas *devem* ser; sua determinação do conceito em geral e, mais precisamente, a diferença específica, têm nelas sua realidade desimpedida simples; essas figuras são, a este respeito, o mesmo que os produtos da conformidade exterior a fins, assim como elas também concordam nisso com os objetos aritméticos, nos quais igualmente está na base apenas a determinação que foi posta dentro deles. – O espaço tem, decerto, ainda determinações ulteriores, a triplicidade de suas dimensões, sua continuidade e divisibilidade, que não são postas nele apenas pela determinação externa. Mas essas pertencem ao material acolhido e são pressuposições imediatas; apenas a ligação e o envolvimento daquelas determinações subjetivas com essa natureza peculiar de seu terreno no qual elas são inseridas, produzem relações sintéticas e leis. – Nas determinações numéricas, porque lhes subjaz o princípio simples do *uno*, a ligação e a determinação ulterior é totalmente algo apenas posto; pelo contrário, as determinações no espaço, o qual é para si um *fora um do outro* contínuo, perdem-se mais ainda e têm uma realidade diversa do seu conceito, a qual, porém, não pertence mais à definição imediata.

Mas, *em terceiro lugar*, a questão tem um aspecto totalmente diferente com as definições tanto dos objetos *concretos* da natureza como também dos objetos do espírito. Tais objetos são em geral para a representação *coisas de múltiplas propriedades*. Aqui é importante, primeiramente, apreender o que é seu gênero próximo e, então, o que é sua diferença específica. Por conseguinte, é preciso determinar qual das múltiplas propriedades compete ao objeto enquanto gênero e qual lhe compete enquanto espécie, além disso, é preciso determinar qual, entre essas propriedades, é aquela essencial; a esta última [investigação] cabe conhecer em qual conexão as propriedades estão uma com a outra e se uma já está posta com a outra. Mas para isso não está presente nenhum outro critério do que o próprio *ser aí*. A essencialidade da propriedade é para a definição, em que a propriedade deve estar posta como determinidade simples, não desenvolvida, sua universalidade. Mas no ser aí essa é a universalidade meramente empírica no tempo – se a propriedade é duradoura, enquanto as outras se mostram como perecíveis no subsistir do todo – ou uma universalidade que surge da comparação com outros todos concretos e, portanto, não passa da comunitariedade. Se agora a comparação traz o aspecto total, como ele se apresenta empiricamente, como base em comum, então a reflexão tem de reunir o mesmo aspecto numa determinação simples do pensamento e apreender o caráter simples de tal totalidade. Mas a certificação de que uma determinação do pensamento ou uma propriedade singular entre aquelas imediatas constituiria a essência simples e determinada do objeto, pode ser somente uma *derivação* de tal determinação da constituição concreta. Mas isso requereria uma análise que transforma as constituições imediatas em pensamentos e reconduz o concreto das mesmas a algo simples; uma análise que é superior àquela considerada, porque ela não deveria ser abstrativa, mas no universal [deveria] conservar ainda o determinado do concreto, unificar o mesmo e mostrá-lo dependente da determinação simples do pensamento.

Mas as relações das determinações multíplices do ser aí imediato com o conceito simples seriam teoremas que precisariam da prova. Mas a definição, como primeiro conceito, ainda não desenvolvido, na medida em que deve apreender a determinidade simples do objeto e este apreender deve ser algo imediato, pode utilizar para tanto apenas uma das assim chamadas propriedades *imediatas* do objeto – uma determinação do ser aí sensível ou da representação; então sua singularização ocorrida pela abstração constitui a simplicidade, e para a universalidade e a essencialidade o conceito está remetido à universalidade empírica, ao persistir sob circunstâncias alteradas e à reflexão, que procura a determinação do conceito no ser aí externo e na representação, quer dizer, ali onde ela não pode ser encontrada. – O definir renuncia, portanto, por si mesmo também às determinações próprias do conceito que seriam essencialmente os princípios dos objetos e se contenta com *notas características*, isto é, com determinações nas quais a *essencialidade* para o próprio objeto é indiferente e as quais têm, antes, apenas a finalidade de serem *marcas* para uma reflexão exterior. – Uma tal determinidade singular, *externa*, está demasiadamente inadequada à totalidade concreta e à natureza do seu conceito para que ela possa ser escolhida para si e tomada a fim de que um todo concreto tenha nela sua expressão e determinação verídicas. – Segundo a observação de *Blumenbach*[27], por exemplo, o lóbulo da orelha é algo que falta a todos os outros animais, e que, portanto, conforme os modos de falar habituais sobre notas características em comum e distintivas, poderia ser utilizado com toda a razão como o caráter distintivo na definição do ser humano físico. Mas quão inadequada uma tal determinação inteiramente externa se mostra, desde logo, em relação à representação do aspecto total do ser humano físico e à exigência de que a determinação do conceito deve ser algo essencial! É algo totalmente contingente se as notas características acolhidas na definição são apenas tais puros expedientes ou se, ao contrário, aproximam-se mais da natureza de um princípio. Pode-se ver também que, em virtude de sua exterioridade, não se iniciou com elas no conhecimento do conceito; pelo contrário, a descoberta dos gêneros na natureza e no espírito foi precedida por um sentimento obscuro, por um sentido indeterminado, porém, mais profundo, por um pressentimento do essencial, e somente então foi procurada uma exterioridade determinada para o entendimento. – O conceito, na medida em que no ser aí entrou na exterioridade, está desdobrado em suas diferenças e não pode estar vinculado pura e simplesmente a uma propriedade singular. As propriedades, enquanto exterioridade da coisa, são externas a si mesmas; na esfera do aparecimento foi mostrado na coisa de múltiplas propriedades que elas se tornam essencialmente, por causa disso, até mesmo matérias autossubsistentes; o espírito, considerado do mesmo ponto de vista do aparecimento, torna-se um agregado de múltiplas forças autossubsistentes. A propriedade ou a força singular, por causa desse próprio ponto de vista, onde ela é posta como indiferente frente à outra, deixa de ser o princípio ca-

---

27. Johann Friedrich Blumenbach, 1752-1840, médico e naturalista (anatomia comparada e fisiologia) [N.E.A.].

racterizante e, com isso, desaparece em geral a determinidade como determinidade do conceito.

Nas coisas concretas, além da diversidade das propriedades umas frente às outras, ainda entra a diferença entre [o] *conceito* e sua *efetivação*. Na natureza e no espírito, o conceito tem uma apresentação externa, em que sua determinidade mostra-se como dependência do exterior, perecibilidade e inadequação. Algo efetivo, portanto, mostra decerto em si o que ele *deve* ser; mas, conforme o juízo negativo do conceito, ele pode mostrar igualmente que sua efetividade corresponde apenas de modo incompleto a esse conceito, [ou seja,] que ela é *ruim*. Na medida em que agora a definição deve indicar a determinidade do conceito em uma propriedade imediata, não há nenhuma propriedade contra a qual não possa ser apresentada uma instância na qual todo o aspecto deixa, certamente, conhecer o concreto a ser definido, mas a propriedade que é tomada para seu caráter se mostra imatura ou atrofiada. Numa planta ruim, num gênero animal ruim, num homem desprezível, num Estado ruim, são deficitários ou estão obliterados os lados da existência que, de outra maneira, puderam ser tomados para a definição como o distintivo e como a determinidade essencial na existência de um tal concreto. Mas uma planta ruim, um animal ruim etc. ainda permanecem uma planta, um animal etc. Se, portanto, na definição deve ser acolhido também o ruim, então à busca empírica escapam todas as propriedades que ele quis considerar como essenciais por causa das instâncias de criaturas deformes às quais faltam aquelas propriedades, por exemplo, a essencialidade do cérebro para o ser humano físico, pela instância dos acéfalos, a essencialidade da proteção da vida e da propriedade para o Estado, pela instância de estados despóticos e governos tirânicos. – Se contra a instância é afirmado o conceito, e ela, sendo medida em relação ao conceito, é apresentada como um exemplar ruim, então ele não tem mais sua certificação no aparecimento. Mas a autossubsistência do conceito está em contraste com o sentido da definição, a qual deve ser o conceito *imediato*, portanto, pode acolher suas determinações para os objetos apenas a partir da imediatidade do ser aí e pode se justificar apenas naquilo que se encontra. – Se seu conteúdo seja *em si e para si* verdade ou contingência, isso está fora da sua esfera; mas a verdade formal, a concordância do conceito posto subjetivamente na definição e de um objeto efetivo fora dele, não pode ser decidida, porque o objeto singular pode ser também ruim.

O conteúdo da definição é tomado em geral do ser aí imediato e, por ele ser imediato, não tem nenhuma justificação; a questão sobre sua necessidade está eliminada desde a origem; no fato de que a definição enuncia o conceito como algo meramente imediato, renuncia-se a compreender o próprio conceito. Ela, portanto, nada mais apresenta senão a determinação de forma do conceito num conteúdo dado, sem a reflexão do conceito dentro de si mesmo, quer dizer, *sem seu ser para si*.

Mas a imediatidade em geral surge apenas da mediação, portanto, ela tem de passar para essa. Ou seja, a determinidade do conteúdo que a definição contém, por ela ser determinidade, não é apenas um imediato, mas algo mediado pela sua outra; por conseguinte, a definição pode apreender seu objeto somente através da determinação contraposta e tem de passar, portanto, para a *divisão*.

2. A divisão

O universal tem de se *particularizar*; portanto, a necessidade da divisão está no universal. Mas, na medida em que a definição já inicia ela mesma com o particular, sua necessidade de passar para a divisão está no particular, que remete por si a um outro particular. Inversamente, o particular se separa do universal justamente enquanto a determinidade é mantida firme no carecimento da sua diferença da sua outra; com isso, o universal é *pressuposto* para a divisão. Portanto, o andamento é certamente este: o conteúdo singular da definição sobe até o extremo da universalidade através da particularidade, mas a universalidade tem de ser assumida, doravante, como a base objetiva, e a partir dela a divisão se apresenta como disjunção do universal como sendo o primeiro.

Com isso, surgiu uma passagem que, por acontecer a partir do universal para o particular, está determinada pela forma do conceito. A definição por si é algo singular; uma variedade de definições pertence à variedade dos objetos. A progressão que pertence ao conceito e que vai do universal ao particular é base e possibilidade de uma *ciência sintética*, de um *sistema* e de um *conhecer sistemático*.

O primeiro requisito para tanto é, como mostrado, que o início com o objeto seja feito na forma de um *universal*. Se na efetividade, seja da natureza ou do espírito, a singularidade concreta está dada ao conhecer subjetivo, natural, como o primeiro, então, pelo contrário, no conhecer que é um compreender pelo menos enquanto tem como base a forma do conceito, o primeiro tem de ser o *simples*, o que foi *separado* do concreto, porque somente nessa forma o objeto tem a forma do universal que se relaciona consigo e do imediato segundo o conceito. Contra esse andamento no [elemento] científico se pode porventura opinar que, pelo fato de o intuir ser mais fácil do que o conhecer, assim também seria preciso fazer do intuível, portanto, da efetividade concreta, o início da ciência, e que esse andamento seria mais *conforme à natureza* do que aquele que começa do objeto em sua abstração e daí, inversamente, progride até a sua particularização e singularização concreta. – Mas, na medida em que se deve *conhecer*, a comparação com a *intuição* já está decidida e abandonada, e somente se pode perguntar o que deve ser o primeiro *dentro do conhecer* e como a consequência deve estar constituída; não se exige mais um caminho *conforme à natureza*, mas *conforme ao conhecimento*. – Se o que está em questão é a *facilidade*, então fica certamente claro por si mesmo que para o conhecer é mais fácil apreender as determinações abstratas, simples, do pensamento do que o concreto, o qual é uma ligação de tais determinações do pensamento e das suas relações; e o concreto deve ser apreendido dessa maneira, não mais como é na intuição. O *universal* é em si e para si o primeiro momento do conceito, porque ele é o *simples*, e o particular é apenas o sucessivo, porque ele é o mediado; e, inversamente, o simples é mais universal, e o concreto, como o diferenciado dentro de si, com isso, como mediado, é aquilo que já pressupõe a passagem de um primeiro. – Essa observação não concerne apenas à ordem do andamento nas formas determinadas das definições, divisões e proposições, mas também à ordem do conhecer em geral e apenas em relação à diferença do abstrato e do concreto. – Por conseguinte, também, por exemplo, no *aprendizado da leitura*, racionalmente não se inicia lendo palavras inteiras ou também sílabas, mas com os *elementos* das palavras e das sílabas e com os signos dos sons *abstratos*; na escrita fonética, a análise da palavra concreta em seus sons abstratos e em seus signos já está realizada; justamente por causa disso, o aprendizado da leitura torna-se uma primeira ocupação com objetos abstratos. Na *geometria* não se deve iniciar com uma figura espacial concreta, mas com o ponto e com a linha e, então, com figuras planas e, entre essas, não com polígonos, mas com o triângulo, entre as linhas curvas, com o círculo. Na *física*, as propriedades singulares da natureza, ou seja, as matérias, devem ser liberadas dos seus envolvimentos multíplices em que se encontram na efetividade concreta e devem ser apresentadas com as condições simples, necessárias; elas também, como as figuras espaciais, são algo intuível, mas sua intuição deve ser preparada de tal modo que elas primeiramente aparecem e são fixadas como libertas de todas as modificações pelas circunstâncias que são externas à sua própria determinidade. Magnetismo, eletricidade, espécies de gases etc., são objetos tais que seu conhecimento obtém sua determinidade unicamente pelo fato de serem apreendidos como extraídos dos estados concretos nos quais eles aparecem na efetividade. O experimento os apresenta para a intuição, sem dúvida, num caso concreto, mas em parte, para ser científico, ele tem de tomar somente as condições necessárias para esse fim, em parte, com o propósito de mostrar como inessencial o concreto inseparável dessas condições, tem de se multiplicar, de modo que os objetos aparecem numa outra figura concreta e, novamente, numa outra, e com isso resta para o conhecimento somente sua forma abstrata. – Para mencionar ainda um exemplo, pôde aparecer como conforme à natureza e engenhoso o fato de considerar a *cor* primeiramente no aparecimento concreto do sentido animal subjetivo, então, fora do sujeito como um aparecimento fantasmagórico, flutuante, e, por fim, na efetividade externa como fixada em objetos. Só que para o conhecer, a forma universal e, com isso, veridicamente primeira, é a forma intermediária entre aquelas denominadas, [o modo] como a cor está suspensa entre a subjetividade e a objetividade como o espectro bem conhecido, ainda sem todo o envolvimento com circunstâncias subjetivas e objetivas. Para a consideração pura da natureza desse objeto, essas circunstâncias são primeiramente apenas perturbadoras, porque elas se comportam como causas eficientes e tornam, portanto, indeciso se as alterações, as passagens e as relações determinadas da cor estão fundadas em sua própria natureza específica ou se, pelo contrário, precisam ser atribuídas à constituição específica doentia daquelas circunstâncias, às afecções e aos efeitos saudáveis e patológicos particulares dos órgãos do sujeito, ou às forças químicas, vegetais, animais dos objetos. – Vários e outros exemplos poderiam ser trazidos do conhecimento da natureza orgânica e do mundo do espírito; por toda a parte o abstrato tem de constituir o início e o elemento no qual e a partir do qual se expandem as particularidades e as figuras ricas do concreto.

Ora, decerto, na divisão ou no particular entra propriamente sua diferença do universal, mas este universal já é, ele mesmo, um determinado e, com isso, somente um membro de uma divisão. Há, portanto, um universal superior ao mesmo; mas para ele há de novo um universal superior, e assim por diante ao infinito. Para o conhecer aqui considerado não há nenhum limite imanente, porque ele parte do dado e a forma da universalidade abstrata é peculiar ao seu primeiro [membro]. Qualquer objeto, portanto, o qual parece ter uma universalidade elementar, torna-se objeto de uma ciência determinada e é um início absoluto na medida em que a familiaridade da *representação* com ele é *pressuposta* e ele é tomado por si como tal que não precisa de nenhuma derivação. A definição o toma como um objeto imediato.

A progressão ulterior a partir dele é, inicialmente, a *divisão*. Para essa progressão se requereria apenas um princípio imanente, quer dizer, um início a partir do universal e do conceito; mas o conhecer aqui considerado carece de um tal início, porque ele segue meramente à determinação formal do conceito sem sua reflexão dentro de si, portanto, toma a determinidade de conteúdo a partir do dado. Para o particular que entra na divisão, não está presente nenhum fundamento próprio, nem em relação àquilo que deve constituir o fundamento da divisão, nem com respeito à relação determinada que os membros da disjunção devem ter uns com os outros. Portanto, a este respeito, a ocupação do conhecer pode, em parte, apenas consistir em ordenar o particular encontrado na matéria empírica, em parte, também em encontrar determinações universais do mesmo através da comparação. Então, as últimas valem como fundamentos da divisão, os quais podem ser múltiplos, assim como também, conforme tais fundamentos, ocorrem igualmente divisões multíplices. A relação [*Verhältnis*] dos membros de uma divisão uns com os outros, das espécies, tem apenas essa determinação universal de que elas estariam determinadas umas frente às outras *conforme o fundamento da divisão que foi assumido*; se sua diversidade se baseasse em um outro aspecto, as espécies não seriam coordenadas umas com as outras na mesma linha.

Por causa da falta do princípio do ser determinado para si mesmo, as leis para esse negócio da divisão podem consistir apenas em regras formais, vazias, que não levam a nada. – Assim vemos estabelecido como regra que a divisão deveria *esgotar* o conceito; mas, de fato, cada membro singular da divisão tem de esgotar o *conceito*. Mas se entende propriamente que a *determinidade* do mesmo deve ser esgotada; só que na multiplicidade das espécies empírica, sem determinação dentro de si, não contribui nada para o esgotamento do conceito se são encontradas mais ou menos espécies; se, por exemplo, além das 67 espécies de papagaios, encontra-se mais uma dúzia, isso é indiferente para o esgotamento do gênero. A exigência do esgotamento pode somente significar a proposição tautológica de que todas as espécies devem ser apresentadas *de modo completo*. – Na ampliação das noções empíricas, pode agora muito bem ocorrer que se encontrem espécies que não cabem na determinação assumida do gênero, porque esse é assumido mais frequentemente segundo uma representação obscura de todo o aspecto do que de acordo com a característica mais ou menos singular que deve servir explicitamente para sua determinação. – Em tal caso, o gênero teria de ser alterado e teria de ser justificado o fato de que um outro valor numérico de espécies deveria ser considerado como espécies de um novo gênero, quer dizer, o gênero determinado se determinaria a partir daquilo que se compõe a partir de qualquer aspecto que se quer assumir como unidade; esse próprio aspecto se tornaria, nesse caso, o fundamento da divisão. Inversamente, se se mantém firme a determinidade assumida inicialmente como o peculiar [aspecto] do gênero, excluir-se-ia aquela matéria que se queria juntar como espécies com as espécies anteriores. Esse esforço sem conceito, que uma vez assume uma determinidade como momento essencial do gênero e, conforme essa, submete ao gênero os particulares ou os exclui dele, outra vez, começa no particular e, na composição dele, deixa-se conduzir novamente por uma outra determinidade, traz o semblante de um jogo do arbítrio, ao qual se deixa decidir qual parte ou qual lado do concreto ele quer fixar e, conforme esse lado, ordenar [a divisão]. – A natureza física apresenta por si mesma uma tal contingência nos princípios da divisão; em virtude da sua efetividade dependente, externa, ela está na conexão múltipla, para ela igualmente dada; portanto, encontra-se uma multidão de princípios aos quais ela deve se adaptar; em uma série de suas formas, assim, ela segue um princípio, mas em outras séries, outros princípios, e igualmente produz entes híbridos misturados que vão simultaneamente segundo os diversos lados. Através disso acontece que em uma série de coisas naturais emergem como muito marcantes e essenciais notas características que em outras séries se tornam imperceptíveis e sem finalidade e, com isso, torna-se impossível fixar um princípio de divisão desse tipo.

A *determinidade* universal das espécies empíricas pode consistir apenas no fato de que elas são *diversas* em geral umas das outras sem serem contrapostas. A *disjunção do conceito* foi apresentada anteriormente em sua determinidade; se a particularidade é acolhida sem a unidade negativa do conceito como uma particularidade imediata e dada, então a diferença permanece apenas na forma anteriormente considerada da reflexão da diversidade em geral. A exterioridade, na qual o conceito está principalmente na natureza, introduz a indiferença total da diferença; por conseguinte, uma determinação frequente para a divisão é tomada a partir do *número*.

Como o particular é aqui contingente frente ao universal e, portanto, frente à divisão em geral, assim se pode atribuir a um *instinto* da razão quando nesse conhecer se encontram fundamentos de divisão e divisões que, na medida em que propriedades sensíveis o permitem, mostram-se adequadas ao conceito. Por exemplo, no caso dos *animais* utilizam-se nos sistemas os órgãos de mastigação, dentes e garras, como um fundamento radical da divisão; eles são tomados inicialmente apenas como lados nos quais se podem distinguir mais facilmente as notas características para o fim subjetivo do conhecer. Mas, de fato, naqueles órgãos não está apenas um diferenciar que compete a uma reflexão exterior, mas eles são o ponto vital da individualidade animal, onde ela põe a si mesma como aquela que se relaciona consigo a partir do outro da natureza externa a ela e como singularidade que se separa da continuidade com outro. – Na *planta* os membros de fecundação constituem aquele ponto supremo da vida vegetal através do qual ela aponta para a passagem para a diferença sexual e, com isso, para a singularidade individual. Para [encontrar] um fundamento, certamente não suficiente, mas extenso, o sistema se voltou legitimamente para esse ponto e, através disso, colocou como base uma determinidade a qual não é meramente uma determinidade para a comparação da reflexão externa, mas é em si e para si a determinidade mais alta da qual a planta é capaz.

3. O teorema

α) O terceiro estágio desse conhecer que progride de acordo com as determinações do conceito é a passagem da particularidade para a singularidade; essa constitui o conteúdo do *teorema*. O que precisa ser considerado aqui é a *determinidade que se relaciona consigo*, a diferença do objeto dentro de si mesmo e a relação das determinidades diferentes uma com a outra. A definição contém apenas *uma determinidade*; a divisão, a determinidade *frente à outra*; na singularização, o objeto se decompôs dentro de si mesmo. Na medida em que a definição fica parada no conceito universal, nos teoremas, pelo contrário, o objeto é conhecido em sua realidade, nas condições e nas formas do seu ser aí real. Junto com a definição, ele apresenta, portanto, a *ideia*, a qual é a unidade do conceito e da realidade. Mas o conhecer aqui considerado, que ainda está compreendido como um procurar, não chega a essa apresentação, na medida em que no mesmo conhecer a realidade não surge do conceito, portanto, sua dependência dele não é conhecida e, com isso, não é conhecida a própria unidade.

Ora, conforme a determinação indicada, o teorema é propriamente o *sintético* de um objeto, enquanto as relações de suas determinidades são *necessárias*, isto é, estão fundadas na *identidade interior* do conceito. O sintético na definição e na divisão é uma ligação acolhida exteriormente; aquilo que é encontrado é trazido à forma do conceito; mas, como encontrado, todo o conteúdo é apenas *mostrado*; mas o teorema deve ser *demonstrado*. Visto que esse conhecer *não deduz* o conteúdo de suas definições e das determinações da divisão, parece que ele poder-se-ia poupar também do *provar* daquelas relações expressas pelos teoremas e, a este respeito, contentar-se igualmente com a percepção. Só que o conhecer se diferencia da mera percepção e da representação através da *forma do conceito* em geral que ele confere ao conteúdo; isso é feito na definição e na divisão; mas, visto que o conteúdo do teorema vem do momento conceitual da *singularidade*, ele consiste em determinações da realidade que não têm mais meramente as determinações imediatas e simples do conceito como suas relações; na singularidade o conceito passou para o *ser outro*, para a realidade, pelo que ele se torna ideia. A síntese que está contida no teorema, com isso, não tem mais a forma do conceito como sua justificação; ela é uma ligação como [ligação] de *diversos*; a unidade que com isso ainda não posta, precisa, portanto, ser primeiramente mostrada; portanto, o provar torna-se aqui necessário a esse próprio conhecer.

Inicialmente, apresenta-se aqui a dificuldade de *diferenciar* de modo determinado quais entre as *determinações do objeto* podem ser acolhidas *nas definições* ou precisam ser remetidas aos *teoremas*. Sobre isso não pode estar presente princípio algum; um tal princípio parece porventura consistir no seguinte: aquilo que compete imediatamente a um objeto, pertence à definição, mas do resto, enquanto é um mediado, é preciso mostrar a mediação. Só que o conteúdo da definição é um conteúdo determinado em geral e, por causa disso, ele mesmo é essencialmente um conteúdo mediado; ele tem apenas uma imediatidade *subjetiva*, quer dizer, o sujeito faz um início arbitrário e deixa valer um objeto como pressuposição. Ora, na medida em que esse é um objeto concreto dentro de si em geral e também tem de ser dividido, resulta um conjunto de determinações que, conforme sua natureza, são mediadas e são assumidas como imediatas e indemonstradas não por um princípio, mas apenas segundo uma determinação subjetiva. – Também em *Euclides*, que desde sempre foi reconhecido justamente como o mestre nessa espécie sintética do conhecer, encontra-se sob o nome de *axioma* uma *pressuposição* sobre as *linhas paralelas* que se tinha por carente de prova e se tentou remediar a falta de diversas maneiras. Em alguns outros teoremas, acreditou-se descobrir pressuposições que não deveriam ser assumidas imediatamente, mas antes deveriam ter sido provadas. No que concerne àquele axioma sobre as linhas paralelas, pode-se observar que a sensatez correta de Euclides tem de ser conhecida no fato de ter avaliado de modo preciso o elemento assim como a natureza da sua ciência; a prova daquele axioma deveria ser conduzida a partir do *conceito*; mas uma tal prova cabe tão pouco na sua ciência quanto a dedução de suas definições, dos axiomas e, em geral, de seu objeto, do próprio espaço e das suas primeiras determinações, as dimensões – porque uma tal dedução somente pode ser conduzida a partir do conceito, mas este está fora do [elemento] peculiar da ciência euclidiana, então [essas determinações] são para a mesma necessariamente *pressuposições*, primeiros relativos.

Os *axiomas* – para mencioná-los nessa ocasião – pertencem à mesma classe. Injustamente eles costumam ser tomados como absolutamente primeiros, como se eles não precisassem em si e para si de nenhuma prova. Se isso fosse de fato o caso, então eles seriam meras tautologias, porque apenas na identidade abstrata não se ocorre nenhuma diversidade, portanto, também não se requer mediação alguma. Mas se os axiomas são mais do que tautologias, então eles são *proposições* de *alguma outra ciência*, porque para aquela ciência para a qual eles servem como axiomas eles devem ser pressuposições. Eles são, portanto, propriamente *teoremas*, precisamente, teoremas derivados principalmente da lógica. Os axiomas da geometria são lemas desse tipo, proposições lógicas que aliás se aproximam das tautologias, porque eles concernem apenas às grandezas e, portanto, neles as diferenças qualitativas estão extintas; anteriormente se tratou do axioma principal, [isto é,] do silogismo puramente quantitativo. – Os axiomas, portanto, considerados em si e para si, necessitam de uma prova, assim bem como as definições e as divisões, e não se tornam teoremas somente porque, enquanto relativamente primeiros, são assumidos como pressuposições para um certo ponto de vista.

Ora, em relação ao *conteúdo dos teoremas* é preciso estabelecer a diferença mais precisa de que, pelo fato de esse conteúdo consistir numa *relação* de *determinidades* da realidade do conceito, essas relações podem ser relações mais ou menos incompletas e relações singulares do objeto, ou podem ser uma tal relação que inclui *todo* o *conteúdo* da realidade e exprime sua relação determinada. Mas a *unidade das determinidades completas do conteúdo* é igual ao *conceito*; uma proposição que a contenha é, portanto, ela mesma, novamente, a definição, mas uma definição que não exprime apenas o conceito imediatamente acolhido, mas o conceito desenvolvido em suas diferenças determinadas, reais, ou seja, o ser aí completo do mesmo. Ambos juntos apresentam, portanto, a *ideia*.

Se se compara mais de perto os teoremas de uma ciência sintética e *especialmente da geometria*, então mostrar-se-á esta diferença: alguns de seus teoremas contêm apenas relações singulares do objeto, mas outros contêm relações nas quais está expressa a determinidade completa do objeto. É uma visão muito supérflua aquela que considera todas as proposições como iguais de valor umas às outras pelo fato de que em geral cada uma delas conteria uma verdade e seria igualmente essencial no andamento formal, na conexão do provar. A diferença em relação ao conteúdo dos teoremas se conecta na maneira mais estreita com esse próprio andamento; algumas observações ulteriores sobre esse servirão para esclarecer mais detalhadamente aquela diferença, bem como a natureza do conhecer sintético. Inicialmente na geometria euclidiana, que deve servir de exemplo como representante do método sintético do qual ela fornece o modelo mais perfeito, desde sempre foi elogiado o ordenamento na sequência dos teoremas através do qual para cada teorema se encontram desde sempre como anteriormente provadas aquelas proposições que se requerem para sua construção e prova. Essa circunstância concerne à consequência formal; por mais importante que seja a consequência, essa circunstância concerne, no entanto, mais ao ordenamento externo da conformidade a fins e não tem para si nenhuma relação com a diferença essencial do conceito e da ideia, na qual está um princípio superior da necessidade da progressão. – As definições com as quais se inicia apreendem o objeto sensível como imediatamente dado e o determinam segundo seu gênero próximo e sua diferença específica, as quais são igualmente as determinidades simples, *imediatas*, do conceito, a universalidade e a particularidade, cuja relação não está desenvolvida ulteriormente. Ora, os teoremas iniciais não podem, eles mesmos, ater-se a nada mais do que a tais determinações imediatas, como são aquelas contidas nas definições;

igualmente, sua *dependência* recíproca pode concernir somente a esse universal de que uma está *determinada* em geral pela outra. Assim as primeiras proposições de Euclides sobre os triângulos concernem apenas à *congruência*, quer dizer, a *quantos componentes* num triângulo *têm de estar determinados* para que também os componentes *restantes* de um e do mesmo triângulo, ou seja, o todo esteja *determinado em geral*. Que *dois* triângulos sejam comparados um ao outro e que a congruência seja posta no *cobrir*, é um desvio do qual precisa o método que tem de utilizar o *cobrir sensível* em vez do *pensamento: ser determinado*. De outra maneira, considerado por si, aqueles teoremas contêm, eles mesmos, *duas* partes, das quais uma pode ser considerada como o *conceito*, a outra, como a *realidade*, como aquilo que plenifica o conceito até torná-lo a realidade. O determinante completo, a saber, por exemplo, os dois lados e o ângulo incluído [entre eles], já é todo o triângulo *para o entendimento*; nada mais precisa para a determinidade completa do mesmo; os outros dois ângulos e o terceiro lado é a abundância da realidade sobre a determinidade do conceito. Portanto, o que aqueles teoremas fazem é propriamente reduzir o triângulo sensível, que, sem dúvida, precisa de três lados e de três ângulos, às condições mais simples; a definição mencionara apenas as três linhas em geral, que encerram a figura plana e a tornam um triângulo; somente um teorema contém explicitamente o *ser determinado* dos ângulos através do ser determinado dos lados, assim como os teoremas restantes expressam a dependência de outros três componentes em relação a três de tais componentes. – Mas a determinidade completa da grandeza do triângulo *dentro de si mesmo* conforme seus lados está contida no *teorema de Pitágoras*; somente este é a *equação* dos lados do triângulo, pois os lados anteriores conduzem apenas em geral a uma *determinidade* de seus componentes uma frente ao outro, não a uma *equação*. Esta proposição é, portanto, a *definição* completa, *real*, do triângulo, a saber, primeiramente do triângulo retângulo, do mais simples em suas diferenças e, portanto, do mais regular. – Com essa proposição Euclides encerra o primeiro livro, na medida em que ela é, de fato, uma determinidade completa alcançada. Assim, depois de ter reconduzido os triângulos não retângulos, afetados por maior desigualdade ao uniforme, Euclides conclui também o segundo livro com a redução do retângulo ao quadrado – com uma equação entre o igual a si mesmo, o quadrado, e o desigual dentro de si, o retângulo; assim a hipotenusa, que corresponde ao ângulo reto, ao igual a si mesmo, constitui no teorema de Pitágoras um lado da equação, e o outro é constituído pelo desigual de si, a saber, pelos *dois* catetos. Aquela equação entre o quadrado e o retângulo subjaz à *segunda* definição do círculo – que é novamente o teorema de Pitágoras, apenas na medida em que os catetos são assumidos como grandezas alteráveis; a primeira equação do círculo está justamente naquela relação da determinidade *sensível* com a *equação* em que estão as diversas definições das seções cônicas em geral uma com a outra.

Essa progressão veridicamente sintética é uma passagem do *universal* para a *singularidade*, a saber, para o *determinado em si e para si*, ou seja, para a unidade do objeto *dentro de si mesmo*, na medida em que este se decompôs e se diferenciou em suas determinidades essenciais reais. Mas a progressão habitual e totalmente imperfeita nas outras ciências costuma ser aquela que inicia, decerto, de um universal, mas a *singularização* e a concreção do mesmo é apenas uma *aplicação* do universal à matéria provindo de outro lugar; o *singular* próprio da ideia é, desta maneira, uma intervenção *empírica*.

Ora, qualquer que seja o conteúdo mais imperfeito ou mais perfeito do teorema, ele tem de ser *provado*. Ele é uma relação de determinações reais que não têm a relação de determinações do conceito; se elas têm essa relação, como pode ser mostrado nas proposições que denominamos *segundas* definições ou definições *reais*, então essas são, justamente por causa disso, por um lado, definições; mas, porque seu conteúdo consiste, ao mesmo tempo, em relações de determinações reais, não meramente na relação de um universal e da determinidade simples, em comparação com tal primeira definição elas são também carentes e capazes da prova. Enquanto determinidades reais, elas têm a forma de *subsistentes indiferentes* e *diversos*; elas não são, portanto, imediatamente um; por causa disso, é preciso mostrar sua mediação. A unidade imediata na primeira definição é aquela segundo a qual o particular está no universal.

β) A *mediação* que agora é preciso considerar mais de perto, pode ser simples ou atravessar várias mediações. Os membros mediadores se conectam com aqueles que têm de ser mediados; mas enquanto não é o conceito aquilo a partir do qual se reconduzem a mediação e o teorema nesse conhecer, ao qual em geral é estranha a passagem para o contraposto, assim as determinações mediadoras têm de ser trazidas sem o conceito da conexão a partir de qualquer lugar como um material provisório [que sirva] para a estrutura da prova. Essa preparação é a *construção*.

Dentre as relações do conteúdo do teorema, relações que podem ser bem multíplices, é preciso agora indicar e representar apenas aquelas que servem para a prova. Somente na prova faz sentido esse fornecimento do material; nela mesma ela aparece como cega e sem conceito. Entende-se posteriormente na prova que era adequado ao fim traçar na figura geométrica, por exemplo, essas outras linhas como aquelas que a construção indica; mas nessa construção mesma é preciso obedecer cegamente; para si essa operação é, portanto, sem entendimento, pois a finalidade que a guia ainda não está enunciada. – É indiferente se essa operação é empreendida em benefício de um autêntico teorema ou de um problema; assim como ela inicialmente aparece *antes* da prova, ela é algo não deduzido a partir da determinação dada no teorema ou no problema, portanto, um atuar sem sentido para aquele que ainda não conhece a finalidade, mas sempre algo dirigido apenas por uma finalidade externa.

Esse [procedimento] ainda inicialmente secreto vem à tona na *prova*. Ela contém, como indicado, a mediação daquilo que no teorema está enunciado como ligado; somente através dessa mediação essa ligação *aparece* como uma ligação *necessária*. Assim como a construção para si é sem a subjetividade do conceito, assim a prova é um atuar subjetivo sem objetividade. Pelo fato de que as determinações de conteúdo do teorema não estão postas, ao mesmo tempo, como determinações do conceito, mas como *partes indiferentes* dadas que estão em multíplices relações [*Verhältnisse*] externas umas com as outras, assim é apenas o conceito *formal, externo*, aquilo no qual resulta a necessidade. A prova não é uma *gênese* daquela relação que constitui o conteúdo do teorema; a necessidade é apenas para a intelecção e toda a prova é para o *fim subjetivo do conhecer*. Ela é, por causa disso, em geral uma reflexão *externa* que *vai de fora para dentro*, quer dizer, a partir de circunstâncias externas infere a constituição interior da relação. Essas circunstâncias que a construção apresentou são uma *consequência* da natureza do objeto;

aqui elas se tornam, de modo inverso, o *fundamento* e as relações [*Verhältnisse*] *mediadoras*. O termo médio, o terceiro em que os [termos] ligados no teorema, apresentam-se em sua unidade, o terceiro que fornece o nervo da prova é, por causa disso, apenas algo em que essa ligação *aparece* e é *externa*. Pelo fato de que a *consequência* seguida por essa prova é, antes, o inverso da natureza da Coisa, aquilo que aí é visto como *fundamento* é um fundamento subjetivo a partir do qual apenas surge a natureza da Coisa para o conhecer.

A partir do que foi tratado até agora fica claro o limite necessário desse conhecer, limite que tem sido frequentemente desconhecido. O exemplo brilhante do método sintético é a ciência *geométrica* – mas de modo inoportuno ele tem sido aplicado também às outras ciências, até mesmo à filosofia. A geometria é uma ciência da *grandeza*, portanto, o silogizar *formal* pertence a ela na maneira mais adequada; uma vez que dentro dela é considerada a determinação meramente quantitativa e se abstrai da determinação qualitativa, assim ela pode se manter dentro da *identidade formal*, dentro da unidade sem conceito que é a *igualdade* e pertence à reflexão externa abstrativa. O objeto, as determinações do espaço, já são tais objetos abstratos que foram preparados para o fim de terem uma determinidade perfeitamente finita, externa. Por causa de seu objeto abstrato, essa ciência tem, por um lado, o [aspecto] sublime de que nesses espaços vazios e tranquilos a cor está extinta, assim como as outras propriedades sensíveis desapareceram, e de que, além disso, nela fica calado qualquer outro interesse que fala mais de perto para a individualidade viva. Por outro lado, o objeto abstrato é ainda o *espaço* – um *sensível não sensível*; a *intuição* está elevada em sua abstração, ele é uma *forma* da intuição, mas ainda é intuição – um sensível, o [*ser*] *fora um do outro* da própria sensibilidade, sua pura *ausência de conceito*. – Nos tempos modernos se ouviu falar bastante da excelência da geometria desse lado; declarou-se como seu privilégio supremo o fato de ela ter por base a intuição sensível, e se achou que sua alta cientificidade se fundasse até mesmo sobre isso, e que suas provas se baseassem na intuição. Contra essa superficialidade é necessária a rememoração superficial de que nenhuma ciência se estabelece através do intuir, mas unicamente *através do pensar*. A intuibilidade que a geometria tem através da sua matéria ainda sensível dá-lhe unicamente aquele lado da evidência que o *sensível* em geral tem para o espírito sem pensamento. Lamentavelmente, portanto, contou-se essa sensibilidade da matéria como seu privilégio, ao passo que ela designa a inferioridade do seu ponto de vista. Apenas à *abstração* do seu objeto sensível ela deve sua capacidade para uma cientificidade superior e o grande privilégio frente àquelas coleções de noções que se tem o prazer de denominar igualmente ciências e que têm por seu conteúdo o sensível concreto, suscetível de sensação, e apenas pela ordem que elas tentam introduzir, mostram um pressentimento distante e uma alusão às exigências do conceito.

Pelo fato de que o espaço da geometria é a abstração e o vazio do ser fora um do outro, é possível somente que em sua indeterminidade as configurações sejam desenhadas de tal modo que suas determinações permaneçam em firme repouso umas fora das outras e não tenham dentro de si nenhuma passagem para o contraposto. Sua ciência é, por causa disso, ciência simples *do finito*, o qual é comparado segundo a grandeza, e sua unidade é a unidade externa, a *igualdade*. Mas agora, na medida em que nesse figurar se parte de diversos lados e princípios e surgem por si as diversas figuras, assim na sua comparação se mostra também a desigualdade *qualitativa* e a *incomensurabilidade*. Nesta última, a geometria é impulsionada para além da *finitude*, na qual ela avança tão regulada e segura, para a *infinitude* – para o equiparar de [termos] tais que são qualitativamente diversos. Aqui cessa sua evidência naquele lado em que a ela aliás subjaz a finitude firme e ela nada tem a ver com o conceito e seu aparecimento, [isto é,] com aquela passagem. A ciência finita chegou aqui ao seu limite, pois a necessidade e a mediação do sintético não está mais fundada apenas na *identidade positiva*, mas naquela *negativa*.

Se a geometria, bem como a álgebra em seus objetos abstratos, do mero entendimento, choca-se logo com seu limite, então tanto mais insuficiente o método sintético se mostra desde o início para *outras ciências*, mas de modo extremamente insuficiente na filosofia. Em relação à definição e à divisão já resultou o que precisava; aqui seria preciso falar apenas ainda do teorema e da prova; mas além da pressuposição da definição e da divisão, que já exige e pressupõe a prova, o aspecto insuficiente consiste, além disso, na *posição* das mesmas em geral em relação aos teoremas. Essa posição chama a atenção principalmente nas ciências empíricas, como, por exemplo, na física, se elas querem se dar a forma de ciências sintéticas. O caminho, então, é o seguinte: as *determinações de reflexão* de *forças* particulares ou de outras formas interiores e essenciais, as quais surgem do modo de analisar a experiência e as quais podem se justificar somente como *resultados*, têm de ser *postas no vértice*, a fim de ter nelas mesmas a *base* universal que, então, é *aplicada* ao *singular* e é mostrada nele. Na medida em que essas bases universais não têm para si nenhum suporte, assim se deve *admiti-las* temporariamente; mas somente nas *consequências* derivadas se nota que essas constituem o *fundamento* próprio daquelas *bases*. A assim chamada *explicação* e a prova do concreto trazido nos teoremas se mostra, em parte, como uma tautologia, em parte, como uma confusão da relação verdadeira, em parte também se mostra que essa confusão servia para esconder a ilusão do conhecer que acolheu unilateralmente as experiências, pelo que unicamente ele pôde conseguir suas definições simples e princípios, e eliminou a refutação baseada na experiência ao realizar e deixar valer a experiência não em sua totalidade concreta, mas como exemplo, e precisamente segundo o lado útil para as hipóteses e a teoria. Nessa subordinação da experiência concreta às determinações pressupostas, a base da teoria é obscurecida e mostrada apenas segundo o lado que é adequado à teoria, assim como em geral, através disso, torna-se muito difícil considerar ingenuamente para si as percepções concretas. Somente enquanto se inverte todo o curso [do conhecer] o todo obtém a relação correta, em que se pode enxergar a conexão do fundamento e da consequência e a correção da transformação da percepção em pensamentos. Uma das dificuldades principais no estudo de tais ciências é, portanto, *entrar nelas* – o que somente pode acontecer pelo fato de *aceitar cegamente* as pressuposições e, sem poder se fazer delas algum conceito, muitas vezes apenas mesmo uma representação determinada, no máximo uma imagem confusa da fantasia, de imprimir antecipadamente na memória as determinações das forças e das matérias assumidas e suas hipotéticas configurações, direções e reviravoltas. Se se exige a necessidade e o conceito das pressuposições, a fim de assumi-las e deixá-las valer, então não se pode ir além do início.

Já tivemos ocasião de falar acima sobre o caráter inadequado da aplicação do método sintético à ciência estritamente analítica. *Wolff* estendeu essa aplicação a todas as espécies possíveis de noções que ele reconduzia à filosofia e à matemática – noções que, em parte, são de natureza totalmente analítica, em parte também de uma espécie contingente e meramente artesanal. O contraste de uma tal matéria facilmente apreensível, incapaz segundo sua natureza de qualquer tratamento rigoroso e científico, com o rígido desvio e revestimento científico, mostrou por si mesmo o caráter inapropriado de tal aplicação e lhe tirou crédito[28]. No entanto, aquele abuso não pôde destituir a fé na adequação e na essencialidade desse método para um rigor científico na *filosofia*; o exemplo de *Spinoza* na apresentação da sua filosofia valeu ainda por muito tempo como um modelo. Mas, de fato, através de *Kant* e *Jacobi* foi demolido toda a maneira [de pensar] da metafísica de outrora e, portanto, seu método. Quanto ao conteúdo daquela metafísica, Kant mostrou segundo sua maneira que o mesmo conteúdo conduz através da demonstração rigorosa às *antinomias*, cuja constituição restante tem sido elucidada nos lugares oportunos; mas sobre a natureza desse próprio demonstrar que está ligado a um conteúdo finito, ele não refletiu; mas um tem de cair com o outro. Em seus *Princípios [metafísicos] da ciência da natureza*, o próprio Kant deu um exemplo de tratar como uma ciência da reflexão e no método da mesma uma ciência que ele pensou reivindicar, dessa maneira, à filosofia. – Se Kant atacou a metafísica

---

28. Por exemplo, nos *Princípios da arquitetura* de [Christian] Wolff [in: *Princípios de todas as ciências matemáticas*. Halle, 1710. Primeira parte] o *oitavo teorema* [segunda parte] reza: uma janela tem de ser tão ampla que duas pessoas possam estar aí comodamente uma ao lado da outra. *Prova*: dado que é costume ficar muitas vezes com uma outra pessoa na janela e olhar ao redor. Ora, visto que o arquiteto deve satisfazer em tudo as intenções principais do proprietário do edifício (§ 1), ele precisa também fazer a janela tão ampla que duas pessoas possam estar aí comodamente uma ao lado da outra. Como se queria demonstrar. Do mesmo *Princípios da fortificação* [idem, segunda parte], o *segundo teorema* [quinta parte] reza: se o inimigo acampa nas proximidades e se suspeita que ele tentará libertar a fortaleza por meio de tropas de apoio, então é preciso traçar uma linha da circunvalação ao redor de toda a fortaleza. *Prova*: as linhas de circunvalação impedem que alguém possa penetrar no acampamento vindo de fora (§ 311): mas aqueles que querem libertar a fortaleza desejam penetrar no acampamento vindo de fora. Se, portanto, se quer mantê-los afastados, é preciso traçar uma linha de circunvalação ao redor do acampamento. Por causa disso, se o inimigo acampa nas proximidades e se suspeita que ele tentará libertar a fortaleza por meio de tropas de apoio, então é preciso encerrar o acampamento dentro de linhas de circunvalação. Como se queria demonstrar [N.H.].

de outrora mais segundo a matéria, então *Jacobi* a atacou principalmente do lado do seu modo de demonstrar e destacou na maneira mais clara e profunda o ponto do qual tudo depende, a saber, que tal método da demonstração está vinculado ao círculo da necessidade fixa do finito e a liberdade, isto é, o *conceito* e, portanto, *tudo o que é verídico* está além da mesma e é inalcançável. – Segundo o resultado kantiano, é a matéria peculiar da metafísica que a conduz em contradições, e o caráter insuficiente do conhecer consiste em sua *subjetividade*; segundo o [resultado] jacobiano, é o método e toda a natureza do próprio conhecer, que apreende apenas uma *conexão da condicionalidade* e [da] *dependência* e, portanto, mostra-se inadequado àquilo que é em si e para si, e é o absolutamente verdadeiro. De fato, na medida em que o princípio da filosofia é o *conceito infinito livre* e todo o seu conteúdo se baseia unicamente nesse mesmo, o método da finitude sem conceito não é adequado àquele. A síntese e a mediação desse método, o *provar*, não conduz a nada mais do que a uma *necessidade* contraposta à liberdade – a saber, a uma *identidade* do dependente, a qual é apenas *em si*, seja ela apreendida como *interna* ou como *externa*, em que aquilo que aí constitui a realidade, o diferenciado e aquilo que entrou na existência, permanece pura e simplesmente um *diverso* de modo *autossubsistente* e, portanto, um *finito*. Neste, essa própria *identidade* não vem, portanto, *à existência* e permanece o *mero interno*, ou seja, ela é o *mero externo*, na medida em que seu conteúdo determinado lhe está dado –; em ambas as perspectivas, ela é um abstrato e não tem o lado real nela mesma e não está posta como *identidade determinada* em si e para si; o *conceito*, do qual unicamente se trata e que é o infinito em si e para si, está, com isso, excluído desse conhecer.

No conhecer sintético, a ideia alcança, portanto, a sua finalidade apenas até o ponto de que o *conceito* devém *para o conceito* conforme seus *momentos* da *identidade* e das *determinações reais* ou segundo a *universalidade* e as diferenças *particulares*, além disso, também *como identidade* que é *conexão* e *dependência* do diverso. Mas esse seu objeto não lhe é adequado; pois o conceito não se torna como *unidade de si consigo mesmo em seu objeto ou em sua realidade*; na necessidade, é para ele a sua identidade, na qual, porém, [o objeto] não é, ele mesmo, a *determinidade*, mas é como uma matéria exterior a ela, isto é, não determinada pelo conceito, na qual, portanto, ele não conhece a si mesmo. Em geral, destarte, o conceito não é para si, não está ao mesmo tempo determinado em si e para si conforme sua unidade. Por causa disso, nesse conhecer a ideia ainda não alcança a verdade pela inadequação do objeto ao conceito subjetivo. – Mas a esfera da necessidade é o vértice supremo do ser e da reflexão; ela passa em si e para si mesma para a liberdade do conceito, a identidade interior para a sua manifestação, que é o conceito enquanto conceito. Como essa *passagem* da esfera da necessidade para o conceito ocorre *em si*, foi mostrado na consideração da necessidade, assim como, no início deste livro, essa passagem se apresenta também como a *gênese do conceito*. Aqui a necessidade tem a posição de ser a *realidade* ou o *objeto* do conceito, como também o conceito, para o qual ela passa, doravante é como objeto do mesmo. Mas a própria passagem é a mesma. Também aqui ela é apenas primeiramente *em si* e ainda está fora do conhecer em nossa reflexão, quer dizer, ainda é a necessidade interior dele. Somente o resultado é para ele. A ideia, na medida em que o conceito agora é *para si* o conceito determinado em si e para si, é a ideia *prática, o agir*.

B. A ideia do bem

Na medida em que o conceito, que é objeto de si mesmo, está determinado em si e para si, o sujeito está determinado para si como *singular*. Enquanto subjetivo, ele tem de novo a pressuposição de um ser outro que é em si; ele é o *impulso* para se realizar, a finalidade que quer se dar objetividade e se efetuar *através de si mesma* no mundo objetivo. Na ideia teórica, o conceito subjetivo como o *universal*, o *sem determinação* em si e para si, contrapõe-se ao mundo objetivo, do qual ele extrai o conteúdo determinado e o preenchimento. Mas na ideia prática ele se contrapõe como efetivo ao efetivo; a certeza de si mesmo que o sujeito tem em seu ser determinado em si e para si, é, porém, uma certeza de sua efetividade e da *não-efetividade* do mundo; não apenas o ser-outro do mundo enquanto universalidade abstrata é o nulo para ele, mas [também] a singularidade do mundo e as determinações da sua singularidade. Aqui, o sujeito reivindicou a si mesmo a *objetividade*; sua determinidade dentro de si é o objetivo, pois ele é a universalidade que de igual modo está pura e simplesmente determinada; o mundo anteriormente objetivo é, pelo contrário, apenas ainda algo posto, algo determinado *imediatamente* de vários modos, mas que, por estar apenas imediatamente determinado, carece dentro de si da unidade do conceito e é para si nulo.

Essa determinidade contida no conceito, determinidade que lhe é igual e que inclui a exigência da efetividade singular externa, é o *bem*. Ele entra em cena com a dignidade de ser absoluto, porque ele é a totalidade do conceito dentro de si, o [ser] objetivo [que é], ao mesmo tempo, na forma da unidade e da subjetividade livres. Essa ideia é superior à ideia do conhecer considerado, pois ela não tem apenas a dignidade do universal, mas também aquela do pura e simplesmente efetivo. – Ela é *impulso* na medida em que esse efetivo ainda é subjetivo, um tal que põe a si mesmo e não tem simultaneamente a forma da pressuposição imediata; seu impulso para se realizar não é propriamente dar-se objetividade – esta ela tem em si mesma –, mas apenas [dar-se] essa forma vazia da imediatidade. – A atividade da finalidade não está, portanto, dirigida contra si a fim de acolher dentro de si e fazer própria uma determinação dada; mas, pelo contrário, [consiste em] pôr a determinação própria e em dar-se a realidade na forma da efetividade externa mediante o suprassumir das determinações do mundo externo. – A ideia da vontade como o autodeterminante tem *para si* o *conteúdo* dentro de si mesma. Ora, esse é, decerto, um conteúdo *determinado* e, nessa medida, um *finito* e um *limitado*; a autodeterminação é essencialmente *particularização*, pois a reflexão da vontade dentro de si enquanto unidade negativa em geral é também singularidade no sentido do excluir e do pressupor de um outro. A particularidade do conteúdo é, contudo, inicialmente infinita pela forma do conceito, do qual o conteúdo é a determinidade própria, enquanto o conceito tem dentro dele a identidade negativa de si consigo mesmo, com isso, não [é] apenas um particular, mas sua singularidade infinita. A *finitude* mencionada do conteúdo na ideia prática é, com isso, um e o mesmo que o fato de ela ser inicialmente ainda ideia não executada; o conceito é *para ele* o ente em si e para si; ele é aqui a ideia na forma da objetividade que é *para si* mesma; por um lado, o subjetivo em virtude disso não é mais um *posto*, arbitrário ou contingente, mas um absoluto; mas, por outro lado, essa *forma da existência, o ser para si*, ainda não tem também a [forma] do *ser em si*. O que assim, segundo a forma enquanto tal, aparece como oposição, aparece na forma refletida até a *identidade simples* do conceito, isto é, no conteúdo, como determinidade simples do mesmo; o bem, embora valha em si e para si, é, através disso, qualquer finalidade particular, a qual, porém, não deve obter sua verdade somente pela realização, mas já é para si o verdadeiro.

O silogismo da própria *realização* imediata não precisa aqui de nenhum tratamento mais preciso; ele é totalmente apenas o silogismo da *conformidade externa a fins* considerado acima; só o conteúdo constitui a diferença. Na conformidade externa a fins, sendo a conformidade formal a fins, ele era um conteúdo indeterminado finito em geral; aqui ele é, decerto, também um conteúdo finito, mas é, ao mesmo tempo, enquanto tal, um conteúdo absolutamente válido. Mas em relação à conclusão, à finalidade executada, adentra uma diferença ulterior. Em sua *realização*, a finalidade finita chega igualmente apenas até o *meio*; uma vez que em seu início ela não é finalidade já determinada em si e para si, mesmo enquanto executada ela permanece algo que não é em si e para si. Se o bem é também novamente fixado como um *finito* e é essencialmente tal, então ele também não pode, apesar da sua infinitude interna, escapar ao destino da finitude – um destino que aparece em várias formas. O bem executado é bom através daquilo que ele já é na finalidade subjetiva, em sua ideia; a execução lhe dá um ser aí externo; mas visto que esse ser aí está determinado apenas como a exterioridade em si e para si nula, o bem alcançou nela apenas um ser aí contingente, destrutível, não uma execução que corresponde à sua ideia. – Além disso, visto que ele, segundo seu conteúdo, é algo limitado, assim há também vários bens; o bem existente não está submetido à destruição apenas pela contingência externa e pelo mal, mas também pela colisão e pelo conflito do próprio bem. Do lado do mundo objetivo que lhe está pressuposto, um mundo em cuja pressuposição consistem a subjetividade e a finitude do bem e que, como um outro, segue seu próprio rumo, a própria execução do bem está exposta a impedimentos, até mesmo à impossibilidade. O bem permanece assim um *dever ser*; ele é *em si e para si*, mas o *ser* como a última imediatidade abstrata permanece *também* determinado frente ao mesmo como um *não ser.* A ideia do bem consumado é, decerto, um *postulado absoluto*, mas não mais do que um postulado, isto é, o absoluto afetado pela determinidade da subjetividade. Ainda estão em oposição os dois mundos, um é o reino da subjetividade nos espaços puros do pensamento transparente, o outro, um reino da objetividade no elemento de uma efetividade externa multíplice, a qual é um reino fechado da escuridão. A formação completa da contradição não dissolvida, daquela finalidade *absoluta*, à qual se contrapõe *insuperavelmente* a *barreira* dessa efetividade, tem sido considerada mais de perto na *Fenomenologia do espírito* [2. ed.], p. 453s. – Na medida em que a ideia contém dentro de si o momento da determinidade perfeita, assim o outro conceito com o qual o conceito se relaciona dentro dela, tem em sua subjetividade ao mesmo tempo o momento de um objeto; a ideia entra, portanto, aqui na figura da *autoconsciência* e coincide segundo esse lado com a apresentação dessa.

Mas o que falta à ideia prática é o momento da própria consciência mesma, a saber, o fato de que o momento da efetividade teria alcançado dentro do conceito para si a determinação do *ser externo*. – Essa falta pode também ser considerada de tal modo que à ideia *prática* ainda falta o momento da ideia teórica. Nesta última está no lado do conceito subjetivo, do conceito que dentro de si se torna intuído pelo conceito, apenas a determinação da *universalidade*; o conhecer se sabe somente como apreender, como a identidade para si mesma *indeterminada* do conceito consigo mesmo; o preenchimento, isto é, a objetividade em si e para si determinada é para ela um *dado*, e o ente *verídico* é a efetividade presente de modo independente do pôr subjetivo. Para a ideia prática, pelo contrário, essa efetividade, a qual se lhe contrapõe, simultaneamente, como barreira insuperável, vale como o em si e para si nulo, que somente através da finalidade do bem deve obter sua determinação verídica e seu único valor. A vontade obstaculiza, portanto, ela mesma a obtenção da sua meta apenas pelo fato de que ela se separa do conhecer e a efetividade externa não adquire para ela a forma do ente verídico; portanto, a ideia do bem pode encontrar sua complementação unicamente na ideia do verdadeiro.

Mas ela faz essa passagem através de si mesma. No silogismo do agir, uma premissa é a *relação imediata da finalidade boa com a efetividade* da qual ela se apropria, dirigindo-a na segunda premissa como *meio* externo contra a efetividade externa. Para o conceito subjetivo, o bem é o objetivo; a efetividade em seu ser aí contrapõe-se ao bem como a barreira insuperável apenas na medida em que ela tenha ainda a determinação do *ser aí imediato*, não de um objetivo no sentido do ser em si e para si; ela é, antes, ou o mal ou o indiferente, apenas determinável, o qual não tem seu valor dentro de si mesmo. Porém, esse ser abstrato que se contrapõe ao bem na segunda premissa já foi suprassumido pela própria ideia prática; a primeira premissa do seu agir é a *objetividade imediata* do conceito, segundo a qual a finalidade comunica-se sem nenhuma resistência à efetividade e está em relação simples, idêntica, com ela. Portanto, precisa apenas juntar os pensamentos de ambas as suas premissas. Àquilo que na primeira [premissa] já está imediatamente realizado pelo conceito objetivo sobrevém na segunda somente o fato de que isso é posto pela mediação, portanto, *para o conceito objetivo*. Agora, como na relação da finalidade em geral o fim executado é, decerto, também novamente apenas um meio; mas, inversamente, o meio é também o fim executado, assim de igual modo no silogismo do bem a segunda premissa já está presente imediatamente *em si* na primeira; só que essa imediatidade não é suficiente, e a segunda já é postulada para o bem – a execução do bem frente a uma outra efetividade contraposta é a mediação, a qual é essencialmente necessária para a relação imediata e para o ser-efetivado do bem. Pois ela é apenas a primeira negação ou o ser-outro do conceito, uma objetividade que seria um ser mergulhado do conceito na exterioridade; a segunda [negação] é o suprassumir desse ser-outro, pelo que somente a execução imediata da finalidade se torna efetividade do bem como do conceito que é para si, na medida em que nisso ele é posto idêntico a si mesmo, não a um outro, com isso unicamente como conceito livre. Mas se agora a finalidade do bem não devesse, através disso, estar executada, então isso seria uma recaída do conceito ao ponto de vista que o conceito tem antes da sua atividade – o ponto de vista da efetividade determinada como nula e, todavia, como realmente pressuposta – uma recaída que se torna progresso para a má infinitude tem seu fundamento unicamente no fato de que, no suprassumir daquela realidade abstrata, esse suprassumir é, de igual modo, imediatamente esquecido ou no fato de que é esquecido que essa realidade, pelo contrário, já está pressuposta como a efetividade em si e para si nula, não objetiva. Segundo a execução efetiva da finalidade, essa repetição da pressuposição da finalidade não executada determina-se, portanto, também de modo que a *postura subjetiva* do conceito objetivo é reproduzida e torna-se perene, com o que a *finitude* do bem tanto segundo seu conteúdo quanto segundo sua forma aparece como a verdade permanente, assim como a efetivação do bem aparece pura e simplesmente sempre apenas como um ato *singular*, não como um ato *universal*. – De fato, essa determinidade se suprassumiu na efetivação do bem; o que ainda *limita* o conceito objetivo é sua própria *visão* de si, que desaparece pela reflexão sobre aquilo que sua efetivação é *em si*; ele obstaculiza apenas a si mesmo através dessa visão e, a este respeito, não deve se dirigir contra uma efetividade exterior, mas contra si mesmo.

A atividade na segunda premissa, que produz apenas um *ser para si* unilateral, de modo que o produto aparece como um *subjetivo* e um *singular* e, nisso, portanto, repete-se a primeira pressuposição, é na verdade também o pôr da identidade *que é em si* do conceito objetivo e da efetividade imediata. Esta última está determinada pela pressuposição de ter apenas uma realidade do aparecimento, de ser em si e para si nula, e de ser pura e simplesmente determinável pelo conceito objetivo. Na medida em que a efetividade exterior é alterada pela atividade do conceito objetivo, sua determinação, com isso, é suprassumida, assim lhe é tirada, justamente por causa disso, a realidade que meramente aparece, a determinabilidade externa e a nulidade, com isso, ela é *posta* como aquilo que é em si e para si. Suprassume-se nisso a pressuposição em geral, a saber, a determinação do bem como de um fim meramente subjetivo e limitado segundo seu conteúdo, suprassume-se a necessidade de realizá-lo somente por uma atividade subjetiva e [suprassume-se] essa própria atividade. No resultado, a mediação suprassume a si mesma; o resultado é uma *imediatidade* que não é o restabelecimento da pressuposição, mas, pelo contrário, o ser suprassumido dela. Com isso, a ideia do conceito em si e para si determinado está posta de modo a ser não mais meramente no sujeito ativo, mas também como uma efetividade imediata e, inversamente, essa está posta de modo a ser como ela é no conhecer, como objetividade que é verídica. A singularidade do sujeito, com a qual ele foi afeitado por sua pressuposição, desapareceu com esta; ele é, com isso, agora enquanto *identidade livre e universal consigo mesmo*, identidade para a qual a objetividade do conceito é igualmente uma objetividade *dada*, imediatamente *presente* para o mesmo, enquanto ele se sabe como o conceito determinado em si e para si. Nesse resultado o *conhecer* está, portanto, produzido e unificado com a ideia prática; a efetividade encontrada está, ao mesmo tempo, determinada como a finalidade absoluta executada, mas não, como no conhecer que procura, meramente enquanto mundo objetivo sem a subjetividade do conceito, mas como mundo objetivo, cujo fundamento interior e subsistir efetivo são o conceito. Isso é a ideia absoluta.

TERCEIRO CAPÍTULO
A IDEIA ABSOLUTA

A ideia absoluta, como ela resultou, é a identidade da ideia teórica e da ideia prática, cada qual, [sendo] para si ainda unilateral, tem dentro de si a ideia mesma apenas como um além procurado e uma meta inalcançada – cada uma, portanto, é uma *síntese do esforço*, [pois] tanto tem quanto também *não* tem a ideia dentro de si, passa de um pensamento para o outro, mas não junta os dois pensamentos, mas sim se detém na contradição deles. A ideia absoluta, como o conceito racional que em sua realidade somente se junta consigo mesmo, é, em virtude desta imediatidade de sua identidade objetiva, por um lado, o retorno para a *vida*; mas ela igualmente suprassumiu esta forma de sua imediatidade e tem dentro de si a oposição suprema. O conceito não é apenas *alma*, mas conceito subjetivo livre que é para si e tem, portanto, a *personalidade* – o conceito prático, determinado em si e para si, objetivo, que como pessoa é subjetividade impenetrável, atomizada, mas que igualmente não é singularidade excludente, e sim é para si *universalidade* e *conhecer*, e em seu outro tem como objeto *sua própria* objetividade. Todo o resto é erro, turvação, opinião, esforço, arbítrio e perecibilidade; unicamente a ideia absoluta é *ser, vida* imperecível, *verdade que se sabe*, e é *toda a verdade*.

Ela é o único objeto e conteúdo da filosofia. Na medida em que ela contém dentro de si *toda a determinidade* e sua essência consiste em retornar a si através de sua autodeterminação ou particularização, ela tem diversas configurações, e a ocupação da filosofia consiste em conhecê-la nessas configurações. A natureza e o espírito são em geral modos diferenciados de apresentar *o ser aí* [*da ideia absoluta*], a arte e a religião são seus modos diversos de se apreender e de dar-se um ser aí adequado: a filosofia tem com a arte e com a religião o mesmo conteúdo e a mesma finalidade; mas ela é o modo supremo de apreender a ideia absoluta, porque seu modo é o modo supremo, o conceito. Ela abrange em si, por conseguinte, aquelas configurações da finitude real e ideal, bem como da infinitude e da santidade, e compreende aquelas e a si mesma. A derivação e o conhecimento desses modos particulares é, agora, a ocupação ulterior das ciências filosóficas particulares. O *lógico* da ideia absoluta também pode ser denominado um *modo* dela; mas enquanto o *modo* designa uma espécie *particular*, uma *determinidade* da forma, o lógico é, ao contrário, o modo universal no qual todos os modos particulares estão suprassumidos e envoltos. A ideia lógica é a ideia mesma em sua essência pura, como ela está em identidade simples encerrada em seu conceito, sem ainda ter adentrado no *aparecer* [*Scheinen*] em uma determinidade da forma. A lógica, por conseguinte, apresenta o automovimento da ideia absoluta apenas como a *palavra* originária, que é uma *externação*, mas uma [externação] tal que imediatamente de novo desapareceu como exterior enquanto ela é; a ideia é, portanto, apenas nesta autodeterminação de *se perceber*, ela está no *puro pensamento*, no qual a diferença ainda não é nenhum *ser-outro*, mas é e permanece perfeitamente transparente a si. – Com isso, a ideia lógica tem por seu conteúdo a si mesma como a *forma infinita* – a forma que constitui a oposição ao *conteúdo* enquanto este é a determinação da forma que foi para dentro de si e que foi suprassumida na identidade de tal modo que essa identidade concreta está contraposta à [identidade] desenvolvida como forma; o conteúdo tem a figura de um outro e de um dado frente à forma, a qual, enquanto tal, está pura e simplesmente em *relação* e sua determinidade está posta, ao mesmo tempo, como aparência. – Mais precisamente, a própria ideia absoluta tem como seu conteúdo somente isto: a determinação da forma é sua própria totalidade consumada, o conceito puro. A *determinidade* da ideia e todo o percurso dessa determinidade constituiu o objeto da ciência lógica, de cujo percurso a própria ideia absoluta surgiu *para si*; mas para si ela se mostrou como isto: a determinidade não tem a figura de um *conteúdo*, mas pura e simplesmente como *forma*, a ideia é, por conseguinte, como a *ideia* pura e simplesmente *universal*. O que ainda tem de ser considerado aqui, portanto, não é um conteúdo enquanto tal, mas o universal da sua forma – isto é, o *método*.

O *método* pode aparecer inicialmente como a mera *maneira* do conhecer e, de fato, ele tem a natureza de um tal conhecer. Mas a maneira enquanto método não é apenas uma modalidade do *ser determinada em si e para si*, e sim como modalidade do conhecer está posto como determinado pelo *conceito* e como a forma na medida em que ela é a alma de toda objetividade e qualquer outro conteúdo determinado tem sua verdade unicamente na forma. Se o conteúdo é assumido novamente como dado ao método e [dotado] de uma natureza peculiar, então o método, bem como o lógico em geral, é em tal determinação uma forma meramente *externa*. Contra isso, porém, podemos invocar não apenas o conceito fundamental do lógico, mas todo o percurso do mesmo, no qual ocorreram todas as figuras de um conteúdo dado e dos objetos, percurso que mostrou a passagem e a não verdade delas; ao invés de um objeto dado poder ser a base em relação à qual a forma absoluta apenas se comportaria como uma determinação externa e contingente, essa [forma] se comprovou, antes, como a base absoluta e a verdade última. O método surgiu deste modo como o *conceito que se sabe a si mesmo*, que tem *por objeto a si* como o absoluto, tanto o subjetivo quanto o objetivo, com isso, como o corresponder puro do conceito e de sua realidade, como uma existência que é ele mesmo.

O que tem de ser considerado aqui como método é apenas o movimento do próprio *conceito*, cuja natureza já foi conhecida, mas, *primeiramente*, doravante com o *significado* de que o *conceito* é *tudo* e seu movimento é a *atividade universal absoluta*, o movimento que se determina e se realiza a si mesmo. Por causa disso, o método tem de ser reconhecido como o modo universal sem restrição, interno e externo, e como a força pura e simplesmente infinita, em relação à qual nenhum objeto, enquanto se apresenta como algo externo, distante da razão e independente dela, poderia oferecer resistência, [nenhum objeto poderia] ser [dotado] de uma natureza particular contraposta a essa força e não ser penetrado por ela. O método é, por isso, a *alma e a substância* e qualquer coisa é compreendida e sabida na sua verdade somente enquanto está *perfeitamente submetida ao método*; ele é o método próprio de cada Coisa mesma, porque sua atividade é o conceito. Isso é também o sentido mais verídico de sua *universalidade*; segundo a universalidade da reflexão, ele é tomado apenas como o método para *tudo*; segundo a universalidade da ideia, porém, ele é tanto a maneira do conhecer, do conceito que se sabe *subjetivamente*, quanto a maneira *objetiva* ou, antes, a *substancialidade das coisas* – quer dizer, dos conceitos enquanto eles aparecem inicialmente como *outros* para a *representação* e a para a *reflexão*. Ele é, por isso, não apenas a *força* suprema ou, antes, a força *única* e absoluta da razão, e sim também seu *impulso* supremo e único para, *através de si mesmo*, encontrar e conhecer *a si mesmo em tudo*. – Com isso, está indicada, *em segundo lugar*, também a *diferença do método em relação ao conceito enquanto tal*, [ou seja], o *particular* do método. Segundo o modo em que o conceito foi considerado para si, ele apareceu na sua imediatidade; *a reflexão, ou seja, o conceito que o considerava*, caía em *nosso* saber. O método é esse próprio saber, para o qual o conceito não é apenas como objeto, mas como seu atuar próprio e subjetivo, como o *instrumento* e o meio da atividade de conhecimento, dela diferenciada, mas como sua própria essencialidade. No conhecer investigativo, o método está colocado igualmente como *ferramenta*, como um meio que está no lado subjetivo, através do qual esse lado se relaciona com o objeto. Nesse silogismo, o sujeito é um extremo e o objeto é o outro extremo e aquele se silogiza com esse através do seu método, mas nisso não se *silogiza* para si *consigo mesmo*. Os extremos permanecem diversos, porque sujeito, método e objeto não são postos como *o único conceito idêntico*; o silogismo é, por conseguinte, sempre o silogismo formal; a premissa na qual o sujeito coloca no seu lado a forma como seu método, é uma determinação *imediata* e contém, por causa disso, as determinações da forma, como vimos, da definição, da divisão etc. como fatos *encontrados no sujeito*. No conhecer verídico, ao contrário, o método não é apenas um conjunto de certas determinações, mas o ser determinado em si e para si do conceito, que é apenas o termo médio porque tem igualmente o significado do objetivo, o qual, portanto, na conclusão do silogismo não apenas adquire uma determinidade exterior através do método, mas está posto em sua identidade com o conceito subjetivo.

1. Aquilo que constitui o método são as determinações do próprio conceito e suas relações, que têm de ser consideradas no significado de determinações do método. – Nesse caso, temos de iniciar

primeiramente pelo *início*. Sobre o mesmo já se falou no início da própria lógica, bem como anteriormente no conhecer subjetivo, e se mostrou que, se não é feito arbitrariamente ou com uma inconsciência categórica, o início pode certamente parecer causar muitas dificuldades, embora seja de natureza supremamente simples. Por ele ser o início, seu conteúdo é um *imediato*, mas um imediato tal que tem o sentido e a forma da *universalidade abstrata*. Seja ele um conteúdo do *ser* ou da *essência* ou do *conceito*, ele é *algo acolhido, encontrado, assertórico*, na medida em que é um *imediato*. *Primeiramente*, porém, ele não é um imediato da *intuição sensível* ou da *representação*, e sim do *pensar*, que se pode também denominar, devido à sua imediatidade, um *intuir* suprassensível, *interno*. O imediato da intuição sensível é um *multíplice* e um *singular*. Mas o conhecer é pensamento conceituante, portanto, seu início é também *somente no elemento do pensamento* – um *simples* e um *universal*. – Dessa forma se falou anteriormente por ocasião da definição. No início do conhecer finito, a universalidade é reconhecida igualmente como determinação essencial, mas tomada apenas como determinação do pensamento e do conceito em oposição ao ser. De fato, essa primeira universalidade é uma universalidade *imediata* e tem, por isso, igualmente o significado do *ser*; pois o ser é precisamente essa relação abstrata consigo mesma. O ser não necessita de nenhuma outra derivação como se pertencesse ao abstrato da definição apenas por ser tomado da intuição sensível ou de qualquer outro lugar e, nessa medida, fosse mostrado. Esse mostrar e derivar concerne a uma *mediação* que é mais do que um mero início e é uma mediação tal que não pertence ao compreender pensante, mas é a elevação da representação, da consciência empírica e raciocinante, ao ponto de vista do pensar. Segundo a oposição corrente entre o pensamento ou o conceito e o ser, aparece como uma verdade importante que àquele ainda não compete por si nenhum ser e que esse tenha um fundamento próprio, independente do próprio pensamento. Mas a determinação simples do *ser* é tão pobre em si que já por isso não se pode fazer muito barulho sobre ela; o universal é imediatamente, ele mesmo, esse imediato, porque enquanto abstrato é também apenas a relação abstrata consigo mesma que é o ser. De fato, a exigência de mostrar o ser tem um sentido interior e ulterior, em que não está apenas meramente essa determinação abstrata, mas com isso se visa à exigência da *realização do conceito* em geral, a qual não está no próprio *início*, mas é, antes, a meta e a ocupação de todo o desenvolvimento ulterior do conhecer. Além disso, na medida em que o *conteúdo* do início deve ser justificado pelo mostrar na percepção interior ou exterior e deve ser certificado como algo verdadeiro ou correto, com isso não é mais pensada a *forma* da universalidade enquanto tal, mas sua *determinidade*, da qual desde logo é necessário falar. A certificação do *conteúdo determinado* com o qual é feito o início parece estar *atrás* dele; mas, de fato, ela tem de ser considerada como um ir para frente, caso pertença ao conhecer conceituante.

Com isso, o início não tem para o método nenhuma outra determinidade senão a de ser o simples e o universal; essa é a própria *determinidade* por causa da qual o início é deficitário. A universalidade é o conceito puro, simples, e o método enquanto consciência desse mesmo conceito sabe que a universalidade é apenas momento e o conceito dentro dela ainda não é determinado em si e para si. Mas, com essa consciência, que queria levar adiante o início somente em virtude do método, o método seria algo formal, algo posto na reflexão externa. Porém, uma vez que o método é a forma objetiva, imanente, o imediato do início tem de ser o deficitário *nele mesmo* e tem de estar dotado do *impulso* de se levar adiante. Mas o universal não vale no método absoluto como o meramente abstrato, e sim como o universal objetivo, quer dizer, como aquilo que *em si* é *totalidade concreta*, a qual, porém, ainda não *posta*, ainda não é *para si*. Mesmo o universal abstrato enquanto tal, considerado no conceito, isto é, segundo a sua verdade, não é apenas o *simples*, mas enquanto o *abstrato*, ele já está *posto* como afetado por uma *negação*. Por causa disso, também não *existe*, seja na *efetividade* ou no *pensamento*, algo tão simples e abstrato quanto se costuma representar. Tal simplicidade é uma mera *opinião*, que tem seu fundamento unicamente na inconsciência daquilo que, de fato, está presente. – Anteriormente o [elemento] inicial foi determinado como o imediato; a *imediatidade do universal* é o mesmo que aqui está expresso como o *ser em si* sem *ser para si*. – Pode-se, portanto, dizer certamente que todo início tem de ser feito com o *absoluto*, assim como toda progressão é apenas a apresentação do mesmo na medida em que *aquilo que é em si* é o conceito. Mas pelo fato de ser primeiramente apenas *em si*, igualmente *não* é o absoluto, ainda não é o conceito posto e também não a ideia; pois esses são justamente isto: o *ser em si* é apenas um momento abstrato, unilateral. A progressão não é, por conseguinte, uma espécie de *abundância*; ela seria isso se aquilo que inicia já fosse na verdade o absoluto; a progressão consiste, antes, no fato de que o universal determina a si mesmo e é *para si* o universal, isto é, é de igual modo o singular e o sujeito. Somente em sua consumação ele é o absoluto.

Pode-se lembrar que o início, que é *em si* a totalidade concreta, enquanto tal pode também ser *livre* e sua imediatidade pode ter a determinação de um *ser aí externo*; o *germe do vivo* e a *finalidade subjetiva* em geral se mostraram como tais inícios, ambos são, portanto, eles mesmos, *impulsos*. O não-espiritual e o não-vivo são, ao contrário, o conceito concreto apenas como *possibilidade real*; a *causa* é o estágio supremo no qual o conceito concreto como início tem um ser aí imediato na esfera da necessidade; mas ela ainda não é minimamente sujeito, que enquanto tal também se conserva na realização efetiva. O *sol*, por exemplo, e em geral tudo o que não é vivo, são existências determinadas, nas quais a possibilidade real permanece uma totalidade *interior* e os momentos da mesma novamente estão *postos* nelas em forma subjetiva e, na medida em que elas se realizam, conseguem uma existência através de *outros* indivíduos corpóreos.

2. A totalidade concreta que constitui o início tem enquanto tal dentro dela mesma o início da progressão e do desenvolvimento. Enquanto [é] o concreto, ela está *diferenciada dentro de si*; mas, por causa da sua *primeira imediatidade*, os primeiros diferenciados são inicialmente *diversos*. Mas, enquanto universalidade que se relaciona consigo, enquanto sujeito, o imediato é também a *unidade* desses diversos. – Essa reflexão é o primeiro estágio do prosseguir – o emergir da *diferença*, o *juízo*, o *determinar* em geral. O essencial é que o método absoluto encontre e conheça dentro dele mesmo a *determinação* do universal. O conhecer finito do entendimento procede aqui de tal maneira que acolhe novamente de modo igualmente externo aquilo que descartou do concreto na geração abstrativa daquele universal. O método absoluto, ao contrário, não se comporta como reflexão externa, mas sim toma o determinado a partir de seu próprio objeto, pois ele mesmo é o princípio imanente e a alma do

objeto. – É isso que Platão exigia do conhecer, [a saber], que se *considerassem as coisas em si e para si mesmas*, em parte, na sua universalidade, mas, em parte, que não se desviasse delas e não se recorresse a circunstâncias, a exemplos e a comparações, mas que se tivessem unicamente as coisas diante de si e se trouxesse à consciência o que nelas é imanente. – O método do conhecer absoluto é, neste sentido, *analítico*. O fato de que ele encontra a determinação ulterior de seu universal inicial unicamente dentro dele, é a objetividade absoluta do conceito, da qual o método é a certeza. – Mas ele é igualmente *sintético* na medida em que seu objeto, determinado imediatamente como o *universal simples*, mostra-se como um *outro* através da determinidade que o objeto tem em sua imediatidade e universalidade mesmas. Todavia, essa relação de um diverso que o objeto é assim dentro de si, não é mais aquilo que se entende como síntese no conhecer finito; já pela sua determinação igualmente analítica em geral, o fato de que é a relação dentro do *conceito*, ela se diferencia completamente desse sintético.

Esse momento tanto sintético quanto analítico do *juízo*, através do qual o universal inicial se determina a partir dele mesmo como o *outro de si*, precisa ser denominado o *dialético*. A *dialética* é uma daquelas ciências antigas que foi a mais desconhecida na metafísica dos modernos e, então, em geral, pela filosofia popular tanto dos antigos quanto dos modernos. Diógenes Laércio diz que, assim como Tales é o autor da filosofia natural e Sócrates é o autor da filosofia moral, *Platão* teria sido o autor da terceira ciência pertencente à filosofia, da *dialética* – um mérito que lhe é atribuído desde a Antiguidade como algo supremo, mas que muitas vezes permanece totalmente despercebido por aqueles que mais falam dele. Frequentemente se considerou a dialética como uma *arte*, como se ela repousasse sobre um *talento* subjetivo e não pertencesse à objetividade do conceito. Qual figura e qual resultado ela obteve na filosofia kantiana, já foi mostrado nos exemplos determinados de sua visão. É preciso ver como um passo infinitamente importante o fato de que a dialética foi novamente reconhecida como necessária à razão, embora tenha de ser tirado o resultado contraposto àquele que surgiu desse reconhecimento.

Além disso, pelo fato de que a dialética aparece habitualmente como algo contingente, ela costuma ter a seguinte forma mais precisa: de qualquer objeto - por exemplo, do mundo, do movimento, do ponto etc. - mostra-se que ao mesmo compete qualquer determinação - por exemplo, segundo a ordem dos objetos nomeados, a finitude no espaço ou no tempo, o fato de estar *nesse* lugar, a negação absoluta do espaço - mas além disso, igualmente de modo necessário a [determinação] contraposta - por exemplo, a infinitude no espaço e no tempo, o fato de não estar nesse lugar, relação com o espaço, com isso, espacialidade. A escola eleática mais antiga aplicou principalmente sua dialética contra o movimento; Platão muitas vezes a aplicou contra as representações e os conceitos de sua época, especialmente dos sofistas, mas também contra as categorias puras e as determinações de reflexão; o ceticismo culto posterior não aplicou a dialética apenas aos assim chamados fatos imediatos da consciência e às máximas da vida comum, mas também a todos os conceitos científicos. A consequência tirada dessa dialética é em geral a *contradição* e a *nulidade* das afirmações estabelecidas. Mas isso pode ocorrer em duplo sentido: ou no sentido objetivo de que se suprassumiria e seria nulo o *objeto* que se contradiz dentro de si mesmo dessa maneira - essa era, por exemplo, a consequência dos eleátas, segundo a qual, por exemplo, ao mundo, ao movimento e ao ponto era negada a *verdade* - ou, porém, no sentido subjetivo de que o *conhecer seria deficitário*. Ora, por essa última consequência se entende ou [1)] que é apenas essa dialética aquela que inventa esse artifício de uma aparência falsa. Essa é a visão habitual do assim chamado bom-senso ou são entendimento humano, que se atém à evidência *sensível* e às *representações* e aos *enunciados habituais*, às vezes de modo tranquilo - como Diógenes o Cão, mostra em sua nudez a dialética do movimento através de um silencioso ir e vir - mas frequentemente fica furioso, seja por alguma tolice, ou, quando se trata de objetos eticamente importantes, como por um ultraje que tenta tornar vacilante o que está estabelecido de modo essencial e oferecer fundamentos para o vício, - uma visão que surge na dialética socrática contra a dialética sofística, e também uma cólera que, inversamente, custou por sua vez a vida a Sócrates. Quanto à refutação plebeia, que, como Diógenes a fez, contrapõe ao pensar a *consciência sensível* e acha que possui a verdade nessa consciência, é preciso deixá-la a si mesma; mas, na medida em que a dialética elimina as determinações éticas, é preciso ter confiança de que a razão saberá restabelecer as mesmas,

mas na sua verdade e na consciência de seu direito, mas também da sua barreira. – Ou [se entende 2) que] o resultado da nulidade subjetiva não concerne à própria dialética, mas antes ao conhecer contra o qual ela é dirigida – e no sentido do ceticismo e, igualmente, da filosofia kantiana, concerne ao *conhecer em geral*.

Nesse caso, o preconceito fundamental é que a dialética tem *apenas um resultado negativo*, o que receberá imediatamente sua determinação mais precisa. Primeiramente, sobre a forma indicada na qual ela costuma aparecer, é preciso observar que ela e seu resultado segundo aquela forma concerne ao *objeto* que é examinado ou também ao *conhecer* subjetivo, e declara este ou o objeto como nulo; ao contrário, as *determinações* que são mostradas nele como em um *terceiro* permanecem despercebidas e estão pressupostas como válidas por si. Um mérito infinito da filosofia kantiana consiste em ter chamado a atenção para esse procedimento acrítico e, assim, em ter impulsionado o restabelecimento da lógica e da dialética no sentido da consideração das *determinações do pensar em si e para si*. O objeto como ele é sem o pensar e sem o conceito é uma representação ou também um nome; ele *é* o que *é* nas determinações do pensar e do conceito. De fato, tudo depende unicamente delas; elas são o objeto verídico e o conteúdo da razão, e tudo aquilo que de outro modo entende-se como objeto e conteúdo à diferença delas, vale somente através delas e dentro delas. Por isso, não se deve tomar como culpa de um objeto ou do conhecer o fato de que eles se mostram dialéticos através da constituição e de uma ligação externa. Um e o outro são, desse modo, representados como um sujeito no qual as *determinações* na forma de predicados, propriedades e universais autossubsistentes são trazidas de tal modo que elas, como firmes e corretas por si, são postas em relações dialéticas e em contradição somente pela ligação estranha e contingente em um terceiro e por um terceiro. Um tal sujeito externo e fixo da representação e do entendimento, bem como as determinações abstratas, ao invés de poderem ser vistos como [elementos] *últimos* e que permanecem seguramente no fundamento, têm, antes, de ser considerados como um imediato, precisamente como algo pressuposto e inicial, que, como foi mostrado anteriormente, tem de se submeter em si e para si mesmo à dialética, porque precisa ser tomado como conceito *em si*.

Assim, todas as oposições assumidas de modo firme, por exemplo, o finito e o infinito, o singular e o universal, não estão em contradição por causa de uma ligação supostamente externa, mas, como mostrou a consideração de sua natureza, são, antes, em si e para si mesmas o passar; a síntese e o sujeito no qual elas aparecem é o produto da reflexão própria de seu conceito. Se a consideração sem conceito fica parada na sua relação externa, isolando-as e deixando-as como pressuposições firmes, o conceito é, antes, o que fixa seu olhar nelas mesmas, move-as como sua alma e faz emergir sua dialética.

Esse é agora mesmo o ponto de vista designado anteriormente, segundo o qual um primeiro universal, *considerado em si e para si*, mostra-se como o outro de si mesmo. Apreendida de modo inteiramente universal, essa determinação pode ser tomada de tal modo que aqui o primeiramente *imediato* é posto como o *mediado, relacionado* a um outro, ou de tal modo que o universal está posto como um particular. O *segundo* que surgiu através disso é, portanto, o *negativo* do primeiro e, na medida em que levamos previamente em consideração o percurso ulterior, é o *primeiro negativo*. O imediato, segundo esse lado negativo, *sucumbiu* no outro, mas o outro não é essencialmente o *negativo vazio*, o *nada*, que é tomado como o resultado habitual da dialética, mas *é o outro do primeiro*, o *negativo do imediato*; portanto, está determinado como o *mediado – contém* em geral a *determinação do primeiro* dentro de si. O primeiro está, assim, essencialmente também *conservado* e *mantido* dentro do outro. – Manter firme o positivo em *seu* negativo, no conteúdo da pressuposição, no resultado, isso é o mais importante no conhecer racional; ao mesmo tempo, é preciso somente da reflexão mais simples para se convencer da verdade absoluta e da necessidade desse requisito, e no que diz respeito aos *exemplos* de provas para tanto, toda a lógica consiste nisso.

Com isso, o que está presente doravante é o *mediado*, que inicialmente, ou seja, tomado igualmente de modo imediato, é também uma determinação *simples*; pois, uma vez que o primeiro sucumbiu dentro dele, está presente somente o segundo. Porque agora também o primeiro está *contido* no segundo e esse é a verdade daquele, assim essa unidade pode ser expressa como uma proposição na qual o imediato é colocado como o sujeito, mas o mediado é colocado como o seu predicado, por exemplo, o *finito* é *infinito*, o *uno* é o *múltiplo*, o *singular* é o *universal*. A forma inadequada de tais proposições e juízos, porém, salta por si mesma aos olhos. No *juízo* foi mostrado que sua forma em geral e principalmente a forma imediata do juízo *positivo* são incapazes de apreender dentro de si o especulativo e a verdade. A primeira complementação do mesmo, o juízo *negativo*, precisaria pelo menos igualmente ser adicionada. No juízo, o primeiro enquanto sujeito tem a aparência de um subsistir autossubsistente, ao passo que está suprassumido no predicado como em seu outro; essa negação está certamente contida no conteúdo daquelas proposições, mas sua forma positiva contradiz esse mesmo, o conteúdo; com isso, não está posto o que está contido na proposição – o que justamente seria a intenção para a qual empregar uma proposição.

Além disso, a segunda determinação, aquela *negativa* ou *mediada* é simultaneamente a determinação *mediadora*. Inicialmente ela pode ser tomada como determinação simples, mas, segundo a sua verdade, ela é uma *relação*[29]; pois ela é o negativo, *mas do positivo* e inclui o mesmo dentro de si. Ela é, portanto, o *outro* não de algo frente ao qual ela é indiferente – assim não seria nem outro nem relação – mas sim é o *outro em si mesmo*, o *outro de um outro*; por isso, ela inclui dentro de si *seu* próprio outro e é, assim, como *a contradição, a dialética posta de si mesma*. – Porque o primeiro ou o imediato é o conceito *em si*, por conseguinte, também é o negativo apenas *em si*, o momento dialético nele consiste no fato de que a *diferença* que ele contém *em si*, é posta dentro dele. O segundo, ao contrário, é ele mesmo o *determinado*, a *diferença* ou a relação; por conseguinte, nele o momento dialético consiste em pôr a *unidade* que está contida dentro dele. – Se, por causa disso, o negativo, o

---

29. No original, Hegel coloca *"Beziehung oder Verhältnis"*, onde o termo *Verhältnis* designa desde a Lógica da Essência aquela relação que constitui de modo essencial os próprios termos da relação. Os termos essenciais não são apenas algo e outro, que ainda são termos da negação simples, mas o negativo e o positivo, que constituem a rigor os momentos de uma relação contraditória. Uma vez que optamos por traduzir tanto o termo *Verhältnis* quanto o termo *Beziehung* por "relação", evitamos colocar duas vezes o mesmo termo em português. Note-se que a conjunção *oder* no original exprime uma equivalência (se fosse traduzida, seria "ou seja"), pois o termo *Verhältnis* qualifica de modo preciso o tipo de *Beziehung* envolvida na segunda determinação do método dialético. Sobre a escolha da tradução de *Beziehung* e *Verhältnis*, remetemos à Nota dos Tradutores [N.T.].

determinado, a relação, o juízo e todas as determinações que caem sob esse segundo momento já não aparecem por si mesmas como a contradição e como dialéticas, então se trata de uma mera falha do pensar, que não junta seus pensamentos. Pois o material, as determinações *contrapostas* em *uma relação* já estão *postas* e presentes para o pensar. O pensar formal, porém, faz da identidade uma lei para si, deixa decair o conteúdo contraditório que tem diante de si na esfera da representação, no espaço e no tempo, em que o contraditório é mantido na *exterioridade recíproca* no [ser] um ao lado do outro e no [ser] um depois do outro e, assim, surge diante da consciência sem o contato recíproco. O pensar formal se forma sobre isso, sobre o princípio determinado de que a contradição não é pensável; de fato, porém, o pensar da contradição é o momento essencial do conceito. O pensar formal pensa a contradição também de modo fatual, porém, desvia seu olhar dela e naquela afirmação passa da contradição apenas para a negação abstrata.

A negatividade considerada constitui o *ponto de virada* do movimento do conceito. Ela é o *ponto simples da relação negativa* consigo, a fonte íntima de toda atividade, de todo automovimento vivo e espiritual, a alma dialética que todo o verdadeiro tem nele mesmo e através da qual unicamente é o verdadeiro; pois unicamente sobre essa subjetividade repousa o suprassumir da oposição entre o conceito e a realidade e a unidade que é a verdade. – O *segundo* negativo, o negativo do negativo, ao qual nós chegamos, é aquele suprassumir da contradição, mas tão pouco quanto a contradição ele é um *atuar de uma reflexão externa*, mas sim é o momento *mais interior e mais objetivo* da vida e do espírito, através do qual é um *sujeito, uma pessoa, algo livre*. – A *relação do negativo consigo mesmo* tem de ser considerada como a *segunda premissa* de todo o silogismo. A primeira [premissa], se as determinações de *analítico* e *sintético* são utilizadas em sua oposição, pode ser vista como o momento *analítico* na medida em que o imediato se relaciona nela *de modo imediato* com seu outro e, por conseguinte, *passa* ou, antes, já passou para o mesmo – embora essa relação, como já foi lembrado, seja precisamente por causa disso também sintética, porque é seu *outro* aquilo para o qual ela passa. A segunda premissa aqui considerada pode ser determinada como aquela *sintética*, porque é a relação do *diferenciado enquanto tal* com o *seu diferenciado*. – Assim como a primeira [premissa] é determinada como o momento da *universalidade* e da *comunicação*, a segunda é determinada pela *singularidade*, que inicialmente é excludente e se relaciona com o outro enquanto diversa e para si. O negativo aparece como o *mediador*, porque inclui dentro de si a si mesmo e o imediato do qual é a negação. Na medida em que essas duas determinações são tomadas como relacionadas externamente segundo uma relação [*Verhältnis*] qualquer, ele é apenas o *formal* que medeia; como a negatividade absoluta, porém, o momento negativo da mediação absoluta é a unidade que é a subjetividade e a alma.

Nesse ponto de virada do método, o percurso do conhecer retorna simultaneamente para dentro de si mesmo. Essa negatividade, como a contradição que se suprassume, é o *restabelecimento* da *primeira imediatidade*, da universalidade simples; pois imediatamente o outro do outro, o negativo do negativo, é *o positivo, o idêntico, o universal*. No percurso como um todo, esse *segundo* imediato é, se em geral alguém quiser *contar*, o *terceiro* em relação ao primeiro imediato e ao mediado. Mas ele é também o terceiro em relação ao primeiro negativo, ou seja, ao negativo formal, e em relação à negatividade absoluta, ou seja, ao segundo negativo; ora, na medida em que aquele primeiro negativo já é o segundo termo, assim o que foi contado como *terceiro* pode também ser contado como *quarto*, e em vez da *triplicidade*, a forma abstrata pode ser tomada como uma *quadruplicidade*; dessa maneira, o negativo ou a *diferença* são contados como uma dualidade. – O terceiro ou o quarto é em geral a unidade do primeiro e do segundo momento, do imediato e do mediado. – O fato de que esta *unidade*, bem como toda a forma do método, é uma *triplicidade*, é decerto totalmente apenas o lado superficial, exterior do modo do conhecer; mas o fato de ter apenas indicado esse lado e precisamente em aplicação mais determinada – pois a forma numérica abstrata já foi, ela mesma, como se sabe, exposta desde a Antiguidade, mas sem conceito e, portanto, sem consequência – tem de ser visto igualmente como um mérito infinito da filosofia kantiana. O *silogismo*, [que] também [é] algo triplo, foi conhecido desde sempre como a forma universal da razão, porém, em parte, ele valeu em geral como uma forma inteiramente externa que não determina a natureza do conteúdo, em parte, uma vez que, no sentido formal, ele se perde meramente na determinação da *identidade* do entendimento, falta-lhe o momento essencial, *dialético*, a *negatividade*; mas esse momento entra na triplicidade das determinações, porque o terceiro é a unidade das duas primeiras determinações, mas essas, por serem diversas, podem estar em unidade somente *como suprassumidas*. – Certamente, o formalismo apoderou-se de igual modo da triplicidade e se ateve ao *esquema* vazio da mesma; a insensatez rasa e a pobreza do moderno assim chamado *construir* filosófico, que em nada consiste senão em colar por todos os lados aquele esquema formal sem conceito e sem determinação imanente e em usá-lo para um ordenamento externo, tornou aquela forma entediante e famigerada. Por causa da insipidez desse emprego, porém, ela não pode perder nada de seu valor interior e sempre terá de ser altamente estimado o fato de ter encontrado a figura do racional, ainda que inicialmente em uma figura não compreendida.

Mais precisamente, o *terceiro* é o imediato, mas *através da suprassunção da mediação*, é o simples através do *suprassumir da diferença*, é o positivo através da suprassunção do negativo, é o conceito que se realiza através do ser-outro e, através da suprassunção dessa realidade, juntou-se consigo e estabeleceu sua realidade absoluta, sua relação *simples* consigo. Esse *resultado* é, por conseguinte, a *verdade*. Ele é *igualmente* imediatidade *como* mediação – mas estas formas do juízo: o terceiro *é* imediatidade e mediação, ou ainda: ele *é a unidade* das mesmas, não são capazes de apreendê-lo, porque ele não é um terceiro em repouso, mas, precisamente enquanto é essa unidade, é o movimento e a atividade que se medeiam consigo mesmos. – Assim como o inicial é o *universal*, assim o resultado é o *singular, o concreto, o sujeito*; o que aquele é *em si*, este é igualmente *para si*, o universal está *posto* no sujeito. Os primeiros dois momentos da triplicidade são os momentos *abstratos*, não verdadeiros, que justamente por isso são dialéticos e através dessa sua negatividade se transformam no sujeito. O próprio conceito é inicialmente *para nós tanto* o universal que é em si *quanto* o negativo que é para si, *bem como* o terceiro que é em si e para si, o *universal* que perpassa todos os momentos do silogismo; mas o terceiro é a conclusão na qual o conceito é mediado consigo mesmo através da sua negatividade, com isso, está posto *para si* como o *universal* e o *idêntico de seus momentos.*

Ora, esse resultado, como o todo que foi para dentro de si e é *idêntico* consigo, deu-se agora novamente a si a forma da *imediatidade.* Com isso, ele mesmo é agora tal como o *inicial* havia se determinado. Como relação simples consigo, ele é um universal, e a *negatividade* que constituiu a dialética e a mediação do mesmo, nessa universalidade se juntou igualmente na *determinidade simples,* a qual novamente pode ser um início. Pode inicialmente parecer que esse conhecer do resultado teria de ser uma análise do mesmo e, portanto, teria de, novamente, decompor aquelas determinações e seu andamento através do qual o resultado se originou e o qual foi considerado. Mas, se o tratamento do objeto é feito efetivamente desse modo analítico, então ele pertence ao estágio da ideia acima considerada, ao conhecer investigativo que indica do seu objeto apenas o que ele *é,* sem a necessidade de sua identidade concreta e do conceito dela. Contudo, o método da verdade que compreende o objeto é, certamente, como foi mostrado, ele mesmo analítico, pois ele permanece pura e simplesmente no conceito, mas é, de igual modo, sintético, pois o objeto é determinado dialeticamente pelo conceito e como outro. O método permanece na nova base que é constituída pelo resultado como o objeto atualmente em questão, o mesmo que era junto ao objeto anterior. A diferença concerne unicamente à relação da base enquanto tal; essa é agora, decerto, igualmente uma base, mas sua imediatidade é apenas *forma,* porque ela, ao mesmo tempo, era resultado; sua determinidade como conteúdo é, por conseguinte, não mais algo meramente acolhido, mas algo *derivado* e *comprovado.*

É somente aqui que o *conteúdo* do conhecer entra enquanto tal no círculo da consideração, porque ele agora, enquanto derivado, pertence ao método. Através desse momento, o próprio método se amplia até um *sistema.* – No que concerne ao conteúdo, o início teve de ser inicialmente para o método totalmente indeterminado; a este respeito, ele aparece como a alma apenas formal para a qual e através da qual o início estava determinado totalmente e unicamente segundo sua *forma,* a saber, como o imediato e o universal. Através do movimento demonstrado, o objeto adquiriu para si mesmo uma *determinidade* que é um *conteúdo,* porque a negatividade que se juntou na simplicidade é a forma suprassumida e, enquanto determinidade simples, contrapõe-se ao seu desenvolvimento, inicialmente à sua própria oposição frente à universalidade.

Na medida em que, agora, essa determinidade é a verdade próxima do início indeterminado, ela critica esse mesmo como algo imperfeito bem como o próprio método que, partindo dele, era apenas formal. Isso pode ser expresso como a exigência doravante determinada de que o início, por ele mesmo ser um determinado frente à determinidade do resultado, não deve ser tomado como um imediato, mas sim como um mediado e um derivado, o que pode aparecer como a exigência do infinito progresso que vai *para trás* na prova e no derivar – bem como, a partir do novo início que é adquirido, através do percurso do método surge de igual modo um resultado, de modo que a progressão igualmente avança *para frente* ao infinito.

Já foi mostrado frequentemente que o progresso infinito pertence em geral à reflexão sem conceito; o método absoluto, que tem o conceito como sua alma e conteúdo, não pode levar a esse progresso. Inicialmente, inícios tais como *ser, essência, universalidade* já podem parecer ser tais que têm toda a universalidade e a ausência de conteúdo que se exigem para um início totalmente formal, tal como deve ser e, portanto, enquanto inícios absolutamente primeiros, não exigem nem admitem nenhum regresso ulterior. Na medida em que eles são relações puras consigo mesmas, são imediatos e indeterminados, assim eles não têm, certamente, neles a diferença que num outro início desde logo está posta entre a universalidade de sua forma e seu conteúdo. Mas a indeterminidade que aqueles inícios lógicos têm por seu único conteúdo, é ela mesma o que constitui sua determinidade; a saber, essa consiste na negatividade deles como mediação suprassumida; a particularidade dessa dá também à indeterminidade deles uma particularidade através da qual *ser, essência* e *universalidade* se diferenciam um do outro. Ora, a determinidade, que lhes compete enquanto são tomados para si, é sua *determinidade imediata* bem como a determinidade de qualquer conteúdo e, portanto, necessita de uma derivação; para o método é indiferente se a determinidade é tomada como *determinidade* da *forma* ou do *conteúdo*. De fato, para o método não inicia nenhuma maneira nova pelo fato de que através do primeiro de seus resultados se determina um conteúdo; com isso, ele permanece nem mais nem menos formal do que antes. Pois já que ele é a forma absoluta, o conceito que sabe a si mesmo e tudo como conceito, assim não há nenhum conteúdo que se contraporia ao método e o determinaria até torná-lo uma forma unilateral, externa.

Portanto, assim como a ausência de conteúdo daqueles inícios não faz deles inícios absolutos, também não é o conteúdo que enquanto tal conduziria o método para frente ou para trás no progresso infinito. De um lado, a *determinidade* que ele gera para si em seu resultado é o momento através do qual ele é a mediação consigo e faz do *início imediato algo mediado*. Mas, inversamente, a determinidade é aquela através da qual essa sua mediação se perde; o método retorna para o seu início através de um *conteúdo* como através de um *outro* aparente dele mesmo, de modo que ele não meramente restabeleceu o início, mas como um início *determinado*, e sim o resultado é, de igual modo, a determinidade suprassumida, portanto, também o restabelecimento da primeira indeterminidade na qual ele começou. O método realiza isso como um *sistema da totalidade*. É nessa determinação que ele ainda tem de ser considerado.

Como foi mostrado, a determinidade que era resultado é, ela mesma, em virtude da forma da simplicidade na qual ela se juntou, um novo início. Na medida em que esse está diferenciado do seu início precedente justamente por causa dessa determinidade, o conhecer avança de um conteúdo para outro. Primeiramente, esse progredir se determina no sentido de que começa com determinidades simples e as seguintes se tornam cada vez *mais ricas e concretas*. Pois o resultado contém seu início, cujo percurso o enriqueceu com uma nova determinidade. O *universal* constitui a base; a progressão, por causa disso, não tem de ser tomada como um *fluir* de um *outro* para um *outro*. O conceito no método absoluto se *conserva* em seu ser outro, o universal, na sua particularização, no juízo e na realidade; em cada estágio de determinação ulterior, ele eleva toda a massa de seu conteúdo precedente e não apenas não perde nada nem deixa algo para trás através da progressão dialética, mas traz consigo tudo o que adquiriu e dentro de si e se enriquece e se adensa dentro de si.

Essa *expansão* pode ser vista como momento do conteúdo e, no todo, como a primeira premissa; o universal está *comunicado* à riqueza do conteúdo imediatamente conservado dentro dele. Mas a relação tem também o segundo lado, o lado negativo ou dialético. O enriquecimento progride na *necessidade* do conceito, é sustentado por ele e cada determinação é uma reflexão dentro de si. Cada novo estágio do *ir para fora de si*, quer dizer, da *determinação ulterior*, é também um ir para dentro de si, e a *extensão* maior é igualmente *intensidade mais elevada*. O mais rico é, portanto, o mais concreto e o mais *subjetivo*, e aquilo que se retira na profundidade mais simples é o mais poderoso e o mais pervasivo. O cume mais alto, mais agudo, é a *personalidade pura*, que unicamente através da dialética absoluta, que é sua natureza, *inclui* e sustenta *tudo dentro de si*, porque ela se torna o mais livre – a simplicidade que é a primeira imediatidade e universalidade.

É deste modo que cada passo da *progressão* no determinar ulterior, à medida que se afasta do início indeterminado, é também uma *aproximação regressiva* do mesmo, de tal modo que aquilo que inicialmente pode aparecer diverso, [a saber], o *fundamentar regressivo* do início e o *determinar ulterior progressivo* do mesmo, caem um no outro e são o mesmo. Porém, o método que, com isso, fecha-se num círculo, não pode antecipar em um desenvolvimento temporal o fato de que o início já é enquanto tal um derivado; para o início em sua imediatidade é suficiente que ele seja universalidade simples. Na medida em que é isso, ele tem sua condição completa; e ele não precisa ser depreciado [dizendo] que se poderia deixá-lo valer apenas de *modo provisório e hipotético*. O que se poderia objetar ao início – por exemplo, a partir dos limites do conhecimento humano, da exigência de investigar criticamente o instrumento do conhecer antes de se dirigir à Coisa – são, elas mesmas, *pressuposições* que, como *determinações concretas*, implicam a exigência de sua mediação e fundamentação. Uma vez que elas não têm formalmente nenhuma vantagem sobre o início com a Coisa contra o qual elas protestam e, ao contrário, por causa do conteúdo mais concreto, carecem de uma derivação, elas podem ser tomadas como apenas pretensões vaidosas de que se tenha de prestar mais atenção para elas do que para algo outro. Elas têm um conteúdo não verdadeiro, na medida em que elas fazem do que é bem conhecido como finito e não verdadeiro algo incontornável e absoluto, a saber, um conhecer *limitado*, determinado como *forma e instrumento frente* ao seu *conteúdo*; esse conhecer não verdadeiro é, ele mesmo, também a forma, o fundamentar regressivo. – Também o método da verdade sabe o início como algo imperfeito, porque ele é o início, mas, ao mesmo tempo, sabe que esse imperfeito em geral é algo necessário, porque a verdade é somente o vir a si mesma através da negatividade da imediatidade. A impaciência que *apenas* quer ir para além do *determinado*, seja ele o início, o objeto, o finito, ou tomado em qualquer outra forma, e se encontrar imediatamente no absoluto, enquanto conhecimento nada mais tem diante de si senão o negativo vazio, o infinito abstrato – ou um absoluto *opinado* que é opinado porque não está *posto*, não está *apreendido*. O absoluto pode ser apreendido somente através da *mediação* do conhecer, do qual o universal e o imediato são um momento, mas a própria verdade está somente no percurso expandido e no fim. Para o carecimento subjetivo do desconhecimento e a sua impaciência pode, certamente, ser dada de *antemão* uma visão desde cima do *todo* – através de uma divisão para a reflexão, que a partir do universal, segundo o modo do conhecer finito, indica o particular como *algo presente* e que deve ser esperado na ciência. Todavia, isso não garante mais do que uma imagem da *representação*; pois a verdadeira passagem do universal para o particular e para o todo determinado em si e para si, no qual aquele primeiro universal, segundo a sua determinação verídica, é ele mesmo novamente momento, é estranha àquele modo da divisão e é unicamente a mediação da própria ciência.

Em virtude da natureza mostrada do método, a ciência se apresenta como um *círculo* fechado em si, em cujo início no fundamento simples a mediação recurva o fim; nesse caso, esse círculo é um *círculo de círculos*; pois cada membro singular, como animado pelo método, é a reflexão dentro de si que, ao retornar ao início, é, simultaneamente, o início de um novo membro. Fragmentos dessa cadeia são as ciências singulares, das quais cada uma tem um *antes* e um *depois*, ou, falando mais precisamente, *tem* apenas o antes e, em sua própria conclusão, *mostra* seu depois.

Assim, pois, na ideia absoluta a lógica também retornou para essa unidade simples que é seu início; a pura imediatidade do ser, na qual, primeiramente, toda determinação aparece como extinta ou deixada de lado através da abstração, é a ideia que chegou à sua correspondente igualdade consigo através da mediação, a saber, através da suprassunção da mediação. O método é o conceito puro que se relaciona somente consigo mesmo; ele é, por conseguinte, a *relação simples consigo* que é *ser*. Mas este é agora também ser *preenchido*, o *conceito que se compreende*, o ser como totalidade *concreta*, de igual modo pura e simplesmente *intensiva*. – Por fim, apenas é preciso mencionar sobre essa ideia ainda o fato de que dentro dela, *em primeiro lugar*, a *ciência lógica* apreendeu seu próprio conceito. No *ser*, no início do seu *conteúdo*, seu conceito aparece como um saber externo ao conteúdo na reflexão subjetiva. Na ideia do conhecer absoluto, porém, o conceito se tornou seu próprio conteúdo. Ela mesma é o conceito puro que tem a si por objeto e que, enquanto percorre a totalidade de suas determinações [tendo a si] como objeto, forma-se até o todo de sua realidade, até tornar-se o sistema da ciência e, portanto, conclui com a apreensão desse compreender de si mesmo, com isso, com a suprassunção da sua posição como conteúdo e objeto e com o conhecimento do conceito da ciência. – *Em segundo lugar*, essa ideia ainda é lógica, ela está encerrada no puro pensamento, a ciência apenas do *conceito* divino. A execução sistemática é, decerto, ela mesma uma realização, mas mantida no interior da mesma esfera. Porque a pura ideia do conhecer está, a este respeito, encerrada na subjetividade, ela é *impulso* para suprassumir essa [subjetividade] e a verdade pura se torna, como resultado último, também o *início de uma outra esfera e ciência*. Essa passagem ainda precisa aqui ser apenas acenada.

Na medida em que a ideia se põe como *unidade* absoluta do puro conceito e de sua realidade, com isso, recolhe-se na imediatidade do *ser*, assim ela como a *totalidade* está nesta forma – *natureza*. Essa determinação, porém, não é um *ser que deveio* e uma *passagem* tal como (segundo o que se viu acima) o conceito subjetivo, em sua totalidade, torna-se ou *devém* a *objetividade*, e também a *finalidade subjetiva* se torna ou *devém* a *vida*. A ideia pura, na qual a determinidade ou realidade do próprio conceito está elevada ao conceito, é, antes, a *libertação* absoluta para a qual não há mais nenhuma determinação imediata que não seja de igual modo *posta* e não seja o conceito; nessa liberdade não ocorre, portanto, passagem alguma; o ser simples para o qual a ideia se determina permanece perfeitamente transparente para ela e é o conceito que permanece junto a si mesmo em sua determinação. Aqui a passagem tem de ser apreendida, antes, de tal modo que a ideia *deixa sair livremente* a si mesma, absolutamente segura de si e em repouso dentro de si. Em virtude dessa liberdade, a *forma da sua determinidade* é, de igual modo, pura e simplesmente livre – a *exterioridade do espaço e do tempo* que é absolutamente para si mesma sem subjetividade. – Na medida em que esta é e é apreendida pela consciência apenas segundo a imediatidade abstrata do ser, ela é como mera objetividade e vida externa; mas na ideia ela permanece em si e para si a totalidade do conceito e, na relação do conhecer divino com a natureza, a ciência. Porém, essa primeira decisão da ideia pura de se determinar como ideia externa põe para si, com isso, apenas a mediação a partir da qual o conceito se eleva como existência livre, que foi para dentro de si desde a exterioridade, realiza plenamente sua libertação através de si *na ciência do espírito* e encontra o conceito supremo de si mesmo na ciência lógica enquanto conceito puro que se compreende.

GLOSSÁRIO DA DOUTRINA DO CONCEITO

Abbild – imagem
abgeschlossen (in sich) – concluído em si (no sentido de autocontido)
abgeschmackt – insípido
Abhängigkeit – dependência
ableiten – derivar
Abscheidung – separação
Absolute, das – o absoluto
Absonderung, absondern – separação, isolamento, isolar, apartar
Abstoßen – repelir
Abstraktion – abstração
abstreifen – despir, despojar
abstumpfen – embotar
abweichen – divergir
adäquat – adequado
addieren – adicionar
Addition – adição
Affektion – afecção
Agent – agente
Aggregat – agregado
Aggregierung – agregação
Ähnlichkeit – semelhança
Ahnung – pressentimento
Aktion – ação (no sentido mecânico)
aktiv – ativo
Akzidentialität – acidentalidade

Akzidenz – acidente
Algebra – álgebra
algebraisch –algébrico
All (ein) – um tudo
allgegenwärtig – onipresente
allgemein – universal
allgemeingültig – universalmente válido
Allgemeinheit – universalidade
Allheit – todidade
Allmacht – onipotência
Analogie – analogia
Analyse, Analysis – análise
analytisch – analítico
Anatomie – anatomia
Anderssein – ser outro
Anderswerden – tornar-se outro
aneignen – apropriar
anfachen – acender
Anfang – início
Angemessenheit – adequação
animalisch – animal
Anklang – ressonância
Anmaßung – pretensão
Annahme – assunção
Annäherung – aproximação
Anordnung – ordenamento
anschaubar – intuível
Anschaulichkeit – intuibilidade
Anschauung – intuição
Ansichsein – ser em si
Anspruchslosigkeit – despretensão
Anteil – parte

Anthropologie – antropologia

Antinomie – antinomia

Antithesis – antítese

antizipieren – antecipar

Anundfürsichseiende – ente em si e para si

Anundfürsichsein – ser em si e para si

an und für sich seiend – que é em si e para si

Anzahl – valor numérico

Anziehen – atração

apodiktisch – apodítico

Apperzeption – apercepção

arguieren – demonstrar

Arithmetik – aritmética

Arrangement – arranjo

Art – espécie, modo

assertorisch – assertórico

Assimilation – assimilação

Atmosphäre – atmosfera

Atom – átomo

auffassen – apreender

Aufgabe – tarefa, problema

Aufschluß, aufschließen – abertura, descerrar

Aufheben – suprassumir

Aufhebung – suprassunção

Auflösung – dissolução, solução

aufnehmen – acolher, assumir

Aufreibung – desgaste

aufzeigen – mostrar

Ausdehnung – extensão

Ausdruck – expressão

auseinanderfallen – desfazer-se, cair fora um do outro

auseinandergehen – decompor-se

auseinanderhalten – manter um fora do outro

auseinanderlegen – decompor

Auseinandersetzung – discussão

auseinandertreten – separar-se

Ausereinandersetzung – decomposição

Außereinander (das) – o fora um do outro

äußerlich – externo, externamente

Äußerlichkeit – exterioridade

Außersichgehen – ir para fora de si

Ausführung – execução

ausgleichen – igualar

Ausgleichung – igualamento

auslöschen – extinguir-se

ausmachen – constituir

Ausscheideung, ausscheiden – secreção, secretar

ausschließen, ausschließend – excluir, excludente

aussprechen – enunciar

Äusserung – externação

ausstoßen – expelir

außerweltlich – extramundano

Axiom – axioma

Band – vínculo

barbarisch – bárbaro

Basis – base

Bedürfnis – necessidade, carecimento

bedingend – condicionante

bedingt – condicionado

Bedingtheit – condicionalidade

Bedingung – condição

befassen – incluir

Befolgung – observância

befreien – libertar

Befreiung – libertação

Befruchtungsteil – órgão de fecundação

Begattung – cópula (no sentido de relação sexual)

begeistern – animar

beginnen – começar

beginnend – incipiente

Beglaubigung – certificação

Begriff, begreifen, begreifend – conceito, compreender, conceituante

begriffslos – sem conceito, aconceitual

behaften – afetar

Beharrlichkeit, beharrlich – persistência, persistente

beilegen – atribuir

Beiwesen – acessório

Bekanntschaft – familiaridade

Bekräftigung – afirmação

beleuchten – elucidar

Bemächtigung – apoderamento

Beschäftigung – ocupação

Beschaffenheit – constituição, disposição

beschlossen (in sich) – encerrado (em si)

Beschwerlickeit – incômodo

Beseelende (das) – animador

Besonderheit, besonder – particularidade, particular

Besonderung – particularização

Bestandstück – parte constituinte

bestehen – subsistir

Bestimmbarkeit – determinabilidade

Bestimmtheit – determinidade

Bestimmtwerden – tornar-se determinado

betätigen – ativar

Beurteilung – avaliação

Bewährung – verificação
Bewegung – movimento
bewegungslos – sem movimento
Beweis, beweisen – prova, provar
Bewunderung – admiração
Bewusstlosigkeit – inconsciência
Bewusstsein – consciência
Bezeichnung – designação, notação
Bezeichnungsmittel – meio de designação
Beziehung – relação
Bild – imagem
Bildner, Bildnerin – figurador, figuradora
billig – razoável
Binomium, binomisch – binômio, binomial
Blendwerk – logro
blind – cego
Bogen – arco
Böse (das) – o mal
Bruchstück – fragmento
Bürger – cidadão
bürgerlich – burguês
Buchstabe – letra
Buchstabenschrift – escrita fonética

Charakter – caráter
Chemismus – quimismo

Darstellung – apresentação
Dasein – ser aí
Deduktion – dedução
Definition – definição
Demonstration – demonstração

demonstrieren – demonstrar
denkbar – pensável
Denkbestimmung – determinação do pensar
denken – pensar
Determinismus – determinismo
deutlich – distinto
Dialektik – dialética
Dieselbigkeit – mesmidade
Dieses, ein – um isto
Differentiierung – diferenciação
Differenz, spezifische – diferença específica
Ding – coisa
Ding an sich – coisa em si
Dingheit-an-sich – coisidade em si
dirimieren – dirimir
Diremtion – dirimição
disjungieren – disjuntar
Disjunktion – disjunção
disjunktiv – disjuntivo
Doppelschein – aparência dupla
Dreieck – triângulo
Dreiheit – triplicidade
Druck – pressão
Duft – aroma
Dunkelheit – obscuridade
durchdringlich – penetrável
Durchdringung – compenetração
durchlaufen – percorrer

Eigenschaft – propriedade
Eigentum – propriedade
Einbildungskraft – imaginação

Eindruck – impressão

Eine, das – o uno

einfach – simples

Einfachheit – simplicidade

Einfluss – influência

Einheit – unidade

einhüllen – envolver

Einige, Einiges – alguns, algum

einleuchtend – evidente

einschieben – interpor

Eins – uno

einschließen – encerrar, incluir, fechar

einschneiden – cortar

Einseitigkeit – unilateralidade

einseitig – unilateral

Einstimmigkeit, einstimmig – concordância, concorde

Einteilung – divisão

Einwirkung, einwirken – influência, influir, agir

Einzelheit – singularidade

einzeln – singular

Elastizität – elasticidade

Elektrizität – eletricidade

Element – elemento

elementarisch – elementar

empfänglich – susceptível

empfindbar – susceptível de sensação

empirisch – empírico

Ende – fim

Endlichkeit – finitude

entbehren – carecer, prescindir

entfremden (sich) – tornar(-se) estranho

entgegengesetzt – contraposto

Entgegensetzung – contraposição
enthüllen – desvelar
entlassen – abandonar, deixar sair
entlehnen – tomar de empréstimo
entschließen – decidir
Entschluss – decisão
entsprechen – corresponder
Entstehung – nascimento
Entwicklung – desenvolvimento
Entzweiung – cisão
entzünden – acender
Erfahrung – experiência
erfassen – colher
Erfindung – invenção
Erfordernis – requisito
erfüllen – preencher
Erfüllung – preenchimento
Ergänzung – complementação
ergehen (sich) – vaguear
erhaben – sublime
erkennen – conhecer
Erkenntnis – conhecimento
Erkenntnisvermögen – faculdade do conhecimento
Erklärung – explicação, definição
erlöschen – extinguir
Eröffnung – abertura
Erörterung – discussão
Erregung – estimulação
ersetzen – substituir
Erscheinung, erscheinend – aparecimento, fenômeno, fenomênico
erschöpfen – esgotar
erweisen (sich) – comprovar-se

Erweiterung – expansão, ampliação
Erzählung – narração
erzeugen – gerar
erzittern – vibrar
etwas – algo
Evidenz – evidência
Existenz – existência
Experiment – experimento
Exposition – exposição
extrem – extremo

Fähigkeit – capacidade
faktisch – fatual
Faktum – fato
falsch – falso
Falsche, das – o falso
Farbe – cor
fassen – apreender, compreender
Fatalismus – fatalismo
fehlerhaft – falacioso
Figur – figura
Finsternis – escuridão
fließen – fluir
Folge – consequência
folgen – seguir
folgern – inferir
Folgerung – consequência
Forderung – exigência
Formalismus – formalismo
formell – formal
formlos – sem forma
Fortbestimmung – determinação progressiva

Fortbewegung – movimento progressivo
fortbilden – aperfeiçoar
Fortbildung – aperfeiçoamento
Fortpflanzung – propagação
Fortsetzung – prossecução
fortwälzen – avançar
fortzählen – contar progressivamente
frei – livre
Freie, das – o livre
freigeben – dar a liberdade
Freiheit – liberdade
fremd – estranho, alheio
fremdartig – alheio
Freßwerkzeug – órgão de mastigação
Freundschaft – amizade
Frevel – ultraje
Frömmigkeit – devoção
Funktion – função
Fürsichsein – ser para si
Fürsichseiendes – ente para si

ganz, Ganzes (ein) – todo, um todo
Gattung – gênero
Gedächtnis – memória
Gedanke, Gedankenbestimmung – pensamento, determinação do pensamento
gedankenlos – sem pensamento
Gediegenheit, gediegen – compacidade, compacto
Gefühl – sentimento
gegenseitig – recíproco
Gegenteil – oposto, contrário
Gegenstand – objeto

Gegenstoß – contrachoque

gegenüberstehen – contrapor-se

Gehalt – conteúdo substancial

Geheimnis – segredo, mistério

Geist – espírito

Geistigkeit – espiritualidade

gelegentlich – oportuno

gemeinsam – comum, em comum

Gemeinsame, das – o elemento comum

Gemeinschaftlichkeit – comunitariedade, caráter comum

gemeinschaftlich – comum

Genauigkeit – precisão

genetisch – genético

Genesis – gênese

Genuss – gozo

Geometrie – geometria

geometrisch – geométrico

Gerede – falatório

Geringfügigkeit – insignificância

geringfügig – frívolo

Gerüst – estrutura

Geschäft – ocupação

Geschlecht – geração

Geschlechtsdifferenz – diferença sexual

Geschlechtsverhältnis – relação sexual

Geschöpf – criatura

Gesetz – lei

Gesetztsein – ser posto

gespenstig – fantasmagórico

Gestalt – figura

Gestaltung – configuração

Gewalt – violência, poder

Gewissheit – certeza
Gewohnheit – hábito
Gewöhnung – habituação
Gewordensein – ser que deveio
Gipfel – ápice
Gleichheit – igualdade
Gleichförmigkeit – uniformidade
Gleichgültigkeit, gleichgültig – indiferença, indiferente
gleichsetzen – equiparar
Gleichung – equação
Glied – membro
glückselig – feliz
göttlich – divino
Grad – grau
grammatisch – gramatical
Grammatik – gramática
Grenze – limite
Größe – grandeza
Grund – fundamento
Grundlage – base
Grundsatz – princípio
Gültigkeit – validade
Gute, das – o bem
Gütergemeinschaft – comunhão dos bens

Habitus – hábito, aspecto
Haltung – postura
handeln – agir
Handlung – ação (no sentido prático)
handwerksmäßig – artesanal
Harmonie – harmonia
Härte – dureza

Haufen – agregação
Heiligkeit – santidade
herausheben – relevar
herausklauben – extrair
heraussetzen – expor
heraustreten – emergir, sair
Herbeischaffung – fornecimento
Herleitung – derivação
Herstellung – produção
Herumsuchen – busca
herumtreiben – dar voltas
hervorgehen – surgir
hervorkommen – emergir
hervortreten – emergir
hervortun (sich) – destacar-se
hinausgehen – ir além
hinauslaufen – desembocar
hinausstellen – colocar para fora
hinaustreiben – impulsionar
hinausweisen – apontar
Hindernis – impedimento
hindeuten – acenar
hindurchgehen – perpassar
hineinrücken – deslocar-se
Hin- und Hergehen – vai e vem
hinuntersteigen – descer
Historie, historisch – história, histórico
hypothetisch – hipotético
Hypothese – hipótese

Ich – Eu
ideal – ideal

Idealismus – idealismo
Idealität – idealidade
Idee – ideia
ideell – ideal
Identität – identidade
immanent – imanente
imponderable – imponderável
Inbegriff – sumo conjunto
Individualität – individualidade
individuell – individual
Individuum – indivíduo
Induktion – indução
Ingredienzie – ingrediente
Ingredienzien – ingredientes
Inhalt – conteúdo
inhaltslos – sem conteúdo
inhaltsvoll – pleno de conteúdo
Inhärenz – inerência
inhärieren – ser inerente
Inkommensurabilität – incomensurabilidade
Inkonsequenz – inconsequência
Innere, innerlich – interior, interno
Innerlichkeit – interioridade
Insichgehen – ir para dentro de si
Insichsein – ser dentro de si
Instanz – instância
Instinkt – instinto
intellektuell – intelectual
intelligibel – inteligível
Intensität – intensidade
Interesse – interesse
inwohnend – imanente

irrationell – irracional
Irritabilität – irritabilidade

Jenseits – além

Kali – alcalino
Kalkül – cálculo
Kanon – cânone
Kapazität – capacidade
Kategorie – categoria
kategorisch – categórico
Kausalität – causalidade
Kausalitätsverhältnis – relação de causalidade
kehren – virar
Keim – germe
Kenntnis – noção
Kette – cadeia
Kirche – igreja
klar – claro
Klarheit – clareza
Klasse – classe
knüpfen – vincular
Koeffizient – coeficiente
Kollision – colisão
kombinatorisch – combinatório
komprehensiv – compreensivo
Kongruenz – congruência
konkret – concreto
Konkretion – concreção
konstituieren – constituir
Konstruktion – construção
Kontinuierung – continuação

kontinuieren - continuar
Kontinuation - continuação
kontradiktorisch - contraditório
konträr - contrário
koordinieren - coordenar
Kopula - cópula
Kopula - cópula (no sentido de união entre sujeito e predicado)
Körper - corpo
Kraft - força
Kreis - círculo
Kriterium - critério
Kritik - crítica
Kunst - arte
Kunststück - artifício

läppisch - ridículo
Leben - vida
lebendig, Lebendiges (ein) - vital, vivo, ser vivo
Lehrsatz - teorema
Leiblichkeit - corporeidade
Leichtigkeit - facilidade
Lesenlernen - aprendizado da leitura
Liebe - amor
Linie - linha
List - astúcia
Logik - lógica
Logische, das - o lógico

Macht - potência, poder
mächtig - poderoso
Magnetismus - magnetismo
Mangel - falta, falha

mangelhaft – deficitário
mannigfaltig – multíplice
Mannigfaltigkeit – multiplicidade
manifestiert – manifestado
Masse – massa
Maßstab – padrão de medida
Materialismus – materialismo
Materiatur – materialidade
Materie – matéria
materiell – material
mathematisch – matemático
Maxime – máximo
mechanisch – mecánico
Mechanismus – mecanismo
Medium – meio
Mehrheit – variedade
Meinung, meinen – opinião, opinar
Meister – mestre
Menge – multidão, conjunto
Mensch – ser humano
merken – caracterizar
Merkmal – nota característica
Merkzeichen – marca
Metaphysik – metafísica
Methode – método
Methode, absolute – método absoluto
Mißbrauch – abuso
Mißverstand – mal-entendido
Mitte (*medius terminus*) – meio-termo
mitteilbar – comunicável
Mitteilung – comunicação
mitteilungsfähig – capaz de comunicação

352

Mittel – meio
mittelbar – mediado
Mittelglied – membro intermediário
Mittelpunkt – ponto central
Modalität – modalidade
Möglichkeit – possibilidade
Moment – momento
Monade – mônada
Monstration – mostração
monstrieren – mostrar
Multiplikation – multiplicação
Muster – modelo

Nacheinander – um depois do outro
Nachteil – desvantagem
Name – nome
Namenerklärung – definição nominal
Narrheit – tolice
Natur – natureza
Naturform – forma natural
Naturforschung – investigação da natureza
naturhistorisch – histórico natural
Naturnotwendigkeit – necessidade natural
Naturphilosophie – filosofia da natureza
Nebeneinander – um ao lado do outro
Negation – negação
negativ – negativo
Negative, das – o negativo
Negativität – negatividade
Neutralisierung – neutralização
Neutralität – neutralidade
Nichtbegreifen, das – o não-compreender

Nichtigkeit – nulidade
Nichts – nada
Nichtsein – não-ser
Nichtursprünglichkeit – não-originariedade
Niedrigkeit – inferioridade
Notwendigkeit – necessidade

Oberfläche – superfície
Obersatz – premissa maior
Objekt – objeto
Objektivierung – objetivação
Objektivität – objetividade
offenbaren – revelar
Offenbarung – revelação
Ohnmacht – impotência
ohnmächtig – impotente
Operation – operação
Ordnung – ordem
Organismus – organismo
Organon – órganon
Oxydation – oxidação

Pädagogik – pedagogia
Pantonomium – pantonômio
Paralogismus – paralogismo
Partikularisation – particularização
partikulär – particular
Partikularität – particularidade
passend – adequado
passiv – passivo
Passivität – passividade
Person – pessoa

Persönlichkeit – personalidade
Pflanze – planta
Phantasie – fantasia
Phänomen – fenômeno
Phänomenologie – fenomenologia
Philosophie – filosofia
philosophieren – filosofar
Physik – física
physikalisch – físico
Physiologie – fisiologia
Polinomium – polinômio
Popularphilosophie – filosofia popular
positiv – positivo
Positive, das – o positivo
Potenz – potência
Postulat – postulado
Prädikat – predicado
praktisch – prático
Prämisse – premissa
preisgeben (sich) – expor-se, abandonar
Prinzip – princípio
problematisch – problemático
Produktion – produção
Progress – progresso
provisorisch – provisório
Psychologie – psicologia
psychologisch – psicológico

Quadruplizität – quadruplicidade
Qualität – qualidade
Quantität – quantidade

Quantum - *quantum*
Quelle - fonte

rationell - racional
Raum - espaço
Raumbestimmung - determinação espacial
Reaktion - reação
real - real
Realisation - realização
Realisierung - realização
Realität - realidade
Realismus - realismo
Rechenmaschine - máquina de calcular
Rechenoperation - operação de cálculo
Rechtfertigung - justificação
Rechtsstreit - litígio
Reduktion - redução
reell - real
reflektierend - reflexionante
Reflexion - reflexão
Reflexion-in-sich - reflexão dentro de si
Reflexionsbestimmung - determinação de reflexão
Regel - regra
Regierung - governo
regulativ - regulativo
reiben - friccionar
Reibung - atrito
Reich - império (com referência ao império alemão)
Reinheit - pureza
Reinigung - purificação
reißen - arrastar
Religion - religião

Reproduktion – reprodução
Repulsion, repellierend – repulsão, repulsivo
Rezeptivität – receptividade
richtig – correto
Richtigkeit – correção
Richtung – direção
Roheit – rudeza, falta de cultura
Rückannäherung – aproximação regressiva
Rückgang – retorno
Rückkehr – retorno
Rückkehr-in-sich – retorno para dentro de si
Rückfall – recaída
rückwärtsgehend – regressivo
Ruhe, ruhig – repouso, em repouso

Sache – Coisa
Sammlung – coleção
Satz – proposição
schaffen – criar
Schalheit – insipidez
Schattierung – nuança
Scheidung – separação
Schein – aparência
Scheinen nach außen – aparecer para fora
Scheinen nach innen – aparecer para dentro
Schema – esquema
Schicksal – destino
schließen – silogizar, concluir
Schluss – silogismo
Schlussformel – fórmula silogística
Schlussatz – conclusão
Schmerz – dor

Schönheit – beleza
schöpferisch – criador
Schöpfung – criação
Schranke – barreira
schrankenlos – irrestrito
Seele – alma
Seelending – coisa psíquica
Seelenhaftigkeit – animicidade
seelenvoll – pleno de alma
Selbst, das – o Si
Selbstbestimmung – autodeterminação
Selbstbewegung – automovimento
Selbstbewusstsein – autoconsciência
Selbstgefühl – autossentimento
Seligkeit – bem-aventurança
seiend – que é
Seiende, das – o ente
Sein – ser
Selbst – Si
selbständig – autossubsistente
Selbständigkeit – autossubsistência
Selbstzweck – fim em si mesmo
Sensibilität – sensibilidade
setzen – pôr
siderisch – sideral
Singularität – singularidade
singulär – singular
singularisieren – singularizar
sinnlich – sensível
Sinnlichkeit – sensibilidade
sinnlos – sem sentido
sittlich – ético

Sittlichkeit – eticidade
Sollen – dever ser
sollizitieren – solicitar
sonderbar – esquisito, estranho
Sonne – sol
Sozialität – socialidade
Sophist – sofista
Spannung, spannen – tensão, tensionar
Spektrum – spectro
spekulativ – especulativo
Spezifikation – especificação
spezifisch – específico
spezifizieren – especificar
Sphäre – esfera
Spielerei – brincadeira
Spitze – vértice
Spontaneität – espontaneidade
Sprache – língua, linguagem
Spur – rastro
Staat – Estado
Stammbegriff – conceito primitivo
Stellung – posição
Stoff – matéria (qualificada por uma propriedade)
Stoß – impulsão, choque
Streben – esforço, tender
Streitigkeit – disputa
Strenge – rigor
Stück – componente
Stufe – estágio
Subjekt – sujeito
Subjekt-Objekt – sujeito-objeto
Subjektivität – subjetividade

subordinieren – subordinar
Substanz – substância
Substantialität – substancialidade
Substantialitätsverhältnis – relação de substancialidade
substantiell – substancial
Substrat – substrato
subsumieren – subsumir
subsumierend – subsuminte
Subsumtion – subsunção
Syllogistik – silogística
syllogistisch – silogístico
Sympathie – simpatia
Synthese, Synthesis – síntese
synthetisch – sintético
System – sistema
systematisch – sistemático
Systematisierung – sistematização

Tat – ato
Tätigkeit – atividade
Tatsache – fato
Tauglichkeit – adequação
Täuschung – ilusão
Tautologie – tautologia
tautologisch – tautológico
Technik – técnica
Teilung, teilen – divisão, dividir
Teleologie – teleologia
theoretisch – teórico
Terminus – termo
Terminus Maior – termo maior
Terminus Minor – termo menor

terrestrisch – terrestre
Thesis – tese
Tiefe – profundidade
Tier – animal
Tod – morte
total – total
Totalität – totalidade
transient – transitório
transzendental – transcendental
Traum – sonho
Trennung, trennen – separação, separar
Trieb – impulso
Triplizität – triplicidade
Trübheit – turvação
tun – atuar

Übereinstimmung – concordância
überfliegen – ultrapssar
überfliegend – transcendente
überfließend – abundante
Überfluss – abundância
Übergang – passagem
übergehen – passar
übergreifen – pervadir
Überschritt – transgressão
übersehen – omitir
Übersetzung – transposição
Übersicht – visão desde cima
übersinnlich – suprassensível
Überwältigung – subjugação
Umbildung – transformação
Umfang – extensão

Umkreis - circunferência
Umweg - desvio
Unangemessenheit - inadequação
unbedeutend - insignificante
unbedingt - incondicionado
Unbedingte, das - o incondicionado
Unbegreifliche, das - o incompreensível
Unbekanntschaft - desconhecimento
Unbequemlichkeit - inconveniência
unberechtigt - injustificado
unbeschränkt - ilimitado
Unbestimmtheit - indeterminidade
undurchbrechbar - impenetrável
unedel - ignóbil
unendlich - infinito
Unendlichkeit - infinitude
unerreichbar - inalcançável
Unfähigkeit - incapacidade
unfrei - sem liberdade
Unfreiheit - falta de liberdade
Unfug - insensatez
Ungeduld - impaciência
ungehindert - desimpedido
ungenügend - insuficiente
ungereimt - absurdo
ungetrübt - imperturbado
Ungleichheit - desigualdade
universell - universal
Universum - universo
unkritisch - acrítico
unmittelbar - imediato
Unmittelbarkeit - imediatidade

Unmöglichkeit – impossibilidade
unpassend – inadequado
unschicklich – inapropriado
Unselbständigkeit – não-autossubsistência
unsinnlich – não sensível
unsterblich – imortal
Untergang – sucumbimento
Unterordnung – subordinação
Untersatz – premissa menor
unterschieben – impingir
Unterschied – diferença
unterwerfen – sujeitar, submeter
Untrennbarkeit – inseparabilidade
unüberwindlich – insuperável
unumstößlich – incontornável
Unvergänglichkeit, unvergänglich – imperecibilidade, imperecível
unvernünftig – irracional
Unwahrheit – inverdade
Unwert – desvalor
Unwirklichkeit – não-efetividade
Unzerstörbarkeit – indestrutibilidade
Unzureichendheit – insuficiência
Urbild – modelo
Urheber – autor
Ursache – causa
Ursächlichkeit – causalidade
ursprünglich – originário
Ursprüngliche, das – o originário
Ursprünglichkeit – originariedade
ursprünglich-synthetisch – originário-sintético
Urteil – juízo
Urteilskraft – faculdade de julgar

Verallgemeinerung – universalização
Veranlassung – ocasião
Verbindung – combinação, ligação
verbindend – conectivo
Verbrechen – crime
verbreiten (sich) – difundir-se
Verbreitung – difusão
verdichten – adensar
Verdoppelung – duplicação
Vereinigung – unificação
Vereinzelung – singularização, isolamento
Verendlichung – finitização
Verfahren – procedimento
Vergleichung, vergleichen – comparação, comparar
Vergänglichkeit – perecibilidade
Verhalten – relacionar, comportamento
Verhältnis – relação, conexão
verhältnislos – sem conexão
Verhältnisweise – modo de relação
verkennen – ignorar
verknöchert – ossificado
Verknüpfung – ligação
verlaufen (sich) – perder-se
verlieren – perder
Vermischung – mistura
Vermittlende (das) – o mediador
Vermittlung – mediação
Vermögen – faculdade, patrimônio
verneinen – negar
Vernunft – razão
Vernunftbegriff – conceito da razão
Vernunftform – forma da razão

Vernünftigkeit – racionalidade
Vernunftwahrheit – verdade da razão
Verschiedenheit – diversidade
Verschlossenheit – fechamento
verselbständigen (sich) – tornar-se autossubsistente
versenken – mergulhar
Versenktsein – ser-mergulhado
Versicherung – asseveração
Verstand, verständig – entendimento, do entendimento
Verstandesbegriff – conceito do entendimento
Verstandesform – forma de entendimento
vertauschen – trocar
Verteilung – repartição
verzehren – consumir
Verwandlung – transformação
Verwandtschaft – afinidade
Verwechslung – equívoco
Verwirklichung – efetivação
Verwirrung – confusão
Vielheit – pluralidade
Vollendung – consumação
Vollständigkeit – completude
Volk – povo
Voraussetzen – pressupor
Voraussetzung – pressuposição
Vorbereitung – preparação
Vorbildner – prefigurador
vorfinden – encontrar diante
Vorrecht – privilégio
vorschreiben – prescrever
vorschweben – pairar, vislumbrar
Vorstellung – representação

Vortrefflichkeit - excelência
vorwärtsgehend - progressivo
Vorwurf - objeção
Vorzug - privilégio

wahr - verdadeiro
wahrhaft - verídico
Wahrheit - verdade
Wahrnehmung - percepção
Wechselbestimmung - interdeterminação
Wechselspiel - jogo alterno
Wechselwirkung - interação
weglassen - descartar
Weglassung - descarte, abstração
wegwerfen - jogar fora
Weissagen - profetizar
Weitergehen - prosseguir
Welt - mundo
Weltvorstellung - representação do mundo
Wendung - virada
Wendungspunkt - ponto de virada
Werkzeug - ferramenta
Werden - devir
Wert - valor
Wesen, reales Wesen - essência, essência real
wesenhaft - essencial
wesentlich - essencial
Widerlegung - refutação
widersinnig - contrassensual, absurdo
Widerspruch - contradição
Widerstand - resistência
Widerstandskraft - força de resistência
widerstandslos - sem resistência

Widerstreit – conflito
Wiederbestimmung – redeterminação
Wiederherstellung – restabelecimento
wiederholen – repetir
Wiedervereinigung – reunificação
Wille – vontade
wirken – agir, efetuar
wirklich – efetivo
Wirklichkeit – efetividade
Wirkung – efeito
Wissen, absolutes Wissen – saber, saber absoluto
Wissenschaft – ciência
Wissenschaftlichkeit – cientificidade
wollen – querer
Wort – palavra
Wortstreitigkeit – disputa verbal
Würde – dignidade
Würfelspiel – jogo de dados
Wurzel – raiz

Zahl – número
Zeichen – signo
Zeit – tempo
Zentralität – centralidade
Zentralkörper – corpo central
Zentrifugalkraft – força centrífuga
Zentrum – centro
zerlegen – decompor
zersprengen – detonar
zerstörbar – destrutível
Zerstörung – destruição
zerstreut – disperso
Ziel – meta

Zirkel – círculo

zugeben – admitir

zugrundeliegend – subjacente

Zugrundeliegende, das – o subjacente

zufällig – contingente

Zufälligkeit – contingência

zukommen – competir, convir

zurückgeben – restituir

Zurücknahme – recolhimento

zurückschlingen – recurvar

zusammenfallen – coincidir

zusammenfassen, zusammenfassend – recolher, recolhedor

zusammengehen – juntar-se

zusammengesetzt – composto

Zusammenhang – conexão

zusammennehmen – reunir, recolher

zusammenstellen – juntar

zusammenschließen – silogizar

zusammenwachsen – crescer juntamente

zusammenwerfen – jogar conjuntamente

zusammenzählen – contar em conjunto

Zweiheit – dualidade

Zwitterwesen – ente híbrido

Zweck – fim, finalidade

Zweckbestimmung – determinação do fim

Zweckbeziehung – relação de finalidade

Zweckmäßigkeit – conformidade a fins

Zwecktätigkeit – atividade final

Zweiheit – dualidade

Zweiseitigkeit – bilateralidade

ÍNDICE ONOMÁSTICO

Aristóteles 12, 57, 94, 139, 151, 265

Blumenbach 286

Descartes 179
Diógenes Laércio 320s.
Diógenes o Cão 321

Euclides 295s.
Euler 83

Gauß 280

Hume 263

Jacobi 304s.

Kant 12, 18, 20, 29, 32, 45, 47, 50s., 54s., 107, 216-219, 237s., 262s., 265, 276, 278, 304
Klopstock 36

Lambert 83
Leibniz 33, 157s., 280
Lúlio 158

Mendelssohn 159, 265

Pilatos 36
Pitágoras 298s.
Platão 268, 320s.
Ploucquet 158s.

Spinoza 7, 9, 40, 304

Wolff 304

ÍNDICE ANALÍTICO

absoluto (o) 38, 41, 156, 184, 216, 272, 309, 315, 318s., 332

abstração 44, 48, 75, 85-89, 104, 108, 124, 136, 152s., 161, 183, 196, 208s., 228, 239, 265, 284, 302, 333

abundância 183, 298, 319

ação 19, 26, 111, 129, 131, 194

acessório 85

acidentalidade 170

acidente 33, 45, 73, 96, 101, 104, 109, 119, 188, 221

acrítico 107, 322

adição 277

afecção 291

afinidade 206

agir 39, 195, 215, 306, 309

agregado 115, 189, 192, 286

alcalino 111

álgebra 83, 302

algo 17, 28, 30, 46, 56, 65, 70, 100s., 108, 111, 121, 128-130, 139, 146, 151, 155, 158, 174, 180, 191, 195, 222, 227, 232, 237-239, 243, 250, 263, 266, 274, 288, 290, 300, 307, 315, 325s., 328, 331s.

alguns 25, 29, 114s.

alma 46, 68, 81, 88, 132, 202, 225, 239, 242, 246s., 249s., 261-263, 266s., 315, 319, 325s., 328

amor 18, 68, 206

análise 30, 33, 116, 158, 274-276, 279s., 285, 290, 328

analogia 14-16, 165-168

animal 75, 115, 287, 290, 293

animicidade 267

antinomia 143, 213, 217s., 304

antítese 217s.

antropologia 245, 267

aparecer para dentro 68s., 85

aparecer para fora 69, 72, 85, 188

aparecimento 29s., 39s., 49, 52s., 68, 78, 93, 96, 101, 113, 118, 122, 131, 173s., 183, 199, 203, 214, 241, 245, 255s., 262s., 267, 269s., 282, 286s., 290, 311

aparência 29-31, 39s., 42s., 49, 59, 63, 66, 68-70, 72, 85, 89, 101, 141, 162, 187, 191, 198, 201, 228, 232, 240, 279, 314, 321, 324

apercepção 8, 45, 50

apoderamento 256, 273

apodítico 128, 131-133, 184

apresentação 25, 38, 41, 45, 51s., 83, 116, 154, 159, 182, 217, 232s., 266s., 276, 287, 294, 304, 309, 318

a priori 50, 55, 218, 276

aproximação regressiva 331

aritmética 21, 77, 157, 276s.

arranjo 189, 195, 200

arte 313, 320

artifício 321

assertórico 13, 127, 129, 317

asseveração 13, 129

assimilação 256

astúcia da razão 227

atividade 174, 176, 193, 210s., 221, 225-229, 232, 234, 273-275, 307, 311, 315, 327

ativo 21, 194, 219, 226, 231, 268

ato 11, 47

átomo 189, 267, 277

atribuir 28, 51, 94, 149, 293

atrito 199, 231

atuar 48, 68, 86, 135, 181, 184, 187, 230, 243, 276, 278, 300, 316, 325

autoconsciência 22, 44, 50, 56, 197, 261-264, 276, 309

autoconservação 68

autodeterminação 8, 10, 182, 184, 190, 193, 195, 210s., 213s., 216, 220, 222, 231, 233s., 250, 253, 307

automovimento 22, 202, 314, 325

autor 213, 320

autossentimento 20, 252-254, 257s.

autossubsistência 17, 31, 41, 59, 68, 93, 97s., 104, 128s., 136, 171s., 185, 188, 191-195, 198s., 203, 208, 210, 226, 249, 274, 287

autossubsistente 30, 63, 73, 89, 91, 93, 97s., 102s., 121, 125, 129, 187, 190, 196, 200, 202, 206-209, 219, 222, 230-232, 247, 254, 270, 281, 305, 322, 324

axioma 37, 152, 295s.

bárbaro 81

barreira 67s., 70, 76, 116, 145, 269, 309s., 322

base 18, 25, 37, 47, 49, 52, 99, 119s., 132, 145, 156, 174, 198, 206, 209, 211, 257, 288, 294, 303, 315, 328, 330

beatitude 8, 68

beleza 247

bem (o) 21, 243, 273s., 307s., 310

binômio 116

cálculo 83, 85, 157-159, 280

cânone 51

capacidade 77, 196, 207, 255, 302

característica 34, 48s., 55, 80s., 113, 158, 164, 166, 292

caráter 19, 26-28, 69s., 187, 197, 216, 220, 225, 256, 285-287, 304s.

carecimento 34, 41, 201, 254-256, 288, 332

categoria 18, 28, 32, 50, 57, 79, 265s., 272, 277, 321

categórico 117, 170

causa 28, 33, 36, 39s., 73, 173, 193, 215, 221, 228, 237, 276, 319

causalidade 9, 38-40, 73, 102, 122, 191s., 217s.

centralidade 199-203, 220, 225, 250

centro 143, 198-203

certeza 184, 234, 254, 268, 320

ciência 32, 36, 46, 53-55, 79, 154, 245, 262, 268s., 280, 291, 296, 301-304, 320, 332-334

círculo 153, 264, 290, 299, 305, 328, 331s.

cisão 249, 255, 258

clareza 10, 79

claro 79s., 126

classe 120, 158, 296

coeficiente 279s.

coisa 17, 19, 29s., 42, 47, 60, 80, 92, 95, 127, 130-132, 137, 141, 146, 157, 169, 178, 262, 266, 271, 301, 315, 331

Coisa 42, 47, 60, 80, 92, 95, 127, 130-132, 137, 141, 146, 157, 169, 178, 271, 301, 315, 331

coisa em si 54, 96, 107, 178, 263, 265s., 272, 275, 282, 320

coisidade em si 272

coleção 33, 302

colisão 308

combinação 83, 187, 207, 209

combinatório 158

comparação 76, 99, 116, 124, 172, 271, 285, 289, 291, 294, 299, 302

comparar 82

compenetração 66

completude 63, 71, 73, 124, 164, 168

componente 298

composto 69, 80s., 188, 195

compreender 44-46, 66, 91, 190, 214, 237, 281, 288s., 317, 333

compreensivo 114, 151, 157

comum (o) 88, 163, 251

comunicação 192, 196, 199, 207, 232s., 273, 326

comunitariedade 285

conceito 37, 37-40, 42-46, 63, 65-89, 98-102, 107, 117, 119, 123, 127, 131, 135, 150, 157, 174, 177, 179, 181, 184, 188, 195, 201, 207, 209, 213, 219, 225, 234, 240, 242, 246, 250, 254, 262, 264, 270, 281, 286s., 296-300, 305, 307, 309, 312, 316, 319s., 325, 327, 333

conceito da razão 237

conceito do entendimento 107, 214, 237, 263

conceituante 180s., 317s.

conclusão 14-17, 140, 146-149, 159, 162, 168, 176, 194, 230, 271, 308, 332

concordância 54-56, 83, 105, 127, 278, 287

concreto 48, 56, 67-70, 76, 84, 86, 97, 101, 109, 142, 161, 165, 274, 285, 287, 289, 319

condição 33, 74, 122, 173, 246

condicionado 33, 49, 81, 122, 136, 173, 210

conexão 32s., 119, 129, 151s., 158, 163, 172-174, 281, 305

conflito 217, 256, 308

conformidade a fins 34, 213-216, 221, 250, 297

congruência 239, 298

conhecer 20-22, 136, 180, 190, 214, 243, 245, 259, 261, 270-278, 281-283, 301, 317, 330-334

conhecido 107, 181, 262, 294

conhecimento 20-22, 36, 46, 136, 181s., 286, 289-291, 314

conjunto 29, 34, 122, 214, 278

consciência 20, 53, 81, 184, 187, 216, 262, 267, 309, 318, 320-322, 325, 334

consequência 107, 122, 159, 173, 229, 289, 297, 300s., 321

constituição 129-133, 285, 291, 300, 304, 322

constituinte 29, 80

construção 34, 279, 297, 300

consumação 22, 40, 61, 184, 258, 319

conteúdo 26, 33, 36, 43s., 46, 51-56, 66, 69, 74-76, 80, 86, 101, 103, 108, 112, 115, 121, 123, 130, 132s., 146, 169-175, 215, 221, 228, 271, 278, 288, 295, 307, 328

contingência 52, 73, 124, 130, 143, 150, 171, 174, 197, 202, 227, 287, 293

contingente 52, 68, 71, 75, 80, 93, 97, 121, 130s., 142, 144-146, 171, 192, 216, 239, 277, 283, 293, 304, 307, 315, 322

continuação 96, 107, 193

continuar 196, 278

contradição 56, 98, 142, 174, 190, 206, 255, 258, 321, 324-326

contraditório 81s., 107, 124, 217, 325

contraposição 71, 82, 142

contraposto 28, 41, 65, 72, 77, 82, 102, 131, 157, 181, 184, 192, 203, 254, 262, 300, 302

contrário 79, 81s., 124

contrassensual 111

cópula 94, 96, 98, 100, 103, 106, 112, 119, 121, 129, 132, 140, 173, 183, 259

corpo 16, 167, 199, 209, 239

corpo central 199s.

correção 33, 105, 111, 155, 303

correspondência 14, 25

corresponder 130, 132, 137, 315

correto 28, 80, 127, 129, 132, 149, 184, 214, 318

criação 70

criador 68, 249

criar 71

crime 111

critério 31, 55, 213, 285

crítica 56, 262s.

decidir 293

decisão 22, 223, 284, 334

dedução 43, 45, 51, 143, 276, 296

deficitário 213, 287, 318, 321

definição 21, 50, 80, 95, 282-288, 291, 294s., 298s., 302

demonstração 98, 304s.

demonstrar 304s.

denominação 45s., 65, 68s., 75, 95, 264, 302

derivação 21, 53, 285, 291, 314, 317

descerrar 51

descobrir 43, 80, 155, 274, 295

desconhecimento 274, 332

desenvolvimento 10s., 15, 17, 20, 23, 50, 52, 75, 98, 101, 191, 275, 280, 318, 329

designação 83s.

desigualdade 152, 202, 255, 298, 302

destino 197s., 308

determinação 11-16, 19, 37-39, 42, 57, 63, 67s., 76, 104-110, 140, 156, 170, 202, 222, 239, 249, 253, 261, 271, 273-277, 284, 307, 311, 324, 331

determinação de reflexão 68, 76, 82, 84, 106, 263

determinação do pensar 8, 28, 31, 153, 285, 317

determinidade 8, 10, 14, 18, 39, 43-45, 47, 50, 66, 69-78, 80, 85, 91, 95, 103, 108, 121, 159-161, 190, 195, 253, 277, 280, 287, 290, 293, 306-309, 314, 318, 328, 330

determinismo 190, 213

dever ser 116s., 127, 130, 132, 145, 164, 177, 199, 201, 234, 308

devir 37s., 49, 66-68, 85, 107, 174, 179, 182, 229, 231, 241, 248

dialética 12s., 49, 51, 56, 137, 158, 320-325, 328

diferença 30, 33, 65, 71, 73, 81, 97, 103, 111, 119, 142, 154, 163, 169, 175, 177, 181, 196, 201, 207, 240, 255, 273s., 282, 287, 293, 308, 316, 319, 322, 324, 328

diferença específica 80, 170, 282, 284, 297

dignidade 48, 182, 307

dirimição 43, 93, 128, 208, 248s., 255, 257s.

dirimir 128, 137, 208, 242

disjunção 126s., 210, 282, 288, 291, 293

disjuntivo 16, 95, 123-129

disperso 173s.

distinto 27, 29, 79s.

diversidade 68, 71, 82, 142, 193, 222, 270, 276, 287, 292

diverso 68, 71, 82, 86, 125, 138, 210, 230, 247, 274, 281, 295, 299, 305, 319, 331

divino 182, 333s.

divisão 21, 59, 63, 72, 79s., 89, 101, 131s., 288, 291, 293-295, 316, 332

dor 20, 255

dualidade 11, 326

duplo 30, 85, 102, 283, 321

efeito 34, 39, 173, 192, 221, 229, 276, 291

efetivação 19, 34, 287, 311

efetividade 11, 19-21, 30, 34, 38, 88, 96, 128s., 172-175, 183, 231, 238, 242, 248, 257, 289, 309, 312, 318

efetuar 306

elasticidade 112, 194

elementar 27, 205, 291

elemento 22, 28, 37, 61, 76, 120, 141, 166, 177, 192, 207, 256, 289, 291, 296, 318, 322

eletricidade 193, 290

elucidação 182

em comum 34, 167, 285

empírico 105, 115, 124, 166, 237, 263, 265, 267, 269

ente (o) 27, 92, 95s., 102, 113s., 122, 169, 191s., 265, 307

ente híbrido 293

entendimento 45, 47-49, 65, 75-78, 111, 135, 141, 153, 213, 221, 286, 298

erro 272

escuridão 309

esfera 22, 28, 47, 60s., 70s., 100, 124, 170, 182, 220, 231, 258, 274, 306, 333

esforço 19-21, 206s., 215, 226, 234, 292, 313

espaço 20, 47, 76, 83, 247, 264, 284, 296, 301s., 321

espécie 16, 21, 49, 70-73, 78s., 87, 120, 124-127, 147, 155s., 253, 284, 292, 304

específico 29, 31, 197, 248, 251

especulativo 29, 50, 55, 266, 272, 324

espírito 23, 47, 57, 70, 73, 81, 84, 86, 93, 111, 181, 187, 196, 239, 243, 246s., 261s., 266-269, 286, 302, 313

esquema 16, 138, 140, 148, 163, 169s., 175, 206, 327

essência 29s., 33s., 37, 41, 52, 59, 66, 74, 92, 101, 107, 119, 131, 139, 162, 179, 183, 197-199, 210, 218, 249, 252, 262s., 285, 313, 317, 329

essencial 33, 42, 48-50, 70, 74, 82s., 99, 113, 121, 126, 136, 144, 155, 203, 216s., 270, 284, 287, 319, 325, 327

Estado 75, 143, 238-240, 287

eticidade 111

Eu 8, 44-46, 70, 81, 184, 262-266, 268s.

evidência 302, 321

exigência 16, 19, 48, 116, 144s., 168, 171, 278, 286, 292, 307, 317, 329, 331

existência 17, 27, 30, 34, 44, 77, 101, 172, 179, 182s., 205-208, 213, 257, 282s., 305

expansão 114s., 330

expediente 141, 286

experiência 30, 50, 79, 164, 218, 238, 262, 265, 303

experimento 290

explicação 67, 190, 217, 303

explícito 28, 155

exposição 37s., 42, 87, 182, 263

extensão 42, 70, 84, 104, 107, 110, 163, 331

exterioridade 19s., 23, 60, 67, 70, 93, 100, 146, 149, 164, 167, 169, 175, 178, 190, 197, 199, 201, 211, 223-229, 231, 234, 241, 247, 252-256, 258, 262, 293, 308, 334

externação 26s., 33, 221, 314

externo 9s., 27, 48s., 68s., 83, 86, 89, 96, 115, 121, 135, 149, 157, 165, 187, 191, 195, 200, 214-216, 220, 224, 227, 230, 240, 250, 253, 256, 300, 315, 319, 333

extramundano 214s.

extremo 17, 33, 63, 93, 98, 106, 123, 128, 133, 139, 143, 151, 157, 163, 169, 172, 200, 224, 230, 288

faculdade 44s., 65, 75, 127, 135, 219

faculdade de julgar 65, 127, 218

falha 40s., 128, 154s., 157, 163, 264, 279, 325

falso 40s.

falta 12, 20-22, 139, 145, 155, 185, 214, 230, 309

falta de liberdade 214

fantasia 303

fatalismo 213

fato 39, 48, 67, 152, 157, 174, 189, 195

fenômeno 29, 46, 52, 238s., 266

fenomenologia 47, 268, 309

ferramenta 228, 231, 251, 253, 256, 316

figura 14-16, 23, 47, 54, 60, 73, 84, 122, 126, 136, 138s., 145s., 148-156, 163-165, 174s., 222, 224, 242, 246, 252, 258, 267-269, 290, 298, 300, 309, 320

figurador 54

filosofar 49, 55, 181

filosofia 20, 22, 36, 40, 49-51, 105, 183, 216, 265s., 301, 304, 313, 320

filosofia da natureza 7, 20, 246

filosofia popular 320

fim 213, 223-232, 242, 251, 283s., 293, 301, 310, 332

fim em si mesmo 241s., 254

finalidade 8, 18-21, 34, 184s., 190, 195, 211, 214, 219-223, 226, 229, 231, 273, 300, 305, 308, 313

finitização 70, 253

finitude 20, 53, 75, 116s., 145, 164, 215, 222, 224, 227, 231, 239-241, 256, 259, 269, 271s., 282, 302, 307, 311, 321

física 262, 290, 293, 303

físico 29, 206, 286s.

fisiologia 155

fluir 330

fonte 50, 135, 202, 325

força 27, 33, 42, 68, 77, 135, 143, 199, 215, 221, 225, 237, 253, 265, 267, 286, 291, 303, 315s.

forma da razão 135, 154

forma do entendimento 33, 76, 166

forma do silogismo 16, 143, 150, 155, 157, 166s., 177

formal 12, 16s., 33, 46, 51, 55, 122, 135, 137, 156, 166, 172, 177, 182, 198, 225, 270, 326

função 27, 91, 116s., 207

fundamento 8s., 13s., 30, 33, 38, 49s., 82, 96, 101, 106, 108, 122, 130-132, 136, 146, 151, 162, 173, 179, 183, 189, 229, 282, 292, 301, 303, 322, 332

gênero 10, 15s., 20, 50, 70s., 73, 80, 115, 117-120, 123-127, 132, 148, 156, 160, 163-165, 168-171, 176, 197, 199, 253, 257-259, 282, 292

gênese 38, 42s., 66, 300, 306

genética 31, 37

geometria 37, 77, 290, 296s., 301s.

geométrico 21, 144, 279, 284, 300

geração 218, 319

germe 258s., 319

governo 200s., 287

gozo 228

gramatical 11, 27, 56, 94
grandeza 32, 36s., 83, 153, 196, 266, 276s., 279, 296, 298s., 301s.

hábito 135, 149, 187
harmonia preestabelecida 191
hipótese 31-33, 51, 303
hipotético 13s., 16, 121-123, 172, 331
história 49
histórico-natural 57

ideal 15, 88, 192, 201-203, 247, 253, 314
idealidade 53, 202s., 243
idealismo 7, 29, 50, 54, 184, 275
ideia 7, 18-22, 48s., 53, 61, 77, 80, 126, 216, 235, 237-243, 246, 259, 273, 297
identidade 12, 21, 37, 42, 59s., 97s., 125, 165, 171-174, 190, 200, 233-235, 240-242, 255, 258, 271, 274, 281s., 305, 314, 327
igualdade 10, 43s., 83, 102, 152, 163s., 184, 242, 261, 277, 301s., 333
ilusão 116, 303
imagem 73, 242, 303, 332
imaginação 43
imanente 40, 43, 68-71, 80, 88, 119s., 124, 130, 185, 199-201, 203, 206, 211, 214, 242, 250, 255, 261, 275, 277, 318-320, 327
imediatidade 46, 52-54, 74, 88s., 95, 99s., 113, 122, 141, 149, 164s., 172, 175, 178, 183, 211, 232, 252, 259, 267s., 270, 311, 327
imediato 37, 47, 60, 63, 67, 88s., 99s., 104, 106, 120, 129, 136, 141, 146, 148, 162, 172, 191, 220, 229, 242, 283, 287, 317-319, 323-328, 332
impotência 73, 77, 256
impulsão 194
impulso 34, 187, 205, 209, 219, 221, 223, 226, 241s., 248, 251, 255, 270, 307, 319

inadequação 77, 287, 306

inadequado 84, 231, 304s.

inapropriado 81, 304

incomensurabilidade 302

incondicionado 49, 66, 136, 237s.

inconsciência 317s.

inconveniência 262, 264s.

indestrutibilidade 265

indeterminidade 75, 130, 189, 302, 329s.

indiferença 74, 107, 151, 154, 163, 173, 178, 185, 190, 192, 198, 220, 238, 255, 293

indiferente 63, 69, 76, 82, 87, 107, 117, 124, 141, 149, 172, 189, 205, 209, 211, 228, 248, 277, 300

individual 33, 198s., 206, 248, 257, 259, 294

individualidade 86, 143, 187, 197, 200-202, 240, 242, 248, 251, 257-259, 293, 301

indução 163-165, 167

inerência 83, 99, 113, 139, 152, 155

infinito 51, 57, 66, 70, 83s., 96, 111, 116, 136, 144s., 163s., 189s., 199, 216, 230, 268

infinitude 116s., 145, 164, 231, 302, 308, 310, 314, 321

ingredientes 207

inicial 196, 318, 320, 322, 327s.

início 49-51, 63, 75, 78, 195, 223, 229, 291, 317, 319, 328, 330

inseparabilidade 87, 265

instância 117, 162, 164, 287

instinto 293

inteligível 51

intensidade 126, 196, 331

interação 38, 40, 42, 102, 191, 233, 253

interdeterminação 102, 104

interesse 35, 49, 82, 151, 154s., 184, 219, 266, 301

interior 27, 30, 47, 60, 138, 173s., 177, 181, 202, 221, 242, 251, 254, 258s., 267, 318, 333

interioridade 23, 60, 178, 256

interno 27, 42, 135, 165, 177, 223, 317

intuição 45-52, 55, 76s., 105, 107, 180, 252, 264, 289s., 301

intuição intelectual 77

inverdade 53, 231, 240, 265s., 272

irritabilidade 253s.

juízo 7, 11-14, 56, 63, 65, 82, 89, 91-121, 126, 128, 131-133, 135-137, 140s., 151, 156, 159-161, 173, 180, 182-184, 205, 219, 248-250, 319, 324s., 330

lei 135, 185, 193, 198, 201-203, 282, 284, 292, 325

letra 83, 158

liberdade 7, 10, 18, 38, 40-42, 44, 61, 136, 213, 216-218, 242, 305

libertação 333s.

libertar 304

limite 71s., 108, 191, 246, 291, 301s.

língua 158

linguagem 84, 183, 207

linha 83, 153, 290, 292, 300

litígio 111

livre 20, 44, 60, 197, 213, 228, 319, 331

lógica 18, 20, 22s., 27s., 32, 35, 51, 53-55, 79s., 107, 143s., 154, 159, 166, 217, 245s., 267, 269, 280, 296, 314, 317, 322s., 332

lógico (o) 46, 54s., 80, 106, 182, 275, 314s.

magnetismo 84, 193, 290

mal (o) 43, 308, 310

manifestação 40, 52, 197, 228, 251, 306

manifestado 38, 40

máquina de calcular 157

marca 286

massa 196, 209, 330

matemático 280

matéria 35, 40, 48s., 53, 55, 76s., 102, 157, 166, 188, 267, 269, 275, 277s., 286, 290-292, 299, 301-306

material 35, 174, 187, 192, 196, 241, 284, 300, 325

materialidade 193, 241, 268

materialismo 81

máximo 238

mecânico 222

mecanismo 185, 187, 192, 197s., 201-203, 213-216, 218, 220, 227s., 234, 241, 256

mediação 30, 37, 68, 74, 85, 89, 91, 100, 104, 111, 113, 137s., 145-150, 152-155, 162, 168, 177s., 183s., 188, 199s., 211, 224, 226, 230, 232-234, 259, 274, 280, 288, 295s., 299s., 302, 305, 310s., 317, 327-334

medius terminus 136

meio 207, 223-227, 230-234, 250, 252, 254, 268, 308, 310

meio-termo 63, 87, 136, 139s., 142-157, 159-163, 165-177, 199, 201, 207-210, 223-227, 229, 250, 270, 301, 316

membro 116, 126, 251, 256, 291s., 332

memória 43, 81, 237, 303

mesmidade 123

meta 36, 98, 234, 238, 243, 309, 313, 318

metafísica 179, 213, 216, 262s., 265-267, 304s., 320

método 116, 298, 304s., 314-316, 318, 320, 326, 328-333

método absoluto 318s., 329s.

método matemático 280

mistério 248

mistura 126, 187, 189, 201

modalidade 36, 127, 315

modelo 238, 297, 304

modo 38, 44, 55, 72, 75, 130, 242, 264, 290, 314

momento 60, 63, 66, 71, 74, 88s., 122, 128, 130, 135, 154, 191, 222, 250, 272, 275, 318

mônada 33, 189, 191, 267

moral 44

morte 94, 248, 259

mostrar 29, 89, 92, 273, 276, 290, 295, 317s.

movimento 59, 98, 113, 178, 193s., 242, 315, 321, 327s.

multidão 142, 145, 157, 293

multiplicação 277

multíplice 45s., 48-52, 55, 76, 97, 101, 143, 149, 252, 266, 300, 317

multiplicidade 50, 52, 68, 73, 112s., 142, 188s., 198, 215s., 247, 263

mundo 61, 81, 189, 191, 213, 217, 224, 255, 257, 262, 270s., 306s., 321

nada 108, 239, 266, 278, 323

não-compreender (o) 44

narração 49s.

nascimento 257

natureza 44, 46s., 49, 53, 60, 73, 76, 81-83, 93, 115, 126, 155, 157, 165, 167, 170, 172, 187, 197s., 203, 205, 213-215, 218-220, 239, 246-248, 250, 262, 266, 268s., 284, 286s., 289s., 293, 304, 313, 317, 332-334

necessidade 38, 42, 49, 59, 68, 75s., 98, 119-122, 124, 127, 169-174, 176, 205, 217, 231, 246, 254, 281s., 300, 302s., 305s., 323, 331

negação 43, 59, 66s., 69, 74, 87, 100, 108-111, 114, 161, 168, 184, 223s., 231, 255, 271, 318, 324-326

negar 67, 127

negatividade 38-40, 43s., 54, 59, 66, 69, 72, 86, 88, 100-102, 107, 109, 117, 128, 130, 136, 153, 167, 174, 196-198, 208, 221s., 232, 241s., 249, 253, 255, 325, 327-329

negativo 39s., 63, 67s., 81, 85, 88, 106-109, 184, 228, 249, 257, 323-327, 332 neutralidade 126, 207s., 210

noção 154s., 274

nome 92s., 263

nota característica 48s., 55, 80s., 113, 118, 164s.

nulidade 49, 73, 190, 232, 254, 273, 311, 321s.

número 71, 77-79, 83, 107, 157, 242, 277, 293

objetivação 180, 182, 225, 233

objetividade 46, 52, 60s., 63, 93, 131, 137, 171, 174, 177-180, 182-185, 187, 191, 201-203, 205, 208-210, 219-228, 230-234, 237-243, 245-258, 261, 264, 268, 270-273, 282, 290, 300, 306s., 309-313, 315, 320, 333s.

objeto 45s., 49, 51s., 54-56, 67, 81, 83, 94s., 105, 127, 136, 144, 166, 180s., 184s., 187-203, 206-210, 213-216, 219s., 222-234, 239-241, 250, 256, 261, 263, 268-277, 279, 281-291, 294, 296s., 299, 301, 305s., 315s., 320-322, 328, 332s.

onipotência 132

onipresente 247s.

operação 67, 155, 157s., 277-280, 300

opinar 275, 289

opinião 41, 48, 55, 73s., 272, 313, 318

oposição 43, 45, 52, 87, 95, 99s., 126, 131, 175, 179, 182, 184, 188, 195, 201, 206-208, 213, 216-218, 241s., 247, 249, 257, 271, 273, 308s., 313s., 317, 325, 329

ordem 189, 195, 200s., 289, 302, 321

ordenamento 297, 327

organismo 251

órganon 51

originariedade 38, 40, 42, 191, 215

originário 38-40, 42, 66, 89, 93, 254

ossificado 35

oxidação 209

padrão de medida 66, 71, 213, 239

palavra 94, 314

pantonômio 116

paralogismo 263

particular 65, 67, 69, 71-74, 82, 84-88, 92, 100, 103, 105-109, 121s., 140, 144, 146, 167, 176, 188, 197s., 219, 249, 256, 273, 282, 291, 293, 299, 314-316, 332

particularidade 65, 69-71, 74s., 78, 82-85, 87, 97, 104, 106, 109s., 114s., 119, 123, 129, 133, 137-139, 141, 154, 156, 160, 167, 171, 175, 188, 193s., 200, 208, 221, 234, 240, 252-255, 259, 270, 282, 288, 293, 297, 307, 329

particularização 126, 128, 175s., 193s., 201, 205, 248, 283s., 289, 307, 313, 330

passagem 96, 221, 274, 280, 289, 294, 306, 315, 334

passar 66, 72, 174, 192, 221, 228

passividade 191

pedagogia 155

pensamento 44s., 50s., 73, 75, 108, 153, 158, 166, 179, 238, 240, 242, 247, 262-264, 268, 272, 275s., 281, 285, 289, 298, 309s., 317s., 325

percepção 47, 105, 164, 262s., 295, 303

perder 106

perecibilidade 101, 197, 287, 313

persistência 265

personalidade 86, 192, 313, 331

pervasivo 331

pluralidade 89, 117, 247 277

poder 228, 242

poderoso 226, 240, 331

polinômio 116

ponto de virada 325s.

pôr 38s., 66, 98, 106, 118, 192, 196, 199, 223s., 232s., 249, 275, 277, 309, 311 positivo (o) 108, 133, 323s., 326s.

possibilidade 38, 84, 121, 207s., 218, 240, 256, 266, 319

postulado 309

potência 38s., 68, 73, 76, 96, 197, 200, 203, 228, 240, 248, 257

prático 187, 313

precisão 154, 182

predicado 56, 92-114, 118-125, 127-133, 140, 142, 146-148, 151, 157, 159, 161-163, 165, 167s., 170, 173, 176, 180, 184, 196, 219, 222, 224, 240, 250, 262, 271, 322, 324

prefigurador 54

premissa 140, 142, 144-151, 162-164, 168, 170, 176, 224, 226, 230, 233, 251, 273s., 309s., 316

premissa maior 141, 149, 161s., 166

premissa menor 149, 166, 172, 176

preparação 300

pressão 199, 201, 231

pressentimento 73, 85, 268, 286, 302

pressupor 39, 153, 211, 223s., 249, 254, 257s., 275, 307

pressuposição 39, 100, 118, 146, 153, 168, 191, 194, 205s., 208-210, 222s., 226s., 229, 232s., 243, 248, 273, 295s., 303, 306-308, 311s., 323

princípio 50, 71s., 74s., 124-126, 129, 205, 208s., 218, 250, 252, 325

privilégio 76, 255, 301s.

problema 277, 300

problemático 130s., 164, 278

produção 51, 109, 182, 193, 208, 230s., 234, 257

profundidade 76, 85, 331

progressão 35, 91, 190, 278, 288, 291, 297, 299, 318s., 329-331

progresso, infinito 116, 145, 164, 171, 220, 230, 277, 329s.

propagação 259

proposição 46, 56, 79, 94, 100-105, 117, 121s., 140s., 151s., 157, 159, 161-163, 217s., 274, 278, 282, 292, 297s., 323s.

propriedade 44, 48, 84, 101, 104, 141, 167, 181, 207, 259, 285s., 322

prova 126, 152, 171, 179s., 217s., 265, 278s., 285, 296s., 299-304, 329

prova [do ser aí] de Deus 179, 182

provar 145, 217, 295, 297, 305

provisório 300, 331

psicologia 47, 245

psicológico 79

pureza 262

quadruplicidade 326

qualidade 79, 84, 88, 99, 113, 165

quantidade 79, 84, 87, 113

quantum 84, 107

que é em si e para si 38, 42, 60, 77, 113, 117, 119, 124, 126, 132, 165, 168-171, 178, 184, 187, 199s., 215, 219, 227s., 243, 254, 305, 311, 327

que é para si 71, 104, 136, 170, 202, 228, 234, 242, 248, 257, 267s., 270, 273, 281, 307, 310, 313

querer 243

quimismo 185, 203, 205, 208-210, 214s., 218, 220, 225, 227, 256

racionalidade 136s., 141, 157, 221, 227

raiz 276, 279s.

razão 35, 51-56, 61, 65, 76, 78, 80, 84, 135-137, 141, 143, 166, 196, 217s., 227, 237, 266, 320s.

reação 193s.,

real 48s., 53

realidade 46, 49, 54, 80, 91, 98s., 126s., 178, 182, 207, 239s., 249, 257, 259, 261, 269-272, 283, 295-298, 305-307, 311, 325, 330

realismo 275

realização 61, 91, 148, 180, 210, 308, 319

recaída 117, 145, 310

receptividade 196, 252

redeterminação 276

reflexão 37s., 40, 47, 50, 68s., 72, 77, 84, 89, 95, 98, 107s., 116-118, 140, 168, 188, 215s., 229, 237, 248, 281, 285, 306, 316, 332

reflexão dentro de si 66, 69, 74, 76, 91, 95s., 103, 111, 165, 198, 209, 211, 222, 224s., 233s., 253, 271, 273s., 291, 331s.

refutação 40-42, 265s., 303, 321

regra 116, 202, 292

regulativo 51

relação 39, 63, 91, 93, 97, 106s., 112, 124, 132, 137, 140, 159, 170-173, 203, 207, 210, 215, 225, 230, 242, 254, 281s., 314, 324s., 331

relação de finalidade 218-220

relação de substancialidade 40-42, 59, 191

religião 36, 49, 313

repouso 68, 194s., 198s., 202, 242, 302, 327, 334

representação 40, 44-50, 52, 80s., 83, 87, 93, 95, 105, 107, 117, 166, 174, 180, 183, 237s., 261s., 265, 268s., 274, 283, 285s., 291, 295, 316s., 322, 332

reprodução 253s., 256

resistência 192s., 196, 199

restabelecimento 135, 211, 311, 322, 326, 330

retorno 78, 85, 87, 89, 153, 251, 257, 313

retorno para dentro de si 66, 111, 189, 223, 249

revelação 40, 101

rigor 73, 304

saber 271, 316

saber absoluto 243

santidade 314

semelhança 47, 53, 83, 166, 193, 201, 237, 250

sensibilidade 51, 143, 252s., 255, 301

sensível 49, 77, 136, 143, 301s.

sentimento 47-49, 52, 136, 180, 253, 255, 268

separação 85s., 106, 138, 197, 210

ser 37s., 47, 49, 52, 59, 66s., 70-72, 74, 77, 81, 84, 87-89, 92, 94-96, 98-101, 107, 121s., 145, 149s., 172-175, 179-183, 239, 245, 249, 266, 270, 308, 317, 329, 332-334

ser aí 44, 48, 53, 59s., 73s., 77, 81, 91, 95s., 98-101, 106, 108s., 111-113, 115, 118, 124, 127, 130, 132, 137s., 141s., 153s., 161s., 164, 168s., 171, 173-177, 179-184, 189, 191, 195, 197, 201, 203, 205s., 211, 221, 224s., 231s., 248, 250, 252, 259, 261, 267, 270, 283, 285-288, 294, 297, 308, 310, 313, 319

ser em si 38s., 95s., 113, 149, 191, 199, 234, 271s., 308, 318s.

ser em si e para si 38, 40, 43-46, 59, 65, 87, 94, 101, 117, 120, 155, 195, 202, 232, 241, 272, 310s.

ser outro 40, 54, 66s., 85, 95, 178, 254s., 257, 271, 274, 295, 306, 330

ser para si 39, 71, 88, 181, 184, 199, 208, 225, 234, 240, 249, 254, 261, 270, 288, 308, 311, 318

ser posto 38-40, 42-44, 46, 59, 63, 65s., 68, 70, 87, 101, 104, 106, 120, 130, 176-178, 191s., 194, 205s., 224, 234, 241s., 249

silogismo 56, 63, 65, 98s., 128, 133, 135-179, 182, 188, 200s., 207-211, 219, 221, 223-227, 229s., 233s., 249-251, 269, 273s., 281, 296, 308-310, 316, 325-327

silogística 155, 157

silogístico 159

silogizar 34, 135, 137, 141, 148s., 151, 153, 156, 162, 262, 301

simpatia 268

simples 38, 46, 67, 71-74, 80s., 100, 123, 138, 146, 169, 222, 241, 250, 263, 289, 317

simplicidade 81, 99, 125, 132, 223, 228, 250, 252, 265, 285, 329-331

singular 43, 49, 56, 65, 82, 84-89, 92, 95, 99-106, 108-111, 129, 139, 141, 146, 161, 171, 248, 258, 263, 282, 303, 306, 311, 327

singularidade 44, 50, 65s., 69, 78, 82-89, 91, 95, 102-105, 108s., 111, 114, 128s., 137, 160, 168, 221, 240, 242, 252, 259, 271, 282, 295, 299, 306, 324

singularização 44, 86, 100, 117, 200, 248, 285, 294, 299

síntese 45, 50, 271, 295, 305, 313, 320, 323

392

sintético 50, 273, 276, 279, 294, 320, 325, 328

sistema 40s., 267, 294, 333

sofista 321

sol 104, 143, 319

solicitar 221

solução 279s.

subjacente 93, 108, 112s., 210, 284

subjetividade 32, 46, 60, 63, 130s., 177, 184, 222s., 234, 250, 261, 269, 300, 305, 333

subordinação 82, 220, 303

substância 37-42, 68, 71, 75, 81, 96, 101, 170, 179, 191, 220s., 247s., 263, 315

substancialidade 38, 40-42, 59, 119, 122, 182s., 241, 316

substrato 31, 44

subsunção 83, 97, 113, 118, 149, 152, 155s., 233

sujeito 40, 56, 91s., 95-99, 103, 111, 115, 130, 151, 176, 248s., 254-256, 263-266, 269, 271, 295, 306, 316, 319, 323, 325, 327

sujeito-objeto 241

sumo conjunto de todas as realidades 29, 180, 182

suprassensível 136, 317

suprassunção 37, 40, 74, 119, 147, 149, 168, 183, 234, 242, 257, 327

tarefa 117, 164, 274, 278-280

tautologia 144, 190, 279, 296, 303

tautológico 190, 278

teleologia 185, 213-216, 231

tempo 47, 76, 94, 191, 264, 321, 325, 334

tensão 207-210, 254, 258

teorema 277-279, 294-304

teórico 184, 187, 207

termo 50, 94, 106, 131, 139-142, 147s., 150-152, 159, 163, 167, 169, 171s., 176, 187, 270, 301s., 324 terrestre 268

tese 217s.

todidade 116-118, 160s., 163s., 167-169

tornar-se estranha 197

total 69, 86, 108, 124, 175, 177, 200, 259, 293

totalidade 17, 43, 54, 60, 63, 65, 69, 71s., 74-77, 84, 87, 91,
102-104, 117, 122, 125, 139, 147, 160, 169, 173, 175, 189, 194,
201, 240, 254, 259, 314, 333

transcendental 45, 54, 79, 262

transformação 257, 275, 303

transposição 39, 228

triângulo 153, 290, 298

triplicidade 284, 326s.

turvação 313

unidade 42, 48, 51, 63, 73, 86, 93, 98, 103, 112, 122, 124-126, 133,
135, 142, 146s., 164, 175, 187, 192, 199, 208, 221, 231, 249, 276,
301, 306, 319, 323-327, 333

unificação 45, 123, 207, 210s., 222, 239

unilateral 41, 55, 75, 124, 131, 143, 156, 181, 205, 210, 214, 264,
275, 319

universal 56, 66-69, 73, 84, 95, 104, 116, 132, 144, 149, 165, 206,
258, 285, 307, 311, 314, 324

universalidade 48-50, 65-68, 70, 73, 84, 95, 116, 132, 141, 149s.,
165, 167, 172, 202, 252, 257, 282, 307, 309, 318, 329, 331

universalmente válido 173

universo 189

uno (o) 88, 93, 189, 248, 277, 284, 324

validade 45, 139, 214, 238

valor 48, 54, 57, 94, 127, 149, 182, 216, 238, 271, 292, 309, 327

valor numérico 104, 158, 277

variedade 116s., 188, 288

verdade 38, 40, 46, 49-53, 57, 60, 78, 84, 99, 102, 105, 114, 131, 145, 150, 159, 165, 176, 198, 219, 238, 243, 258, 271s., 311, 321, 327

verdade de razão 105

verdadeiro 41, 44, 49s., 56, 70, 96, 104s., 111, 127, 148, 182, 190, 213, 237s., 243, 246, 265, 309, 325, 331

verídico 82, 112, 181, 200, 227, 240, 267, 305, 309, 315s., 322

vértice 303, 306

vida 47, 70, 86, 183, 201, 242s., 245-259, 267, 313, 321, 333

violência 117, 196s., 207, 227, 232, 256

vital 254, 257, 293

vontade 215, 307, 309

ÍNDICE GERAL

Sumário, 5
Apresentação, 7
Nota dos Tradutores, 25
Segunda parte – A Lógica Subjetiva: A Doutrina do Conceito, 35
Relato preliminar, 35
Sobre o conceito em geral, 37
Divisão, 59

Primeira seção: A subjetividade, 63

Primeiro capítulo: O conceito, 65

A. O conceito universal, 66

B. O conceito particular, 71

Observação [As espécies habituais dos conceitos], 78

C. O singular, 85

Segundo capítulo: O juízo, 91

A. O juízo do ser aí, 99

a. O juízo positivo, 99

b. O juízo negativo, 104

c. O juízo infinito, 110

B. O juízo da reflexão, 112

a. O juízo singular, 114

b. O juízo particular, 114

c. O juízo universal, 116

C. O juízo da necessidade, 119

a. O juízo categórico, 120

b. O juízo hipotético, 121

c. O juízo disjuntivo, 123

D. O juízo do conceito, 127
   a. O juízo assertórico, 129
   b. O juízo problemático, 130
   c. O juízo apodítico, 131
Terceiro capítulo: O silogismo, 135
A. O silogismo do ser aí, 137
   a. A primeira figura do silogismo [S - P - U], 138
   b. A segunda figura: P - S - U, 146
   c. A terceira figura: S - U - P, 150
   d. A quarta figura: U - U - U, ou seja, o silogismo matemático, 152
     Observação [A consideração habitual do silogismo], 154
B. O silogismo da reflexão, 159
   a. O silogismo da todidade, 160
   b. O silogismo da indução, 163
   c. O silogismo da analogia, 165
C. O silogismo da necessidade, 169
   a. O silogismo categórico, 170
   b. O silogismo hipotético, 172
   c. O silogismo disjuntivo, 175
Segunda seção: A objetividade, 179
Primeiro capítulo: O mecanismo, 187
A. O objeto mecânico, 188
B. O processo mecânico, 190
   a. O processo mecânico formal, 192
   b. O processo mecânico real, 195
   c. O produto do processo mecânico, 198
C. O mecanismo absoluto, 198
   a. O centro, 198
   b. A lei, 201
   c. Passagem do mecanismo, 202
Segundo capítulo: O quimismo, 205
A. O objeto químico, 205

B. O processo químico, 206
C. Passagem do quimismo, 209
Terceiro capítulo: A teleologia, 213
   A. A finalidade subjetiva, 220
   B. O meio, 223
   C. A finalidade executada, 226
Terceira seção: A ideia, 237
Primeiro capítulo: A vida, 245
   A. O indivíduo vivo, 249
   B. O processo vital, 254
   C. O gênero, 257
Segundo capítulo: A ideia do conhecer, 261
   A. A ideia do verdadeiro, 270
      a. O conhecer analítico, 273
      b. O conhecer sintético, 281
         1. A definição, 282
         2. A divisão, 288
         3. O teorema, 294
   B. A ideia do bem, 306
Terceiro capítulo: A ideia absoluta, 313
Glossário da Doutrina do Conceito, 335
Índice onomástico, 369
Índice analítico, 371

COLEÇÃO PENSAMENTO HUMANO

- *A caminho da linguagem*, Martin Heidegger
- *A Cidade de Deus (Parte I; Livros I a X)*, Santo Agostinho
- *A Cidade de Deus (Parte II; Livros XI a XXIII)*, Santo Agostinho
- *As obras do amor*, Søren Aabye Kierkegaard
- *Confissões*, Santo Agostinho
- *Crítica da razão pura*, Immanuel Kant
- *Da reviravolta dos valores*, Max Scheler
- *Enéada II – A organização do cosmo*, Plotino
- *Ensaios e conferências*, Martin Heidegger
- *Fenomenologia da vida religiosa*, Martin Heidegger
- *Fenomenologia do espírito*, Georg Wilhelm Friedrich Hegel
- *Hermenêutica: arte e técnica da interpretação*, Friedrich D.E. Schleiermacher
- *Investigações filosóficas*, Ludwig Wittgenstein
- *Parmênides*, Martin Heidegger
- *Ser e tempo*, Martin Heidegger
- *Ser e verdade*, Martin Heidegger
- *Verdade e método: traços fundamentais de uma hermenêutica filosófica (Volume I)*, Hans-Georg Gadamer
- *Verdade e método: complementos e índice (Volume II)*, Hans-Georg Gadamer
- *O conceito de angústia*, Søren Aabye Kierkegaard
- *Pós-escrito às migalhas filosóficas (Volume I)*, Søren Aabye Kierkegaard
- *Metafísica dos costumes*, Immanuel Kant
- *Do eterno no homem*, Max Scheler
- *Pós-escrito às migalhas filosóficas (Volume II)*, Søren Aabye Kierkegaard
- *Crítica da faculdade de julgar*, Immanuel Kant
- *Ciência da Lógica – 1. A Doutrina do Ser*, Georg Wilhelm Friedrich Hegel
- *Ciência da Lógica – 2. A Doutrina da Essência*, Georg Wilhelm Friedrich Hegel
- *Crítica da razão prática*, Immanuel Kant
- *Ciência da Lógica – 3. A Doutrina do Conceito*, Georg Wilhelm Friedrich Hegel
- *Lições sobre a Doutrina Filosófica da Religião*, Immanuel Kant
- *Leviatã*, Thomas Hobbes
- *À paz perpétua – Um projeto filosófico*, Immanuel Kant
- *Fundamentos de toda a Doutrina da Ciência*, Johann Gottlieb Fichte
- *O conflito das faculdades*, Immanuel Kant
- *Conhecimento objetivo – Uma abordagem evolutiva*, Karl R. Popper
- *Sobre o livre-arbítrio*, Santo Agostinho
- *Ecce Homo*, Friedrich Nietzsche
- *A doença para a morte*, Søren Aabye Kierkegaard
- *Sobre a reprodução*, Louis Althusser
- *A essência do cristianismo*, Ludwig Feuerbach
- *O ser e o nada*, Jean-Paul Sartre
- *Psicologia fenomenológica e fenomenologia transcendental*, Edmund Husserl
- *A transcendência do ego*, Jean-Paul Sartre
- *Solilóquios / Da imortalidade da alma*, Santo Agostinho
- *Assim falava Zaratustra*, Friedrich Nietzsche